Michael Will

Kapverden Süd

Maio – Santiago – Fogo – Brava

75 ausgewählte Touren

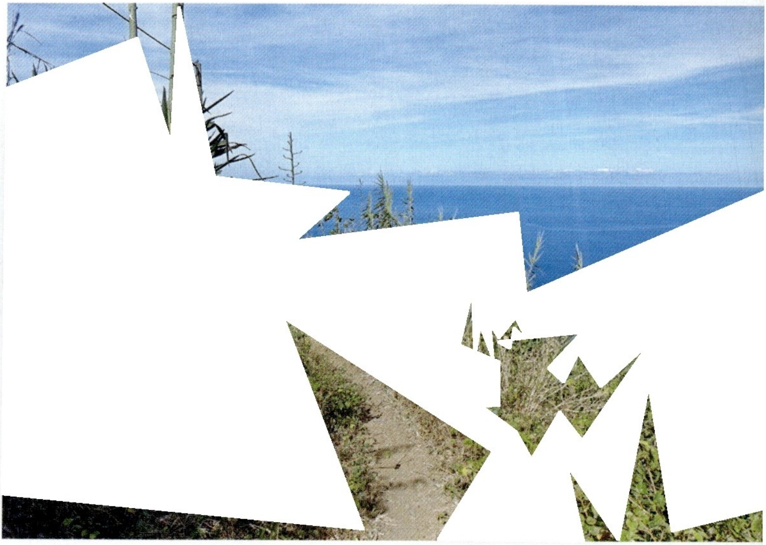

ROTHER
BERGVERLAG

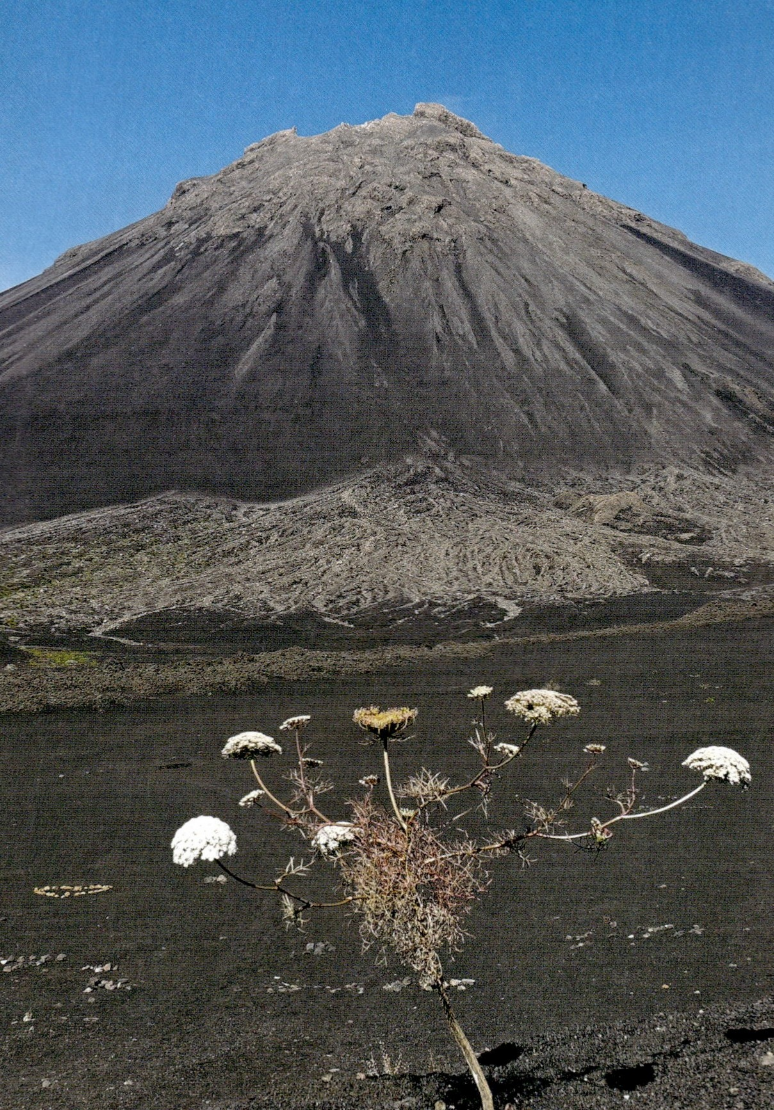

VORWORT

Die Kapverden sind eine Inselgruppe im Atlantischen Ozean, 570 Kilometer vor der Küste Westafrikas (Höhe Dakar) und 1500 Kilometer südlich der Kanarischen Inseln. Die nördlichen Kapverden bestehen aus den Inseln Santo Antão, São Nicolau, São Vicente, Sal und Boa Vista; sie sind im Rother Wanderführer Kapverden Nord beschrieben. Zu den südlichen Kapverden gehören die Inseln Maio, Santiago, Fogo und Brava.
Die Insel Maio ist ein kleines und karges Skelett im Atlantik mit kilometerlangen weißen, feinsandigen Stränden. Das Eiland ist schwerer erreichbar als seine Nachbarinseln Sal und Boa Vista, somit finden weniger Besucher ihren Weg dorthin. Kleine Unterkünfte und private Feriendomizile ziehen Individualtouristen an. Maio steht für 16 Wanderungen und Entspannung pur an verlassenen Buchten.
Die größte, mittelgebirgsähnliche Insel Santiago ist Sitz der Hauptstadt des Archipels, Praia. Im Küstenort Cidade Velha gehen die Besucher auf Tuchfühlung mit der Geschichte der Kapverden. Hier machten die großen Entdecker Station, hier nahm der transatlantische Sklavenhandel seinen Anfang. Insgesamt 30 besonders attraktive Wanderungen machen Santiago zur Insel mit den meisten Möglichkeiten für einen Aktivurlaub.
Am Fuße des 2829 m hohen Vulkans Pico de Fogo auf der Insel Fogo findet man eine faszinierende Mondlandschaft mit Lavaströmen, Vulkankegeln, einmaligen Formationen aus Stricklava, einer Lavahöhle und unendlichen schwarzen Lapillifeldern. Im krassen Kontrast zu dieser vulkanisch geprägten Landschaft stehen dank der Passatwolken die grünen Wälder in den nordöstlichen Höhenlagen der Insel. Während die Besteigung des Pico de Fogo auch für – konditionsstarke! – Einsteiger machbar ist, wird für den Klettersteig auf die Bordeira do Fogo alpine Erfahrung benötigt. 17 Wanderungen führen durch eine bis zu 500 Jahre alte Kulturlandschaft – zu versteckten, schwarzsandigen Badestränden, zu einzigartigen Sehenswürdigkeiten und durch eines der schönsten Dörfer der Kapverden.
Die kleinste der bewohnten Inseln hat etwas kühlere Temperaturen und wird wegen ihres sattgrünen Aussehens auch »Blumeninsel Brava« genannt. Badestrände sucht man hier vergeblich. Die Insel ist wild und ursprünglich und lockt damit Individualtouristen an. Maultierpfade führen kreuz und quer durch das Hochland – Stoff genug für 12 Wanderungen.
Die südlichen Kapverdischen Inseln punkten insgesamt mit einer spektakulären Natur und einem ganz besonderen Lebensgefühl. Ich wünsche Ihnen viel Spaß beim Wanderabenteuer Kapverden!

Kiel, im Frühjahr 2024 | Michael Will

Der Pico de Fogo von der Chã das Caldeiras aus gesehen.

INHALTSVERZEICHNIS

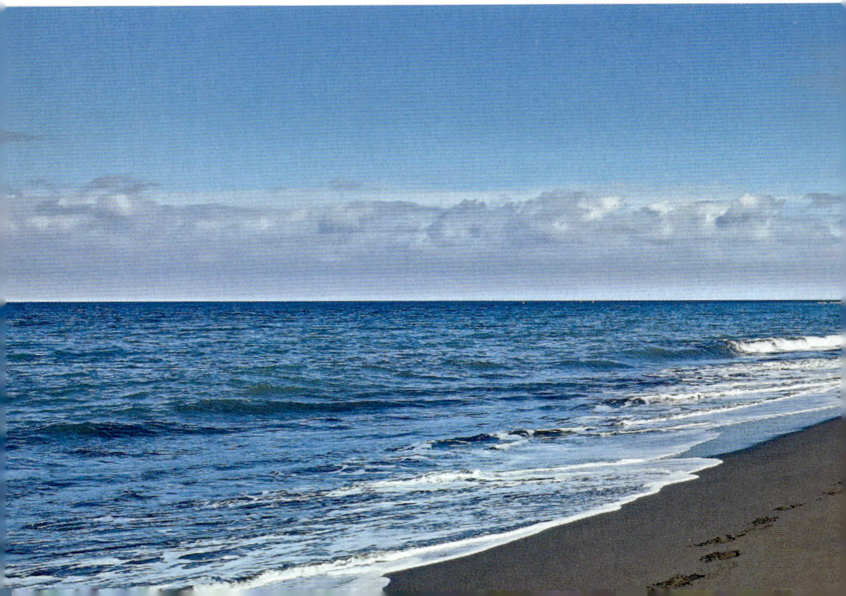

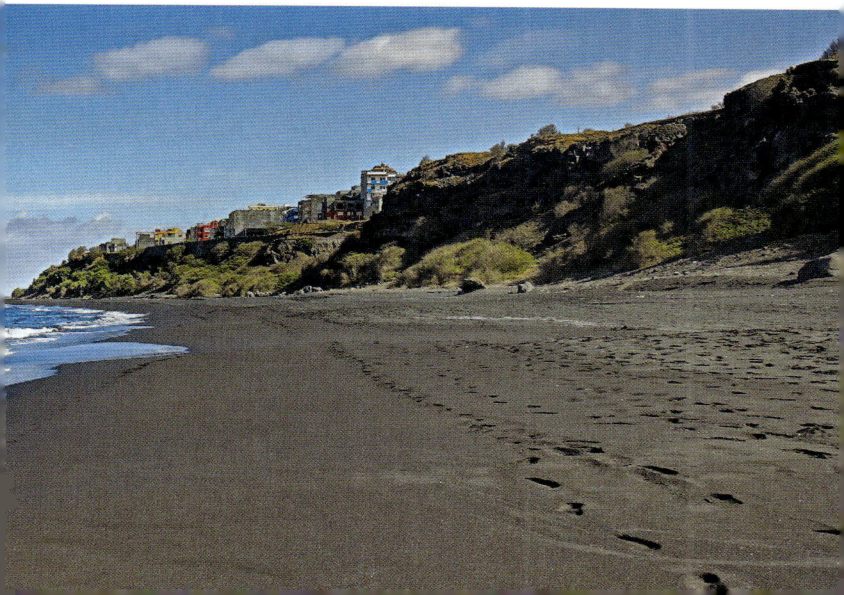

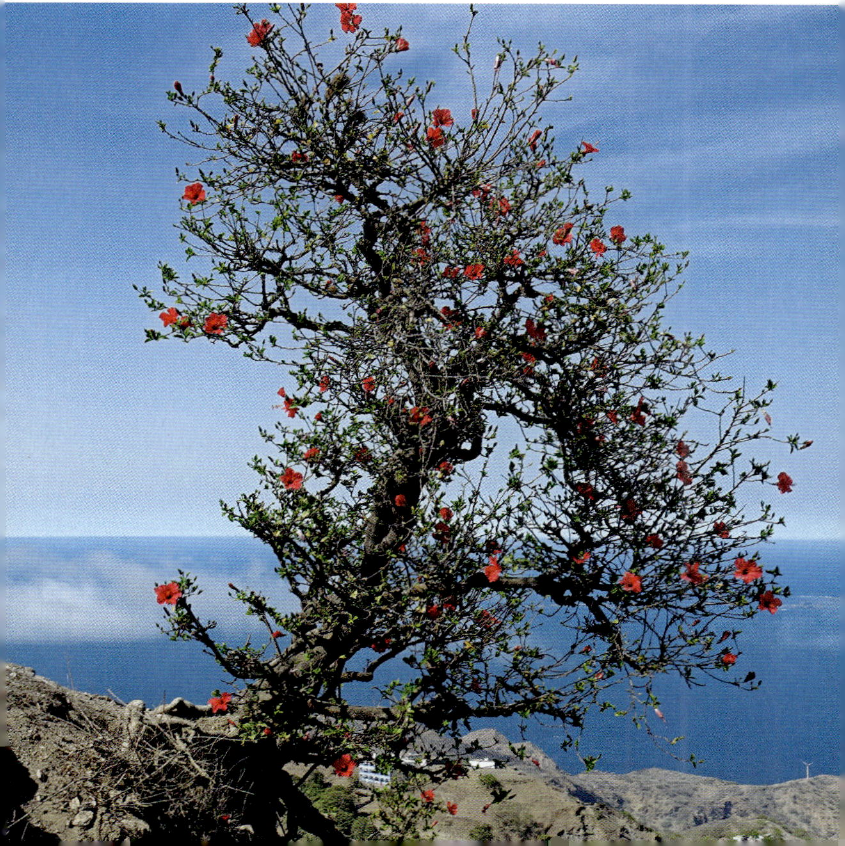

TOP-TOUREN

Monte Penoso, 436 m (Maio)
Der höchste Berg und das Alpinste, was die Insel zu bieten hat. Vielleicht können auch Sie Glück – von momentanem bis zu anhaltendem, von friedvollem bis zu ekstatischem Glücksgefühl – bei der Besteigung des höchsten Gipfels der Insel empfinden?! *(Tour 6; 3.00 Std.)*

Praia de Santana Dunes (Maio)
Bis zu 15 m hohe Sanddünen, ein 4 km langer Sandstrand und die größte Salzpfanne der Kapverdischen Inseln. *(Tour 11; 2.00 Std.)*

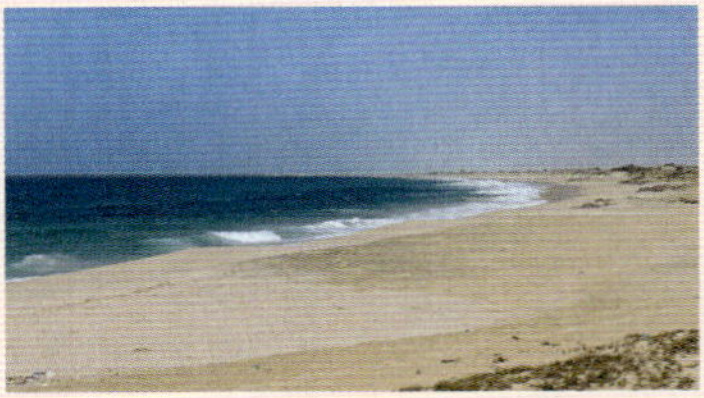

Vale Gom Gom (Santiago)
2003 wurde der Nationalpark Serra Malagueta ins Leben gerufen, ein Refugium für Fauna und Flora. Der Pfad führt durch seine felsigen Abhänge und halbfeuchte Wälder und bietet auch noch spektakuläre Ausblicke über das faszinierende Gom-Gom-Tal bis hin zum Atlantik. *(Tour 22; 4.45 Std.)*

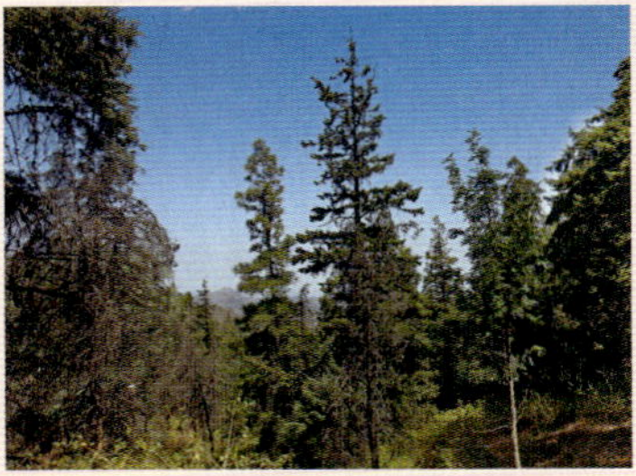

Serra Malagueta (Santiago)
Die Wanderung führt von Nord nach Süd durch die Gebirgskette Serra Malagueta. Dabei ergeben sich immer wieder faszinierende 360°-Panoramablicke über die reizvolle Landschaft *(Tour 30; 3.30 Std.)*

Ribeira da Barca – Figueiras das Naus (Santiago)
Höhepunkt der Tour ist die Schlucht Ribeira do Prodoso. Dort hat man den Eindruck, in der Arena – hier der Talboden – eines riesigen römischen Amphitheaters zu stehen. Die Sitzreihen – hier die Felsstufen – steigen nach allen Seiten stufenförmig an. Von der Arena wandern wir in die nur 5 m breite, 200 m lange und bis zu 50 m tiefe Schlucht. *(Tour 32; 3.45 Std.)*

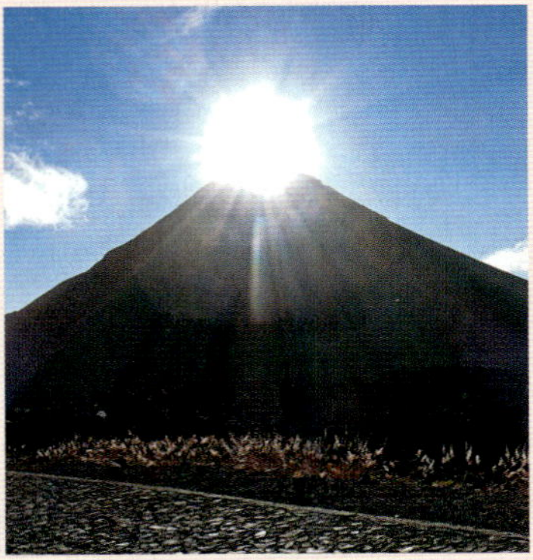

Pico de Fogo, 2829 m (Fogo)
Der Vulkan Pico de Fogo ist der höchste Berg der Kapverden und nach dem Teide auf der Kanarischen Insel Teneriffa die zweithöchste Erhebung im Atlantischen Ozean. Der Abstieg in den Vulkankrater mit seinen zahlreichen Solfataren ist spektakulär. *(Tour 57; 6.15 Std.)*

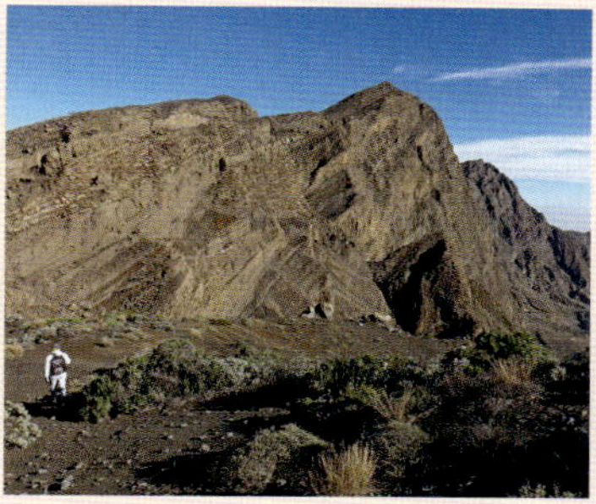

Nova Sintra – Fontainhas, 976 m – Cachaço (Brava)
Spannende Inselüberquerung von Nord nach Süd durch die wolkenreiche Gipfelregion und entlang knorriger, bis zu 4 m hoher Hibiskusbäume. *(Tour 65; 3.00 Std.)*

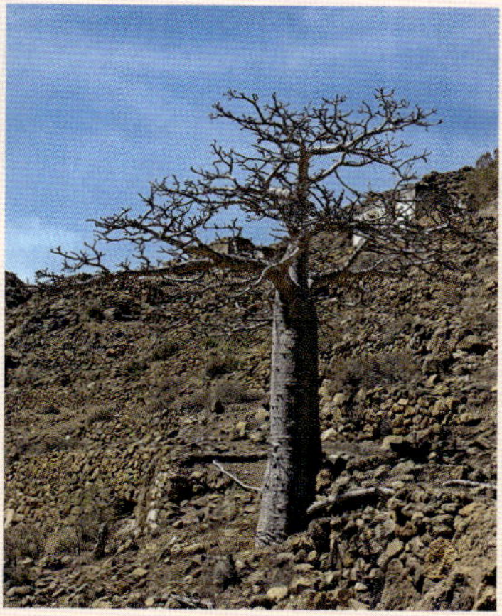

Bordeira do Fogo – Ponto Alto do Norte, 2692 m (Fogo)
Seit 2008 führt ein spektakulärer Klettersteig von der Hochebene Chã das Caldeiras durch die steil aufsteigende Ostwand zum ehemaligen Kraterrand der sogenannten Bordeira do Fogo. Damit ist die Wanderung entlang der in nordsüdlicher Richtung verlaufenden Bordeira do Fogo an einem Tag möglich. *(Tour 59; 10.15 Std.)*

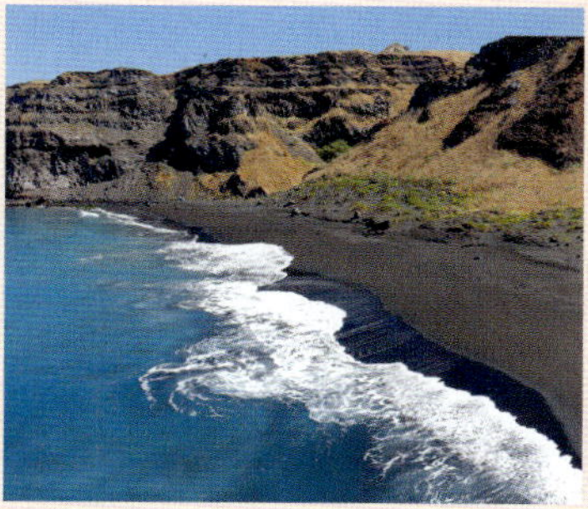

Porto Natural de Ancião (Brava)
Die schwierigste und spektakulärste Wanderung auf der Insel Brava ist ein wahres Abenteuer für Abenteurer. Im Slalom geht es um erloschene Vulkankegel und weiter bis zu einem erfrischenden Bad im Atlantischen Ozean. *(Tour 73; 5.00 Std.)*

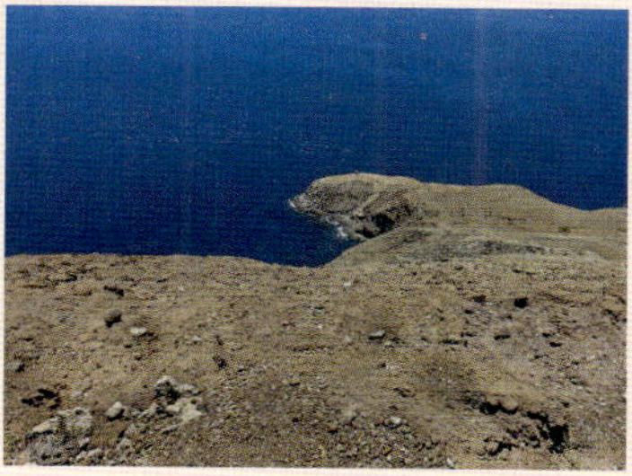

Secreto Praia (Fogo)
Westlich der Inselhauptstadt São Filipe befindet sich ein verstecktes Juwel, ein ca. 250 m breiter, feiner schwarzer Sandstrand mit kleinen Dünen. Dieser liegt in einer wunderschönen Bucht, eingerahmt von bis zu 100 m hohen Felsen. *(Tour 63; 3.00 Std.)*

WICHTIGE HINWEISE FÜR UNTERWEGS

Der Name der Inselgruppe geht auf portugiesische Seefahrer zurück, die die gebirgigen Inseln 1456 entdeckten und 1495 in Besitz nahmen. Sie nannten den westlichsten Vorposten Afrikas »Cabo Verde«. Das bedeutet »grünes, bewaldetes Kap«, was allerdings sehr irreführend ist, denn einige der 15 Inseln erinnern eher an Wüsten- oder Mondlandschaften.
Es gibt die Ilhas de Barlavento (beschrieben im Rother Wanderführer Kapverden Nord) und die Ilhas de Sotavento – »Inseln über dem Wind« und »Inseln unter dem Wind«. Die 75 Touren dieses Wanderführers verteilen sich auf die südliche Inselgruppe, die Ilhas de Sotavento, mit den Inseln Maio, Santiago, Fogo und Brava.

Anforderungen

Den Schwierigkeitsgrad der Touren charakterisieren die Farben Blau, Rot und Schwarz. Die Tourennummern sind jeweils mit einer der Farben unterlegt. Bei Varianten kann der Schwierigkeitsgrad auch höher oder niedriger sein. Die konditionellen Anforderungen fließen nicht bzw. nur in Extremfällen in diese Bewertung ein.

SCHWIERIGKEITSKATEGORIEN

■ = Leicht

Blaue Touren sind Spaziergänge oder einfache Wanderungen, die auf breiten und gut begehbaren Wegen oder Pfaden verlaufen. Es gibt dabei keine besonderen Gefahrenstellen. Kräftige Steigungen, steinige oder rutschige Abschnitte sind jedoch möglich. Beschilderungen bestehen nicht überall, so kann es auch bei blauen Touren zu Orientierungsproblemen kommen.

■ = Mittel

Rote Touren führen in unwegsame und abgelegene Küstenstreifen oder Berggebiete. Einzelne Passagen können felsig, auf gerölligem Untergrund und abschüssig sein. Sie erfordern Trittsicherheit, Schwindelfreiheit, teilweise den Einsatz der Hände und eine gewisse Wandererfahrung. Manche dieser Strecken setzen auch einen guten Orientierungssinn voraus.

■ = Schwierig

Schwarze Touren sind technisch anspruchsvoll und erfordern meist ein sehr gutes Orientierungsvermögen. Rechnen Sie mit schmalen, steilen oder abschüssigen und rutschigen Abschnitten durch wegloses oder unübersichtliches Gelände. Diese Bereiche setzen absolute Trittsicherheit, Schwindelfreiheit, den Einsatz der Hände und teilweise etwas Klettererfahrung voraus. Die Routen befinden sich oft in entlegenen Gebieten, somit ist bei Problemen keine rasche Hilfe zu erwarten.

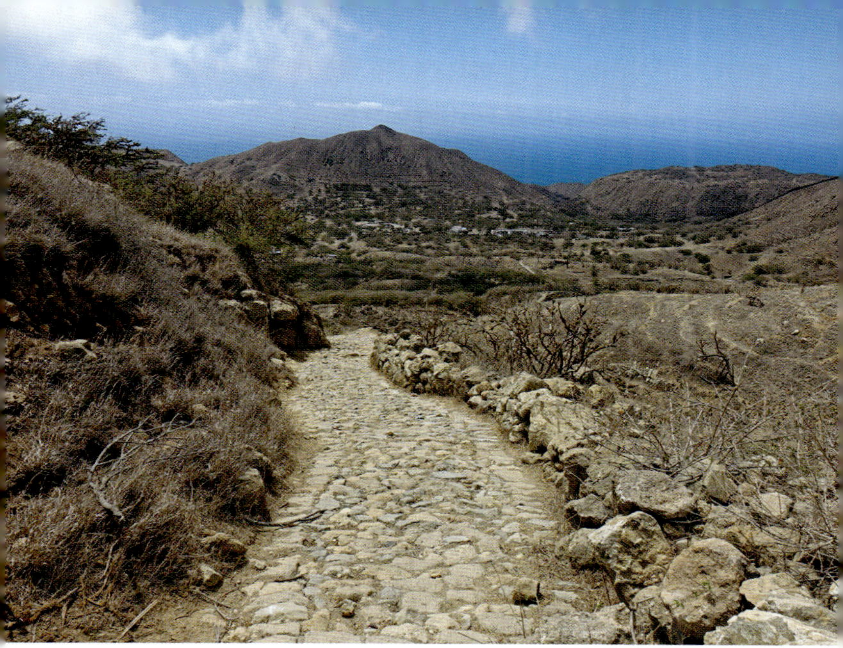

Der gepflasterte Weg zum Bergdorf Cachaço auf der Insel Brava (Tour 65).

Gehzeiten

Die beiden Hauptkriterien für die Festlegung der Dauer einer Wanderung sind die zu absolvierenden Höhenmeter und die zu laufende Wegstrecke. Als Referenzwerte wurden herangezogen: 4 km/h im flachen Gelände, 300 hm/h Anstieg und 500 hm/h im Abstieg; angegeben sind die Zeiten, die ein durchschnittlicher Wanderer für die beschriebene Wanderung benötigt. Pausen sind nicht mit einberechnet. Die tatsächlich benötigte Gehzeit schwankt u.a. je nach Alter und Kondition des Bergsteigers/Wanderers und nach Geländebeschaffenheit, Wetterbedingungen und Höhenlage.

Ausrüstung

Die Netzversorgung auf den Kapverdischen Inseln ist an abgelegenen Orten ein Problem. Das sind allerdings genau die Regionen, in denen sich der Wanderer bewegt. Weitere Hintergrundinformationen zur Netzabdeckung auf den Kapverdischen Inseln liefert die Webseite nperf.com/de/map/CV/-/2036232.Unitel-T/signal.
Eine sehr sinnvolle Alternative, um seine eigene Sicherheit zu verbessern, ist der Einsatz von nur 100 g bis 138 g leichten GPS-Satelliten-Kommuni-

SYMBOLE

	Symbole im Tourenkopf		Gipfel
	mit Bus/Aluguer erreichbar		Pass, Sattel
	Einkehrmöglichkeit		Kirche, Kapelle
	für Kinder geeignet		Festung
	Symbole im Höhenprofil		Leuchtturm
	Ort mit Einkehr- oder Einkaufsmöglichkeit		Aussichtsplatz, Miradouro
	Restaurant, Bar, Kiosk, Mini-Markt		Höhle, Grotte, Tunnel
	Nächtigungsmöglichkeit (ohne Einkehr)		markanter Baum
	Bus-/Aluguer-Haltestelle		Klettersteig
	Hafen, Schiffsanlegestelle		Quelle, Waschstelle
			Wasserfall
			Strand, Bademöglichkeit

kationsgeräten. Nützliche Funktionen wie manuelles oder automatisches SOS, Crasherkennung, Totmannschaltung, Alarmmeldungen mit 2-stufiger Eskalation erhöhen die eigene Sicherheit erheblich. Zu beziehen sind derartige Geräte zum Beispiel bei der Firma ProteGear/Global SafeTrack Systems GmbH.

Die Einheimischen auf den Kapverden sind auf den steilsten Pfaden und Wegen mit Badelatschen oder barfuß unterwegs. Für mitteleuropäische Füße ist das keine Option! Auf allen »roten« und »schwarzen« Wanderwegen benötigt man feste, über die Knöchel reichende Wanderschuhe mit einer festen Profilgummisohle. Gute Schuhe geben Sicherheit und sind daher sehr wichtig. Ein leichter Wanderschuh oder ein Turnschuh eignet sich auch für »blaue« Touren nur bedingt. Da viele Wege auf sehr rutschigem Untergrund verlaufen, sind Wanderstöcke zur weiteren Unterstützung hilfreich.

Bei Wanderungen in der Küstenregion sind Sonnencreme sowie ein passender Strohhut obligatorisch. Wichtige Utensilien auf den meisten Küstenwanderungen sind Badebekleidung und ein kleines Handtuch, denn immer wieder ergeben sich Möglichkeiten, sich im Atlantischen Ozean zu erfrischen.

Eine kleine Reiseapotheke, im Speziellen Desinfektionsspray für kleine Verletzungen, Blasenpflaster und eine Trillerpfeife für den Notfall, gehören zur Standardausrüstung im Rucksack. Auf Reservekleidung kann man aufgrund der hohen Durchschnittstemperaturen verzichten.

Wenn man im Warmen und bei wolkenlosem Himmel in einem der Küstenorte auf Fogo frühstückt, ist es sehr schwierig, sich vorzustellen, dass die

Temperaturen in den Hochlagen niedriger sind. Der Grund dafür ist die Höhenlage. Die Lufttemperatur nimmt in der Standardatmosphäre um 0,65° C pro 100 m ab, d.h., in höher liegenden Orten ist es kälter als in tiefer gelegenen. Für Wanderungen oberhalb von 1500 m Höhe, also nur auf Fogo, empfehlen sich rasch trockende Funktionskleidung, ein warmer Pullover sowie eine windfeste oder wasserfeste Jacke.

Da es so gut wie keine Einkehrmöglichkeiten an den Wanderstrecken gibt, sollte dementsprechende Tourenverpflegung eingepackt werden. Da man westlich von Afrika wandert und die Sonneneinstrahlung sehr stark ist, sollte man mindestens 1,5 l Wasser pro Person für eine dreistündige Wanderung einplanen. Wenn die Tour schattenlos ist, lange Anstiege hat oder man im Sommer unterwegs ist, sollte der Wasservorrat 4–6 l ausmachen. Müsliriegel, ein paar Bananen oder eine Handvoll Kekse reichen als Wegzehrung meist aus. Dort, wo Wanderungen durch Dörfer führen, kann man manchmal in Kneipen oder kleinen Läden Getränke und sonstige Grundversorgung wie z.B. Kekse nachkaufen.

In den Tourbeschreibungen sind Einkehrmöglichkeiten mit einer Kilometerangabe erwähnt. Wenn eine Bar geschlossen zu sein scheint, klopfen Sie einfach an und warten ein wenig. Meist taucht dann bald der Besitzer auf und wird Sie gerne bedienen. Gäste sind vielerorts so selten, dass es sich nicht lohnt, den ganzen Tag hinter dem Tresen auf Kundschaft zu warten.

Der kleine Fischereihafen an der Ponta da Salina auf der Insel Fogo (Tour 62).

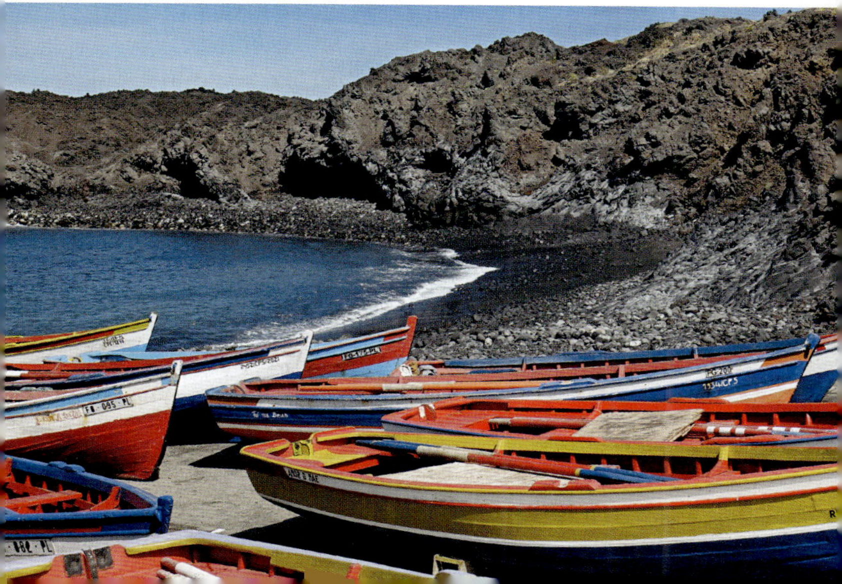

Der Umwelt zuliebe ...

Auch beim Wandern hinterlassen wir einen ökologischen Fußabdruck, aber im Einklang mit der Natur unterwegs zu sein, ist gar nicht so schwer!

VORBEREITUNG UND ANFAHRT

- Sich vorab informieren, worauf in Bezug auf Natur und Umwelt in der jeweiligen Wanderregion besonders zu achten ist.
- Soweit möglich mit Bahn und Bus anreisen, Wander- und Rufbusse nutzen.
- Ist eine Anfahrt mit dem Auto nötig, Fahrgemeinschaften bilden.
- Bei weiten Anfahrten Mehrtagestouren planen oder von einem Quartier vor Ort aus mehrere Touren absolvieren.
- Flugreisen möglichst reduzieren und durch Beiträge zu Klimaschutzprojekten kompensieren.

KLEIDUNG UND AUSRÜSTUNG

- Beim Kauf von Outdoor-Kleidung auf umweltfreundliche und faire Herstellung achten und Kleidungsstücke möglichst viele Jahre nutzen.
- Ausrüstung kann man eventuell auch gebraucht kaufen oder ausleihen.
- Reparieren statt neu kaufen.

VERPFLEGUNG

- Beim Einkauf Bio-Ware, regionale und saisonale Erzeugnisse bevorzugen.
- Hütten und Gasthäuser auswählen, die regionale Produkte verwenden.
- Auf Einwegflaschen und Plastikverpackungen verzichten, stattdessen wiederverwendbare Trinkflaschen und Brotzeitboxen benutzen.

ÜBERNACHTUNG

- Bei lokalen Anbietern buchen, damit Menschen vor Ort profitieren.
- Auf Hütten und in anderen Unterkünften Strom und Wasser sparen.

UNTERWEGS

- Wege benutzen und Abkürzer vermeiden.
- Sperrungen von Wegen und Schutzgebieten respektieren.
- Keine Blumen pflücken und keine Pflanzen entnehmen.
- Waldbrandgefahr beachten.
- Müll wieder mit nach Hause nehmen und dort entsorgen.
- Toilettengänge in freier Natur möglichst vermeiden.
- Lärm vermeiden.
- Hunde an die Leine nehmen.

ROTHER
BERGVERLAG

GPS-TRACKS UND KOORDINATEN DER AUSGANGSPUNKTE

Auf **gps.rother.de** stehen zu diesem Wanderführer GPS-Tracks und die Koordinaten der Ausgangspunkte zum kostenlosen Download bereit. Dieser QR-Code führt direkt zum Download.
1. Auflage, Passwort: **461701rDs**
Die GPS-Tracks können in die **Rother App** importiert werden. In der App kann man unterwegs stets sehen, wo man gerade ist und wo es langgeht. **Anleitungen dazu: rother.de/gps**
Trotz sorgfältiger Prüfung können wir Fehler und zwischenzeitliche Veränderungen nicht ausschließen. Verlassen Sie sich für die Orientierung niemals einzig und allein auf die GPS-Daten, sondern beurteilen Sie die Verhältnisse vor Ort.

Unterkünfte

In den größeren Orten auf den Inseln gibt es Pensionen und Hotels. In kleinen Ortschaften bieten oft Familien Übernachtungsmöglichkeiten an.
Auf der Suche nach einer günstigen Unterkunft, die nicht bei den klassischen Suchmaschinen aufgeführt ist, wird man bestimmt auf dieser Webseite fündig:

- caboverde.com/rubrique/accomod.htm

Auf den Einführungsseiten zu den einzelnen Inseln findet sich jeweils eine Auflistung von oft sehr besonderen Übernachtungsmöglichkeiten, die der Autor auf der Rechercherereise kennengelernt hat.
Anhaltswerte für Übernachtungskosten pro Person und Frühstück sind:

- €: 30 Euro, €€: 30–70 Euro, €€€: über 70 Euro.

Orientierung und Markierung

Die meisten der in diesem Wanderführer beschriebenen Wege sind alte oder noch heutzutage genutzte Verbindungswege der Einheimischen. Markierungen gibt es so gut wie gar nicht. Vereinzelt unterstützen Steinmännchen die Wegfindung, im nahezu weglosen Gelände orientiert man sich an markanten Landschaftsmerkmalen. Dazu benötigt man einen guten Orientierungssinn und die Fähigkeit, intuitiv sein Ziel zu finden. Die benötigten Erfahrungen und Kenntnisse bei der Orientierung werden bei der jeweiligen Beschreibung der Wanderung explizit herausgestellt. Auf den meisten Routen ist die Orientierung aber auch ohne Wegkennzeichnung einfach.
Da in den ländlichen Regionen der Kapverdischen Inseln selten Straßennamen vergeben werden, verwendet man zur Orientierung sowohl im Gelände als auch in Dörfern und Städten GPS-Koordinaten im Dezimalgrad. Zum Beispiel: Die Angabe 14.914461 -23.510972 definiert den Mittelpunkt der

Hauptstadt Praia. Der erste aufgeführte Wert, 14.914461, bezeichnet den Breitengrad, in diesem Fall nördlicher Breite ist er positiv, da der Archipel sich nördlich des Äquators befindet. Der Breitengrad erreicht Werte von -90° am Südpol über 0° am Äquator bis +90° am Nordpol.
Der zweite angeführte Wert, -23.510972, beschreibt den Längengrad. Die geografische Länge ist ein Winkel, der ausgehend vom Nullmeridian (0°) – auch als Greenwich-Meridian bezeichnet – von 0 bis plus 180° in östlicher und von 0 bis minus 180° in westlicher Richtung gemessen wird. Da die Kapverdischen Inseln westlich vom Nullmeridian liegen, ist es wichtig, das Minus vor den Zahlenstrang zu setzen. Diese GPS-Koordinaten im Dezimalgrad sind mit Google Maps oder Google Earth kompatibel. Kopiert man die GPS-Koordinaten in die Suchleiste der Webseite, so kann man sich den Punkt bis auf wenige Meter genau anschauen. Diese Werte können genauso zur Navigation bei Google Maps eingegeben werden.

Mögliche Gefahren

Gemäß Statistik ergeben sich die meisten Unfälle im Gebirge aufgrund von **Überschätzung** der eigenen Fähigkeiten. Einige Wanderungen benötigen einen langen Zustieg, haben einen beträchtlichen Höhenunterschied und verlaufen unter ungewohnt hohen Temperaturen. Bereiten Sie sich auf alle Wanderungen gut vor; vor allem für die Bergbesteigungen ist es unbedingt nötig, im Vorfeld gut zu trainieren, um die Anforderungen zu erfüllen.
Vor einer Wanderung in das Landesinnere von Fogo und Santiago sollte man seinem Körper zudem ein oder zwei Tage Zeit zur individuellen Anpassung des Organismus an die verändernden Umweltfaktoren geben.
Insbesondere bei längeren Wanderungen ist die Gefahr hoch, sich einen **Sonnenstich** zu holen! Obligatorisch sind die bereits in Deutschland gekaufte Sonnencreme – vor Ort ist sie extrem teuer – sowie ein passender Strohhut. Die durchschnittliche Luftfeuchtigkeit liegt bei 40–60 %.
Ausreichende Flüssigkeitszufuhr ist bei einem Wanderurlaub auf den Kapverdischen Inseln essenziell. Wer mit zu wenig Wasser an den Start geht, dem drohen mit Sicherheit Probleme.
Schließlich sollte man auch bedenken, dass man in Äquatornähe unterwegs ist, sodass es keine langen **Dämmerungszeiten** gibt. Die Touren müssen also mit erheblicher Zeitreserve geplant und so angesetzt werden, dass man deutlich vor Sonnenuntergang am Zielort ankommt.
Die größte Herausforderung ist die **Orientierung** im Gelände, denn markierte oder gar beschilderte Wanderpfade gibt es sehr selten. Die Wege wurden nicht für Wanderer geschaffen, sondern waren und sind traditionelle Verbindungswege oder Eselpfade. Mit einem guten Wanderführer, den heruntergeladenen GPS-Tracks auf einem Navigationsgerät und eventuell noch mit einer Karte sollte die Orientierung im Gelände kein Problem darstellen. In der Nähe von Dörfern trifft man vereinzelt auf Einheimische, die Wanderern immer freundlich den richtigen Weg weisen. Sie sprechen

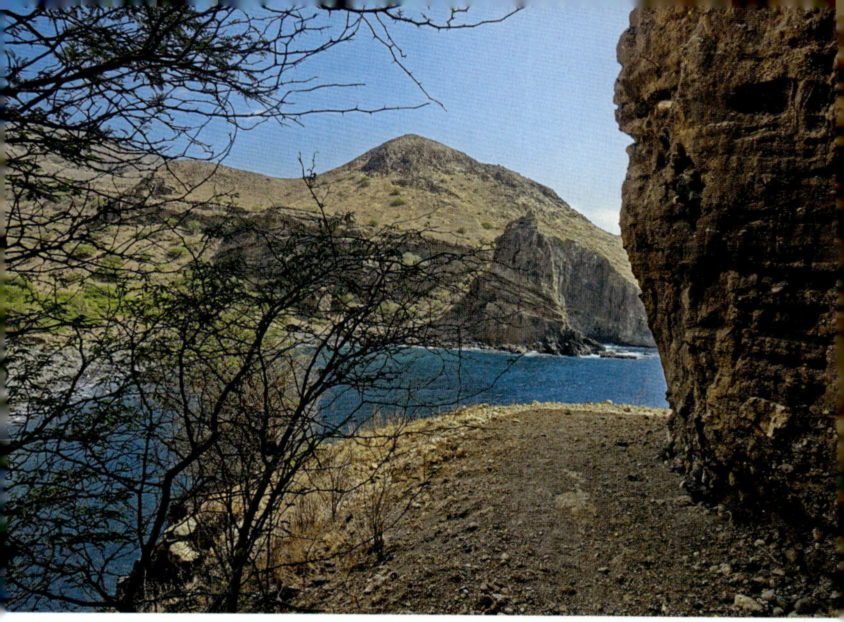

Ein spektakulär angelegter Pfad auf der Insel Brava.

weder Portugiesisch noch Kreol? Ein Lächeln und die Nennung ihres Zielortes bringen Sie mit Sicherheit weiter – und ein freundliches *obrigado/obrigada* – danke – zum Schluss!

Die meisten Pfade führen durch Regionen fernab der Zivilisation. Da keine **Bergrettung** existiert – es gibt noch nicht einmal einen einzigen Hubschrauber auf den Kapverdischen Inseln –, kann schon eine leichte Verletzung zu großen Problemen führen. Routen durch entlegene Gebiete sollte man daher nie allein begehen. Wanderwege führen zum Teil durch Abschnitte mit Steinschlag- und Erdrutschgefahr. Bei extremen Wetterbedingungen wie starkem Wind oder nach Regenfällen ist hier erhöhte Vorsicht geboten.

Alle Kapverdischen Inseln sind Vulkaninseln. Sofern man auf den Lavaströmen der Neuzeit läuft, besteht bei einem Sturz erhebliche Verletzungsgefahr an den messerscharfen **Lavasteinen**. Wenn es die Temperaturen erlauben, sollte man eine lange Hose tragen.

Bei Wanderungen können unerwartet dichter **Nebel** oder **Wolken** aufziehen. Wie im Kapitel Orientierung und Markierung beschrieben, sind die Pfade nicht immer so ausgeschildert, dass man sich bei geringer Sicht eindeutig orientieren kann. Daher sollte man den GPS-Track auf seinem

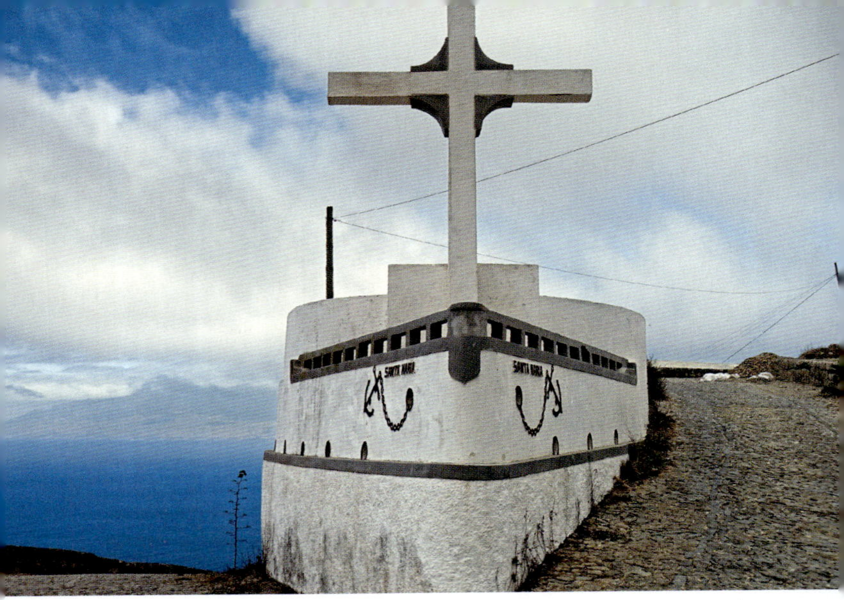

Der Miradouro Santa Maria am Ortseingang von Nova Sintra auf Brava (Tour 64).

Smartphone oder Navigationsgerät dabeihaben und den Gebrauch natürlich zuvor einstudieren. Möchte man nicht auf diese Art navigieren, dann sollte man definitiv den Umgang mit einer Wanderkarte und einem Kompass beherrschen. Kartenempfehlungen sind rechts aufgelistet.

Gewitter kündigen sich durch die hoch aufschießenden Kumuluswolken an. Schutz kann man jederzeit in Gebäuden finden. Sollte es keine geben, dann wählen Sie einen niedrigen Punkt, beispielsweise eine Senke im freien Gelände. Am sichersten ist es, wenn Sie sich dort hinhocken – die Füße möglichst nah beieinander – und damit den Kontaktbereich zum Untergrund so gering wie möglich halten. Entgegen der landläufigen Meinung sollten Sie sich nicht auf den Boden legen. Auch breitbeiniges Stehen gilt es zu vermeiden, empfehlen die Gewitterforscher.

Gefährliche Landtiere wie Schlangen oder Zecken gibt es auf den Kapverden nicht, ausgenommen den giftigen Skolopender (siehe Seite 41).

Wandern mit Kindern

Von den 75 Touren ist ca. ein Drittel als »für Kinder geeignet« gekennzeichnet. Folgendes sollte man beim Wandern mit Kindern beachten: Viele Wanderungen führen über sandige Wege, und bei Stürzen besteht relativ geringes Verletzungsrisiko. In Lavagestein kann man sich an den teilweise

messerscharfen Steinen jedoch erheblich verletzen. Stellen Sie vor jeder Wanderung sicher, dass das Erste-Hilfe-Set eingepackt ist.
Achtung, an vielen Stellen kann das Baden im Meer aufgrund der stark wehenden Passatwinde und der unkalkulierbaren Unterströmungen lebensgefährlich sein! Aber auch ein anscheinend harmloser Spaziergang entlang des Atlantischen Ozeans birgt Risiken. Die riesigen Wellen spülen 50–100 m über den Strand und können Kinder leicht mitreißen. Aufgrund der extrem starken Sonneneinstrahlung sind Kopfbedeckung und Sonnencreme essenziell. Auch ist bei Kindern besonders auf ausreichendes Trinken zu achten, damit sie nicht dehydrieren!

Wanderkarten

Wanderkarten für einige der Inseln gibt es im AB Kartenverlag, ab-kartenverlag.de.

- Cabo Verde: Santiago 1:50.000
- Cabo Verde: Fogo, Brava 1:50.000
- Cabo Verde: Kapverdische Inseln 1:150.000

Geführte Touren

Ein gutes Angebot an geführten Wanderungen auf den Kapverden bieten die deutschen Reiseveranstalter Wikinger Reisen GmbH, Reisen mit Sinnen und der lokale Anbieter Vista Verde. Organisiert werden Reisekombinationen über unterschiedliche Inseln oder auch ein geführtes Trekking von Unterkunft zu Unterkunft. Die Agentur ist auf allen Hauptinseln mit Büros und Mitarbeitern vertreten.
Mit den nachfolgend aufgelisteten einheimischen Guides bin ich jeweils einen Tag zusammen gewandert. So kann ich diese mit einem guten Gefühl weiterempfehlen. Gibt es Anregungen oder Änderungen zu den Wanderungen aus diesem Wanderführer, dann beurteilen die Guides die Information vor Ort, und notwendige Anpassungen werden automatisch übernommen.

- **Maio:** Centro de caminhada im Restaurant Alojamento Bungalow; maio-cap-vert.net, info.maio@laposte.net, A Caminhada, Morro – Ilha de Maio, Tel. +238 98788 90.
- **Santiago:** Pereira Tavares und Aldino de Jesus, zertifizierte Touristenführer und Wanderführer; Assomada, Santa Catarina, Santiago, facebook.com/Rural-Tours-1741344922628251/?_rdc=1&_rdr, ruraltours.cv, ruraltours.st06@outlook.pt.
- **Fogo:** Valdir Fernandes Montrond, zehn Jahre Erfahrung als Wanderführer und Miterbauer der Via Ferrata im Jahr 2010. Er spricht Englisch und Französisch und lernt momentan auch Deutsch; Chã das Caldeiras, Fogo, dmeryvava@gmail.com, Tel. +238 9877075.
- **Brava:** Auf der Insel gibt es keinen zertifizierten Wanderführer.

PRAKTISCHES VON A BIS Z

Anreise

Es gibt folgende Flughäfen auf den Kapverdischen Inseln, aufgelistet sind der Reihenfolge nach der Name der Insel, der ICAO-oder IATA-Code und der Name des Flughafens.

- **Boa Vista:** GVBA, BVC, Rabil – **Fogo:** GVSF, SFL, São Filipe – **Maio:** GVMA, MMO, Cidade do Maio – **Sal:** GVAC, SID, Amilcar Cabral – **Santiago:** GVNP, RAI, Praia – **São Nicolau:** GVSN, SNE, Preguiça – **São Vicente:** GVSV, VXE, Cesária Évora

Gegenwärtig bestehen folgende sinnvolle Flugverbindungen aus Europa: Cabo Verde Airlines fliegt von Lissabon nach Sal. Die TAP Portugal fliegt fast täglich von Hamburg, Frankfurt, Düsseldorf, Berlin, München, Zürich und Wien via Lissabon nach Sal, Boa Vista und Santiago. Je nach Verbindung kann es jedoch zu langen Wartezeiten beim Umsteigen in Lissabon kommen.

Für einen Direktflug aus Deutschland beträgt die Flugzeit 6–7 Stunden. TUIfly fliegt als einzige Fluggesellschaft nonstop einmal in der Woche von diversen Flughäfen in Deutschland die Inseln Sal und Boa Vista an. Für ein Hin- und Rückflugticket gibt man zwischen 600 und 800 Euro aus.

Die Schweizer Fluglinie Edelweiss fliegt zweimal wöchentlich von Zürich nach Sal auf die Kapverden. Ein Hin- und Rückflugticket kostet zwischen 300 und 450 Euro.

Als eine weitere Variante kann man von der kanarischen Insel Gran Canaria einmal wöchentlich mit der Fluggesellschaft Binter Canaris nach Sal fliegen. Ein Hin- und Rückflugticket kostet zwischen 600 und 1100 Euro.

Inlandsflüge werden auf den Kapverden ausschließlich von der Fluggesellschaft Bestlfy Cabo Verde geleistet. Mehrere Kapverdische Inseln mit Inselhopping zu erkunden, ist aber eine logistische Herausforderung, da es nicht an jedem Tag Verbindungen gibt und man teilweise keine Nonstop-Flüge von Insel zu Insel bekommt, weil man über das Drehkreuz Praia auf Santiago fliegen muss. Flugverbindungen nach Maio bestehen nur von und nach Praia. Auch wird die Insel nicht täglich angeflogen.

Die Insel Brava ist nur mit einer Fähre erreichbar.

Von Dezember bis März passiert es immer mal wieder, dass die Reisepläne vom Wetterphänomen *bruma secca* durchkreuzt werden. Dann ist so viel feiner Staub aus der Sahara in der Luft, dass Flüge wegen der Sichtbehinderung verschoben werden müssen.

Aluguer – Taxi – Mietwagen

Zwischen den meisten Inselorten verkehren sogenannte **Aluguers**, eine Art kommunales Sammeltaxi, das eine festgelegte Strecke abfährt. Je nach Strecke und Insel sind dies Toyotabusse oder offene Pritschenwagen mit einer Kapazität bis zu 15 Personen. Fahrten mit dem Aluguer sind sehr preis-

wert und immer ein kleines Abenteuer. Sie sind um das Zehnfache billiger als ein Taxi, aber ein Aluguer fährt nur zu einem Ziel, wenn genug Leute dafür gefunden werden. Ganz wichtig! Wenn es nicht voll ist, dann fährt es auch nicht – für die zeitgetakteten Europäer eine echte Geduldsprobe. Während der Fahrt werden Personen auch unterwegs ein- und aussteigen. Bei den Tourbeschreibungen werden nützliche Hinweise zum Preis und den Abfahrpunkten vermittelt. Es ist auch möglich, ein Aluguer als privates Taxi zu nutzen, dann ergibt sich ein höherer Fahrpreis.
Fahrten mit dem **Taxi** sind eine Alternative zu den Aluguers, um einen individuellen Zielort zu erreichen. Auf den Ferieninseln Fogo und Santiago gibt es keine Probleme, ein Taxi zu finden. Alternativ kann man auch alle 10 Plätze eines Aluguer mieten, dann wird das Aluguer zum Taxi. Meistens bezahlt man ungefähr den zehnfachen Preis einer Aluguerfahrt für diese Strecke. Es gibt keinen Taxameter, der Preis sollte unbedingt immer vor Fahrtantritt verhandelt werden, sonst kann es es böse Überraschungen geben. Die Fahrpreise sind noch günstiger als in Deutschland, aber in den Touristenzentren werden sie ständig erhöht. Eine Fahrt mit dem Taxi vom internationalen Flughafen auf Santiago kostet tagsüber 1000 CVE und nachts zwischen 1500–2000 CVE. Auf der Insel Fogo kostet der gefahrene Kilometer mindestens 100 CVE. Zu erkennen ist ein Taxi an dem Taxischild auf dem Autodach. Die Taxis werden per Handsignal gestoppt, allerdings ist der Taxifahrer nicht zum Halten verpflichtet.
Ein **Mietwagen** zur selbstständigen und bequemen Erkundung ist eine Alternative zu den Aluguers – wenn man das möchte. Für die in diesem

Der Aeroporto Internacional Nelson Mandela ist der Flughafen der kapverdischen Hauptstadt Praia auf der Insel Santiago.

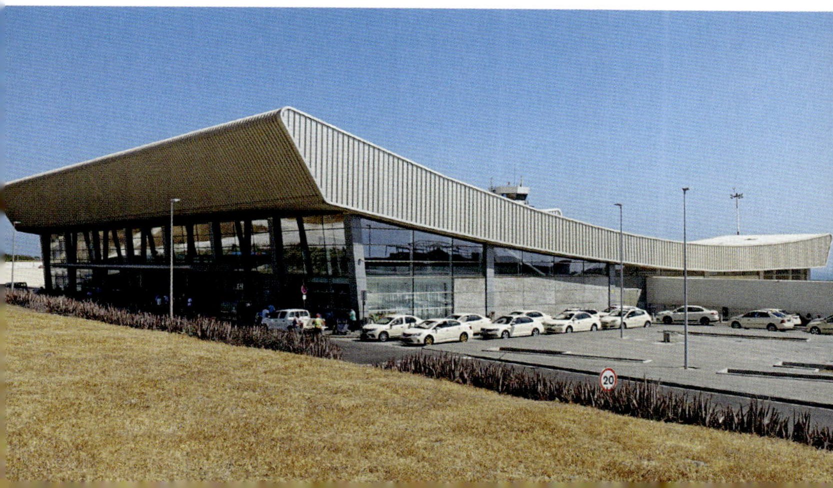

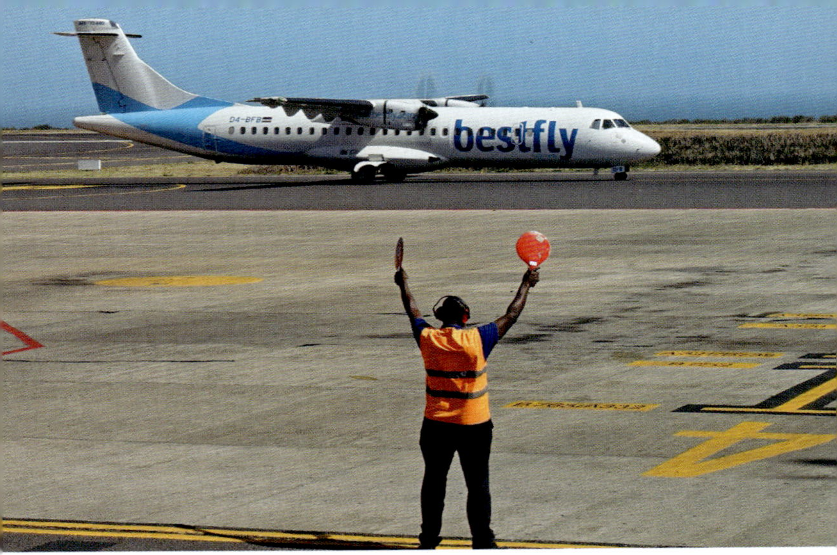

Inlandsverbindungen auf den Kapverden werden von Bestfly Cabo Verde durchgeführt.

Wanderführer beschriebenen Touren ist aber kein Mietwagen erforderlich. Die Mietwagenfirmen befinden sich meistens an den Flughäfen und in den größeren Städten. Für ein kleines Auto schwanken die Preise zwischen 40 und 55 Euro und für ein vierradgetriebenes Fahrzeug zwischen 55 und 110 Euro pro Tag. Warum sind die Mietwagen so teuer? Die Einfuhrsteuer auf den Kapverdischen Inseln ist extrem hoch, das schlägt sich in den Mietpreisen nieder. Auch gibt es wenig fachkundiges Personal, um Reparaturen durchzuführen, was ebenfalls im Mietpreis mit einkalkuliert ist. Voraussetzung für die Anmietung eines Pkw sind eine gültige Fahrerlaubnis, ein Reisepass sowie ein Mindestalter von 21 Jahren, wobei man den Führerschein bereits ein Jahr besitzen muss. Immer neue Autovermietungen werden ins Leben gerufen, gehen aber genauso schnell insolvent. Nachfolgend eine Momentaufnahme der aktuellen Mietwagenfirmen:

- Auto Evaristo Rent-A-Car, Lda Evaristo Martins Lopes, Vila do Maio (15.138834 -23.207235), Tel. +238 2552049
- Maio-Car, Lda Rent-A-Car, Av. Amilcar Cabral, Vila do Maio (15.140349 -23.212893), Tel. +238 995 9681
- Hertz am Nelson Mandela International Airport auf Santiago (14.944808 -23.486177), rentcars.com/en/company/hertz/cape-verde/airports/rai-praia-nelson-mandela
- Intercidades Car Rental, Nelson Mandela International Airport auf Santiago (14.944808 -23.486177), intercidadesrentacar.cv, Tel. +238 2612525

- Caetano Retail, Achada Grande Trás – Praia City 214C, Santiago (14.915697 -23.489968), caetanoretail.cv/rent-a-car, Tel. +238 2634070
- Delcar – Rent-A-Car, 10, Rua Ucla Achada, Santo António-Praia, Santiago, delcar.cv (14.911654 -23.517654), Tel. +238 2623719
- Intercidades Car Rental, Centro Histórico São Filipe, Fogo (14.894874 -24.497994), intercidadesrentacar.cv, Tel. +238 2813334
- Auf der Insel Brava gab es bis Ende 2023 noch keine Autovermieter.

Bus- und Fährverbindungen

Öffentliche Verkehrsmittel mit einem regelmäßigen Fahrplan gibt es nur in Praia (Santiago), dort verkehren Busse im Stadtkern.
Die POLARIS Ferry Interilhas cvinterilhas.cv bietet Fährverbindungen vom Hafen in Santiago nach Maio (Linie L5, 90 Min. Fahrzeit), nach Fogo (L4, 3.30 Std. Fahrzeit) und von Fogo nach Brava (diese Insel ist nur mit der Fähre erreichbar; L4, 30 Min. Fahrzeit). Fährverbindungen auf den Kapverdischen Inseln sind sehr unzuverlässig. Es treten oft große Verspätungen auf, Verbindungen werden oftmals kurzfristig gestrichen. Für Inseln mit Flughäfen sind Inlandsflüge die beste Alternative!

Botschaften und Konsulate

Seit dem 1. Januar 2019 wird kein Touristenvisum mehr benötigt, wenn man nicht länger als 30 Tage im Land bleibt und Staatsbürger eines EU-Mitgliedstaates oder der Schweiz, Liechtensteins und einiger weiterer europäischer Länder ist. Auch wenn man kein Visum mehr benötigt, müssen sich dennoch alle Reisenden bis zu fünf Tage vor Reiseantritt auf der Internetplattform ease.gov.cv registrieren. Jeder Einreisende benötigt einen gültigen Reisepass, der bei Ausreise noch mindestens sechs Monate gültig ist.

Das kleine Fort São José in Vila do Maio.

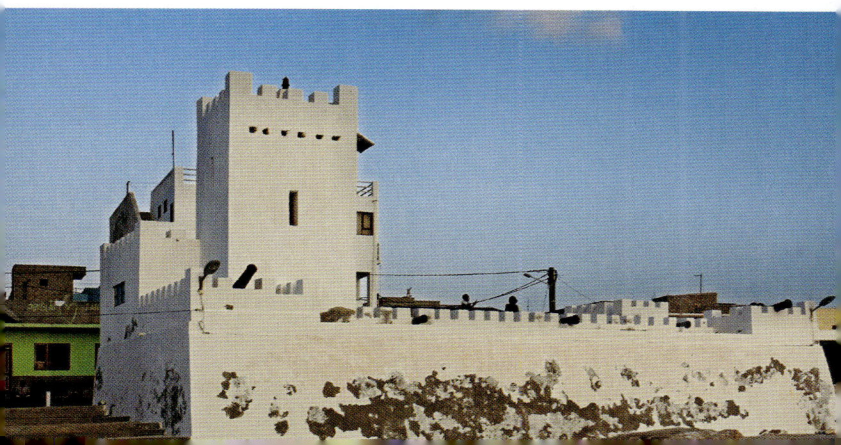

Bei längeren Aufenthalten von über 30 Tagen oder bei mehrfachem Einreisen in die Republik Kap Verde muss das Visum wie bisher bei der Botschaft in Berlin oder bei einem Konsulat von Kap Verde angefordert werden. Dazu benötigt der Reisende einen mindestens 6 Monate gültigen Reisepass und ein Visum. Das Vorgehen ist auf der Webseite der Botschaft in Berlin im Detail erörtert. Die Bearbeitungszeit zur Erstellung eines Visums beträgt 2–3 Tage plus die Zeit für den Postweg.

- Botschaft Republik Kap Verde, Stavanger Straße 16, 10439 Berlin, embassy-capeverde.de, Öffnungszeiten Mo bis Fr 09.00–16.00 Uhr
- Honorarkonsulat der Republik Kap Verde Hamburg, Deichstraße 17/5. Stock, 20459 Hamburg, capverde.org
- Honorarkonsulat der Republik Kap Verde Saarland, Über der Schanz 3, 66424 Homburg, honorarkonsulat-kapverde.de
- Honorarkonsulat der Republik Kap Verde in Stuttgart für Baden-Württemberg und Bayern, Hirschstraße 22, 70173 Stuttgart, embassy-capeverde.de/html/konsulate.html
- Botschaft der Republik Kap Verde, Avenue Blanc 47, 1202 Genf, Tel. +41 22 7313336, cap.vert@bluewin.ch
- Honorarkonsulat der Republik Kap Verde in Wien, Dipl.-Ing. Wolfgang Meixner, Dornbacherstraße 89, 1170 Wien, Tel. +43 1 4897882, caboverde.meixner.at

Diplomatische Vertretungen für die Republik Kap Verde
Zuständige Vertretung für deutsche Staatsbürger ist die deutsche Botschaft in Dakar/Senegal. Entscheidungen über Anträge konsularischer Art, z.B. Hilfeleistung, Passanträge etc. trifft ausschließlich die Botschaft Dakar.

- Botschaft der Bundesrepublik Deutschland, Ambassade de la République fédérale d'Allemagne, 20, Avenue Pasteur, B.P. 2100, Dakar, Senegal, dakar.diplo.de/sn-de, Tel. +221 33 8894884, Das Bereitschaftstelefon der Botschaft erreicht man unter der Nummer Tel. +221 77 6386441. Eine Kontaktaufnahme über SMS ist ebenfalls möglich.

Auf den Kapverdischen Inseln gibt es einen deutschen Honorarkonsul in Mindelo, der in Notfällen kontaktiert werden kann, aber nicht den gleichen Umfang an konsularischen Dienst- und Hilfeleistungen bietet wie die Botschaft.

- Honorarkonsul der Bundesrepublik Deutschland, Av. Dr. Alberto Leite, Prédio »Extra«, 1° andar, Mindelo, Tel. +238 2312725, Mobil +238 9919431

Für österreichische Staatsbürger gibt es keine Vertretung, man muss die Botschaft von Österreich in Lissabon kontaktieren.

- Avenida Infante Santo, 43 – 4°, 1399-046 Lissabon, bmeia.gv.at/oeb-lissabon, Tel. +351 213 943900

Für Schweizer Staatsbürger ist die Botschaft in Dakar zuständig.

- Ambassade de Suisse, B.P. 1772, Dakar, Sénégal, Tel. +221 33 8230590, eda.admin.ch/dakar

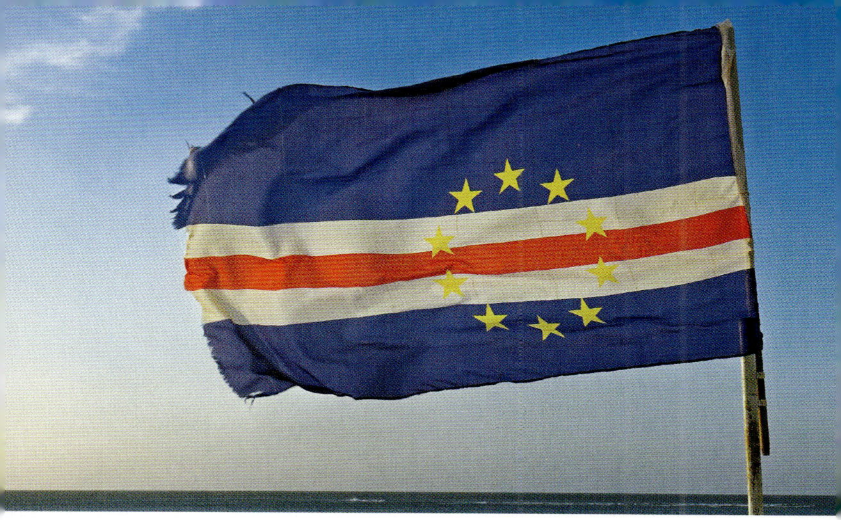

Die Flagge der Republik Kap Verde.

Elektrizität

Standard sind 220 V und 50 Hz (deutsche Steckdosennorm). Adapter werden nicht benötigt.

Freikörperkultur

FKK ist absolut nicht üblich auf den Kapverdischen Inseln. An versteckt liegenden Buchten lassen Urlauber trotzdem gern einmal die Hüllen fallen und genießen das herrliche Baden im Meer und das Sonnen ohne Kleidung.

Feier- und Festtage

01. Januar	Neujahr
20. Januar	Heldengedenktag
März/April	Karfreitag
01. Mai	Tag der Arbeit
03. Mai	Praia Day (in Praia)
10. Juni	Todestag des Dichters Luis Vaz de Camoes
Juni	Festa dos tambores in Boca Ribeira
05. Juli	Unabhängigkeitstag (1975)
15. August	Mariä Himmelfahrt
15. August	Nationalfeiertag
01. November	Allerheiligen
24. Dezember	Heiligabend
25. Dezember	Weihnachtsfeiertag

INTERNETAUFTRITTE

- Republik Kapverden: presidencia.cv
- Staatliches Fernsehen: cap-vert.tv
- Schutz der Meeresschildkröten und ihrer Lebensräume: turtle-foundation.org
- African Bird Club: africanbirdclub.org/countries/cabo-verde/cape-verde-islands-introduction
- Museen auf den Kapverdischen Inseln: ipc.cv/museologiae-e-museu/museus
- Wikipedia-Eintrag: de.wikipedia.org/wiki/Kap_Verde

Fremdenverkehrsämter

Informationen vorab: Auf den Webseiten caboverde.com, capeverdeislands.org und turismo.cv kann man die Inseln entdecken, Sehenswürdigkeiten erklärt bekommen und sich inspirieren lassen. All diese Informationen sind aber sehr allgemein gehalten, und mit einem der gängigen Reiseführer erhält man weitaus mehr Tipps.
Informationen vor Ort: So, wie man es von anderen Destinationen gewohnt ist, z.B. von der Bretagne mit über 230 unabhängigen, agierenden Fremdenverkehrsverbänden, funktionieren die Kapverdischen Inseln nicht. Die Struktur klassischer Tourismusverbände befindet sich noch im Aufbau.

Geschäfte – Öffnungszeiten

Geschäfte sind in der Regel von Montag bis Freitag 8.00–12.30 und 14.00–19.00, samstags 8.30–13.00 Uhr geöffnet. An Sonn- und Feiertagen sind nur große Supermärkte geöffnet.

Gesundheit – Ärzte und Krankenhäuser

Die medizinische Versorgung auf den Inseln ist mit Europa nicht zu vergleichen, vor allem im Bereich adäquater Nothilfe. Krankenhäuser mit Fachärzten und mit ausreichender Ausstattung gibt es nur in Praia. Auf den Touristeninseln Maio, Fogo und Brava ist die medizinische Versorgung sehr begrenzt. Bei schwerwiegenden Erkrankungen oder Unfällen ist eine Verlegung nach Europa bzw. auf die Kanaren oder nach Dakar notwendig. Das Mitbringen von Medikamenten für eine persönlich zusammengestellte Hausapotheke ist dringend zu empfehlen und insbesondere für Personen notwendig, die auf spezielle Medikamente angewiesen sind.
Das Abschließen einer Auslandskrankenversicherung mit Rückholgarantie ist für den Fall der Fälle sehr wichtig. Für Pauschalurlauber vermittelt der Reiseveranstalter oder das Hotel Informationen zu medizinischer Hilfe. Wenige größere Hotels bieten auch ärztliche Sprechstunden und eine Notfallversorgung in Kooperation mit den wenigen privaten Kliniken vor Ort an.

Vor der Abreise auf die Kapverdischen Inseln sollte man sich in einer reisemedizinischen Beratungsstelle persönlich beraten lassen und gegebenenfalls den Impfschutz anpassen. Von August bis November besteht ein minimales Malariarisiko auf der Insel Santiago. Malaria wird von Stechmücken übertragen, daher ist ausgiebiger Mückenschutz unbedingt notwendig. Mücken sind nachtaktiv und somit erhöht sich das Risiko, gestochen zu werden, besonders in den Abendstunden und in der Nacht.
Vorbeugende Maßnahmen sind: Bei einem Aufenthalt im Freien in den Abend- und Nachtstunden die Haut bedecken (helle lange Hosen und ein langärmeliges Oberteil). In klimatisierten Räumen – Mücken meiden die Kälte – oder in Räumen mit Fliegengittern aufhalten. Unter einem Mückennetz schlafen. Freie Hautstellen regelmäßig mit Mückenschutzmitteln mit den Wirkstoffen DEET oder Icaridin einreiben (Apotheken ansprechen). Die zusätzliche Verwendung von Insektenbekämpfungsmitteln in Aerosolspendern, Verdampfern und Räucherspiralen ist ratsam, etwa wenn ein Zimmer sehr viele Mücken aufweist. Zusätzlich kann bei hoher Gefährdung die Kleidung oder das Mückennetz mit einem Insektizid imprägniert werden.

Kontaktadressen bei medizinischen Notfällen

- Hospital do Maio, Vila do Maio, Maio, 15.142418 -23.210630
- Hospital Agostinho Neto, Santiago Praia, 14.919467 -23.505302
- Cutelo De Acucar, Krankenhaus Fogo São Filipe, 14.886631 -24.496565
- Cutelo De Acucar, Krankenhaus Brava Nova Sintra, 14.871712 -24.693739

An den wenigen Waschplätzen auf den Kapverdischen Inseln ist immer viel los.

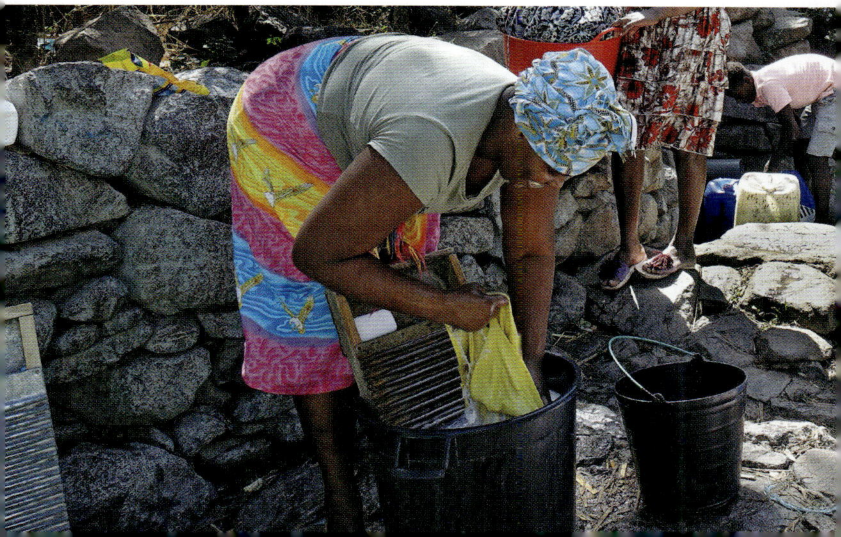

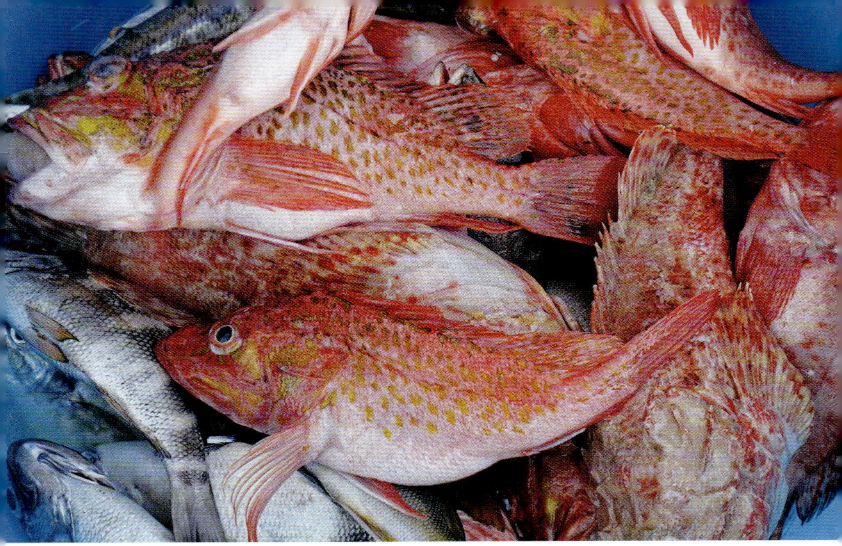

Frisch gefangene Fische in den Markthallen von Tarrafal auf der Insel Santiago.

Literatur und Zeitschriften

Empfehlungen für topografische Karten finden sich im Kapitel »Wanderkarten« auf Seite 19.

- DuMont Reise-Taschenbuch Reiseführer Kapverden, 2022.
- Kapverden – Afrikanische Perlen im Atlantik – Dupin von Jean-Luc Bannalec, Wiesenburg Verlag, 2015.
- Bradt Travel Guides Cape Verde (Englisch) Taschenbuch, 2017.
- Reiseführer Kapverdische Inseln, Reise Know-How Verlag, 2018.
- Wanderführer Kapverden Nord, Bergverlag Rother, 2020.
- freytag&berndt Autokarte Kapverdische Inseln 1:80.000, 2017.

Märkte

Markttage auf den Kapverdischen Inseln sind sowohl für Einheimische als auch für Urlauber äußerst interessant. Der Markttag beginnt etwa um 7.00 Uhr morgens und dauert bis in die Mittagsstunden. Wegen der empfindlichen Produkte sind vor allem Fischhändler spätestens um 13.00 Uhr nicht mehr vor Ort, Ausnahmen sind die großen Markthallen. Fast in jedem größeren Ort gibt es 1- bis 2-mal pro Woche einen Wochenmarkt. Sie werden begeistert sein, da es viel mehr Auswahl gibt als in Deutschland! Das enorme Angebot an Fisch und Gemüse ist einmalig. Auf diesem Wege erlangt man den perfekten Einblick in die kulinarischen Besonderheiten der Kapverdischen Inseln.

Post und Telekommunikation

Briefe von und nach Europa benötigen ca. 4 Wochen. Die Post wird am Postamt (*Os Correios*) abgegeben. Auf den touristisch erschlossenen Inseln nimmt auch die Hotelrezeption die Ferienpost an. Ein Brief von Europa auf die Kapverdischen Inseln muss auf der Post abgeholt werden, sofern der Empfänger kein Postfach besitzt.

Das Telekommunikationsnetz auf den Kapverden ist zuverlässig. In den größeren Städten gibt es öffentliche Telefonzellen mit Telefonkarten. Von ihnen aus kann man Gespräche ins Ausland führen. Die Vorwahl auf die Kapverden ist +238, von den Kapverden nach Deutschland +49, nach Österreich +43 und in die Schweiz +41.

Das Mobilfunknetz ist inzwischen sehr gut ausgebaut, es gibt nur noch wenige Regionen ohne Empfang. Auf der nachfolgenden Webseite kann man sich einen Überblick über die Netzabdeckung verschaffen:

- nperf.com/de/map/CV/-/2036230.CVMovel/signal/?ll

Die Netze T-Mobile, 1&1, Vodafone sowie o2 funktionieren mit deutschem Vertrag, aber das Telefonieren und die Datennutzung sind extrem teuer. Eine SIM-Karte mit Datenvolumen kann man hingegen sehr günstig vor Ort erwerben. Datentarife stehen auf der Webseite:

- alou.cv/tarifario-movel-da-alou

Es gibt zwei Anbieter: Unitel und CVMovél. Der Letztgenannte hat eine größere Netzabdeckung und ist daher die geeignete Wahl für Wanderer.

Tipp: Im Ankunftsbereich des internationalen Flughafens von Santiago gibt es Verkaufsstände für SIM-Karten, die auch vor Ort eingerichtet werden.

Sicherheit

Die Kapverden sind ein sicheres Land, es gibt keine terroristischen Vereinigungen. Die Inselregierung ist ein Rechtsstaat, der einerseits allgemein verbindliches Recht schafft und andererseits seine eigenen Organe zur Ausübung der staatlichen Gewalt an das Recht bindet.

Um das Diebstahlrisiko so möglich gering wie zu halten, sollte man auf Taschen und Geldbörsen achten, auf das Tragen von auffälligem Schmuck verzichten und nur eine Kopie des Reisepasses mitführen. Alle anderen Wertstände gehören in den Hotelsafe. Aus Praia (Hauptstadt auf Santiago) wird über Straßenraub und Überfälle durch Einzeltäter und Banden berichtet. Bei Wanderung 25 (Farol da Ponta Preta) sollte man sich von einem ortskundigen Führer begleiten lassen, um Raubüberfälle zu umgehen. Auf Überlandfahrten sollte man bei Dunkelheit aus Sicherheitsgründen (keine Straßenbeleuchtung, Passanten und Tiere auf der Straße) verzichten.

Nummern für den Notfall

- Notarzt und Krankenhaus: 130
- Feuerwehr: 131
- Polizei: 132

Auf den Kapverdischen Inseln kommt es häufig zu seismischen Aktivitäten. See- und Erdbeben können daher nicht ausgeschlossen werden. Der letzte Vulkanausbruch ereignete sich 2014/2015 auf der Insel Fogo. Dabei kam es zu Sachschäden. Mit einer Vorwarnzeit von ca. 3 Tagen wird vor solchen Geschehnissen auf der Insel gewarnt. Hinweise zum Verhalten bei Erdbeben bietet das Geoforschungszentrum Potsdam an.
Von August bis Oktober ist Regenzeit, in der es auch zu Tropenstürmen und der Bildung von Hurrikanen kommen kann. Reisende werden gebeten, in dieser Zeit die Zyklonwarnungen ausländischer Wetter-Apps zu beachten, da die Kapverden über kein Warnsystem verfügen.
Deutschen Staatsangehörigen wird empfohlen, sich in die Krisenvorsorgeliste des Auswärtigen Amtes einzutragen, damit im Notfall eine schnelle Kontaktaufnahme möglich ist.
■ krisenvorsorgeliste.diplo.de/signin

Sprache – Kreol und Portugiesisch

Die Amtssprache ist Portugiesisch; die Umgangssprache, das Kreol, wird von den meisten Inselbewohnern gesprochen. Sie ist eine Mischung aus vereinfachtem Portugiesisch und einzelnen Vokabeln aus afrikanischen Sprachen und dem Französischen. Mitunter versteht man auch Englisch oder Französisch. Englisch wird vor allem von ehemaligen Emigranten gesprochen, die wieder in ihre Heimat zurückgekehrt sind. Auch lernen mehr und mehr Kapverdianer Englisch. Ein *obrigado* (männlich) oder *obrigada* (weiblich) – Danke – kommt aber immer gut an. Einige wichtige kreolische und portugiesische Begriffe finden sich auf der nächsten Doppelseite.

Ein Aluguer-Fahrer mit seinem geliebten Auto.

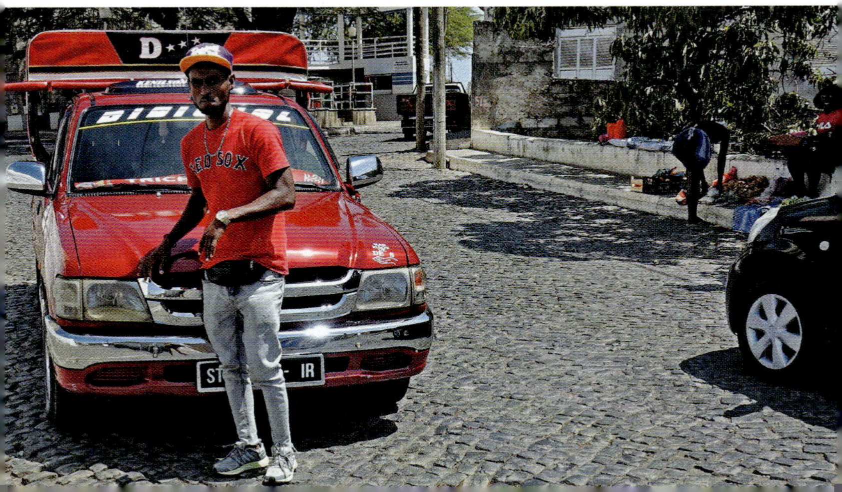

Straßenverkehr

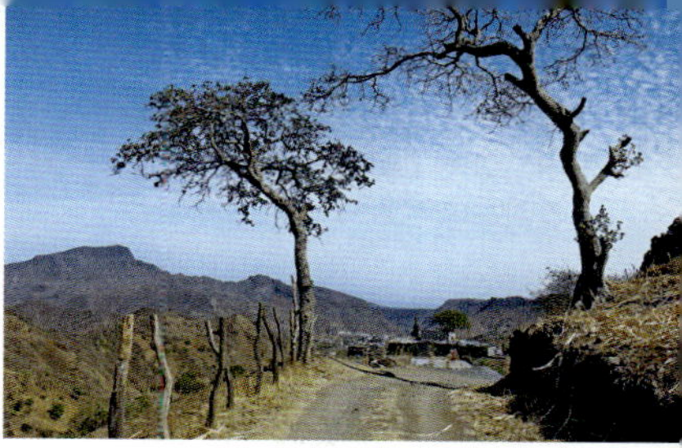

Hat man die Hauptstraße verlassen, beginnen gleich Schotterwege.

Allgemein übliche Verhaltensregeln im Straßenverkehr: Führen Sie stets Autopapiere, Mietwagenvertrag und Führerschein mit sich und achten Sie auf das Tempolimit. Angesichts der Urlaubsstimmung, bei der oft viel Alkohol konsumiert wird, fragt man sich unweigerlich, wie viel man trinken darf. Interessanterweise gibt es keine Promillegrenze auf den Kapverdischen Inseln. Im Umgang mit den Beamten empfiehlt es sich, stets nett, freundlich und zuvorkommend zu sein. Etwaige Geldstrafen müssen in bar bezahlt werden. Das bestehende Straßennetz ist nur zu einem Drittel gepflastert. Während der Regenzeit von August bis Oktober muss mit Erdrutschen und unpassierbaren Strecken gerechnet werden.

Währung – Geldwechsel – Kreditkarten

Die Währungseinheit ist der Kapverdische Escudo (CVE). 1 Kapverdischer Escudo entspricht 100 Centavos. Banknoten sind im Wert von 200, 500, 1000, 2000 und 5000 CVE im Umlauf. Münzen gibt es im Wert von 5, 10, 50 und 100 CVE. Die werden jedoch selten benutzt.
1 Euro entspricht ca. 110 CVE (Stand Januar 2024). Die Einfuhr und Ausfuhr der Landeswährung ist verboten. Der Euro wird überall als Zahlungsmittel akzeptiert. Wechselschalter gibt es am internationalen Flughafen auf Santiago, aber nicht an den Inlandsflughäfen.
Reisende, die mit ihrer Kreditkarte im Ausland Geld abheben wollen, sollten sich vor Reiseantritt bei ihrem Kreditinstitut über die Nutzungsmöglichkeit informieren. Auf den Kapverdischen Inseln ist alles etwas anders. Kreditkarten werden ausschließlich in großen Hotels akzeptiert, meist nur die Visa-Card. Auch an den wenigen Geldausgabeautomaten funktioniert nur die Visa-Card! Die Mastercard wird nur von der Banco de Atlantico am Schalter akzeptiert und ist gebührenpflichtig (15 Euro). Die Öffnungszeiten der Banken sind montags bis freitags von 8.00 bis 15.00 Uhr. 1 bis 2 Stunden Wartezeit sind die Regel, die Banken sind restlos überlaufen.

Zeitzone

Die Kapverdischen Inseln liegen in der Zeitzone UTC –1 (Universal Time Coordinated). Der Unterschied zur mitteleuropäischen Zeit beträgt zwei Stunden (MEZ –2). Wenn es im Winter in Deutschland 12.00 Uhr mittags ist, ist es auf den Kapverden erst 10.00 Uhr. Da es in dem afrikanischen Inselstaat keine Sommerzeit gibt, erhöht sich der Zeitunterschied zu Mitteleuropa während der Sommermonate auf 3 Stunden.

HILFREICHE PHRASEN IN KREOL

bitte	por favor
gern geschehen	de nada
guten Morgen	bom dia
guten Tag	boa tarde
guten Abend / gute Nacht	boa noite
Sprechen Sie Englisch?	Bu papia ingles?
Ich möchte dorthin	N cre bai
Wo ist ...?	Undi sta ...?
... die Toilette	... casa di banho
Ich möchte (nicht)	N (ka) cre
... essen	... cume
... trinken	... bibe
Wie viel?	Contu custa?
Was ist das?	Cuze e kela?
Ich bin Vegetarier	Ami e vegetariano
Ich bin Veganer	Ami e vegano
Ich möchte	N gosta
Ich möchte nicht	N ka gosta

KLEINES WÖRTERBUCH DEUTSCH – PORTUGIESISCH

Minimalwortschatz

1, 2, 3	um, dois, três
4, 5, 6	quatro, cinco, seis
7, 8, 9	sete, oito, nove
10, 11, 12	dez, onze, doze
13, 14	treze, catorze
15, 16	quinze, dezasseis
17, 18	dezassete, dezoito
19, 20	dezenove, vinte
Montag	Segunda-Feira
Dienstag	terça-feira
Mittwoch	quarta-feira
Donnerstag	quinta-feira
Freitag	sexta-feira
Samstag	sábado
Sonntag	domingo
ja / nein	sim / não
bitte	por favor
danke	obrigado / -a
gern geschehen	de nada
Entschuldigung	desculpe
guten Morgen	bom dia
guten Tag (bis mittags)	bom dia
(nachmittags)	boa tarde
guten Abend, gute Nacht	boa noite
auf Wiedersehen	adeus
hallo / tschüss	olá / tchau
Prost!	Saúde!
Hilfe	socorro
Ich heiße	Eu chamo-me
Ich hätte gern	Eu queria
Was kostet ...?	Quanto custa ...?
Wie geht es?	Como vai?
Geht es gut?	Está / estás bem?
Toilette	WC / casa-de-banho

Geografische Begriffe

Aussichtspunkt	miradouro
Bach-, Trocken-flussbett	ribeira
Berg	monte
Bergkuppe, Felskopf	morro
Brücke	ponte
Bucht	baía
Pass, Sattel	selada
Felsen	roque
Flachland, Ebene	chã
Gipfel	pico
Haus	casa
Höhle	caverna
Insel	ilha
Kapelle	ermida
Kirche	igreja
Kleinstadt	vila
Landzunge	ponta
Leuchtturm	farol
Norden / Süden	norte / sul
Osten / Westen	este / oeste
querschießende Lava-Ausbruchsrinnen	diques
Strand	praia
(Haupt-) Straße	estrada (principal)
Tal	vale
Vulkan	vulcão
Vulkankrater	caldeira
Wanderweg	caminho

Unterwegs – Restaurant / Hotel

Bitte einen Tisch für 4 Personen!	Uma mesa para 4 pessoas, por favor!
Wir würden gerne ...	Nós gostaríamos de
beim Fenster sitzen!	... sentar perto da janela!
Was würden Sie gerne trinken?	O que o senhor(a) gostaria de beber?
Wir hätten gerne ...	Nós gostaríamos de ...
eine Flasche Wein (weiß / rot)	uma garrafa de vinho (branco / tinto)
eine Flasche Mineralwasser	uma garrafa de água mineral
ein Glas Bier (Schoppen)	um chopp
ein Glas Wein	uma taça de vinho
die Suppe	a sopa
Herr Ober, bringen Sie mir bitte ...	Garçon, por favor, traga-me ...
... die Speisekarte	... o cardápio
Ich möchte jetzt zahlen!	Eu quero pagar agora!
Ich habe eine Reservierung.	Eu tenho uma reserva.
Kann ich auf mein Zimmer gehen?	Posso subir para (ao) meu quarto?
Ich möchte meinen Schlüssel!	Quero a minha chave!
Bestellen Sie mir ein Taxi, bitte!	Me chame um taxi, por favor!
Machen Sie meine Rechnung fertig!	Feche minha a conta!
Welcher Bus fährt nach ...?	Qual é o ônibus (autocarro) para ...?
Das Hotelzimmer	O quarto do hotel
Wir sind 2 Wochen hier	Estamos 2 semanas aqui
Gibt es ein privates Bad?	Tem um banheiro privado?
Wir hätten gerne	Nós gostaríamos de
... ein Zimmer mit Meerblick.	... um quarto com vista para o mar.
Sind die Mahlzeiten (Frühstück) inklusive?	As refeições (café da manhã) estão incluídas?

Unterwegs – Aluguer / Taxi

Wie viel kostet die Fahrt / das Ticket?	Quanto custa a viagem / a passagem?
Wo muss ich aussteigen?	Onde devo descer (saltar)?
Können Sie mir Bescheid sagen?	Pode (s) me avisar?
Danke, Sie sind sehr nett!	Obrigado, você é muito amável!
Bringen Sie mich nach ...	Me leva para ... / Quero ir para ...
Wissen Sie, wo das ist?	Sabe (s) onde fica?
Halten Sie hier an, bitte!	Pare por aqui, por favor!
Zeigen Sie mir bitte die Tabelle!	Me mostre a tabela, por favor!
Ich bezahle nur, was auf der Tabelle steht!	Pago somente a quantia da tabela!
Sie können das Wechselgeld behalten!	Pode ficar com o troco!
Ich möchte das Wechselgeld!	Quero o meu troco!
Die Uhr ist nicht eingeschaltet.	O taxímetro não está ligado.
Bitte schalten Sie die Uhr ein!	Por favor ligue o taximetro!
Bitte schließen Sie das Fenster!	Por favor feche a janela!

DIE KAPVERDISCHEN INSELN

Geschichte im Zeitraffer

- **1456** Entdeckt wurden die Kapverden von dem Italiener Aloisio Cadamosto, offiziell anerkannt wurde die Entdeckung durch seinen Landsmann Antonio da Noli im Jahr 1460, als die Inseln Maio, Fogo, Sal, Boa Vista und Santiago erstmals urkundlich erwähnt wurden. Es gibt keine Hinweise darauf, dass diese Inseln früher bewohnt waren.
- **1461** folgte der Auftrag an Diogo Gomes zu weiteren Erkundungsfahrten – er fand als Erster die Inseln São Nicolau, Santa Luzia, Santo Antonio, São Vicente, Razo und Branco. Ihm wurde ein Monument gewidmet, das unweit des Regierungssitzes der Kapverdischen Regierung steht.
- **1462** Zum ersten Gouverneur der Inseln wurde der im Auftrag des portugiesischen Prinzen Heinrich des Seefahrers fahrende Kapitän Antonio da Noli ernannt. Er begann die Besiedlung der Inselgruppe im Namen der portugiesischen Krone. Die portugiesische Kolonialherrschaft war für die Bevölkerung mit großer Armut verbunden. Die kargen Böden und die ständigen Dürreperioden erschwerten das Leben auf den Inseln und sorgten für Hungersnöte und ständige Bevölkerungsrückgänge über die nachfolgenden Jahrhunderte.
- **1462** Ribeira Grande auf der Insel Santiago wurde von Antonio da Noli als erste Siedlung auf den Kapverdischen Inseln errichtet. Sie war gleichzeitig die erste ständige europäische Siedlung in den Tropen.
- **1466** erhielten Siedler das Recht, mit afrikanischen Sklaven und Waren zu handeln. Cidade Velha auf der Insel Santiago wird zu einem der wichtigsten Sklavenhandelshäfen.
- **1498** Christoph Kolumbus legte auf seiner dritten Reise nach Amerika auf den Kapverden einen Zwischenstopp ein.
- **1566** begann die Fahrt des Piraten James Lovell zu den Kapverdischen Inseln, an der der Engländer Francis Drake als Offizier teilnahm.
- **1585** wurde die Bedrohung durch regelmäßige Angriffe von Piraten aus England, den Niederlanden und Frankreich immer größer. Inzwischen zu Ehren gekommen und mit dem Titel »Sir« bedacht, überfiel Francis Drake die Stadt Ribeira Grande auf der Insel Santo Antão.
- **1600** Ab Mitte des 16. Jahrhunderts verlor die Inselgruppe ihre zentrale Rolle als Sklavenumschlagplatz, die wirtschaftliche Situation verschlechterte sich zunehmend.
- **1580–1640** Portugal war von den Spaniern besetzt.
- **1615** wurde auf dem Felsplateau, auf dem sich heute das historische Zentrum von Praia befindet, das Dorf Santa Maria gegründet.
- **1680** Ein gewaltiger Ausbruch aus dem Hauptkrater des Pico do Fogo gab der damals São Filipe genannten Insel den heutigen Namen »Fogo«, auf Deutsch »Feuer«. In den nächsten Jahrhunderten folgten weitere Ausbrüche des Pico do Fogo.

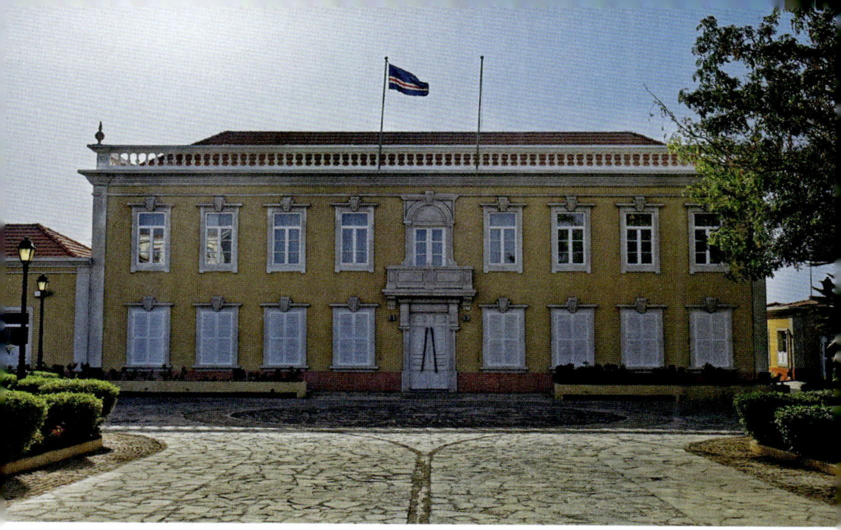

Der Palácio Presidencial in Praia.

- **1747** Die Inseln hatten mit wiederkehrenden Dürreperioden zu kämpfen.
- **1774** gab es eine weitere Hungersnot mit ca. 22.000 Toten.
- **1790** wurde die Kaffeepflanze eingeführt.
- **1794** begann die Besiedlung der bis dahin unbewohnten Insel São Vicente.
- **1810** hatte sich Großbritannien das Handelsvorrecht mit Brasilien und Portugal gesichert und begann 1830 mit der Salzproduktion auf der Insel Sal. Dies bedeutete einen wirtschaftlichen Aufschwung für die Kapverden.
- **1838** wurde Mindelo auf São Vicente durch die Engländer als Versorgungsstation für die transatlantische Handelsschifffahrt ausgebaut.
- **1858** wurde die Stadt Praia auf der Insel Santiago zur neuen Hauptstadt der Kapverden.
- **1878** traten die Gesetze zur Abschaffung der Sklaverei endgültig in Kraft.
- **1932** putschte sich António Salazar in Portugal an die Macht. Er führte eine diktatorische Herrschaft mit faschistischen Zügen.
- **1951** erhielten die Kapverdischen Inseln den Status einer portugiesischen Überseeprovinz, was das Ende des Kolonialstatus bedeutete.
- **1956** gründete Amílcar Cabral die Afrikanische Partei für die Unabhängigkeit von Portugal (PAIGV), die aktiv gegen den Kolonialismus kämpfte.
- **5. 7. 1975** Nach einem langwierigen Kampf um die Unabhängigkeit von Portugal erklärte sich Kap Verde unter dem Namen República de Cabo Verde für unabhängig. Zum Staatspräsidenten wurde Aristides Pereira gewählt, der ein undemokratisches Einparteiensystem etablierte. Seine Regierung wurde zwei Mal wiedergewählt.

- **1990** Das in diesem Jahr eingerichtete Mehrparteiensystem im Rahmen einer parlamentarischen Demokratie erlaubte auch die Gründung der Demokratiebewegung MPD (Movimento para a Democracia), die 1991 erstmals bei Wahlen an die Macht kam.
- **1995** Die Regierung, mehrheitlich bestehend aus MPD-Mitgliedern, wurde im Amt bestätigt.
- **1995** brach auf der Insel Fogo der Vulkan Pico de Fogo aus, dessen Lavafluss sich auf das Innere der Chã das Caldeiras beschränkte. Am westlichen Fuß des Pico entstand der Nebenvulkan Pico Pequeno (1950 m). Durch dessen Ausbruch wurden große Teile der Kulturlandschaft in der Caldeira zerstört.
- **2001** Durch die Wahlen zur Nationalversammlung kehrte die PAICV mit einem sozialdemokratischen Profil in die Regierung zurück. Zum neuen Präsidenten wurde Pedro de Verona Rodrigues Pires gewählt.
- **2006** Bei den Parlamentswahlen im Januar konnte die PAICV ihren Vorsprung zu einer soliden absoluten Mehrheit ausbauen.
- **2008** Die UNO stuft den Inselstaat von der Gruppe der am wenigsten entwickelten Länder zu einem Land mit mittleren Einkommen hoch.
- **2011** Bei den Parlamentswahlen sicherten sich die regierenden Sozialisten unter Ministerpräsident José Maria Neves die absolute Mehrheit.
- **2014** Erneut kommt es zu einem kräftigen Ausbruch am Pico do Fogo. Am 8. 2. 2015 stellte der Vulkan nach 77 Tagen seine eruptive Tätigkeit ein.
- **2015** Die Non-Profit-Organisation »Ethic Traveler – ethisch korrektive Reiseziele« setzte die Kapverden 2015 und 2016 auf die Liste der zehn Entwicklungsländer mit den besten ethischen Standards. Bewertet werden

Kanonen am Forte Real de São Felipe.

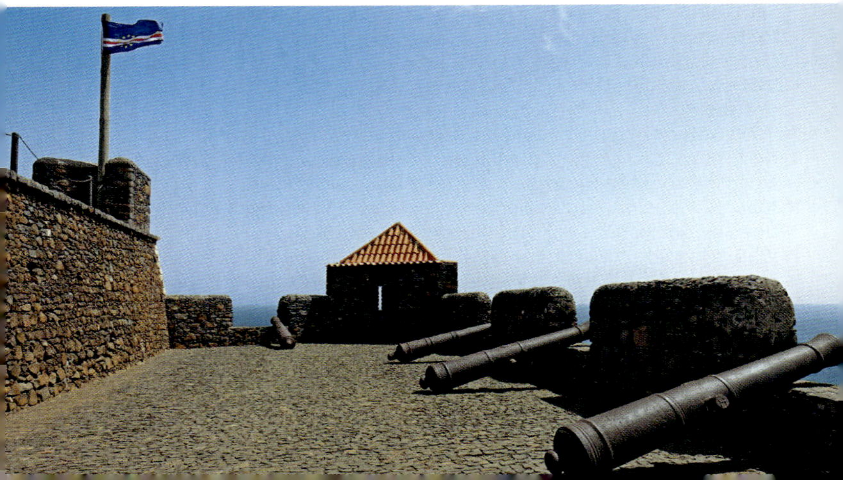

Staaten dabei anhand der Menschenrechte, Umwelt- und Tierschutz, Unterstützung des Sozialwesens und der Entwicklung eines nachhaltigen Tourismus für Besucher und Einheimische.

- **2016** Bei den Wahlen erringt die MPD die absolute Mehrheit.
- **2017** Die Kapverdischen Inseln zählen zu den Aufsteigern der Tourismusbranche. Der Tourismus entwickelt sich langsam und trägt etwa zehn Prozent zum Bruttosozialprodukt bei, wobei die Insel Sal am stärksten besucht wird.
- Heute sind die Kapverdischen Inseln ein Land mit sozialer Stabilität und Frieden und genießen internationales Ansehen.

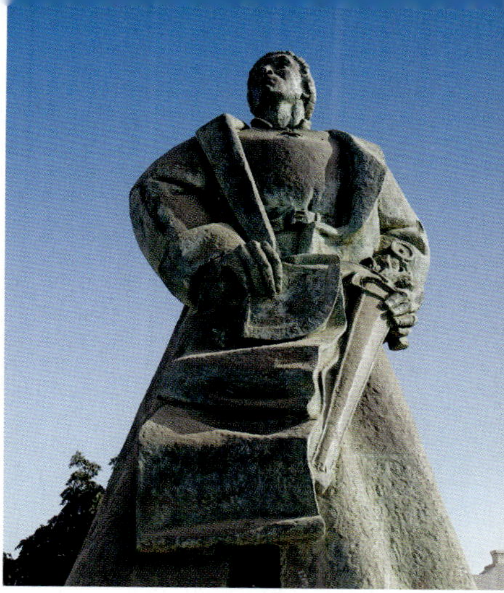

Das Monument von Diogo Gomes.

Einige aktuelle Fakten und Zahlen

Der demokratische und stabile Staat »República Cabo Verde« liegt abgeschieden und dezentral 570 km vor Senegal und Mauretanien im Atlantischen Ozean. Die Amtssprache ist Portugiesisch und die Staatsform eine Parlamentarische Republik. Die größte Insel heißt Santiago, hier befindet sich die heutige Hauptstadt Praia. Mit knapp 561.000 Einwohnern ist der Binnenmarkt der Kapverden jedoch klein. Das Bruttoinlandsprodukt für 2021 wird auf 1,94 Milliarden Euro geschätzt. (Zum Vergleich: In Deutschland sind es 4,22 Billionen Euro.) Davon entfallen ca. 10 % auf die Landwirtschaft, ca. 15 % auf die Industrie und ca. 70 % auf Dienstleistungen, die zum größten Teil aus dem Tourismus stammen.

Als ganzjähriges Tourismusziel erwarten die Kapverden weiterhin wachsendes Potenzial, der Tourismus ist mit einem Anteil von 25 % am Bruttoinlandsprodukt die dominierende Branche des Landes. Als Folge der Corona-Pandemie schrumpfte das BIP um 15 %. Für 2021 zeichnet sich mit einem Wachstum von 4 bis 4,5 % des BIP eine leichte Erholung ab. Eine wichtige Rolle für die Wirtschaft der Kapverden spielen auch die Überweisungen von Arbeitnehmern, die im Ausland arbeiten. Sie haben einen Anteil von 10 % am Bruttoinlandsprodukt. Die Inflationsrate betrug 2021 1,9 %. Es gibt ca. 50 Ärzte pro 100.000 Einwohner, in Deutschland sind es 400 Ärzte. 35 von 1000 Einwohnern besitzen einen Pkw, in Deutschland sind es 570.

Risiken für die Kapverden sind der Klimawandel, der die Versorgung mit Trinkwasser erschwert, und die zunehmende Abhängigkeit vom Tourismus.

Geografie

Die 15 Kapverdischen Inseln, von denen 9 bewohnt sind, umfassen eine Fläche von insgesamt 4033 km². Sie liegen verstreut im Atlantischen Ozean auf einem Durchmesser von ca. 320 km, 570 km vom afrikanischen Kontinent entfernt, auf Höhe von Senegals Hauptstadt Dakar. Die Entfernung von der Insel Boa Vista bis zum Marienplatz in München beträgt 4747 km und bis zur Elbphilharmonie in Hamburg 5047 km. Geografisch gehören die Kapverdischen Inseln zur Sahelzone, einem Savannengebiet auf dem afrikanischen Festland. Die höchste Erhebung der Kapverden, der Pico de Fogo, misst 2829 m. Die Inseln liegen zwischen dem 14. und 17. Breitengrad und zwischen dem 22. und 25. Längengrad.

Zu den Ilhas de Sotavento (die im vorliegenden Wanderführer Kapverden Süd behandelt sind) – Inseln, die dem Wind abgewandt sind, oder in der Seemannssprache »Lee« – gehören die nachfolgenden Inseln:

- **Brava** (14.845377 -24.702509) – 67 km²
- **Fogo** (14.915512 -24.380328) – 476 km²
- **Santiago** (15.090243 -23.624419) – 1394 km²
- **Maio** (15.213111 -23.159838) – 269 km²

Zu den Ilhas de Barlavento (Wanderführer Kapverden Nord) – Inseln, die dem Wind zugewandt sind, oder in der Seemannssprache »Luv« – gehören die nachfolgenden Inseln:

- **Boa Vista** (16.093516 -22.807869) – 620 km²
- **São Nicolau** (16.605610 -24.313087) – 346 km²
- **Sal** (16.745472 -22.932784) – 216 km²
- **São Vicente** (16.840438 -24.968400) – 227 km²
- **Santo Antão** (17.077899 -25.168304) – 779 km²

Geologie

Wie ihre nördlichen Nachbarn – die Azoren, Madeira und die Kanaren – sind auch die Kapverdischen Inseln vulkanischen Ursprungs.
Submarine, vulkanische Tätigkeiten im Mittelatlantik, die zur Entstehung des Kapverdischen Archipels führten, setzten etwa an der Wende von der Kreidezeit zum Tertiär vor rund 66 Millionen Jahren ein und hatten ihren Ursprung im Auseinanderdriften der Kontinente Afrika und Amerika. Die Inseln sind die Gipfel ausgedehnter, unter der Meeresoberfläche befindlicher Vulkane, die sich aus der Kapverdenschwelle herausheben. Die Kapverdenschwelle ist ein östlicher Ausläufer des Mittelatlantischen Rückens und trennt das südlich gelegene Kapverdenbecken vom nördlicheren Kanarenbecken. Im Paläogen vor rund 25–30 Millionen Jahren war die Bildung der östlichen Inseln abgeschlossen. Die weitere Entstehung der

Ein erodierter Vulkanschlot.

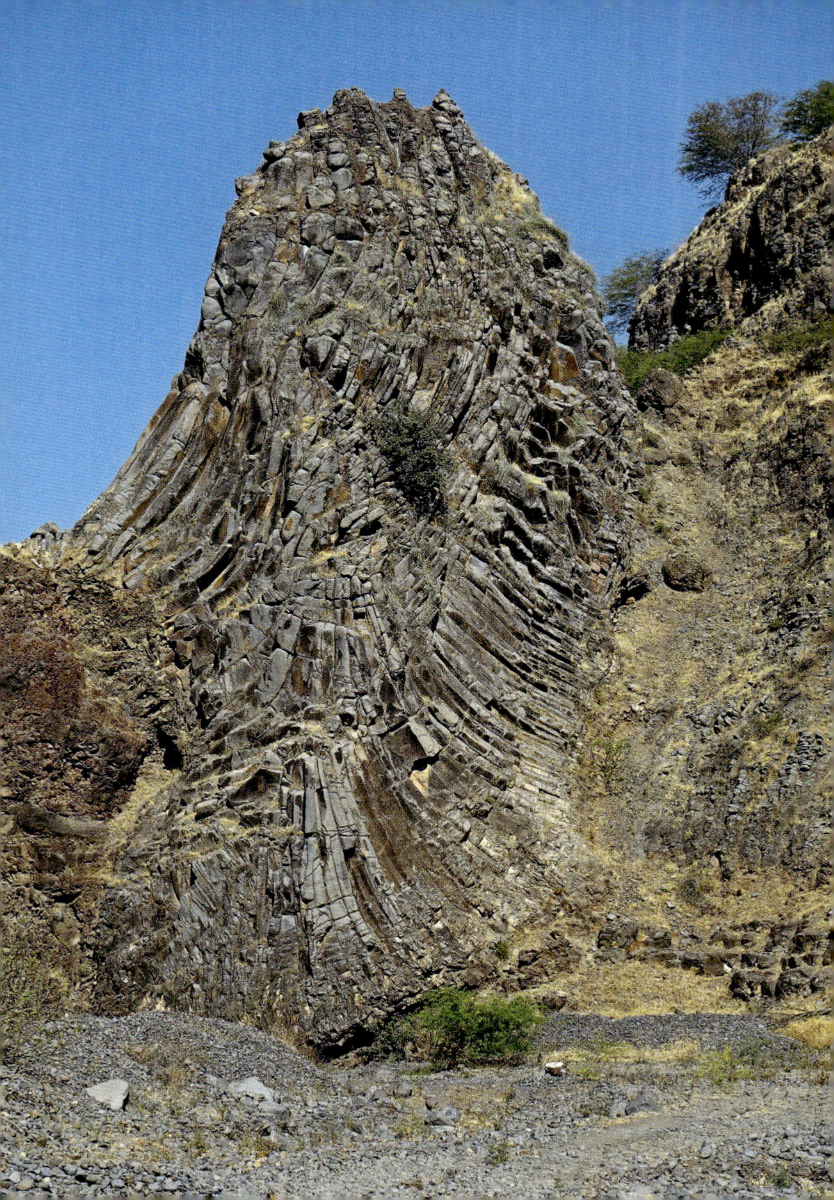

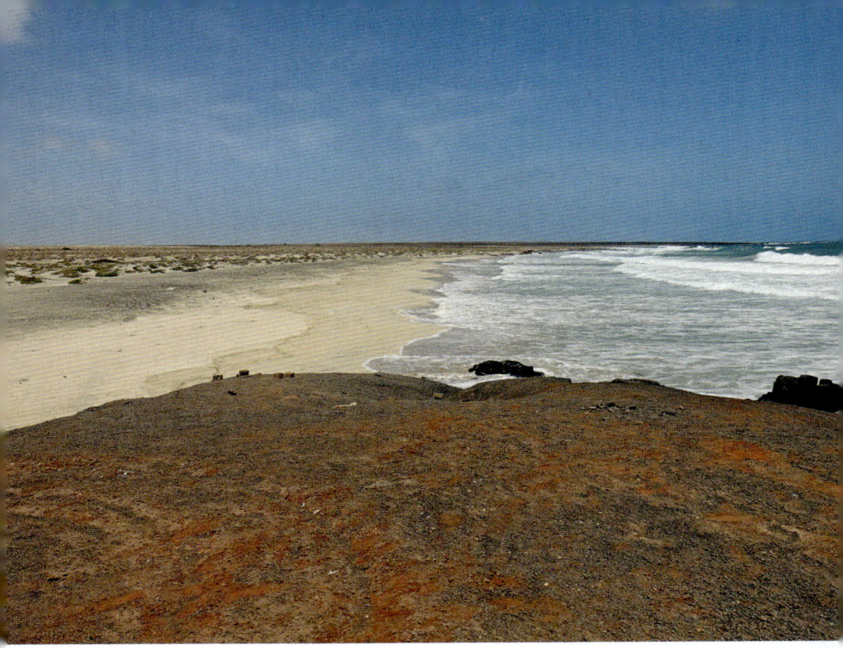

Endlose Strände gibt es auf der Insel Maio.

Kapverdischen Inseln ergab sich aus dem Wechselspiel zwischen Vulkantätigkeit, Wind- und Wassererosion. Auf den westlichen Inseln waren die Vulkane noch länger aktiv und sind es bis heute; so ereignete sich im November 2014 auf der Insel Fogo der bisher letzte Ausbruch.
Jede Insel entwickelte aufgrund der räumlichen Distanz, der zeitlich versetzten und verschieden intensiven Vulkanausbrüche und der stark variierenden klimatischen Bedingungen ihre individuelle und ganz besondere Landschaft. An den Küsten trägt das Meer zu ständigen morphologischen Veränderungen bei, wobei Sedimente angelagert oder abgetragen werden können. Für die Anlagerung von Sedimenten sorgt der Wind, der den Sand der Sahara besonders über die östlichen Inseln Sal, Boa Vista und Maio verteilt. Es entstanden flache, größtenteils sandige Wüsteninseln mit Bergen von maximal 400 m Höhe. Die westlichen Inseln sind durchweg gebirgiger, auf Santo Antão (siehe Wanderführer Kapverden Nord) erreichen die Berge eine Höhe von fast 2000 m. Auf dessen Nordseite gibt es grüne und fruchtbare Täler. Die Einwohner bezeichnen sie daher als Agrarinsel, dank der Passatwolken, die an den Bergen hängen bleiben und kondensieren. Die Südhänge befinden sich außerhalb des Einflussbereichs der Passatwol-

ken und sind deshalb karg und trocken. Beeindruckend sind auf der Insel die tief eingeschnittenen, meist ausgetrockneten Erosionstäler, die bei Regengüssen zu reißenden Flüssen werden können.
Heute ragen die Küsten der Inseln wie wehrhafte Festungen aus dem Meer, die Kraft des Atlantischen Ozeans reibt kontinuierlich und gnadenlos an seinen Basaltmauern oder weitläufigen Sandstränden, die konstant der Erosion ausgesetzt sind.

Fauna – »in terra«

Abgesehen von Vögeln und Insekten hatten es Tierarten weitaus schwerer als Pflanzen, die Kapverdischen Inseln vom afrikanischen Kontinent aus zu besiedeln. Sie mussten den 570 km vom Festland entfernten Archipel irgendwie über das Wasser oder die Luft erreichen. So gab es vor der Entdeckung der Inseln bis auf eine Fledermausart keine Säugetiere. Alle anderen Tiere wurden über die Jahre von Menschen bewusst oder unbewusst importiert.
Bunte Echsen, Geckos und Frösche lassen sich außerhalb der Touristenburgen entdecken. Schlangen gibt es keine. Das einzige giftige Tier ist der aggressive Skolopender, ein bis zu 20 cm langer Hundertfüßer. Die nachtaktiven Räuber sind absolut lichtscheu und flüchten tagsüber schnell in die Dunkelheit, wenn sie aufgescheucht werden.

In den höheren Lagen trifft der Wanderer auch auf Kühe.

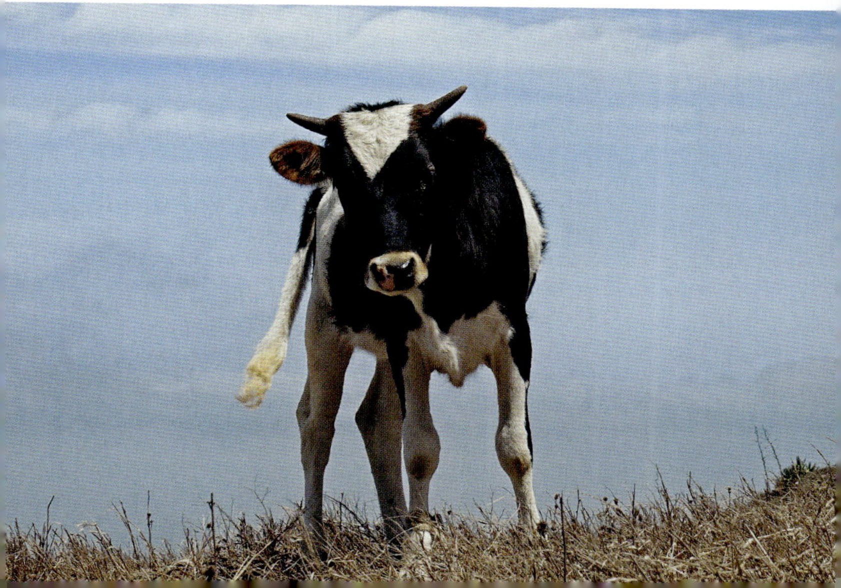

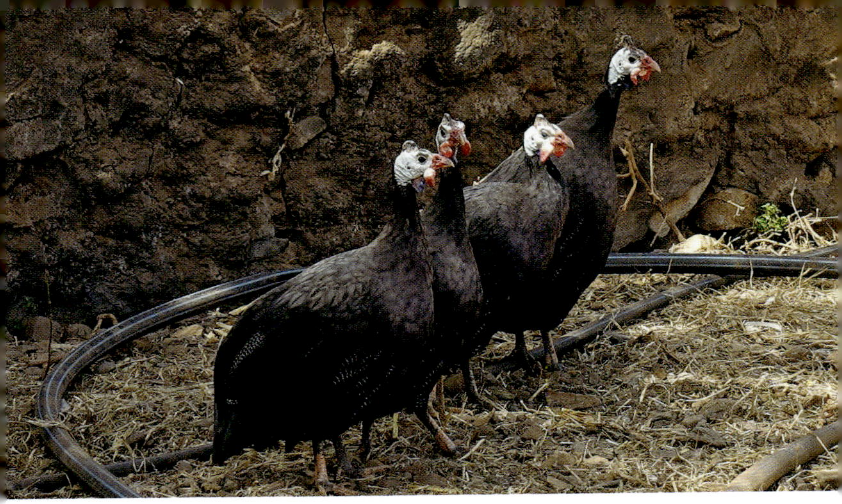

Die Perlhühner sind eine Familie der Hühnervögel.

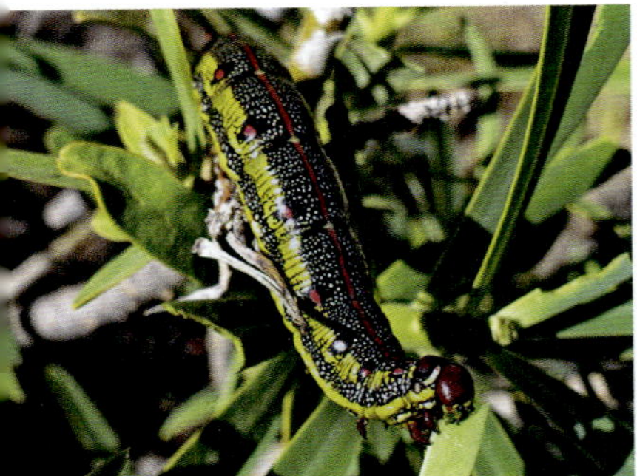

Eine »Raupe Nimmersatt« am Wanderweg.

Verschiedenste Schmetterlingsarten kann man an Feuchtgebieten beobachten: Monarchen, Bläulinge, Ritterfalter, Schwalbenschwänze, aber auch bunt schillernde Großlibellen.
Eine große Anzahl unterschiedlicher Käferarten wie australischer oder asiatischer Marienkäfer, Nadelbaum-Marienkäfer, Zweiundzwanzigpunkt-Marienkäfer, Sandläuferkäfer, Lederlaufkäfer und zweifleckiger Schmuckläufer sind oft anzutreffen. Hummeln sind für Mitteleuropäer keine Besonderheit. Wandert man aber durch wüstenähnliche Landschaften mit spärlicher Vegetation, wundert es einen schon, wo diese prachtvollen großen Hummeln herkommen und wo sie den lebenswichtigen Nektar ergattern.
Von Einwanderern wurden die üblichen Nutztiere wie Kühe, Kaninchen, Ziegen, Esel, Schweine und Katzen eingeführt. Oft halten sich die Einheimischen auch eine Grüne Meerkatze. Hunde prägen in den Dörfern und Städten das Landschaftsbild, denn diese liegen fast überall schlafend auf Straßen und Wegen und lassen sich durch nichts stören.

Vor allem aufgrund ihrer zahlreichen Meerestier- und Vogelarten sind die Inseln sowohl bei Tauchern als auch bei Ornithologen sehr beliebt. Unter den Brutvögeln sind folgende Exemplare auf den Kapverden beheimatet: Alexandersegler, Brillengrasmücke, Kapverdenrohrsänger, der auf dem 1000-Escudos-Schein abgebildete Kapverdensperling, Helmperlhuhn, Kurzzehenlerche, Lerche, Mönchsgrasmücke, Prachtfregattvogel, die endemische Razolerche, Rennvogel, Rotkehlpieper, Rotschnabeltropikvogel, Sturmtaucher, Südlicher Raubwürger, Weißbauchtölpel, verschiedene Taubenarten, Weißstirnlerche, Wellenastrild, Wüstenrabe, Wüstenläuferlerche und Wachtel. Selten zu beobachten ist der prächtige Graukopfliest, ein Verwandter des Eisvogels.
Zu den Zugvögeln, die regelmäßig einen Zwischenstopp auf den Inseln einlegen, gehören: Bienenfresser, Bachstelze, Fliegenschnäpper, Flussuferläufer, Kuhreiher, Löffelreiher, Mauersegler, Mehlschwalbe, Rauchschwalbe, Regenbrachvogel, Regenpfeifer, Rötelschwalben, Sanderling, Stelzenläufer, Steinwälzer, Seidenreiher, Steinschmätzer, Schafstelze und Wiedehopf.
Unter den Greifvögeln sind vertreten: Mäusebussarde, Wanderfalken und Turmfalken. Ständig und dauerhaft lebt der imposante Fischadler auf den Inseln. Auf kleinen Felsvorsprüngen baut er große Nester aus kräftigen toten Ästen, die Nistmulde wird mit Gras ausgepolstert. Den endemischen, vom Aussterben bedrohten Kapverdenmilan kann man vereinzelt auf Boa Vista und Maio entdecken. Die Kapverdenschleiereule ist eine Art aus der Gattung der Schleiereulen, die nur auf den Kapverdischen Inseln vorkommt.

Fauna – »ut aqua«

Die Artenvielfalt an Meerestieren um die Kapverdischen Inseln ist überwältigend. Das liegt daran, dass im Meeresgebiet der Inseln die kühlere Kanarenströmung auf das warme Wasser des Golfs von Guinea trifft – jener Teil des Atlantischen Ozeans, der von den Küsten Westafrikas im Norden und Osten begrenzt wird. Dies führt zu einer Zunahme von Kalt- und Warmwasserfischen, die auf der offiziellen Website von Boa Vista detailliert aufgeführt sind.

■ boavistaofficial.com/de/natur/fauna-tiere-boa-vista

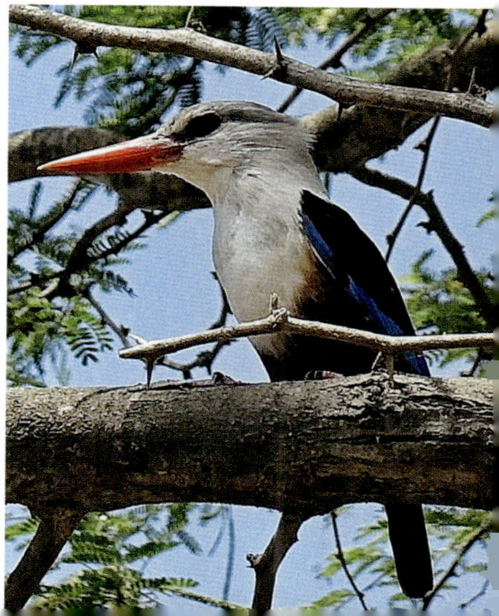

Den Graukopfliest sieht man nur selten auf den Kapverden.

Taucher werden sich an folgenden tropischen Fischarten erfreuen: Papageienfische, silbern schimmernde Sardinen, Seehechte, Husarenfische, Drachenköpfe, Spitzkopfkugelfische, Falterfische, rote Trompetenfische, Meeräschen, Rötlinge, fliegende Fische, ostatlantische Doktorfische, Pfeilhechte, Igelfische, Lippfische, Schnapper, Drückerfische, Korallenfische, Schweinsfische, westafrikanische Kaiserfische, rote Soldatenfische, gestreifte Brassen, Goldbrassen und allein fünf verschiedene Barscharten, zudem Barrakuda, Stachelrochen, Teufelsrochen; Delfine, die man vor allem zwischen Santo Antão und São Vicente antrifft, Grau-, Hammer- Tiger-, Ammen- und Zitronenhaie, Stachelmakrelen, Schwert-, Buckel-, Grau- und Pottwale. Manche Fisch- und Walarten treten nur saisonal auf, andere dauerhaft.

Das weltweit größte Vorkommen des Blauen Marlins findet man in den Gewässern um die Kapverdischen Inseln. Passionierte Hochseeangler zahlen gerne ca. 1600 Euro pro Tag für die Crew und das Boot, um diesen Raubfisch zu erlegen. Der Blaue Marlin lebt im offenen Ozean, nähert sich nur selten den Küsten und ernährt sich von anderen Fischen und Kopffüßern.

An Nutzfischen finden sich beispielsweise Thunfisch, Makrele, Moräne, Hummer, Langusten und viele verschiedene Krebs- und Muschelarten. Außerdem gibt es ca. 150 Kleintierarten auf den Kapverdischen Inseln, unter anderem Seesterne, Seegurken und schwarze Korallen, Feuerkorallen und Seeigel. Eine absolute Delikatesse ist die Fechterschnecke, busio guisado. Die Schale der ausgewachsenen Schnecke misst 15 bis 30 cm und hat einen ausladenden Mündungsrand. Gemäß den aktuellen Ausfuhrbestimmungen dürfen einmalig pro Person zwei Gehäuse nach Europa eingeführt werden! Diese Schnecke findet man auf Strandspaziergängen in abgelegenen Regionen der Inseln.

Die Kapverden sind weltweit das drittwichtigste Nistgebiet der vom Aussterben bedrohten Unechten Karettschildkröte. An den südwestlich gelegenen Stränden der Insel Boa Vista und auf der Insel Maio findet man die größten Vorkommen. Eine große Herausforderung ist, den Mittelweg zwischen dem sich rapide entwickelnden Tourismus und dem Schutz von Umwelt und lokaler Kultur zu finden. Auslandsorganisationen, Freiwillige und die Regierung bemühen sich, frisch geschlüpfte Schildkröten vor anderen Tieren und Wilderern in Sicherheit zu bringen. Seit 2002 sind die Meeresschildkröten gesetzlich geschützt, im Rahmen von Ökotourismusprojekten werden nächtliche Schildkrötentouren angeboten. Trotzdem landen die Tiere noch im-

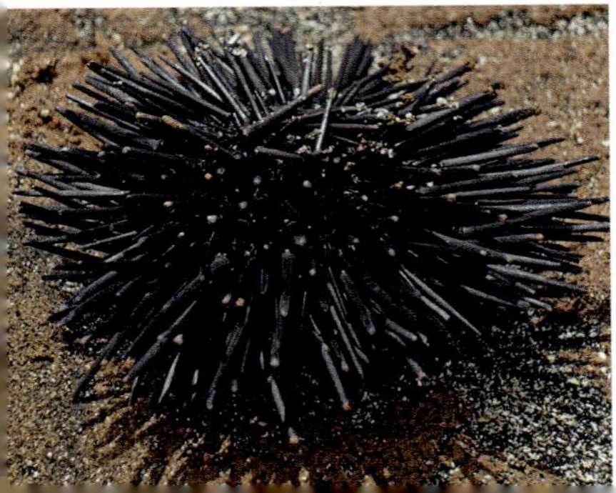

Ein Seeigel wurde von den Wellen angeschwemmt.

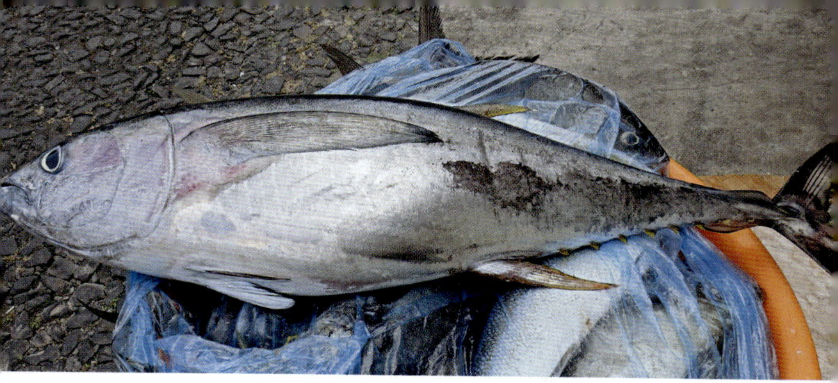

Ein prachtvoller Thunfisch.

mer in den Suppentöpfen der Bevölkerung. Ein weiteres Problem ist die offensichtliche Verschmutzung der Meere und der Strände.
Mit Vorsicht zu genießen ist die sogenannte Portugiesische Galeere, denn bei Berührung löst das Gift aus den Tentakeln verbrennungsartige Schmerzen aus. Auch tote Quallen sind weiterhin gefährlich. Medizinisch wird eine betroffene Wunde mit Zinkglukonat behandelt.

Flora

Nach dem Ende der Vulkanausbrüche in der Entstehungsphase waren die Kapverdischen Inseln zunächst vegetationslos. Dass die Kapverden 570 km vom afrikanischen Kontinent entfernt liegen, stellte ein Problem für die Evolution der Natur dar. So konnten alle Pflanzen nur über den Atlantischen Ozean auf die Inseln gelangen. Durch Wind, Wasser, Vögel und Menschen wurden Samen aus Westafrika und Lateinamerika eingeführt. Von der ursprünglichen Vegetation seit Beginn der Besiedlung vor rund 500 Jahren ist auf den Kapverden nur noch wenig übrig geblieben. Zwar gab es keine Wälder, aber die Inseln waren von dichtem Strauch- und Buschwerk überzogen. Durch die Brennholzgewinnung, Weide- und Landwirtschaft sowie das Einschleppen fremder Arten hat der Mensch das ursprüngliche Landschaftsbild verändert. Aufgrund der isolierten Lage und der harten Lebensbedingungen, der sich ausbreitenden Sahelzone und der damit einhergehenden langen Trockenperioden auf einigen Inseln ist die Flora artenarm. Man vermutet, dass es zur Zeit der Entdeckung der Kapverden ungefähr 250 Arten gab. Heutzutage sind es rund 900, davon 90 endemische Pflanzenarten.
60 dieser Pflanzen sind auf der Webseite iwoe.de/pflanzenweltweit/kapverdeframe.html katalogisiert und mit Bild festgehalten.
Die Vegetationsgemeinschaften auf allen Inseln haben sich optimal an die klimatischen, vor allem an die hydrologischen Gegebenheiten angepasst,

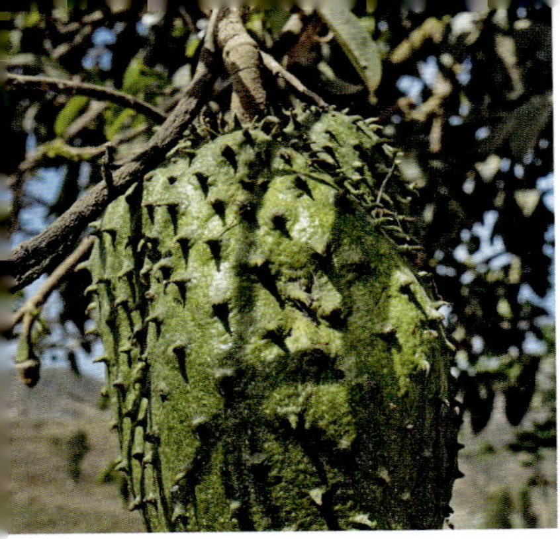

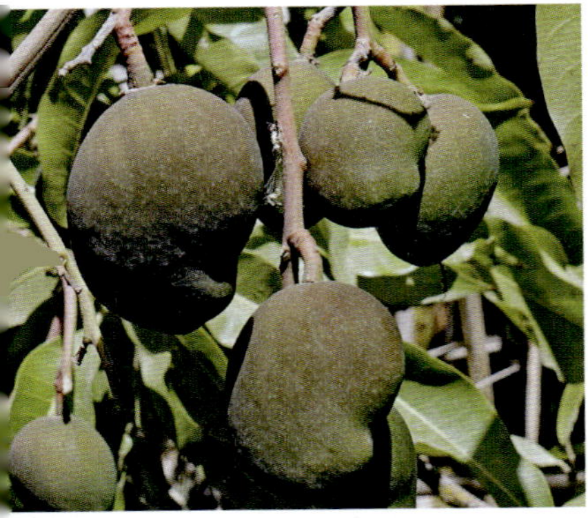

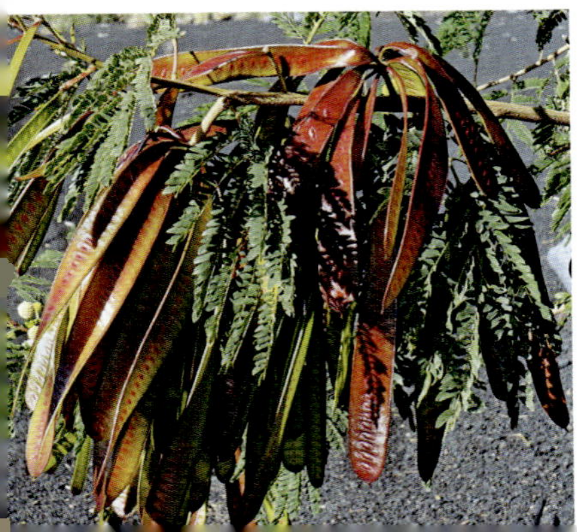

sei es in der Extremwelt der Caldeira am Pico de Fogo auf der Insel Fogo, in den Dünenfeldern auf der Insel Boa Vista oder als tropische Vegetationsarten auf der Insel Santo Antão. Eine pflanzengeografische Charakterisierung der Vegetationstypen ist auf den Kapverdischen Inseln aufgrund der Höhenstufung, des Einflusses der Passatwinde und der verschiedenen Ausrichtung der Oberflächenreliefs der Inseln eine echte Herausforderung.

Die dem Nordostpassat zugewandten Bergmassive der Inseln Santo Antão, Santiago, São Nicolau und São Vicente sind nach der Regenzeit grün, während die den Passatwinden abgewandten Regionen karg und trocken sind.

Die Küstenvegetation besiedelt die Region zwischen dem Meeresspiegel und einer Höhe von bis zu 50 Metern. Flachküsten findet man hauptsächlich auf den im Archipel östlich gelegenen Inseln Boa Vista, Sal und Maio. Hohe und lange Sonneneinstrahlung sowie die Exposition gegenüber dem Meer sorgen für erschwerte Bedingungen. Hier wachsen viele Gräserarten, Akazien mit ihrem durchscheinenden grünen Blätterkleid und Phönixpalmen mit den gefiederten Wedeln. Als extrem widerstandsfähig gilt beispielsweise die Purgiernuss. Auf den Kapverdischen Inseln gedeiht sie gut zwischen Felsen, aber auch auf kargen, steinigen Böden. Sie bildet

Foto oben: Die essbare Frucht der Stachelannone, eines immergrünen Baums. – Mitte: Mango im Ribeira Tabugal auf Santiago. – Unten: Hülsenfrüchte in der Chã das Caldeiras auf Fogo.

pflaumengroße Früchte mit 2–3 ölhaltigen Samen. Auf den Inseln Fogo, Brava und Santiago wurden größere Bestände zur Samengewinnung angepflanzt. In der ersten Hälfte des 19. Jahrhunderts war die Purgiernuss ein wichtiges Exportprodukt. Die Samen wurden nach Lissabon und Marseille zur Ölgewinnung und Seifenherstellung exportiert.

Das übliche landwirtschaftliche Bodennutzungssystem auf den Inseln ist der Trockenfeldbau, der nur auf natürliche Niederschläge setzt. Auch Dünger und andere künstliche Hilfsmittel werden selten verwendet. Daraus resultiert jedoch auch ein geringes Ertragspotenzial mit hohem Ernterisiko und Ernteschwankungen. Bauern, die nicht bewässern, müssen daher auch trockenresistente Nutzpflanzen anbauen, vor allem die Hülsenfrüchte Bangola (Feuerbohne) und Fischon (Kongobohne). Die gelben Blüten der Kongobohne findet man auch an abgelegenen Berghängen.

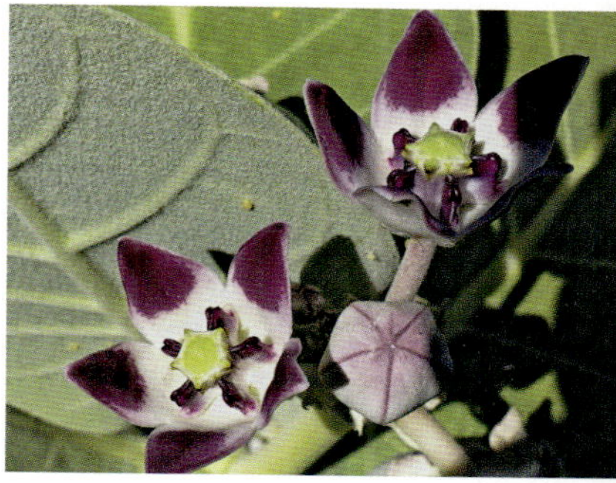

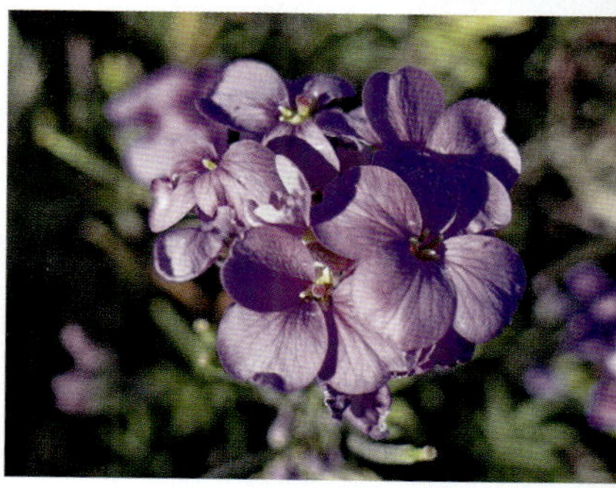

Impressionen aus der einzigartigen Pflanzenwelt der Kapverden.

Rizinus ist eine Pflanze der Wolfsmilchgewächse, die ursprünglich aus Afrika stammt und in den Tropen verbreitet ist. Die Samen werden zur Herstellung von Rizinusöl ausgepresst und hatten eine große Bedeutung für die wirtschaftliche Entwicklung der Insel. Das Öl wird in der Pharmazie, Kosmetik, als organischer Gartendünger und in der Industrie eingesetzt. Rizinusbohnen sind neben Kaffee und Purgueira eines der Hauptexportprodukte der Insel.

In Tälern und Flussmündungen sind zudem Tamarisken häufig. Ein völlig ungewohntes Bild bieten die Kiefernwälder: Die Vorkommen beschränken sich auf die nordöstliche Bergregion von Santo Antão, die Bergregion unterhalb des Monte Gordos auf São Nicolau, und sie wachsen ebenfalls zu Füßen des Pico da Cruz auf der Insel Fogo. Neben den genannten Gewächsen findet man auf den Kapverdischen Inseln auch exotische Blumen wie beispielsweise die Strelitzie, die bunte Bougainvillea – ursprünglich aus Brasilien –, Oleander, Hibiskus und andere Blumen aus mediterranen Gebieten.

Klima

»Inseln des ewigen Sommers mit sagenhaften 350 Sonnentagen im Jahr«, so kann man die Kapverden am besten beschreiben. Den Wanderer erwartet ein tropisch trockenes Klima, das durch den Nordostpassat bestimmt ist. Jahreszeiten gibt es auf den Kapverdischen Inseln nur zwei: Die *tempo das brisas*, die Zeit der Passatwinde, und die *tempo das chuvas*, die Regenzeit. Letztere findet von Juli bis Ende Oktober statt und ist durch tropische Regenfälle geprägt. Die Niederschlagsmengen sind sehr gering, variieren von Insel zu Insel und sind von der Höhenstufung abhängig. Regenfälle, die im Sommer über der Sahelzone auf dem Festland Afrikas niedergehen, erreichen selten die Inseln. In den meisten Jahren werden die Kapverden nur von milden Ausläufern gestreift, in anderen Jahren bleibt sogar diese Regenzeit ganz aus. Daher muss man das Wort »Regenzeit« relativieren, denn wir reden von durchschnittlich 6 Regentagen pro Jahr!

Im Sommer von Juni bis September sollten nur hitzeresistente Wanderer auf den Kapverden auf Tour gehen, und selbst diesen dürften einige Wanderungen dann zu anstrengend sein. Am ehesten sind im Sommer die etwas kühleren Inseln Brava und die Hochlagen der Insel Fogo zum Wandern geeignet. Die beste Reisezeit ist von November bis Mai, im Winter wird

Die Kirche Nossa Senhora da Luz Baía auf der Insel Santiago (Tour 18).

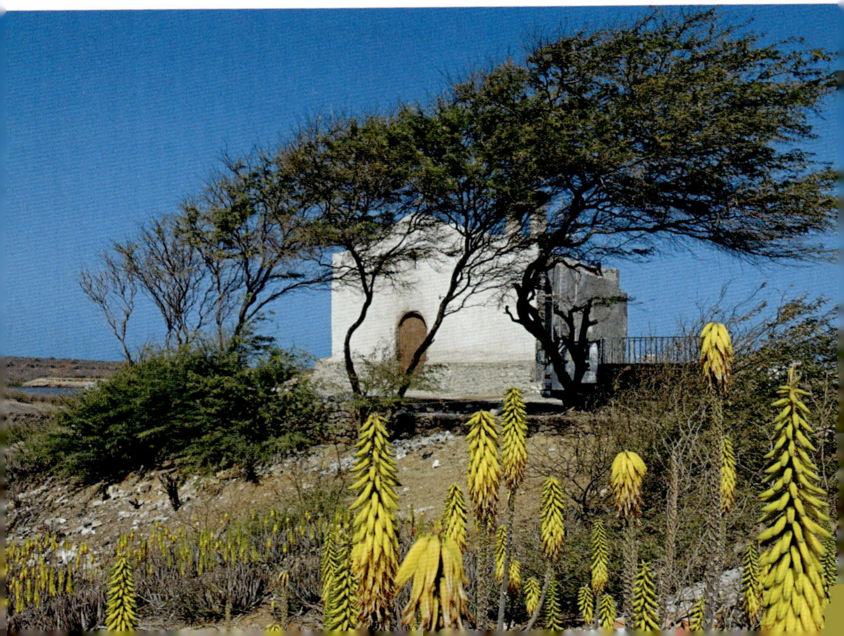

es dabei so frisch, dass man in den Abendstunden sogar eine leichte Jacke benötigt.

Die Kapverdischen Inseln liegen im Einzugsgebiet der Passatwinde, die dafür sorgen, dass es nicht zu heiß wird. Der Wind ist eines der wichtigsten klimatischen Elemente, und seine Kraft spielt eine erhebliche Rolle in der Erosion der Inseln. Es überwiegen Winde aus nordöstlicher Richtung, und zwar meist mit ca. 5 Beaufort, das sind 25–30 km/h. In Spitzen erreichen sie eine Stärke von 70 km die Stunde, öfters sogar über 90 km/h. Dabei wehen die Passatwinde an 220 bis 270 Tagen. Sie bewegen sich vom Süd- und Nordpol (Hochdruckgebiet) bis zum Äquator (Tiefdruckgebiet). Diese frischen und feuchten Winde treten zwischen dem Meeresspiegel und 1500 m Höhe auf und haben ihren Ursprung im Hochdruckgebiet im Bereich von 30° geografischer Breite, d.h. im Azorenhoch.

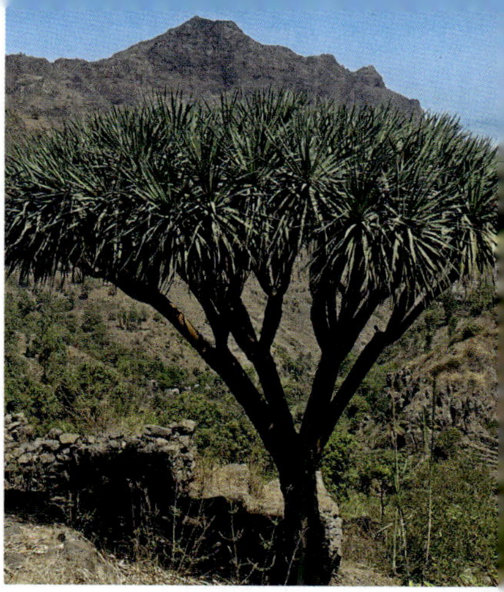

Ein endemischer Drachenbaum.

Die besten Wetterberichte erhält man auf den Seiten von Meteoblue. Sie sind für 7 Tage abrufbar (dazu gibt es den Trend für weitere 7 Tage), und es werden jeweils Temperatur, Windrichtung, Windgeschwindigkeit, Niederschlag, Niederschlagswahrscheinlichkeit und zu erwartende Sonnenstunden angezeigt.

- meteoblue.com

Es gibt zwei Messstationen, an denen man die **Gezeiten** ablesen kann (wichtig für Strandwanderungen!).

- Auf der Insel Brava: gezeitenfisch.com/cv/cape-verde/brava
- Auf der Insel Santiago: gezeitenfisch.com/cv/cape-verde/santiago

KLIMATABELLE KAPVERDEN SÜD

		Jan	Feb	Mrz	Apr	Mai	Jun	Jul	Aug	Sep	Okt	Nov	Dez
Tag*	**°C**	23	23	24	25	26	27	27	29	29	28	28	27
Nacht*	**°C**	18	17	18	18	20	21	22	23	24	23	21	20
Sonnenstunden	**h**	6	6	7	7	7	6	5	5	6	7	6	5
Wassertemperatur	**°C**	22	21	21	21	22	23	24	25	26	26	25	23
Regentage/Monat		1	0	0	0	1	1	2	2	3	2	0	0

*Tag: Mittelwert der Höchsttemperaturen; Nacht: Mittelwert der Tiefsttemperaturen.

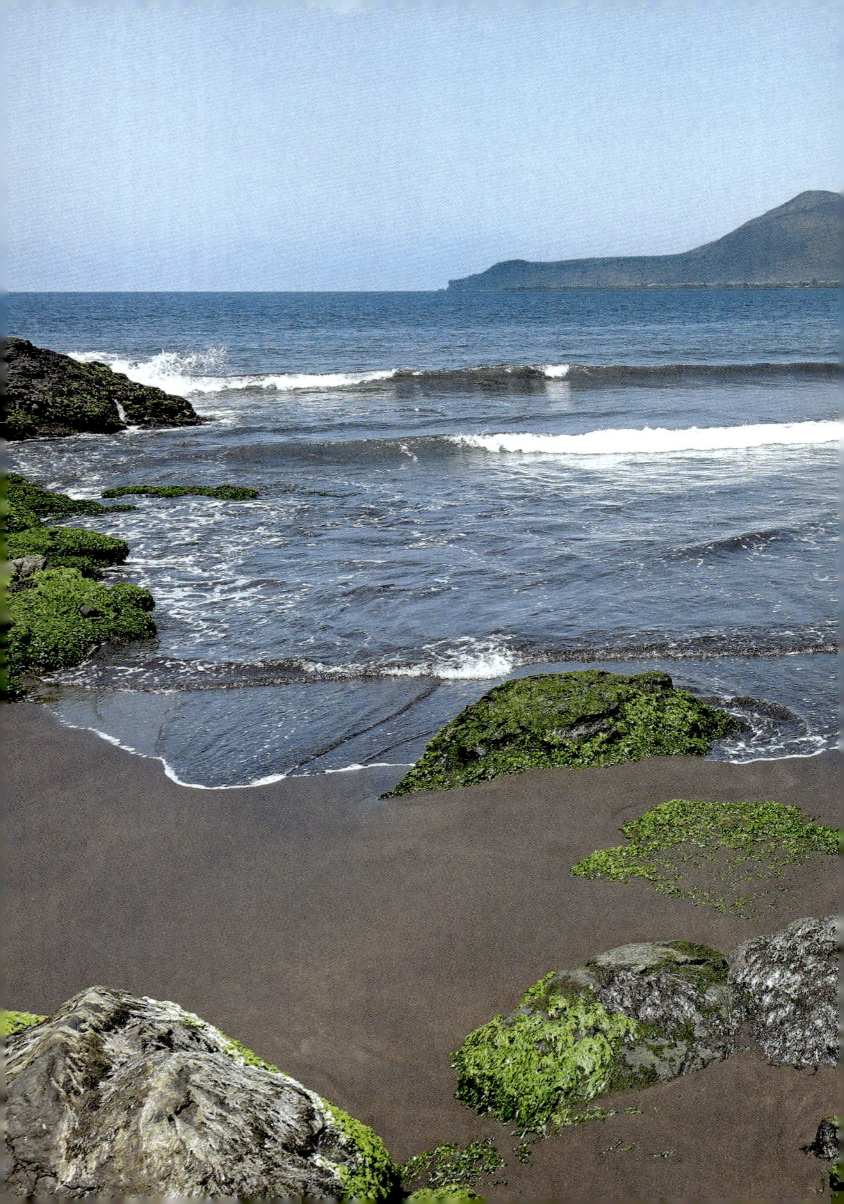

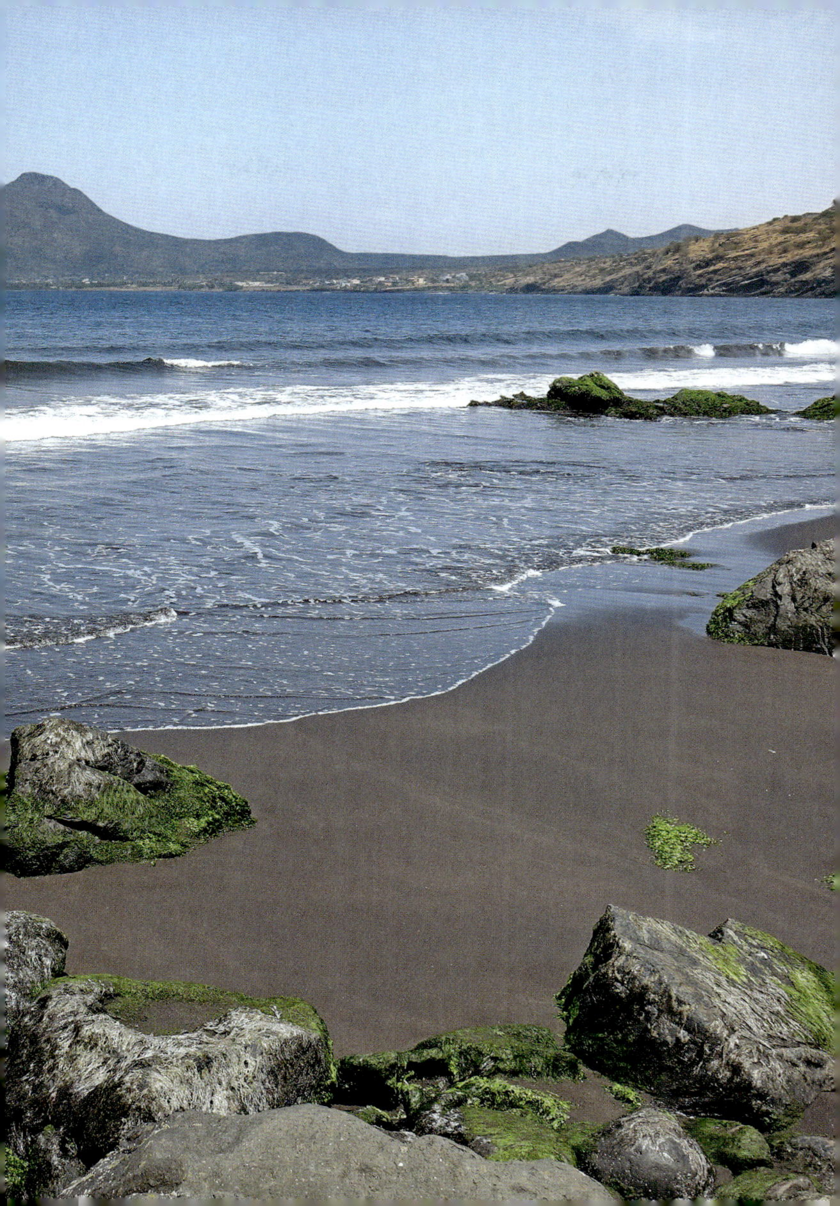

Die Insel Maio

Die Insel Maio ist mit ca. 15 x 24 km ein kleines, karges Skelett im Atlantischen Ozean und die zweitkleinste der 9 bewohnten Kapverdischen Inseln. Maio gehört zu den Ilhas de Sotavento und zu den vegetationsarmen Inseln des Archipels. Sie liegt 77 km südlich der Insel Boa Vista und 25 km östlich von Santiago. Die höchste Erhebung ist der 436 m hohe Berg Monte Penoso. Die Hauptstadt und Hafenstadt ist Vila do Maio.
Maio wurde am 1. Mai 1460 von den Seefahrern Diogo Gomes und Antonio de Noli entdeckt. Bei der Namensgebung der Insel waren die Herren nicht besonders kreativ, sie wurde einfach nach dem Monat der Entdeckung benannt – »Maio« bedeutet auf Deutsch »Mai«. Zur Entwicklung der Insel wur-

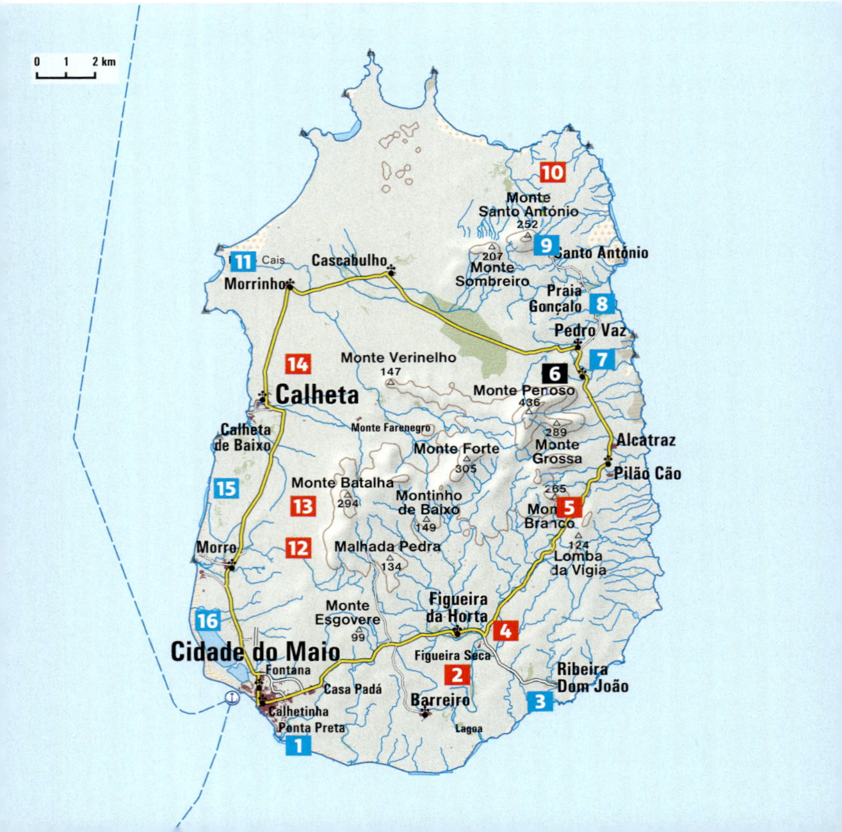

den Sklaven angesiedelt. Diese betrieben Viehzucht und Fleischproduktion, um die vorbeifahrenden Sklavenschiffe mit Proviant und Tierhäuten für Kleidung und Schlafmatten zu versorgen. Vom 16. bis ins 19. Jahrhundert boomte die Salzgewinnung. Im 19. Jahrhundert erreichte die Insel ihren wirtschaftlichen Höhepunkt mit dem Export von bis zu 10.000 Tonnen Salz pro Jahr, unter anderem nach Brasilien. Trotz der kargen Vegetation gab es eine Viehhaltung, die jedoch durch Überweidung ein jähes Ende fand.

Zur Schutz vor Piratenangriffen und um die den Salzhandel beherrschenden Engländer zu Steuerzahlungen zu zwingen, errichtete die portugiesische Krone im 18. Jahrhundert in der Inselhauptstadt eine Festung. Wie alle Kapverdischen Inseln wurde auch Maio nach längeren Dürreperioden von Hungerkatastrophen heimgesucht. Auf der Suche nach einem besseren Leben wanderten viele Bewohner der Inseln nach Amerika aus. Nach der Unabhängigkeit von Portugal und Ausrufung der »Republik Cabo Verde« im Jahre 1975 wurde das wirtschaftliche Überleben durch Arbeitsbeschaffungsprogramme im Straßenbau und der Wiederaufforstung gesichert. Heute wird auf der Insel eine nachhaltige Forstwirtschaft betrieben und Brennholz und Holzkohle nach Praia exportiert. Weitere Wirtschaftszweige sind die Ziegenzucht, die Gewinnung von Salz und natürlich der Tourismus.

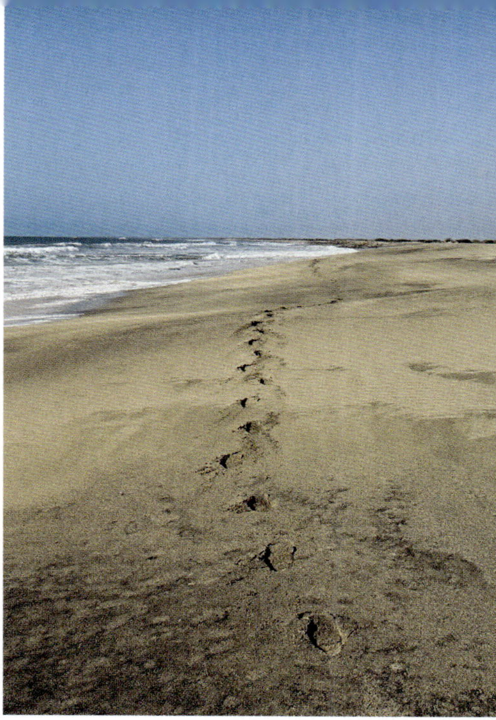

Der kilometerlange, einsame Sandstrand Praia de Morro.

Aber auch heute noch ist Maio sicherlich eines der abgelegensten und ruhigsten Urlaubsziele der Welt. Trotzdem findet der Besucher in der Inselhauptstadt eine gewisse touristische Infrastruktur vor!

Eine klassische Wanderinsel ist Maio nicht, deshalb halten die in diesem Buch beschriebenen Touren auch dem Vergleich mit jenen auf Santiago,

BESONDERE UNTERKÜNFTE AUF DER INSEL MAIO

Torre de Sabina (€€)
Die beste Unterkunft der Insel! Das Anwesen von Torre de Sabina liegt an der geschützten Bucht an der Ponta Corral, an der Westküste von Maio, 9 km nördlich vom Flughafen.

- Calheta, Maio, inseltraum.biz, torresabinacv@gmail.com (15.226755 -23.216435; Touren 1–16).

Kaza Tropikal (€)
Sauber und sehr günstig, mit Sonnenterrasse und Meerblick; in der Inselhauptstadt Vila do Maio.

- Rua Jaime Mota 169, Vila do Maio; tropikalmaio.com/kaza-tropikal, tropikalmaio@gmail.com (15.139894 -23.212368; Touren 1–16).

Casa Evora (€€)
Die Casa Evora liegt direkt am Strand in Vila do Maio und verfügt über eine Gemeinschaftslounge und auch ein Restaurant.

- Vila do Maio, casa-evora.com, contact@casa-evora.com (15.137817 -23.212659; Touren 1–16).

Maison sur la plus (€)
Individualität mit dem Hang zum Besonderen. In dem Privathaus Maison sur la plus belle plage de Maio werden zwei Doppelzimmer vermietet.

- Vila do Maio; zu buchen über airbnb.de (15.140671 -23.213573; Touren 1–16).

Hotel und Restaurant Marilu (€)
Traditionelles kapverdisches Gästehaus, 3 Gehminuten vom Strand der Inselhauptstadt entfernt.

- Rua 24 de Setembro, Vila do Maio; atlantichauses@gmail.com (15.137440 -23.211632; Touren 1–16).

Villa Maris Ecolodge (€€)
Nachhaltig urlauben. Die Villa Maris Ecolodge liegt direkt am weißen Sandstrand nahe dem Dorf Morro, 3 km nördlich vom Flughafen und 4 km von der Inselhauptstadt entfernt.

- Morro, villamariscv.com, villamariscv@gmail.com (15.177672 -23.231021; Touren 1–16).

The House Maioverde (€€)
Luxus für die ganze Familie auf 300 m² in Vila do Maio.

- Vila do Maio, maioverde.com (15.135382 -23.211705; Touren 1–16).

Fogo und Brava nicht ganz stand, das ist auch nicht die Intention. Dennoch gestalten sich auch hier die Wanderungen extrem abwechslungsreich: Salzwiesen im Norden des Eilands, sandige Flachküsten – wie auch wie auf den Inseln Boa Vista und Sal –, Dünenlandschaften, Hügellandschaften, kilometerlange und verlassene Sandstrände, Akazienwälder und Kokospalmen bestimmen das Landschaftsbild der Insel. Maio steht für Wandern für Einsteiger oder auch zur Vorbereitung für die größeren Ziele auf den Nachbarinseln. Auf der Suche nach ein paar Stunden Abwechslung von Strand und Wasser sind die nachfolgend beschriebenen Wanderungen auf der Insel perfekt.
Es gibt regelmäßige Fährverbindungen vom Hafen Praia auf Santiago zum Hafen Inglês auf Maio sowie regelmäßige Flugverbindungen zum nationalen Flughafen Cidade do Maio.

Botanische Besonderheiten der Insel Maio

Auf dem ersten Blick wirkt Maio flach, karg und monoton. Aufgrund der extremen Trockenheit und der starken Sonneneinstrahlung ist die Vielfalt der Pflanzengesellschaften entsprechend sehr gering. Doch auf den zweiten Blick offenbart sich bei Wanderungen eine unglaubliche landschaftliche und botanische Vielfalt. Es gibt auf Maio um einiges mehr Vegetation als zum Beispiel auf den Nachbarinseln Sal oder Boa Vista. Denn dank gezielter Aufforstung gedeihen auf Maio Kokospalmen und Akazien, und man findet hier sogar die größte zusammenhängende Waldfläche der Kapverden. Das erlaubt die Herstellung von Holzkohle, ohne den Baumbestand drastisch zu reduzieren. Auf Touren durch die Insel Maio begegnet man zahlreichen botanischen Besonderheiten.

Foto oben links: Vertrocknete Akazien. Oben rechts: Die nur auf dem Berg Monte António auf Maio endemische Nauplius daltonii. – Unten links: Der gelbe Strandspargel ist die Wüstenblume in den Dünenlandschaften der Insel Maio. – Unten rechts: Ein orange blühender Baum sorgt für Farbtupfer.

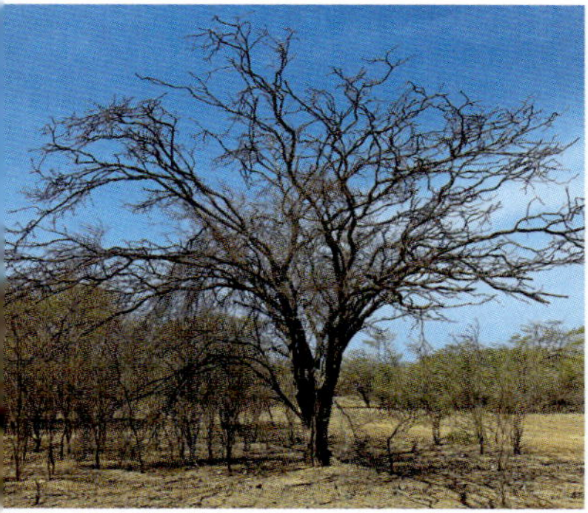

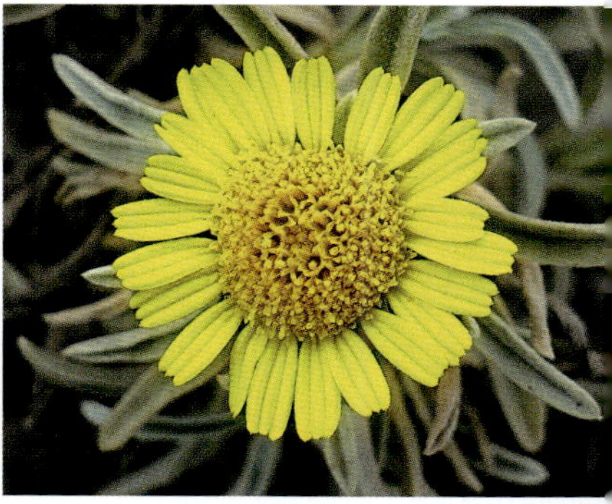

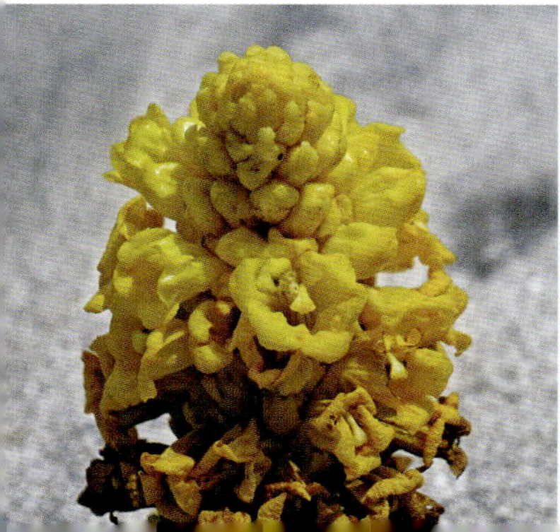

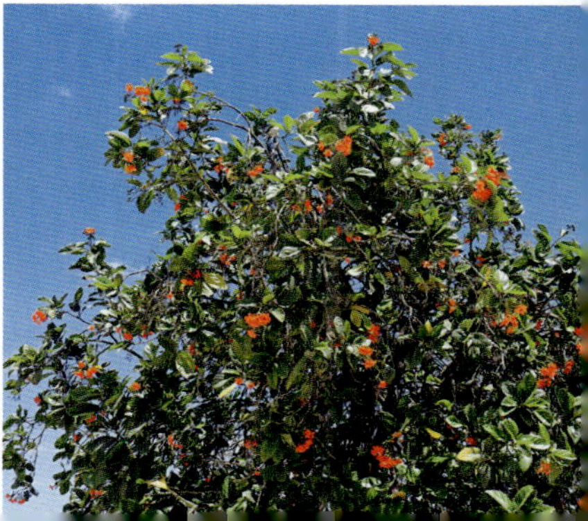

↗ 80 m | ↘ 80 m | 9.8 km

1 Praia de Ponta Preta

2.30 h

Die malerische Inselhauptstadt und ein faszinierender Badestrand

Die Hauptstadt Vila do Maio (auch »Cidade do Maio« oder »Porto Inglês«) liegt im Südwesten der Insel am Meer. Sie fasziniert mit ihrem gemütlichen Charme und prachtvollen Gebäuden aus der portugiesischen Kolonialzeit, als die Stadt durch den Salzhandel zu Reichtum gelangte. Die aus hellbraunen Steinen erbaute Kirche säumt den Kirchplatz und ist Ausgangspunkt der Rundwanderung. Südöstlich von der Hauptstadt befindet sich der Praia de Ponta Preta, an dem man nur vereinzelt Strandwanderer antrifft – ein beeindruckendes Naturjuwel, das entdeckt werden möchte und eine erstklassige Bademöglichkeit bietet. Aufgrund der ablandigen Winde ist der Wellengang nicht so hoch und die Unterströmung meist sehr gering.

Ausgangspunkt: Kirchplatz der Inselhauptstadt Vila do Maio, 26 m (15.137833 -23.211900). Anfahrt: Der Kirchplatz liegt ca. 75 m östlich der Strandpromenade. Aluguer: Fahren in unregelmäßigen Abständen von Montag bis Samstag und kosten von Morro oder Calheta ca. 100 CVE. Taxi: Ca. 1000 CVE.

Anforderungen: Leichter Spaziergang ohne Probleme.

Einkehr: Unterwegs keine, mehrere Restaurants in Vila do Maio.

Buntes Treiben herrscht bei der 1872 im Kolonialstil erbauten Kirche Igreja Paroquial de Nossa Senhora da Luz. Wir verlassen den **Kirchplatz** ❶ vom Ende der Kirchentreppe in Richtung Meer (Westen) und gehen bei der nächsten Möglichkeit links in die Rua 1 de Maio, vorbei an der Markthalle. Dort, wo die Straße endet, gehen wir rechts, nun wieder Richtung Meer.

Die Lagune an der Ponta das Casas Velhas.

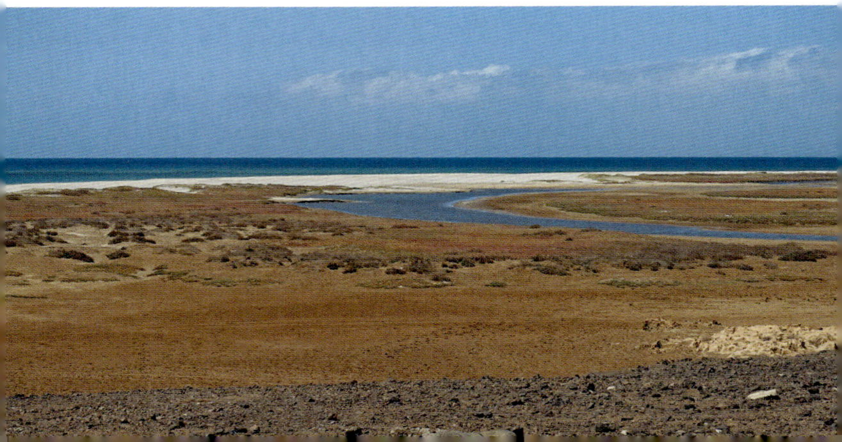

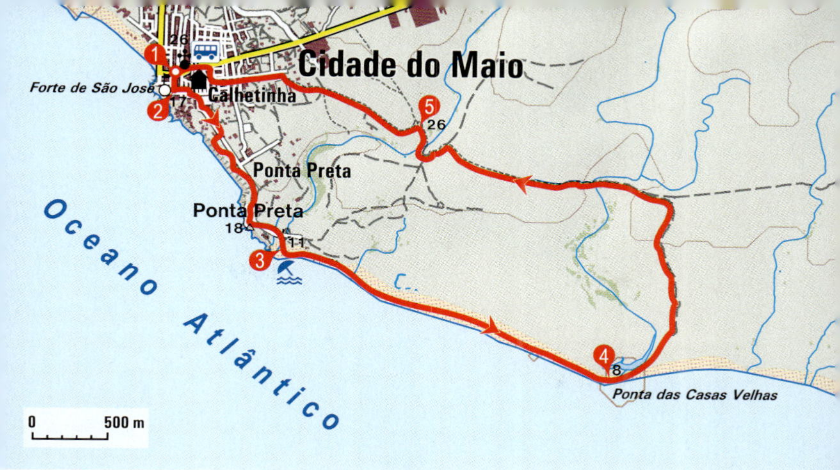

Nach weiteren 50 m ist das beschauliche **Forte de São José** 2 erreicht – im 18. Jahrhundert zum Schutz vor Piratenangriffen errichtet. 1887 wurde in der Festung zusätzlich der Leuchtturm Farol de Porto Inglês mit untergebracht.

Nach der Besichtigung gehen wir 50 m zurück, ignorieren den linken Abzweiger vom Hinweg und gehen geradeaus weiter, bis die Straße vor rotbraunen Häusern endet. Hier gehen wir halb rechts und im weiteren Verlauf rechts an der Schule vorbei. Auf dem Fußgängerweg folgen wir den sporadisch aufgestellten Hinweisschildern Richtung Ponta Preta. Zwischen einer Ruine und einem Haus mit braunen Fensterläden verlassen wir die Straße nach rechts auf einem Pfad, der bis an die Steilküste führt.

Dort wandern wir links auf einem Pfad zwischen der Steilküste und wunderschön gelegenen Villen, bis er wieder in die Straße mündet. Nun halb rechts hinunter gelangen wir zu einem der schönsten Strände der Insel, den ca. 5 km langen und vor den Passatwinden geschützten **Praia de Ponta Preta** 3 – er ist eines der sieben Natur- und Landschaftsschutzgebiete der Insel Maio. Da es hier keine touristische Infrastruktur gibt, kommt die Unechte Karettschildkröte *(Caretta caretta)* zur Eiablage an diesen einsam gelegenen Strand.

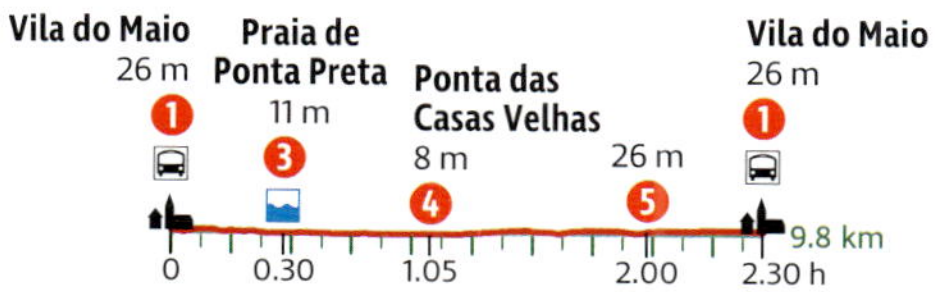

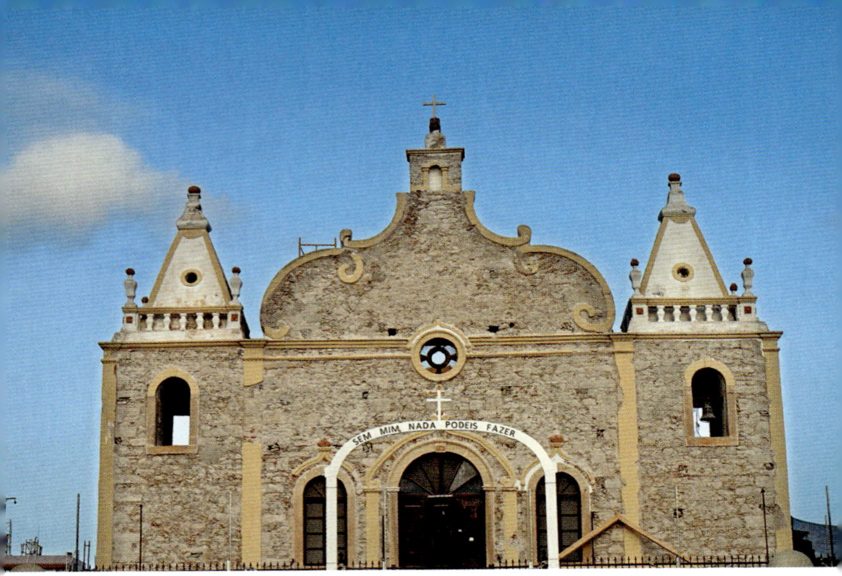

Die Igreja Paroquial de Nossa Senhora da Luz in der Inselhauptstadt Maio.

Nach ca. 2,5 km Strandspaziergang kommen wir bei der Landzunge **Ponta das Casas Velhas** ❹ an, der ein Riff vorgelagert ist. An dieser Stelle wandern wir nun landeinwärts. In der Ferne ist der höchste Berg der Insel auszumachen. Es geht zunächst weglos entlang der links von uns liegenden Lagune in Richtung einer beginnenden Schotterpiste. Mit etwas Glück kann man in der Lagune den seltenen Stelzenläufer *(Himantopus himantopus)* beobachten, leicht zu erkennen an den langen, orangefarbenen Beinen.

Wir folgen dem Verlauf der Schotterpiste bis zur nachfolgenden Kreuzung, wo wir uns dann links halten. Im Weiteren queren wir eine kleine Schlucht. Alle nachfolgenden Abzweiger ignorieren wir zunächst, bis wir vor einer zweiten Schlucht nach links abzweigen (Richtung Meer) und ein kurzes Stück geradeaus weitergehen, um dann durch eine Rechtskehre in die Schlucht hinunterzusteigen. Am Ende der Schlucht, nach kurzem Aufstieg, gehen wir bei der **Weggabelung** ❺ links (nicht halb rechts).

Bei einer weiteren Wegkreuzung steuern wir halb links auf das Fußballstadion zu (nicht halb rechts Richtung Wohngebäude) und wandern dann ca. 75 m rechts an dessen Außenmauer entlang. Am Ende der Mauer gehen wir links – nun entlang der Nordseite des Stadions – und im weiteren Verlauf geradeaus, bis die Piste vor einem großen Gebäude endet. Hier wandern wir rechts bis zur Hauptstraße und dort links an dieser entlang bis zum **Ausgangspunkt** ❶.

↗ 80 m | ↘ 80 m | 11.3 km

3.00 h

Ribeira de Lagoa

2

Die fruchtbare Ader der Insel

Das Ribeira de Lagoa befindet sich im südlichen Teil von Maio und ist das bedeutendste Schwemmbecken der Insel. Hier werden Süßkartoffeln, Maniok, Zuckerrohr zur Herstellung von Honig und Grog, Kokosnüsse, Bananen und Papaya geerntet. Zum Zeitpunkt der Recherchereise hatte es 4 Jahre lang nicht mehr geregnet, dementsprechend ausgetrocknet war das Ribeira. Weitere Höhepunkte der Wanderung sind zwei ursprüngliche Dörfer und der abgelegene, wunderschöne Strand Praia de Lagoa – eine exzellente Bademöglichkeit.

Ausgangspunkt: Figueira Seca, 41 m (15.156900 -23.144650); ca. 9 km von Vila do Maio. Anfahrt: Auf der einzigen Straße fährt man von der Inselhauptstadt nach Figueira Seca. Aluguer: In unregelmäßigen Abständen von Montag bis Samstag, von Vila do Maio (Porto Inglês) nach Figueira Seca ca. 100 CVE. Bitte dem Fahrer explizit sagen, dass man nach Figueira Seca möchte. Die meisten Fahrten enden in Figueira da Horta! Taxi: Je nach Autotyp und Anzahl der Passagiere ca. 1000 CVE.
Anforderungen: Das Gelände ist sehr einfach, die Tour kann ohne spezifische Übung von jedermann absolviert werden. Allerdings erschwerte Orientierung aufgrund vieler Weggabelungen.
Einkehr: Keine. Ein Minimarkt im Dorf Barreiro bei Km 3,8.

Die bunten Häuser von Banda Riba.

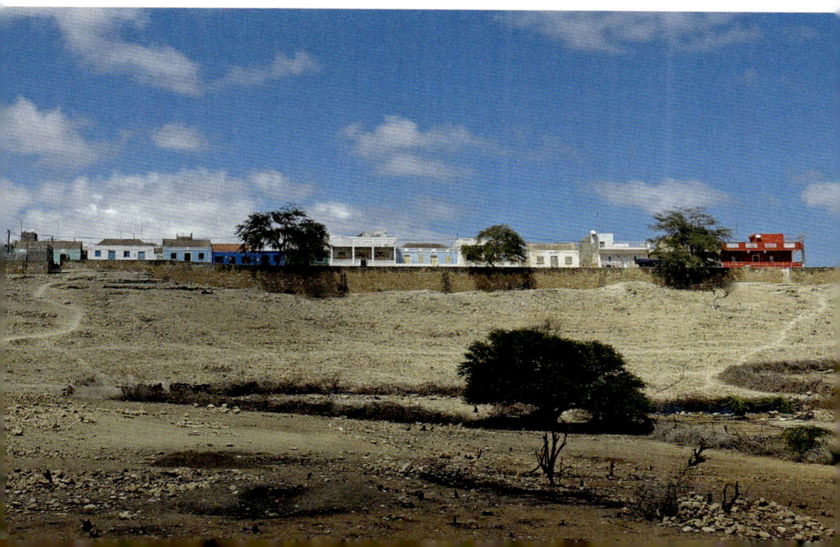

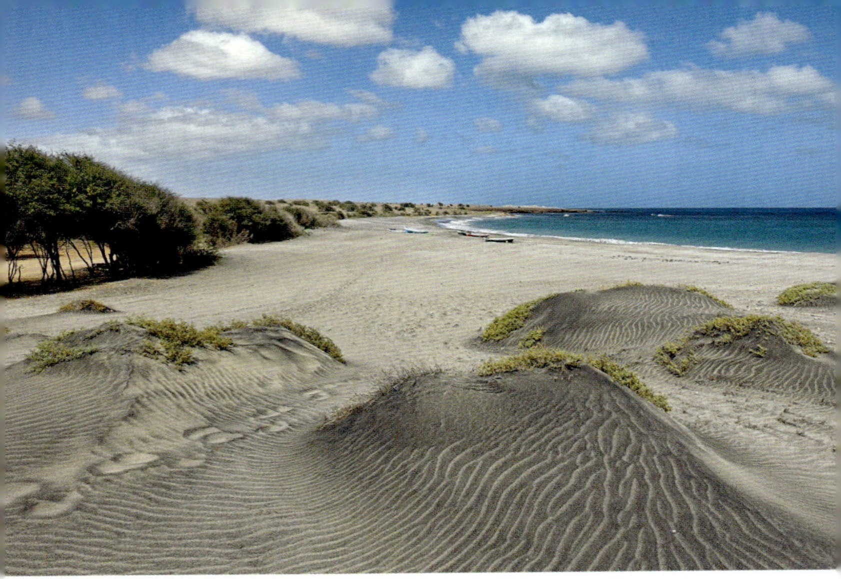

Der Traumstrand Praia de Lagoa.

Entlang der Häuser von **Figueira Seca** ❶ marschieren wir in südliche Richtung, um an dem Platz mit den Bänken halb rechts über einen Pfad zur unterhalb liegenden Schotterpiste abzusteigen. Dort gehen wir geradeaus weiter, bis die Piste in das Ribeira de Lagoa mündet. Einen kleinen Staudamm umlaufen wir auf einer Schotterpiste an seiner rechten Seite.
Sobald wir auf der rechten Seite oberhalb des Ribeira eine Ruine sehen – nach ca. 1,3 km Gesamtstrecke –, verlassen wir an dieser **Schlüsselstelle** ❷ das Ribeira de Lagoa nach rechts. Auf den ersten Metern ist der steil ansteigende Pfad – rechts von uns befindet sich eine kleine Schlucht – nur schwer auszumachen. Drei in den Boden eingelassene Holzstämme helfen bei der Wegfindung. Aus dem unscheinbaren Pfad wird eine Fahrspur, die über einen aussichtsreichen Bergrücken weiterführt.
In der Ferne sieht man bereits den nächsten Wegpunkt, die bunten Häuser des Dorfes **Banda Riba** ❸. Am Ende der vierten Querstraße des Dorfes

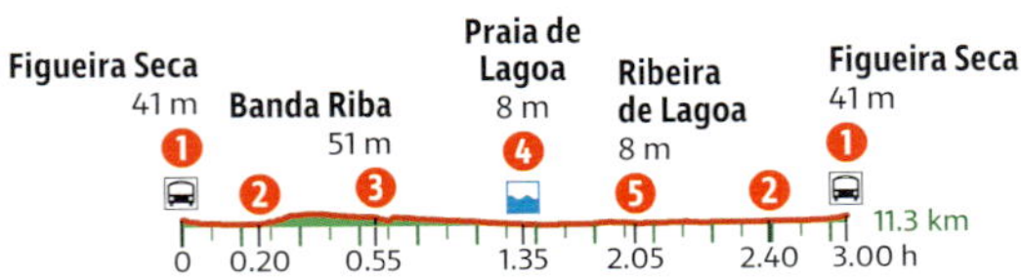

führt dann ein weithin sichtbarer Pfad durch eine Senke zum Nachbarort **Barreiro**. Dort wandern wir einige Meter durch eine Gasse, halten uns an der querenden Straße links, kommen an einem Minimarkt vorbei und erreichen einen Kinderspielplatz. Dort orientieren wir uns nach rechts und gehen in südliche Richtung über eine Ebene Richtung eines allein stehenden Hauses. Rechts von diesem befindet sich ein Fußballplatz. Wir gehen um dieses Haus links herum und auf der weiterführenden Schotterpiste an vereinzelt stehenden Akazien vorbei.

Dort, wo der Weg an einer Steinmauer entlangführt, ergibt sich auf der linken Seite eine wunderschöne Aussicht in das Ribeira de Lagoa mit einer Palmenoase. Den halb links abzweigenden Pfad in Richtung mehrerer Ruinen ignorieren wir. An der Weggabelung kurz vor dem Meer gehen wir halb links in Richtung eines weißen Gebäudes und erreichen den dahinter liegenden **Praia de Lagoa** ❹. An dem ca. 500 m breiten, schwarz-weißen Sandstrand liegen vereinzelt bunte Fischerboote. Am nordöstlichen Ende wandern wir dann ein kurzes Stück weglos an der rechten Seite der Brackwasserlagune entlang.

Im Weiteren folgen wir dem Verlauf eines ca. 4 m breiten Trockenbachbetts durch eine faszinierende Landschaft mit einem unwirklich erscheinenden rotbraunen Sand. Nach halb rechts verlassen wir das Trockenbachbett – nun auf einem leicht bergauf führenden Trampelpfad über helles Sandgestein. Der Pfad mündet in eine Schotterpiste, auf der wir links marschieren. Wir lassen den nachfolgenden Köhlerofen links liegen, gehen an einem Zaun entlang und erreichen wieder das **Ribeira de Lagoa** ❺.

Zunächst geht es weglos flussaufwärts durch das Ribeira. Das ist nicht immer einfach, da man immer wieder Akazien umlaufen muss. Der Weg führt an einem 30 m tiefen Brunnen vorbei, und bei einer großen Palme erreichen wir den bekannten **Hinweg** ❷, auf dem wir bis zum **Ausgangspunkt** ❶ zurückgehen.

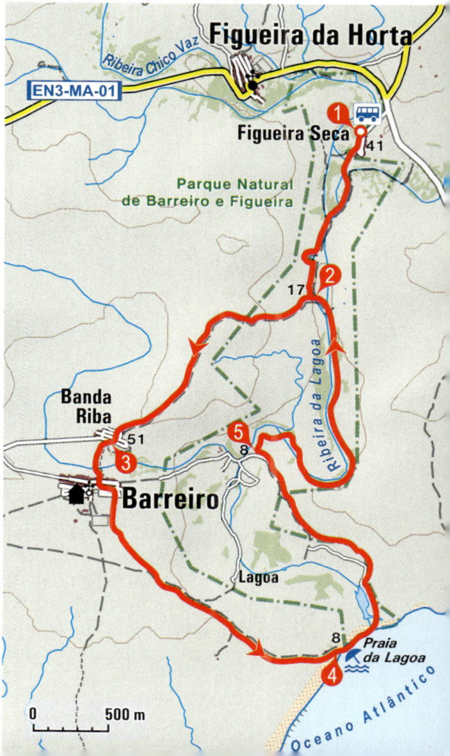

↗ 90 m | ↘ 90 m | 6.4 km

3 Praia Martins

1.45 h

Ein paradiesisch anmutender Sandstrand fernab vom Tourismus

Maio gehört zu den vegetationsarmen Inseln des Archipels, dennoch besteht sie nicht nur aus Wüste. Salzwiesen im Norden des Eilands, sandige Flachküsten, Hügellandschaften, kilometerlange verlassene Sandstrände, Akazienwälder und Kokospalmen bestimmen das Landschaftsbild. Die hier beschriebene Rundwanderung führt zu einem unentdeckten, paradiesisch liegenden weißen Sandstrand im Südosten der Insel. Aufgrund der meist ablandigen Winde ist der Wellengang mäßig und lädt zu einem erfrischenden Bad ein.

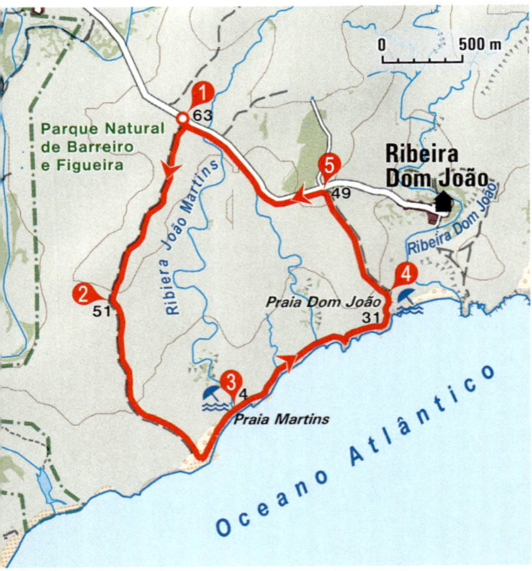

Ausgangspunkt: An der Verbindungsstraße, 63 m (15.149417 -23.136633), von Vila do Maio nach Ribeira Dom João, ca. 10 km östlich der Inselhauptstadt. Anfahrt: An der Straßenkreuzung hinter dem Dorf Figueira da Horta fährt man nicht links nach Alcatraz, sondern halb rechts, ca. 1,4 km Richtung Ribeira Dom João. Dort beginnt vor einem Verkehrsschild, das auf eine Kurve hinweist, die Wanderung auf der rechts abzweigenden Schotterpiste. Aluguer: Von Montag bis Samstag jeweils morgens und abends von Vila do Maio. Da diese sehr selten fahren, ist ein Taxi für die Anfahrt sinnvoll: Kosten 2000–2500 CVE.
Anforderungen: Leichter Spaziergang.
Einkehr: Keine.

Wir verlassen die **Straße** ❶ nach halb rechts und gehen auf der Schotterpiste durch wüstenhaftes Gelände. Von der anschließenden Anhöhe ist rechts von uns ein Dorf auszumachen, es ist Figueira da Horta. Von nun an führt die Piste über einen flach auslaufenden Bergrücken Richtung Meer. Bei zwei aufeinanderfolgenden **Weggabelungen** ❷ gehen wir jeweils halb links, vor einem weißen Sandberg dann aber rechts und bis zum Meer hinunter.

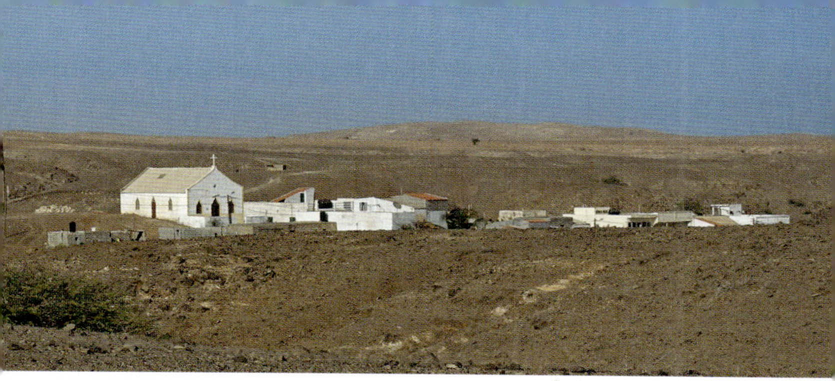

In der Ferne ist die Kirche des Dorfes Ribeira Dom João auszumachen.

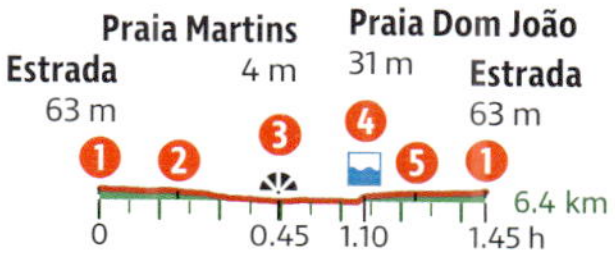

Bei Tidehochwasser muss man etwas oberhalb der Küstenlinie bleiben, bei Tideniedrigwasser kann man direkt am Strand laufen. Wir erreichen den **Praia Martins** 3, einen paradiesischen weißen Sandstrand, an dem man meistens ganz alleine ist! Je nach Gezeitenstand gehen wir nun mal am Strand, mal auf dem etwas erhöht liegenden Küstenstreifen bis zu einem einzeln stehenden weißen Gebäude. Von dort sieht man rechts unterhalb den wunderschön gelegenen **Praia Dom João** 4.
Auf einer breiten Schotterpiste wandern wir nun ins Landesinnere. In ca. 400 m Entfernung ist auf der rechten Seite des Wegs die weiße Kirche des Dorfes Ribeira Dom João auszumachen. An der nachfolgenden gepflasterten **Straße** 5 gehen wir links bis zum **Ausgangspunkt** 1.

Der Praia Dom João.

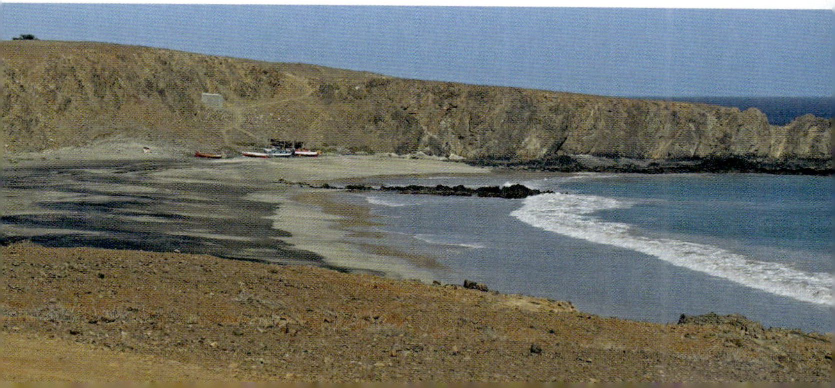

↗ 120 m | ↘ 120 m | 13.3 km

3.15 h

4 Lagoa Cimidor

Ziegen und Traumstrände

Ziegen sind seit Anfang der Besiedlung der Insel Maio ein wichtiger Bestandteil der Ernährung und liefern Milch, Käse und Fleisch. Die verbliebenen Pflanzen, die sich mit gewöhnlichen Dornen gegen Verbiss schützen, können von den Ziegen problemlos gefressen werden. So finden sie selbst da noch Nahrung, wo ein Schaf oder ein Esel bereits verhungern würde. Die Wanderung führt uns durch wüstenähnliche Gebiete (Weidegebiete!) und an mehreren Ziegenhaltungen vorbei bis zu einer Brackwasserlagune und einem dahinter liegenden Traumstrand. Dann kommen wir an einmaligen Buchten vorbei – aneinandergereiht wie prachtvolle Perlen auf einer Südseekette liegen sie vor uns. Zum Ende der Wanderung erreichen wir das Dorf Ribeira Dom João, eine herrliche Oase in der Wüste. Hier gibt es die Möglichkeit, ein EU-finanziertes Projekt zu bestaunen: eine im Jahr 2013 eröffnete Käserei. Natürlich kann man auch lokalen Käse erwerben. Oft ist die Käserei geschlossen, dann muss man Personen auf der Straße ansprechen, und schon wird der Laden geöffnet.

Am Praia de Ribeira Funda fühlt man sich wie in der Karibik.

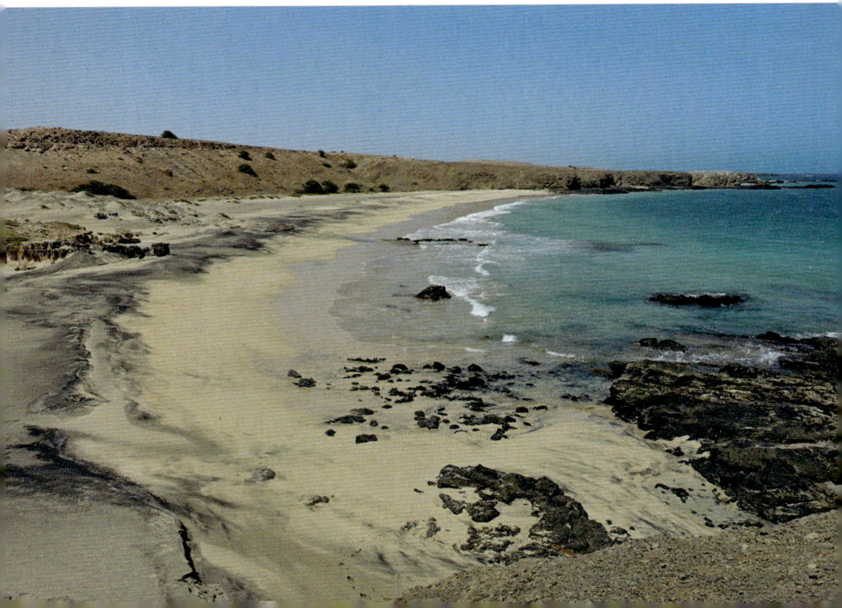

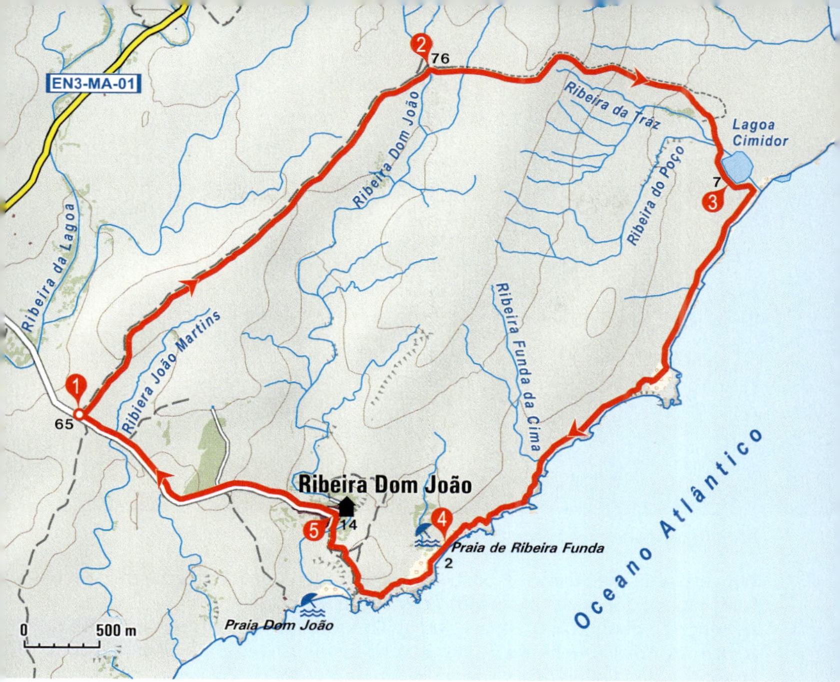

Ausgangspunkt: Ca. 10 km östlich der Inselhauptstadt an der Verbindungsstraße, 65 m (15.150167 -23.13745), von Vila do Maio nach Ribeira Dom João. Anfahrt: An der Straßenkreuzung hinter dem Dorf Figueira da Horta fährt man nicht links nach Alcatraz, sondern halb rechts, ca. 1,3 km Richtung Ribeira Dom João. Dort beginnt ca. 100 m vor einem Verkehrsschild, das auf eine Kurve hinweist, auf einer Anhöhe die Wanderung auf der links abzweigenden Schotterpiste. Aluguer: Von Montag bis Samstag jeweils morgens und abends von Vila do Maio. Da sie sehr selten fahren, ist die Wahl eines Taxis die bessere Alternative. Taxi: Kosten je nach Auto und Anzahl der Passagiere zwischen 2000 und 2500 CVE.

Anforderungen: Lange Rundwanderung ohne Schatten! Viele weglose Abschnitte entlang der Küste.

Einkehr: Keine, aber ein Minimarkt in Ribeira Dom João.

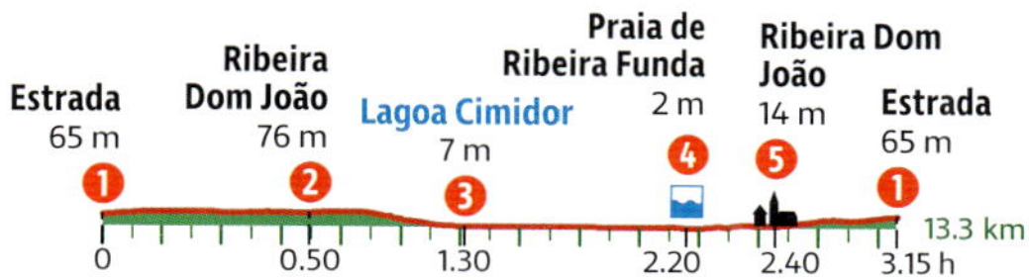

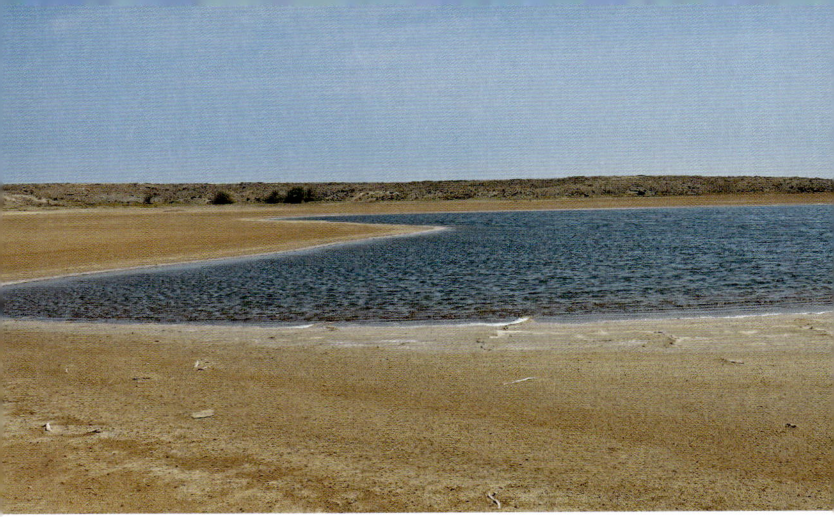

Die Brackwasserlagune Lagoa Cimidor.

Wir verlassen die **Straße** ❶ nach links und folgen der Schotterpiste in Richtung eines Funkmasts, den wir in der Ferne sehen können. Die Piste führt an einer Ziegenhaltung vorbei und schlängelt sich dann über einen Bergrücken in nordöstliche Richtung. Auf Höhe einer weiteren Ziegenhaltung lassen wir den linken Abzweiger links liegen. Hinter einer Senke verläuft der Weg dann auf dunklem Untergrund. Sobald wir in nördlicher Richtung den höchsten Berg der Insel ausmachen können, führt die Piste auf hellem Untergrund weiter. In dieser wüstenhaften Umgebung passieren wir einzeln stehende Akazien, bis dann die Piste eine leichte Rechtskehre durchläuft und wir das Trockenbachbett des **Ribeira Dom João** ❷ überqueren. Dort, wo sich der Weg in mehrere Arme verzweigt, gehen wir geradeaus Richtung Meer – zunächst auf der weithin sichtbaren Fahrspur.

Kurz vor dem Meer wird die Schotterpiste zu einem Pfad, der sich schließlich gänzlich verliert. Ab hier orientieren wir uns in Richtung der Brackwasserlagune **Lagoa Cimidor** ❸. Direkt hinter dieser befindet sich einer der abgelegensten Strände der Insel, der Praia de Ponta dos Flamengos. Ein sehr beliebter Strand der Karettschildkröte. 2017 wurden hier 342 Legestellen gezählt, das waren 6 % aller Legestellen auf der Insel Maio.

Abhängig vom Stand der Tide können wir entweder direkt am Strand oder etwas erhöht auf den bis zu 20 m hohen Klippen wandern. Größtenteils ist dieser Streckenabschnitt entlang der Küste weglos. Die Orientierung ist aber eindeutig, da man immer entlang der Küstenlinie läuft. Nach knapp 10 km Gesamtstrecke erreichen wir den wohl den schönsten der vielen

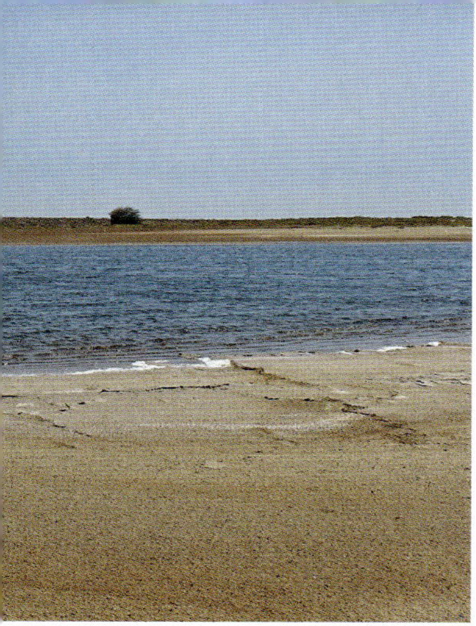

schönen Strände auf Maio, den ca. 250 m breiten **Praia de Ribeira Funda** 4.

Ab hier müssen wir definitiv oberhalb der Klippen marschieren. Bei der zweiten Sandbucht führt dann ein ausgetretener Pfad in Richtung Landesinneres zum Dorf **Ribeira Dom João** 5. Dort halten wir uns links und kommen in der Ortsmitte am gelben Gebäude der Käserei (rechts) vorbei. Auf der linken Straßenseite befindet sich kurz hinter der Käserei ein Minimarkt und am Ortsausgang die 1991 gebaute Kapelle Capela e Festa de São João.

Auf der gepflasterten Straße wandern wir nun Richtung Vila do Maio bis zum **Ausgangspunkt** 1.

Wenn man Glück hat, trifft man auf dieser Wanderung einen Ziegenhirten.

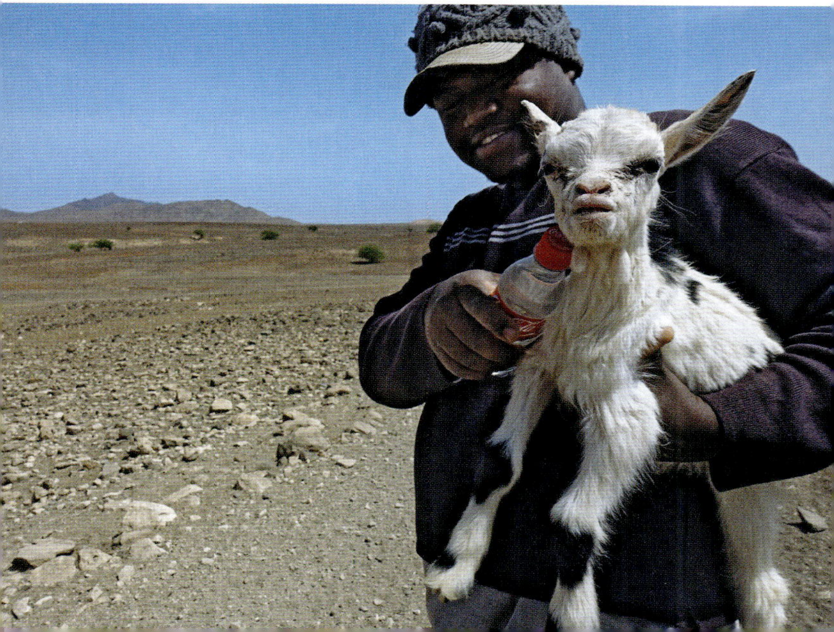

↗ 210 m | ↘ 210 m | 2.6 km

1.15 h

5 Monte Branco, 253 m

Ein geologisch hochinteressanter Berg

Die submarine vulkanische Tätigkeit im Atlantik, die schließlich zur Bildung des Archipels der Kapverdischen Inseln führte, setzte am Ende der Kreidezeit vor ca. 145 Mio. Jahren ein. Sie hatte ihre Ursache im Auseinanderdriften der heutigen Kontinente Afrika und Amerika infolge der Öffnung des Erdmantels im südlichen Atlantik. Alle Kapverdischen Inseln entstanden durch aus dem Meer aufsteigendes Magma, sie waren also nie Teil des afrikanischen Kontinents. Südwestlich der kleinen Ortschaft Pilão Cão erhebt sich der nur 253 m hohe Berg Monte Branco. An seinen westlichen Berghängen befinden sich die ältesten geologischen Gesteinsformationen des gesamten Archipels. Und wer sich für die Fauna interessiert: Mit etwas Glück trifft man auf die Wüstenläuferlerche, die Sandlerche und das Helmperlhuhn.

Ausgangspunkt: Bei einem markanten Baum 14 km nordöstlich von Vila do Maio an der Verbindungsstraße EN3-MA-01, 58 m (15.198367 -23.11425), von Vila do Maio nach Pilão Cão. Anfahrt: An der Straßenkreuzung hinter dem Dorf Figueira da Horta fährt man links Richtung Alcatraz und Pilão Cão. Noch vor diesen beiden Ortschaften, 100 m hinter einem braunen Schild mit der Aufschrift »Monte Branco« und Wanderer, steht ein einzelner, markanter Indischer Mandelbaum, der Ausgangspunkt der Wanderung. Aluguer: Von Montag bis Samstag jeweils morgens und abends von Vila do Maio. Da sie nur sehr selten fahren, sollte man besser ein Taxi nehmen. Taxi: Je nach Auto und Anzahl der Passagiere 3000–3500 CVE.
Anforderungen: Kurzer steiler Aufstieg durch größtenteils wegloses Gelände.
Einkehr: Keine.

Wir marschieren parallel zur **Straße** ❶ Richtung Pilão Cão, um nach 60 m auf einer breiten Schotterpiste nach links (im rechten Winkel zur Straße) mit dem Aufstieg zu beginnen. Einen ersten linken Abzweiger ignorieren wir.

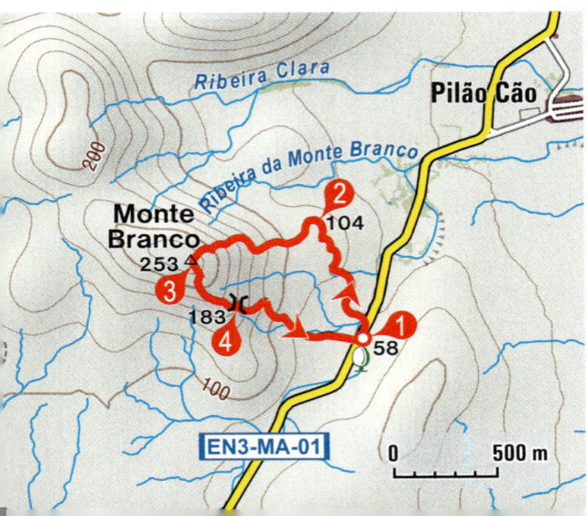

Nach 750 m Gesamtstrecke erreichen wir eine Anhöhe. An dieser Stelle verlassen wir die **Piste** ❷ nach links und beginnen mit dem weglosen Abschnitt. Dazu gehen wir eini-

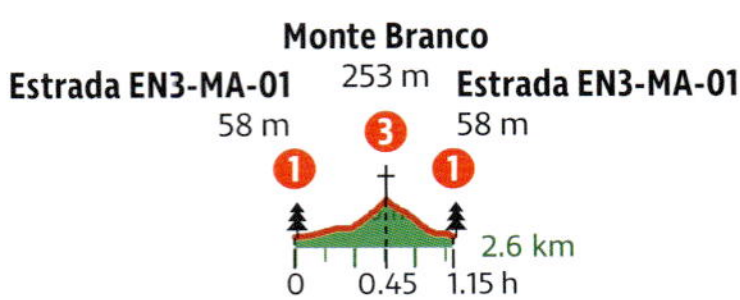

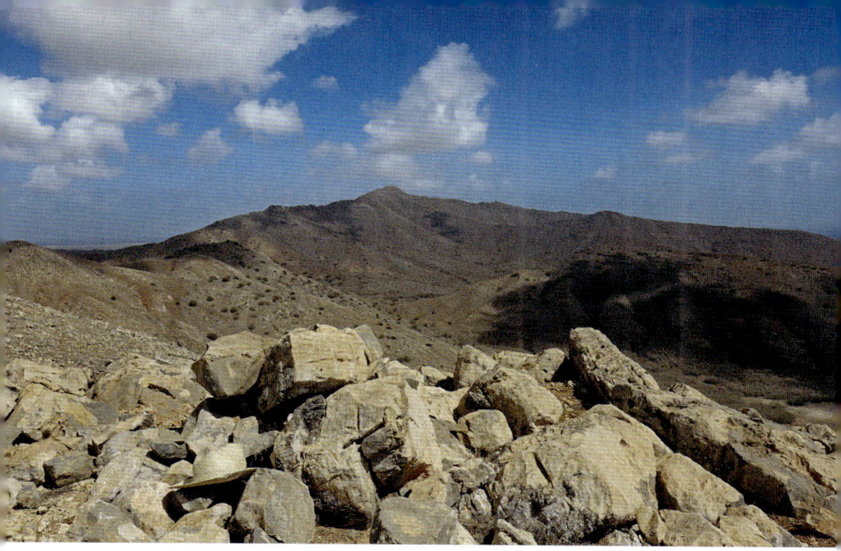

Aussicht vom Gipfel des Monte Branco auf den 436 m hohen Monte Peneso.

ge Meter zu einer Einsattelung hinunter, um dann entlang der linken Flanke eines Bergrückens des Monte Branco steil bis zu einer Einsattelung aufzusteigen.

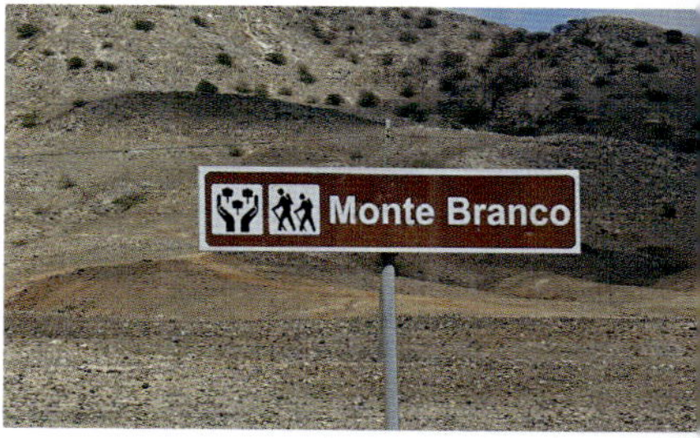

An der Straße befindet sich sogar ein Hinweisschild, das zeigt, dass man hier wandern kann.

Von dort steigen wir nun in langen Kehren bis zum aussichtsreichen Gipfel des **Monte Branco** ❸ auf. Oben angekommen blickt man Richtung Norden auf die Hügellandschaft um den 436 m hohen Monte Penoso. Richtung Westen erhebt sich der zweithöchste Berg der Insel, der 295 m hohe Monte Batalha.

Wir steigen in Richtung mehrerer Funkmasten nach Süden über den felsigen und steilen Bergrücken – unter Zuhilfenahme der Hände – bis zu einer weiteren **Einsattelung** ❹ ab. Vor dem nachfolgenden Hügel wandern wir halb links an dessen Bergflanke kontinuierlich bergab (gehen also nicht wieder bergauf).

Auch der weitere Abstieg ist weglos. Wir orientieren uns in Richtung einer kleinen Staumauer. Über einen Pfad und eine schwach ausgeprägte Schotterpiste erreichen wir schließlich den Ausgangspunkt an der **Straße** ❶.

TOP

↗ 430 m | ↘ 430 m | 7.4 km

6 Monte Penoso, 436 m

3.00 h

Der höchste Berg – das Alpinste, was die Insel zu bieten hat

Ziel menschlicher Existenz besteht in dem Streben nach Glück. Aber wie komme ich dahin? Philosophen, Schriftsteller und andere zeitgenössische Persönlichkeiten forschten und suchten schon immer nach den richtigen Antworten. Vielleicht können Sie Glück – vom momentanen bis zum anhaltenden, vom friedvollen bis zum ekstatischen Glücksgefühl – bei der Besteigung des höchsten Berges der Insel empfinden?! Und diese nachfolgende Wegbeschreibung könnte ein Parameter der Glücksformel sein!? Nur wer das Glück versucht, der findet es auch heraus.

Ausgangspunkt: Igreja Nossa Senhora do Rosário, 47 m (15.238800 -23.113883); ca. 19,2 km nordöstlich der Inselhauptstadt an der Verbindungsstraße EN3-MA-01 von Vila do Maio nach Pedro Vaz. Anfahrt: Ca. 2,6 km hinter dem Dorf Alcatraz befindet sich auf der linken Seite die Kapelle. Aluguer: Von Montag bis Samstag jeweils morgens und abends. Da diese sehr selten fahren, sollte man besser ein Taxi nehmen. Taxi: Je nach Auto und Anzahl der Passagiere 3500–4000 CVE.
Endpunkt: An der Verbindungsstraße, 44 m, ca. 1 km südlich des Ausgangspunktes.
Anforderungen: Steiler Aufstieg mit Blockkletterei durch wegloses Gelände. Ein einigen exponierten Stellen kann man abrutschen, Absturzgefahr besteht aber nicht. Absolute Schwindelfreiheit und Trittsicherheit sind ein Muss.
Einkehr: Keine.
Variante: Möchte man die weglosen Passagen und den steilen Aufstieg auslassen, so geht man die Tour in umgekehrter Richtung bis zum Gipfel und auf dem gleichen Weg wieder zurück.

Die Capela Nossa Senhora do Rosário.

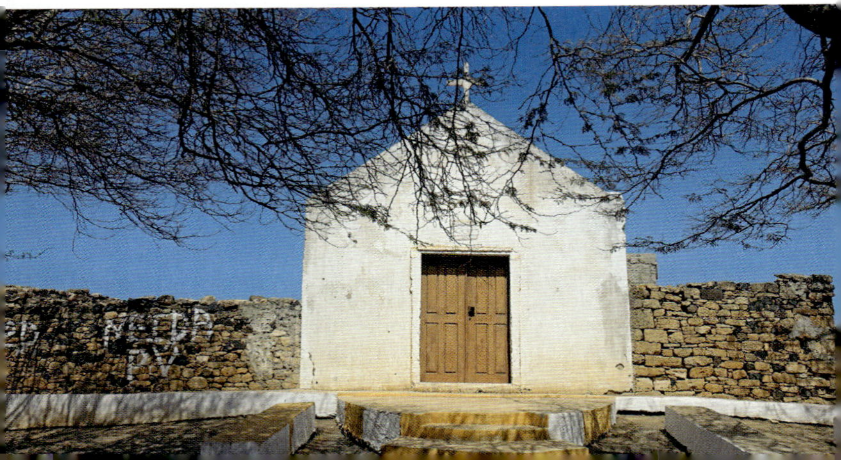

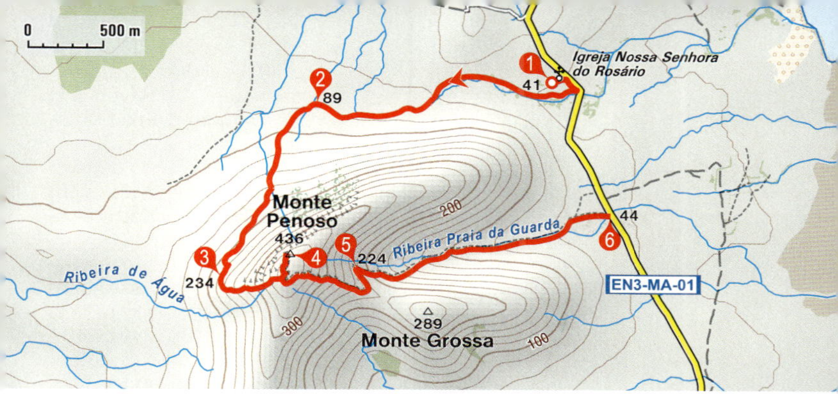

Von der **Igreja Nossa Senhora do Rosário** ❶ kommend, gehen wir rechts (Südosten) und ca. 180 m entlang der Hauptstraße. Von dort wandern wir Richtung Westen durch das Trockenbachbett, bis die eng stehenden Akazien ein Weiterkommen verhindern. Auf einem unscheinbaren Pfad gehen wir dann rechts vom Trockenbachbett. Wir passieren die Überreste einer alten Straße und queren das Bachbett, um auf dessen linker Seite auf einem Pfad weiterzumarschieren. Bald ist der Pfad nicht mehr zu erkennen, dann orientieren wir uns am Verlauf des ausgetrockneten Bachbetts.

Ab einem ersten Mauerdurchbruch gehen wir nun weglos und

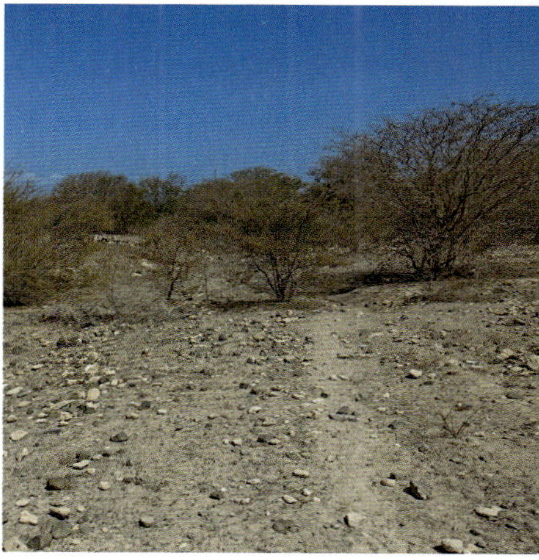

Viele Ziegenpfade erschweren die Orientierung.

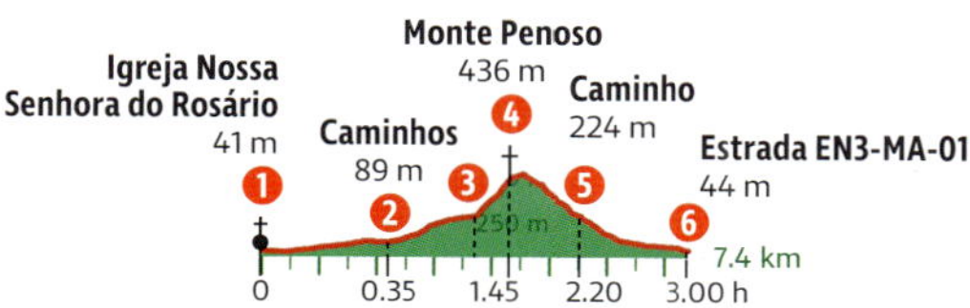

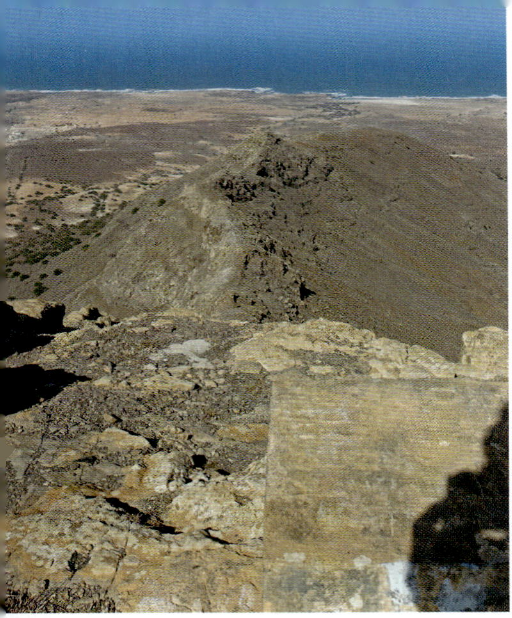

Die Aussicht vom 436 Meter hohen Monte Penoso.

parallel zu dieser Trockensteinmauer. Links von uns befindet sich der zu besteigende Gipfel. Etwas unterhalb der Mauer folgen wir dann ein kurzes Stück dem Verlauf einer Schotterpiste um eine Bergkuppe herum. Dort, wo wir auf einen querenden Pfad treffen, durchschreiten wir ein zweites Mal einen Durchbruch in der Mauer und steigen auf dem weiterführenden Pfad über brachliegende Terrassenfelder auf. Kurze Zeit später stehen wir vor einer Vielzahl von **Pfaden** ❷, wir wählen den mittleren. Dieser zieht sich kontinuierlich über einen Bergrücken hinauf. Wir kommen an einer Ruine vorbei; ein Pfad ist nun definitiv nicht mehr zu erkennen.

Wir queren zu dem rechts von uns liegenden Trockenbachbett und folgen dessen Verlauf. Wo das Bachbett zunehmend steiler wird, verlassen wir es und steuern halb rechts auf eine oberhalb stehende Ruine zu. Von dort haben wir freien Blick auf den Berggrat, der bis zum Gipfel führt. Um dorthin zu gelangen, müssen wir nun weglos unter senkrechten Felswänden ein breites Schotterfeld überqueren; so erreichen wir schlussendlich den felsigen **Bergrücken** ❸.

Beim nachfolgenden Aufstieg bleiben wir eher an den Südhängen rechts des Bergrückens, denn an dessen Nordseite würde man in sehr steiles Gelände gelangen. Es folgt Blockkletterei durch steiles und rutschiges Terrain, bis wir den Pfad zum Gipfel des **Monte Penoso** ❹ erreichen. Hinter zwei unschönen Gebäuden befindet sich der betonierte Markierungspfeiler mit einer traumhaften Aussicht über die ganze Insel.

Der Abstieg erfolgt über den in die Naturlandschaft gefrästen **Weg** ❺, der im oberen Teil stark erodiert ist. Im Talgrund angekommen stoßen wir auf eine Schotterpiste und wandern auf ihr bis zur **gepflasterten Straße** ❻. Hier wartet das bestellte Taxi, oder man geht links auf der Straße zum Mietwagen am **Ausgangspunkt** ❶ zurück. Oder man hofft auf eine – allerdings sehr seltene – Mitfahrgelegenheit.

↗ 100 m | ↘ 100 m | 7.3 km

2.00 h

Praia de Boca Ribeira **7**

Ein Karibikstrand auf den Kapverden

Die Wanderung beginnt im Dorf Pedro Vaz, das bis zum Eintreffen der Engländer im 17. Jahrhundert die größte Siedlung der Insel war, und führt zum wunderschön gelegenen Strand Praia de Boca Ribeira. Es wird vermutet, dass diese 350 Meter breite Bucht als erster natürlicher Hafen der Insel genutzt wurde. Nach einem kurzen Spaziergang entlang der Küste geht es dann durch eine wunderschöne Naturlandschaft im Landesinneren weiter. Es folgt ein Trockenbachbett mit schwarzem Untergrund, gesäumt von hellsandigen Dünen; für die grünen Tupfer sorgen einige Akazien. Auf dem Weg zurück zum Ausgangspunkt gibt es noch die Möglichkeit, die Kirche Nossa Senhora do Rosário zu besuchen.

Vom Meer aus folgen wir dem Verlauf des Ribeira Richtung Landesinneres.

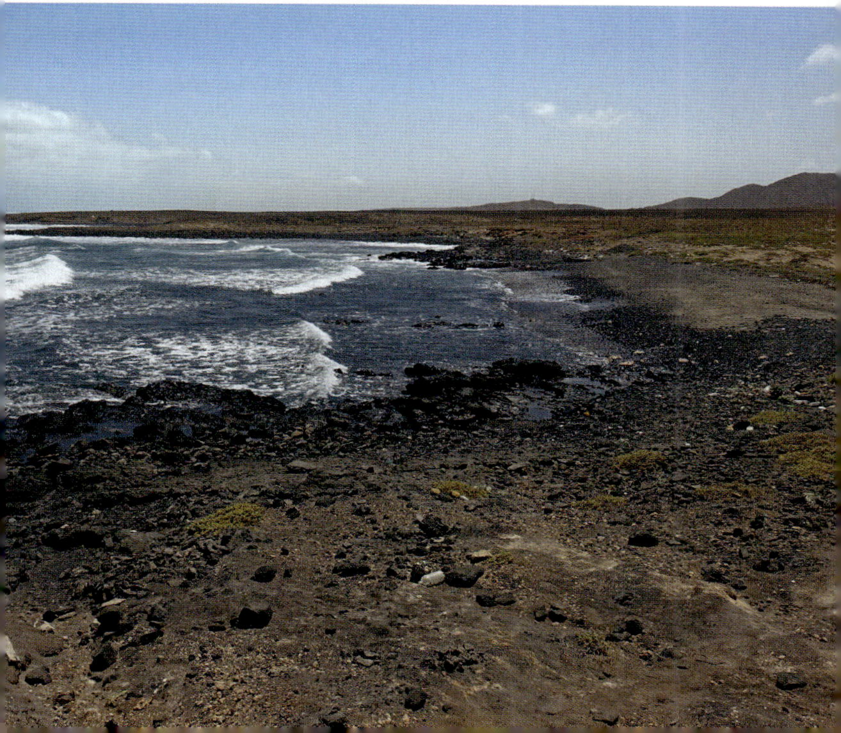

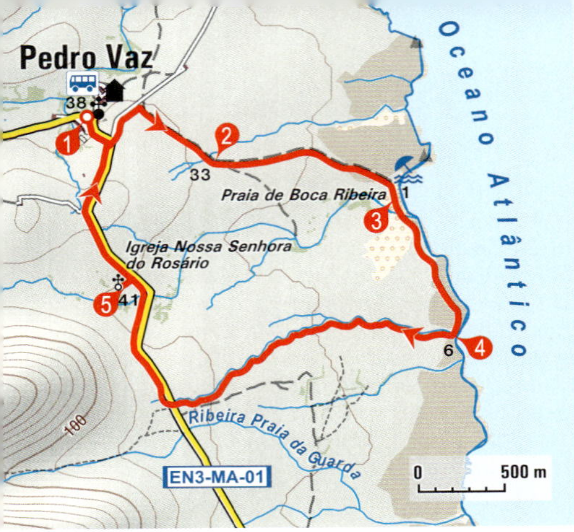

Ausgangspunkt: Kirchplatz von Pedro Vaz, 38 m (15.247783 -23.115333); ca. 20 km nordöstlich der Inselhauptstadt. Anfahrt: Auf der Straße von Vila do Maio. Aluguer: Von Montag bis Samstag jeweils morgens und abends. Da sie sehr selten fahren, ist ein Taxi sinnvoller. Taxi: Je nach Auto und Anzahl der Passagiere 3500–4000 CVE.

Anforderungen: Einfache Wanderung. Etwas Orientierungssinn benötigt man auf dem Teilabschnitt durch das Trockenbachbett.

Einkehr: Keine, aber in Pedro Vaz gibt es einen Minimarkt.

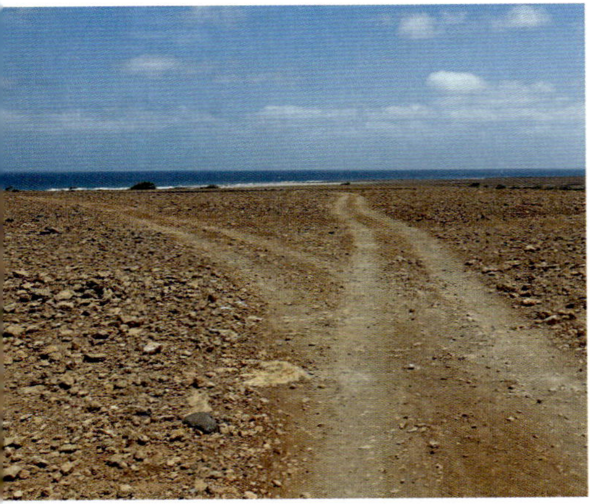

In der Steppe gabelt sich der Weg in zwei Arme.

Vom Dorf **Pedro Vaz** mit der etwas erhöht liegenden Kirche **Igreja São Pedro** ❶ marschieren wir auf der bergauf führenden Straße – die den Ort in Richtung Südosten verlässt. Nach wenigen Metern erreichen wir eine Kreuzung, rechts führt die Straße nach Alcatraz, wir halten uns links Richtung Santo António. Von der Kreuzung aus gehen wir ca. 300 m, um dort scharf rechts auf eine Schotterpiste abzubiegen. An einer Wegkreuzung befinden sich rechts Köhleröfen, wir wandern hier geradeaus weiter.

An der sofort darauffolgenden Gabelung der **Wege** ❷ setzen wir unsere Tour halb links fort (nicht geradeaus weiter). An einer weiteren Weggabelung gehen wir nun halb rechts; in der Ferne sieht man weiße Sanddünen. Ein weiteres Mal gabelt sich der Weg, nun wandern wir bei den Steinmännchen halb links. Auf einem der vielen Pfade marschieren wir bis an das nördliche Ufer des **Praia de Boca Ribeira** ❸. Besonders beliebt ist die Bucht bei der Karettschildkröte. 2017 wurden hier 561 Legeplätze registriert, immerhin 10 % aller Gelege auf der Insel Maio. Da der Strand im Einflussbereich der auflandigen Passatwinde liegt, ist Baden aufgrund der hohen Wellen und der gefährlichen Unterströmung nur eingeschränkt möglich. Leider wird hier auch viel Plastikmüll angeschwemmt!

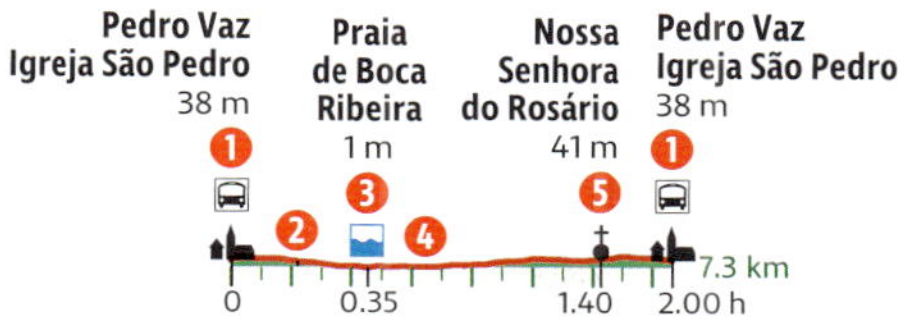

Wir queren den Strand in südliche Richtung, um dann etwas erhöht entlang der Küstenlinie bis zu einem schwarzen Strand zu wandern, in den ein **Ribeira** ❹ mündet. Hier verlassen wir die Küste in Richtung Landesinneres. Dabei gibt der Verlauf des Trockenbachbetts unsere Route vor. Dort, wo sich das Bachbett das erste Mal verzweigt – halb rechts von uns befinden sich Felsen – wandern wir halb links weiter.

In dem zunehmend schmaler werdenden Bachbett ist die Wegfindung nicht immer eindeutig. Wir gehen in Richtung einer großen, weithin sichtbaren Trockensteinmauer und queren kurz später eine Schotterpiste. Bald befinden wir uns links von der Mauer. Bei einer letzten Verzweigung des Bachbetts folgen wir nun dem halb rechten Arm bis zur gepflasterten Straße. An dieser gehen wir rechts Richtung Pedro Vaz. Nach ca. 870 m treffen wir auf die Stichstraße, die zur **Igreja Nossa Senhora do Rosário** ❺ führt. Nach der Besichtigung der unspektakulären Kirche setzen wir unseren Weg auf der gepflasterten Straße bis zum **Ausgangspunkt** ❶ fort.

Die Igreja São Pedro im Dorf Pedro Vaz.

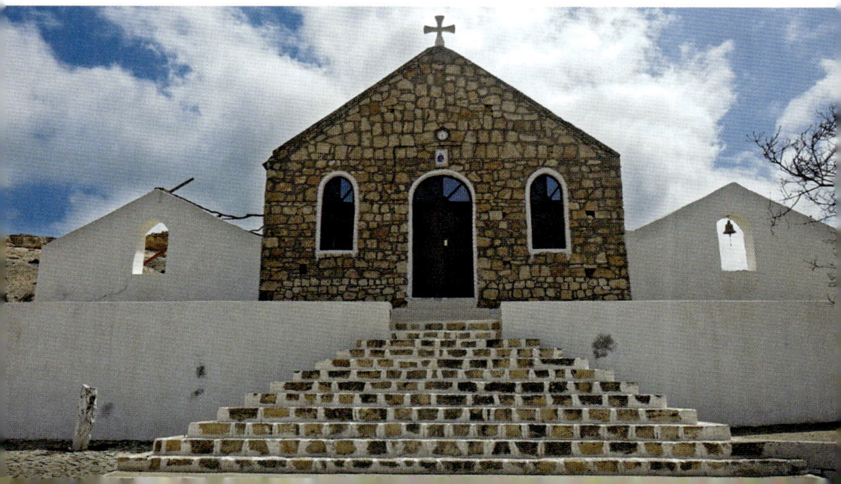

↗ 140 m | ↘ 140 m | 10.4 km

8 Praia Preto

2.45 h

Der einzige schwarzsandige Strand der Insel

Die Insel Maio im Allgemeinen und ihre Ostküste im Besonderen hat eine sehr geringe Besiedlungsdichte. Einer der wenigen Orte hier an der Ostseite ist Pedro Vaz. In diesem Dorf startet eine ganz besondere Wanderung, denn weiße Traumstrände gibt es zahlreiche auf Maio, schwarze hingegen nur diesen einen! Wer also die Abwechslung mag – auf geht's zum romantischen kleinen Praia Preto, was auf Deutsch so viel heißt wie »schwarzer Strand«. Dieser ist bei den ohnehin sehr wenigen Touristen nahezu unbekannt. Die weitere Route verläuft dann wieder entlang wunderschöner weißsandiger Strände.

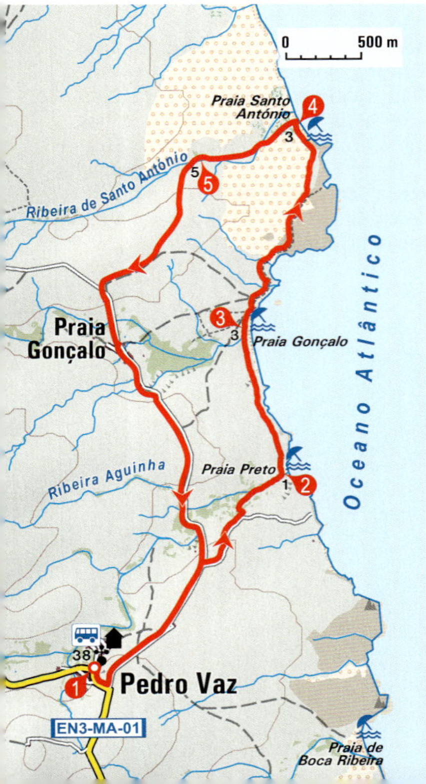

Ausgangspunkt: Kirchplatz von Pedro Vaz, 38 m (15.247783 -23.115333); ca. 20 km nordöstlich von Vila do Maio. Anfahrt: Auf der Verbindungsstraße von Vila do Maio. Aluguer: Montag bis Samstag jeweils morgens und abends, aber sehr selten, daher besser ein Taxi nehmen. Taxi: Je nach Auto und Anzahl der Passagiere 3500–4000 CVE.
Anforderungen: Problemlose Wanderung. Etwas Orientierungssinn benötigt man auf dem Teilabschnitt durch das Trockenbachbett.
Einkehr: Keine; in Pedro Vaz Minimarkt.

Von **Petro Vaz** ❶ folgen wir der bergauf führenden Straße Richtung Südosten. An der nächsten Kreuzung wandern wir links auf der gepflasterten Straße Richtung Santo António. Die Straße führt zunächst vorbei an Dieselstromgeneratoren. Achtung: 10 m hinter einem Verkehrsschild (»40 km/h«) – auch befindet sich in ca. 100 m Entfernung ein betonierter Wasserspeicher – verlassen wir die Straße nach halb rechts und gehen an der sofort darauffolgenden Gabelung der Piste halb rechts. Wo die Piste eine Rechtskurve beschreibt, verlassen

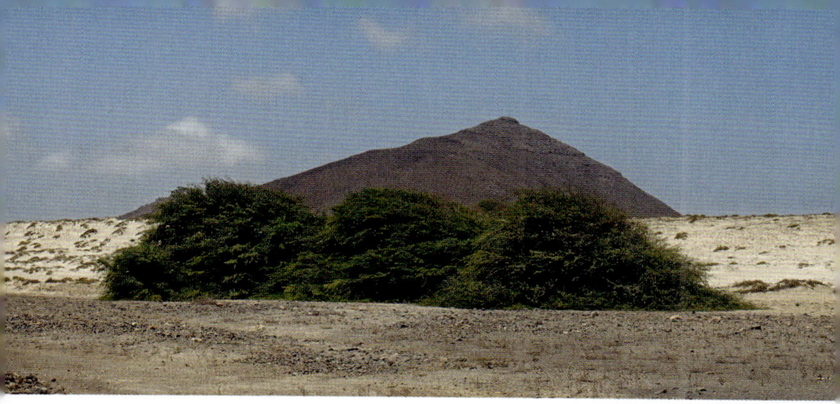

Bei den markanten drei Akazien verlassen wir das Ribeira de Santo António.

wir sie nach halb links und durchschreiten einen Mauerdurchbruch. Dahinter gehen wir rechts an der Mauer entlang und folgen einem Pfad hinunter in die Schlucht und weiter Richtung Meer. Hinter Salzwiesen und einer kleinen Brackwasserlagune erreichen wir den schwarzsandigen **Praia Preto** ❷. Über einen ausgetretenen Trampelpfad – den die Fischer von Pedro Vaz noch heute nutzen – erreichen wir den 500 m breiten, weißsandigen Strand **Praia Gonçalo** ❸. Bei riesigen Bergen aus den Gehäusen der Fechterschnecke folgen wir der weiterführenden Piste. Hinter einer weiteren Strandbucht queren wir eine kleine Landzunge, nun auf einem Pfad. Beim markanten rotbraunen Gestein erreichen wir den nächsten Traumstrand, den insgesamt ca. 600 m breiten **Praia Santo António** ❹. Wir bleiben aber nur für 150 m an diesem Strandabschnitt, dann gehen wir weglos landeinwärts; zunächst noch durch Salzwiesen, dann orientieren wir uns in Richtung eines markanten Felsens, der das Trockenbachbett säumt.
Vom Strand aus gemessen geht es insgesamt ca. 700 m durch das **Ribeira de Santo António** ❺. Dann verlassen wir das Bachbett auf einer Piste, die halb links leicht bergauf führt. Auf der Anhöhe angekommen passieren wir eine helle Steinmauer. Den nachfolgenden rechten Abzweiger lassen wir links liegen und marschieren geradeaus auf die gepflasterte Straße zu, die man bereits aus der Ferne sieht. Ab einem betonierten Wasserspeicher gehen wir dann auf der Straße zurück nach **Pedro Vaz** ❶.

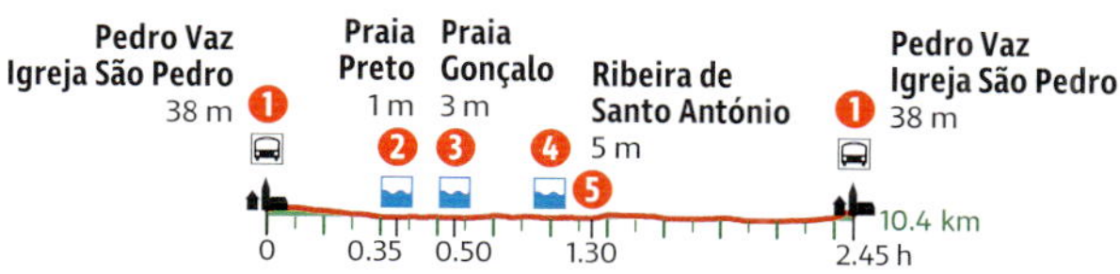

↗ 230 m | ↘ 230 m | 3.2 km

9 Monte Santo António, 252 m

1.30 h

Santo António – das kleinste Dorf der Insel

Das abgelegenste und kleinste Dorf der Insel liegt im nahezu unbesiedelten Nordosten von Maio am Fuße des 252 m hohen Berges Monte Santo António. Es erwartet uns eine karge Landschaft, in der es nur alle 4 bis 6 Jahre regnet. Vor ca. 5 Millionen Jahren endeten an dieser Stelle die vulkanischen Aktivitäten auf der Insel. Das Eruptionsmaterial bestand größtenteils aus Basalt. Es entstanden die weiten Lavafelder, welche vom Gipfel sehr gut zu sehen sind. Ein besonderes botanisches Schmankerl ist die auf diesem Berg auf Maio endemische »Nauplius daltonii«. Ein wahrer Überlebenskünstler ist diese gelbe Blume in der von Vulkangestein geprägten Natur.

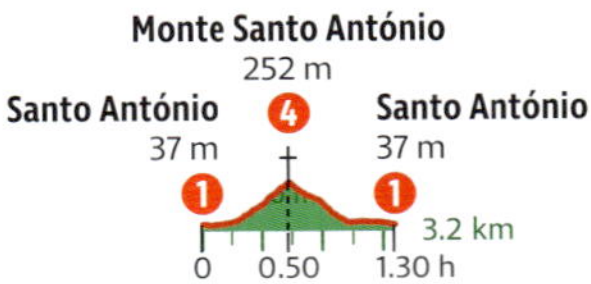

Ausgangspunkt: Zentraler Dorfplatz von Santo António, 37 m (15.274633 -23.122983); ca. 25 km nordöstlich der Inselhauptstadt. Anfahrt: Auf der Straße von Vila do Maio. Aluguer: Fahren von Montag bis Samstag sehr unregelmäßig, daher die Empfehlung, mit dem Taxi zu fahren. Taxi: Je nach Auto und Anzahl der Passagiere ca. 4000 CVE.

Anforderungen: Auf dem weglosen Abstieg benötigt man etwas Orientierungssinn.

Einkehr: Keine.

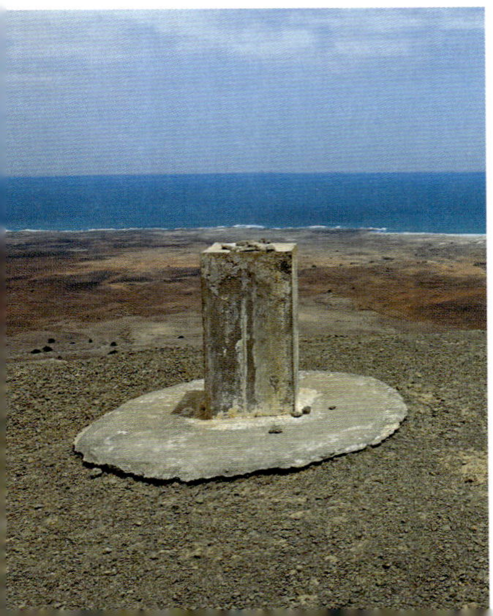

Auf der weiterführenden Anfahrtsstraße wandern wir durch **Santo António** ❶. Am Ende des Dorfes geht es dann auf einer Schotterpiste weiter. In der ersten Rechtskurve der Piste verlassen wir diese und wandern geradeaus auf dem ausgetretenen, leicht bergauf führenden Ziegenpfad weiter.

Nach ca. 350 m folgen wir an der **Weggabelung** ❷ dem halb rechts bergauf führenden Arm, der kurz später direkt an dunklen Felsen vorbeiführt. Kurzfristig ist der Ziegenpfad nur noch schwer auszumachen. Wir setzen die eingeschlagene Richtung fort, queren eine kleine

Am Gipfel des Monte Santo António.

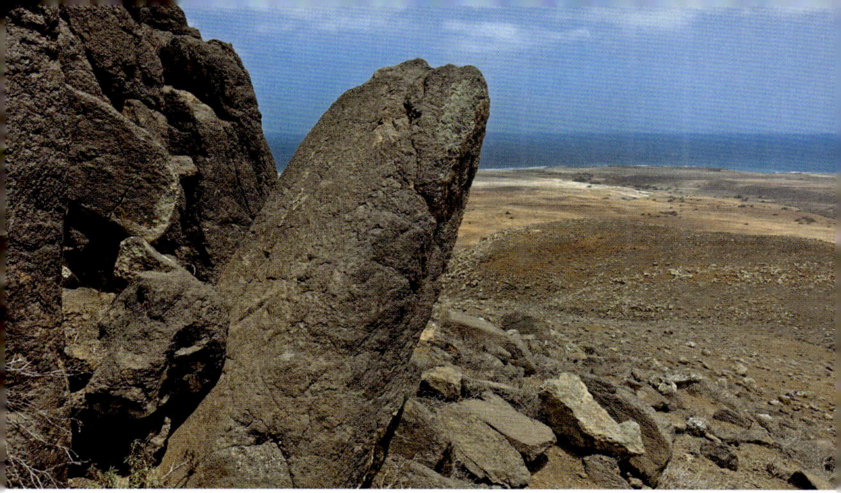

Während des Abstieges müssen Felsen umlaufen werden.

Schlucht und stoßen auf einen ausgetretenen und nun steil bergauf führenden **Pfad** ❸.

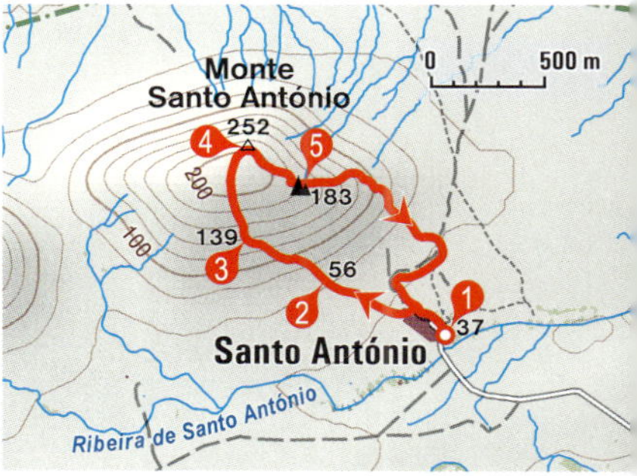

Über gerölligen Untergrund geht es nun hinauf in Richtung des Hauses, welches man auf dem Gipfel des **Monte Santo António** ❹ ausmachen kann. Dort angekommen ist der 360°-Rundblick atemberaubend!

Von dem betonierten Messpunkt, der den höchsten Punkt auf dem Gipfel markiert, beginnen wir den Abstieg in südöstlicher Richtung. Es geht weglos und in langen Kehren über den breiten Bergrücken bergab. Nun heißt es aufmerksam wandern, denn mit etwas Glück entdeckt man die endemische gelbe Blume *Nauplius daltonii*. Nach ca. 225 Entfernungsmetern – vom Gipfel gemessen – umlaufen wir auf der rechten Seite einen markanten **Felsen** ❺.

Während des gesamten Abstiegs queren wir mehrere Ziegenpfade. Als nächsten Orientierungspunkt nach dem Felsen peilen wir die Schotterpiste vor dem runden Trockensteinbau im vor uns liegenden Tal an. Auf der Piste angekommen gehen wir dann rechts und das letzte Stück auf dem bekannten Hinweg bis zum **Ausgangspunkt** ❶ zurück.

↗ 70 m | ↘ 70 m | 12.6 km

10 Praia Laje Branca

3.15 h

Erstaunliche Sandsteinformationen und fossilierte Wurzelreste

Diese Wanderung führt durch das unbekannte Maio und den 4643 ha großen Parque Natural do Norte da Ilha do Maio, den größten Naturpark der Insel. Am Praia Laje Branca, fernab jeglicher Zivilisation, erwarten uns erstaunliche Sandsteinformationen. Der Grund für diese von der Natur geschaffenen Kunstwerke: Das Gestein an der Erdoberfläche ist dem ständig sehr stark wehenden Passatwind und der Gischt des Meeres ausgesetzt. Und überall dort, wo Wind über sandigen Untergrund fegt, schleppt er feine Körnchen mit sich, die wie Schmirgelpapier wirken. Harte Gesteinsreste bleiben stehen, weiche werden abgetragen. Diese Tour gehört zu den längeren Wanderungen auf der Insel, die Belohnung sind einmalige und unvergessliche Fotomotive.

Wanderung entlang der wilden Atlantikküste.

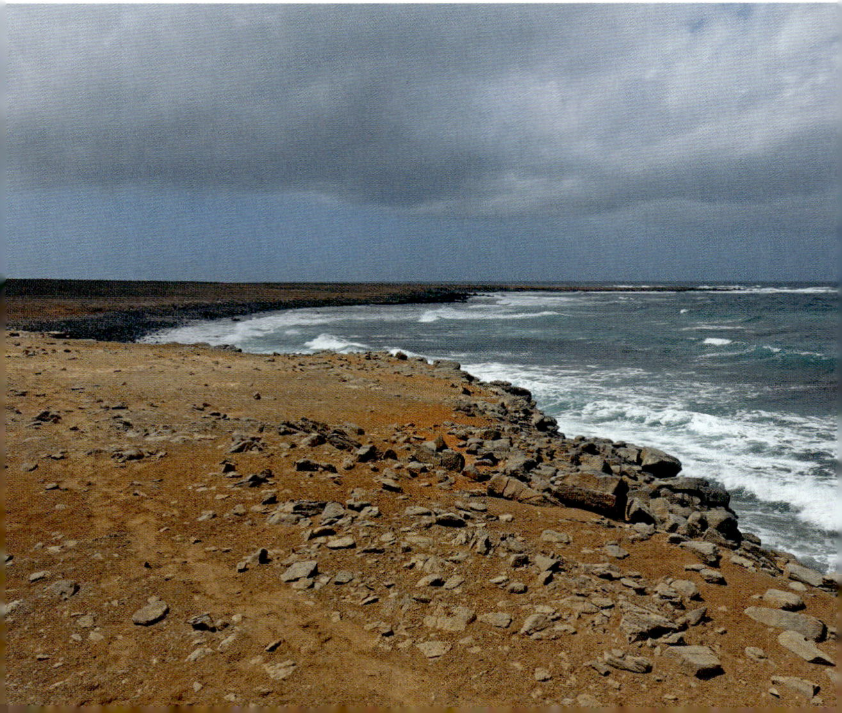

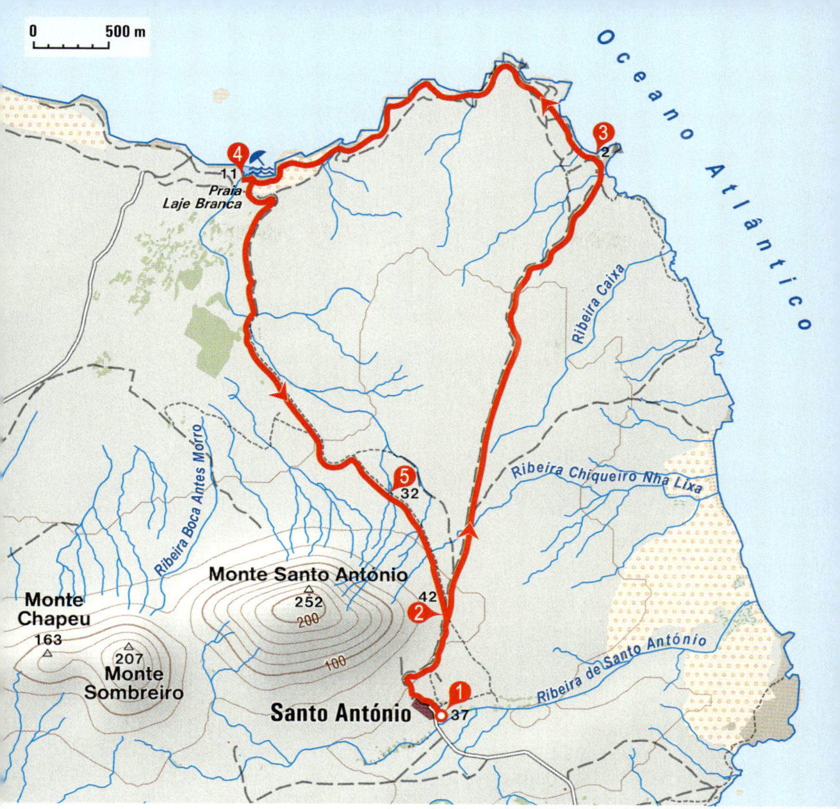

Ausgangspunkt: Santo António, zentraler Dorfplatz, 37 m (15.274633 -23.122983); ca. 25 km nordöstlich der Inselhauptstadt. Anfahrt: Auf der Straße von Vila do Maio. Aluguer: Diese fahren von Montag bis Samstag, aber sehr unregelmäßig, daher die Empfehlung, mit dem Taxi zu fahren. Taxi: Je nach Auto und Anzahl der Passagiere ca. 4000 CVE.
Anforderungen: Guter Orientierungssinn aufgrund der vielen Wegverzweigungen und weglosen Abschnitte entlang der Küste.
Einkehr: Keine.

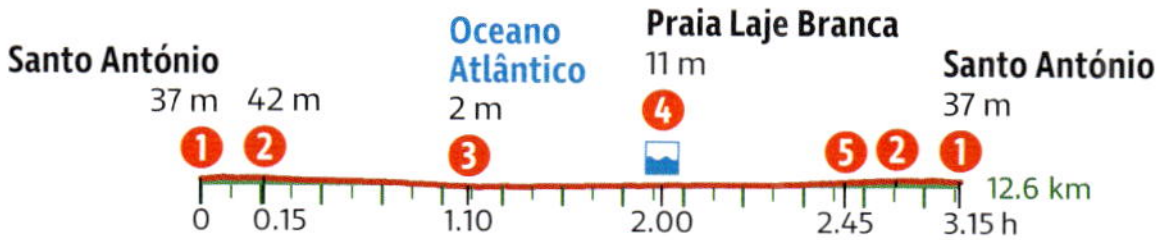

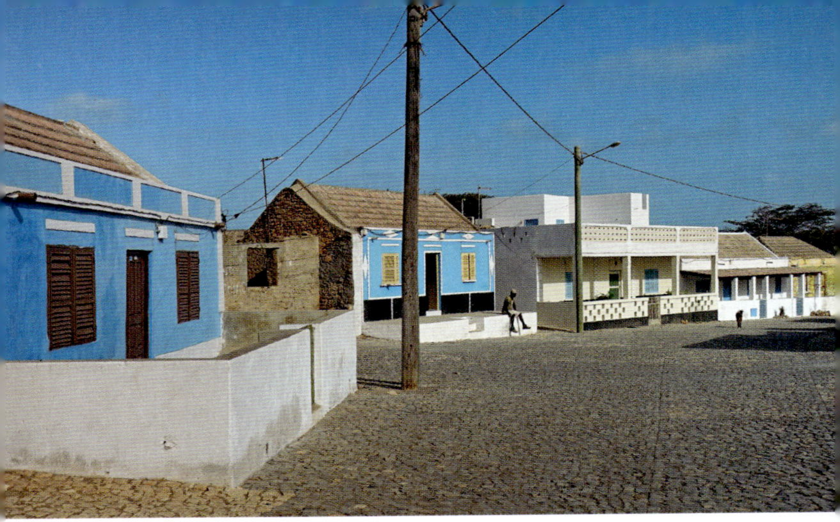

Die bunten Häuser des Dorfes Santo António.

Auf der weiterführenden Zufahrtsstraße wandern wir durch **Santo António** ❶. Ab dem Ende des Dorfes geht es auf einer Schotterpiste weiter. Die Piste verläuft durch eine lang gezogene Rechtskurve. Am Ende der darauffolgenden lang gezogenen Linkskurve befindet sich auf der rechten Seite – in 20 m Entfernung – eine intakte kreisförmige Trockensteinmauer. Einen rechten Abzweiger – markiert durch ein Steinmännchen – ignorieren wir und gehen geradeaus weiter.

An der nachfolgenden **Weggabelung** ❷ folgen wir dem halb rechten Arm. Zur Information: Der halb linke Arm ist unser Rückweg! Kurz hinter einem Trockenbachbett gabelt sich die Piste erneut. Dort ignorieren wir den links abzweigenden Arm und gehen geradeaus Richtung einer allein stehenden Akazie, die wir dann auch passieren. Als weiterer Orientierungspunkt dient uns ein weißer, betonierter Markierungspfeiler (dahinter liegt das Meer). Dort angekommen macht die Straße eine Linkskurve. Ca. 200 m entfernt von der einzigen Akazie weit und breit gabelt sich der Weg ein weiteres Mal, hier halten wir uns halb rechts. Etwas später queren wir ein schmales Trockenbachbett. An der nachfolgenden Drei-Wege-Kreuzung folgen wir dem mittleren Arm.

Hinter einer Linkskurve der Piste erreichen wir schlussendlich den **Atlantischen Ozean** ❸. Der meist auflandige Wind führt dazu, dass sich angeschwemmter Plastikmüll im Uferbereich ablagert. In nordwestlicher Richtung marschieren wir im Wechsel auf einem schwach ausgetretenen Küstenpfad oder auf einer Piste. Nach Regenfällen ist der Pfad nicht zu

erkennen, dann folgt man einfach dem Verlauf der Küstenlinie. Schließlich wandern wir oberhalb von ca. 10 m hohen Klippen. Vor uns im Meer können wir die Insel Ilhéu de Laje Branca ausmachen.
Als Nächstes orientieren wir uns an der weißsandigen Düne, an der wir im Weiteren rechts vorbeiwandern und so schlussendlich zu den zwei kleinen Buchten des Strandes **Praia Laje Branca** ❹ gelangen. Dort erwarten uns mit erstaunlichen Sandsteinformationen und fossilierten Wurzelresten unzählige einmalige Fotomotive. Von dort gehen wir dann weglos in Richtung Landesinneres und halten uns an der Piste vor einigen Akazien links. Nach ca. 150 m folgen wir dem rechts abzweigenden Arm der Piste in Richtung des Berges Monte Santo António – das ist der mit dem Gebäude auf dem Gipfel.
Vor einer Trockensteinmauer beschreibt die Piste eine Linkskurve. Eine nur schwach ausgeprägte und rechts abzweigende Piste ignorieren wir. Hinter einer lang gezogenen Linkskehre verlassen wir die Piste nach halb rechts auf einen unscheinbaren **Pfad** ❺. Ist der Pfad an dieser Stelle nicht gut auszumachen, so orientiert man sich am linken Hang des Monte Santo António. Der Pfad mündet in eine Piste und diese wiederum in den bekannten Hinweg, dem wir bis zum **Ausgangspunkt** ❶ folgen.

Aus Sandstein geformter Pilz.

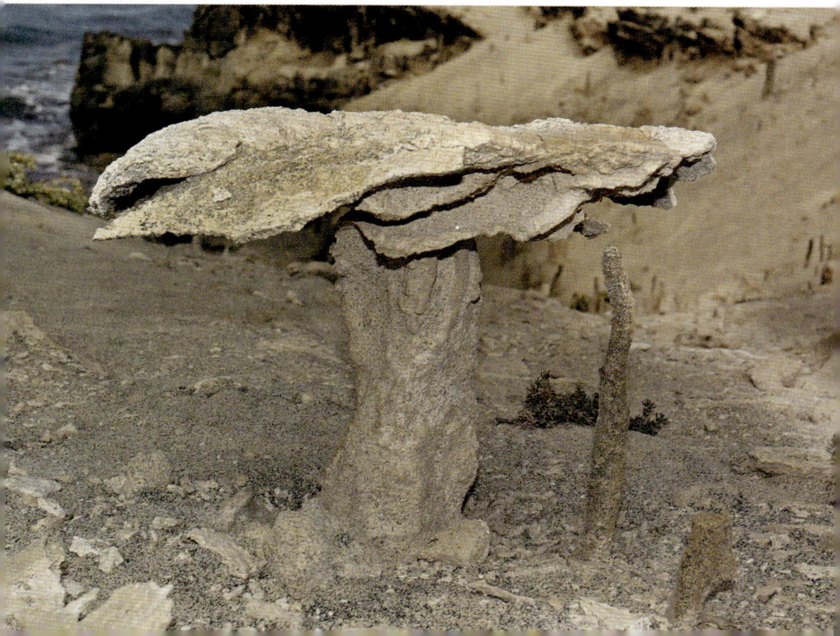

TOP

↗ 20 m | ↘ 20 m | 8.1 km

11 Praia de Santana Dunes

2.00 h

Sanddünen und die größte Salzpfanne der Kapverdischen Inseln

Die Kombination von drei einmaligen Sehenswürdigkeiten qualifiziert diese Tour zu einer der schönsten auf der Insel Maio. Nachdem wir den mit Oleanderbüschen gesäumten Kirchenplatz und die farbenfrohen Häuser von Morrinho hinter uns gelassen haben, erreichen wir eine faszinierende Dünenlandschaft. Die bis zu 15 m hohen Dünen entstanden durch den starken Passatwind und bedecken eine Fläche von ca. 3 x 0,5 km. Weil der Sand vom Wind ständig in Bewegung gehalten wird, verändert sich die Landschaft kontinuierlich! Den Dünen vorgelagert ist der 4 km lange Praia de Santana. Dieser ursprüngliche, absolut menschenleere feine Sandstrand – größtenteils ohne Felsen – ist einer der schönsten Strände des Archipels. Aufgrund der meist vorherrschenden hohen Wellen und gefährlichen Unterströmung ist das Baden aber lebensgefährlich! Und dann ist da noch die außergewöhnliche Salzpfanne (Terras Salgadas) mit einer Ausdehnung von 5 x 1,5 km, die größte auf den Kapverdischen Inseln. Glitzernde Salzkristalle auf rotbraunem Sand, dazwischen wachsen weinrote Salzmelden – eine faszinierende Naturlandschaft, die man unbedingt besuchen sollte!

Ausgangspunkt: Kirchplatz in Morrinho, 20 m (15.265950 -23.204450); ca. 16 km nördlich von Vila do Maio. Anfahrt: Über Morro und Calheta. Aluguer: Montag bis Samstag ca. 100 CVE. Taxi: Je nach Auto und Anzahl der Passagiere zwischen 1000 und 1500 CVE.

Anforderungen: Leichter Strandspaziergang.

Einkehr: Keine.

Hinweis: Sollte die Salzpfanne nach starken Regenfällen überschwemmt sein, so ist der Rückweg abgeschnitten und es geht auf dem Hinweg zurück.

Die bis zu 15 Meter hohen Sanddünen.

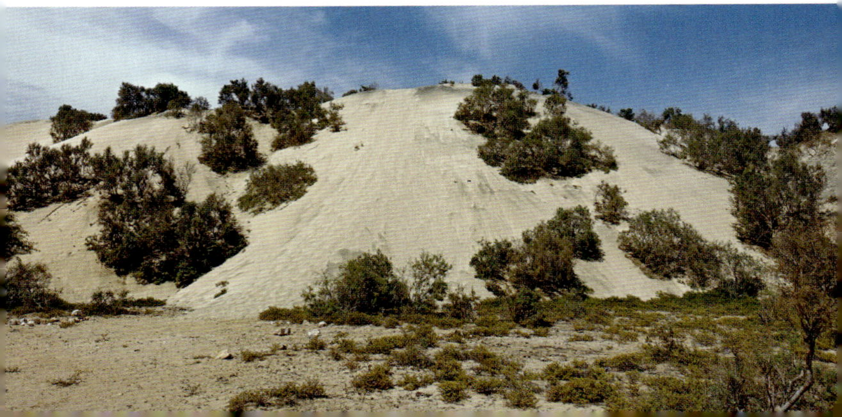

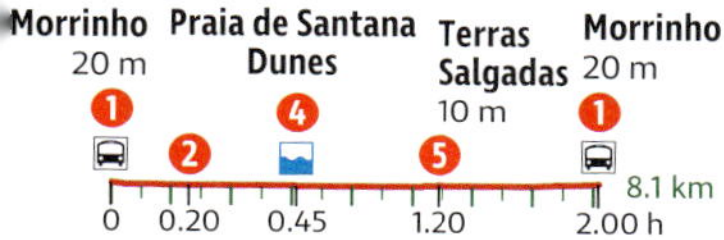

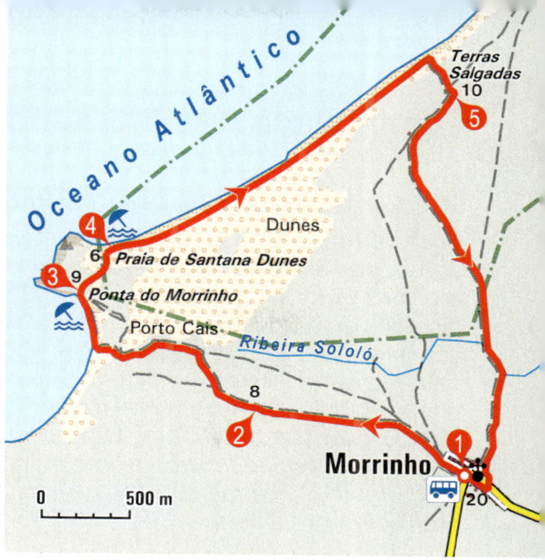

Am Kirchplatz, wo die Straße nach Petro Vaz eine enge Kurve nach rechts macht, verlassen wir das Dorf **Morrinho** ❶ Richtung Nordwesten. Am Ortsende setzen wir die eingeschlagene Richtung auf der Piste fort, entlang von Trockensteinmauern. Bei einer Drei-Wege-Gabelung – auf Höhe einer weiteren Steinmauer – folgen wir dem mittleren Arm. In der kargen Ebene gibt es unzählige Fahrspuren und Pfade. In diesem Wirrwarr geht es weiter in Richtung der Sanddünen.

Hinter einer eingezäunten Ziegenhaltung, nun bereits unmittelbar vor den **Dünen** ❷, überqueren wir diese nicht, sondern laufen links auf einer sandigen Piste weiter. Die Dünen rechts von uns, gelangen wir zum wunderschönen Strand Praia Cadjetinha de Morrinho. Dort marschieren wir nach rechts (Norden) noch ca. 100 m am Strand entlang. Wo ein felsiger Küstenabschnitt beginnt, queren wir dann die 300 m breite Landzunge **Ponta do Morrinho** ❸ Richtung Norden.

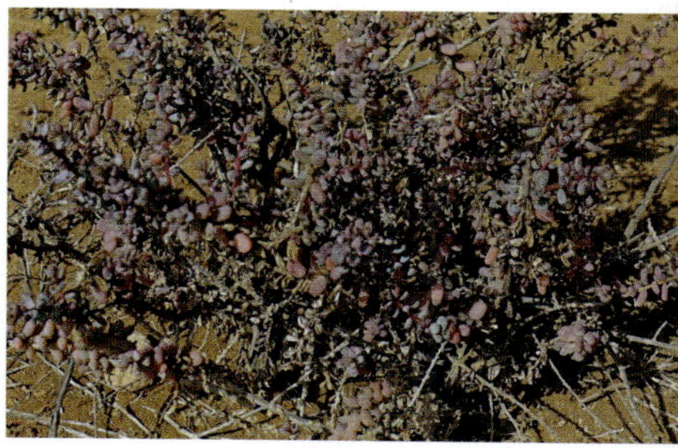

Die Salzmelden aus der Familie der Fuchsschwanzgewächse.

So erreichen wir einen der schönsten Strände der Insel, den 4 km langen **Praia de Santana** ❹. Nach 2,2 km Strandspaziergang – dort befindet sich eine markante bewachsene Düne – gehen wir weglos Richtung Landesinnere. Nach ca. 250 m wandern wir an der querenden Schotterpiste rechts durch die **Terras Salgadas** ❺. An der darauffolgenden Weggabelung gehen wir halb links, in der Ferne sieht man bereits Morrinho. Auf halbem Weg in Richtung des Dorfes mündet von links eine Piste in die unsrige. Schlussendlich erreichen wir auf einem der vielen Wege wieder den **Ausgangspunkt** ❶.

↗ 320 m | ↘ 320 m | 14.2 km

12 Caminhada Pela Montanha

5.00 h

Streckenwanderung über den zweithöchsten Gipfel der Insel

Nachdem wir die Inselhauptstadt hinter uns gelassen haben, wandern wir durch eine Landschaft von beeindruckender Kargheit: Von Wind und Wetter erodierte Berge und Basaltfelsen in schönem Grau berichten von der vulkanischen Vergangenheit. Es geht über rotbraune, staubtrockene Erde, vorbei an einigen wenigen grünen Akazien. Vom Gipfel des Monte Batalha blickt man Richtung Westen auf den höchsten Berg der Insel und Richtung Westen über die aufgeforsteten Akazienwälder bis hin zur Küste. Und aufgepasst: Da Wasser bei geringer Luftfeuchtigkeit und hoher Umgebungstemperatur leichter verdunstet, trocknen Mund und Nase schneller aus. Diese lange Tour kann somit an heißen Tagen zu einer echten körperlichen Herausforderung werden!

Foto unten: Auf dem Gipfel des Monte Batalha.
Rechts: Bei einem Ribeira folgen wir dem Verlauf einer Steinmauer.

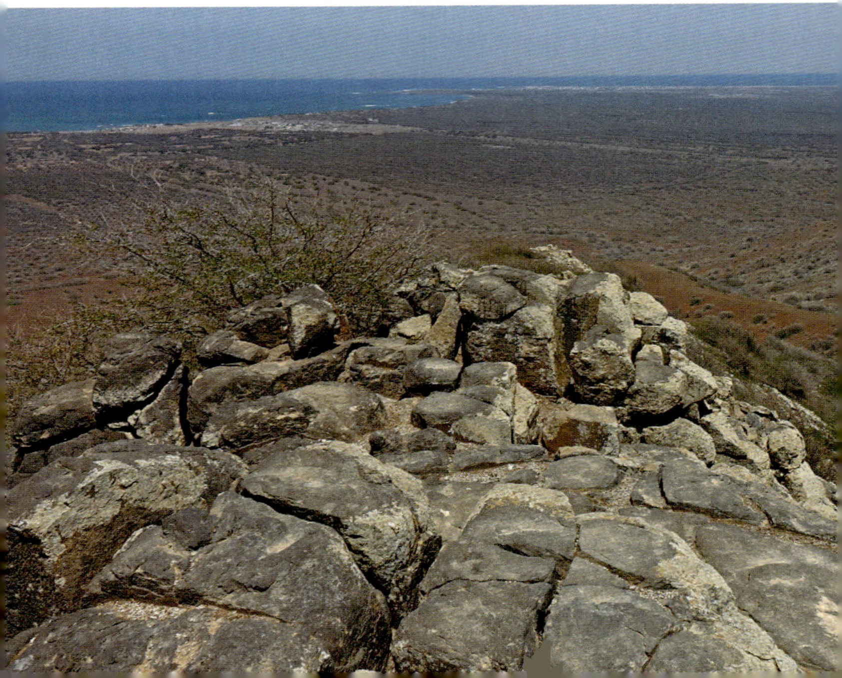

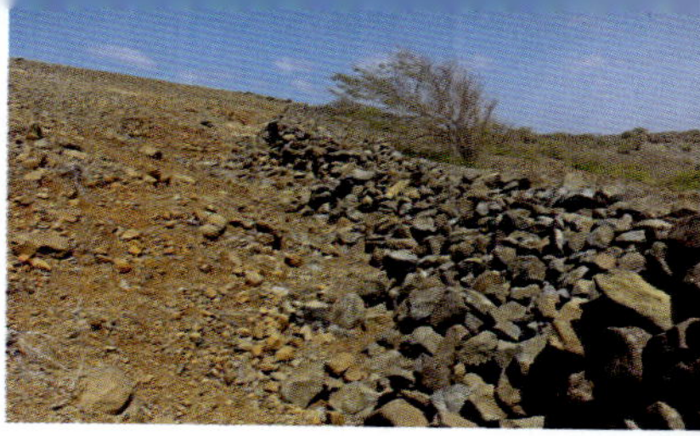

Ausgangspunkt: Forte de São José in der Inselhauptstadt Vila do Maio, 18 m (15.136467 -23.212467). Anfahrt: Das Fort liegt ca. 100 m südöstlich der Strandpromenade. Aluguer: Fahren in unregelmäßigen Abständen von Montag bis Samstag und kosten von Morro oder Calheta ca. 100 CVE. Taxi: Ca. 1000 CVE.
Endpunkt: Ca. 11 km nördlich der Inselhauptstadt im Dorf Calheta (15.227917 -23.208700). Aluguer: Nach Vila do Maio Montag bis Samstag, ca. 100 CVE. Taxi: Je nach Auto und Anzahl der Passagiere 1000–1500 CVE.
Anforderungen: Lange Wanderung, sehr guter Orientierungssinn aufgrund der vielen Wegverzweigungen erforderlich. Bei der finalen Besteigung des Gipfels müssen teilweise die Hände zu Hilfe genommen werden.
Einkehr: Unterwegs keine. In Vila do Maio einige Restaurants, in Calheta Bar neben der Kirche.
Hinweis: Wie bei allen Wanderungen genügend Trinkwasser mitnehmen, für diese lange Tour mindestens 4 Liter!

Vom Eingang auf der dem Meer abgewandten Seite des **Forte de São José** ❶ wandern wir in nördliche Richtung bis zur querenden Straße. Dort wenden wir uns nach rechts und sofort wieder links – vorbei an der Markthalle und dem Kirchplatz. Hinter dem lila angemalten Haus biegen wir rechts ab und hinter den Treppen links in die beginnende Seitenstraße. Nach dem weißen Schulgebäude endet die Straße, dort halten wir uns rechts und gehen bei der nächsten Möglichkeit links über die Brücke. Hinter dem Krankenhaus folgen wir dem Verlauf der Straße durch die Rechtskurve.
Am Ende der gepflasterten Straße überqueren wir die Kreuzung noch und halten uns bei der sofort darauffolgenden **Weggabelung** ❷ halb links, um dann links an drei Gebäuden vorbeizugehen. Auf Höhe des vierten Gebäudes folgen wir dann aber dem links abzweigenden Pfad, vorbei an Schutthaufen. Wir queren eine Straße und durchschreiten eine Senke. Der Pfad verläuft entlang kreisförmig angelegter Trockensteinbauten. Danach beginnt ein ausgetretener breiter Weg über einen flachen Bergrücken. In der Ferne sieht man bereits den Monte Batalha.
Wir passieren mehrere Steinhaufen; der Weg mündet in eine Piste. An der nachfolgenden Gabelung gehen wir halb rechts in Richtung einer Steinmauer, auf der dekorativ Metalltonnen liegen. Direkt hinter der Steinmauer wählen wir an der Weggabelung den halb linken Arm. Hinter zwei parallel

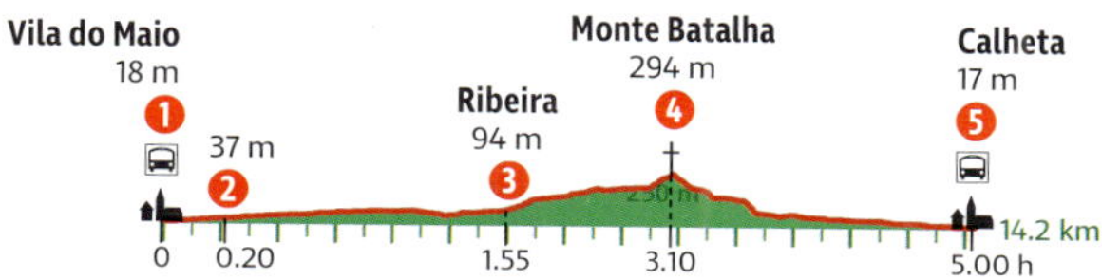

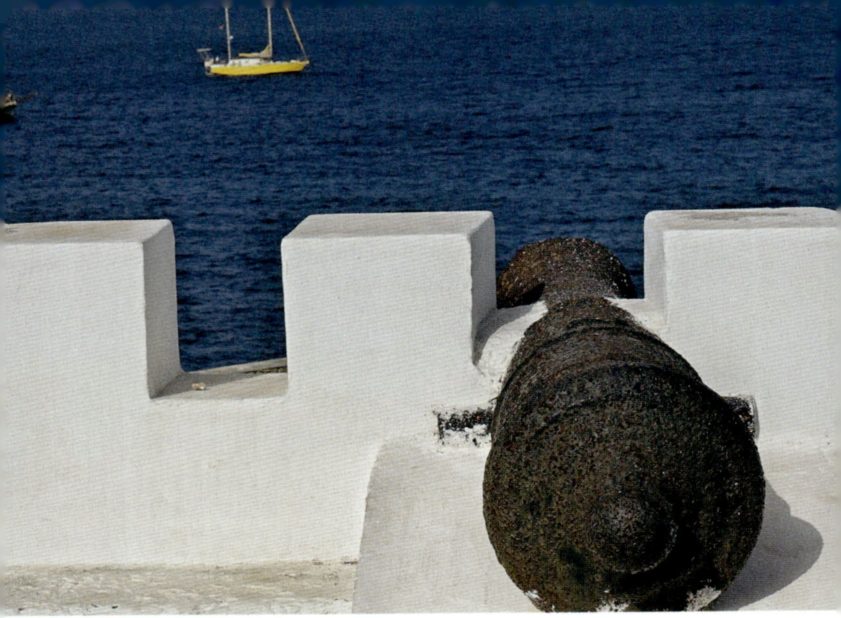

Das Forte São José.

verlaufenden Pisten ignorieren wir den halb rechten Abzweiger. Die Fahrspur endet, und halb rechts sehen wir in 150 m Entfernung einen betonierten Pfeiler. An dieser Stelle gehen wir fast weglos geradeaus weiter, in Richtung des Gipfels des Monte Batalha. Über einen auslaufenden Bergrücken gelangen wir auf einem schwach ausgeprägten Pfad in eine kleine Schlucht. Bei zwei aufgeschütteten Steinwällen queren wir das Bachbett und orientieren uns nun auf dem weglosen Abschnitt in Richtung der Einsattelung. Nach wenigen Metern treffen wir auf einen querenden Pfad, dem wir bis zu einem **Ribeira** ❸ an einer quer verlaufenden Trockensteinmauer folgen. Zur Orientierung: In ca. 100 m Entfernung befindet sich ein gemauerter Staudamm. Wir steigen nun links entlang der Steinmauer auf den Berg und folgen für ca. 2,2 km dem Verlauf dieser Trockensteinmauer, mal auf ihrer rechten, mal auf der linken Seite. Bei einer Einsattelung ist dann wieder ein Pfad zu erkennen, dieser führt durch gerölliges Gelände bis zum felsigen Gipfel des **Monte Batalha** ❹.

Wir übersteigen den Berggipfel über seinen nördlich ausgerichteten Grat und erreichen unter Zuhilfenahme der Hände den Bergfuß und eine dahinter liegende Einsattelung. Über den leicht abfallenden Bergrücken wandern wir Richtung Norden. Dort, wo der Pfad auf einen weiteren Hügel

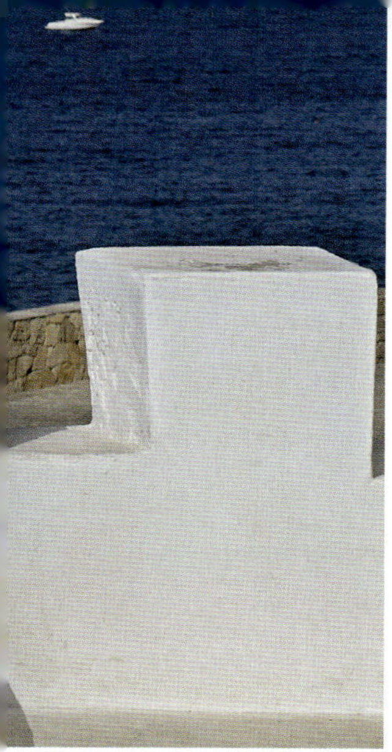

ansteigt, gehen wir halb rechts, nun weglos über den Bergrücken talwärts zu der Piste, die man unterhalb sieht. Ihr folgen wir Richtung Westen. Weit ab vom Meer, mitten im Nichts, kommen wir an einem Haufen mit Gehäusen der Fechterschnecke vorbei.
Ca. 725 m hinter einer eingezäunten Anlage mündet die Piste in die gepflasterte Verbindungsstraße von Calheta zur Inselhauptstadt. Nach wenigen Metern erreichen wir das Dorf **Calheta** 5, das Ziel der Wanderung.

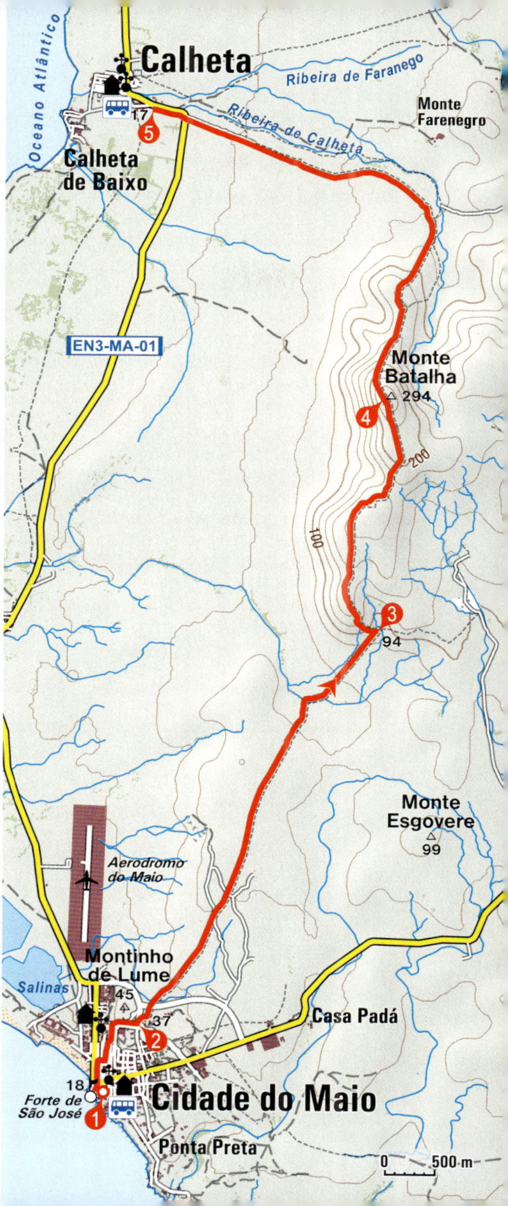

↗ 280 m | ↘ 280 m | 7.0 km

13 Monte Batalha, 294 m

2.30 h

Der zweithöchste Berg der Insel

Auf der Insel Maio sind ganze zwei Touren mit einem Wanderschild markiert, dies ist eine davon. Die Route führt zunächst an den Ausläufern eines ausgedehnten Waldgebietes entlang, das durch Aufforstung in den Sechziger- und Siebzigerjahren entstand. Die schwierigste Passage dieser Wanderung ist dann der finale Aufstieg zum Gipfel über das verbliebene Ergussgestein der vulkanischen Aktivitäten aus vergangenen Zeiten. Vom Gipfel kann man einen atemberaubenden 360°-Rundblick über die hügeligen Bergketten mit der typisch afrikanischen rotbraunen Erde bis zum azurblauen Meer genießen.

Ausgangspunkt: An der Straße EN3-MA-01 ca. 2 km vor dem Dorf Calheta, 23 m (15.217000 -23.207900); ca. 10 km nördlich der Inselhauptstadt. Anfahrt: Aus Vila do Maio kommend bis zu einem braunen Wanderschild bei einer rechts abzweigenden Stichstraße. Aluguer: Fahren von Montag bis Samstag und kosten ca. 100 CVE, wenn man aus Vila do Maio kommt. Taxi: Je nach Autotyp und Anzahl der Passagiere ca. 1000 CVE.
Anforderungen: Beim finalen Aufstieg über den Gipfel müssen teilweise die Hände zu Hilfe genommen werden, ansonsten einfach.
Einkehr: Keine.

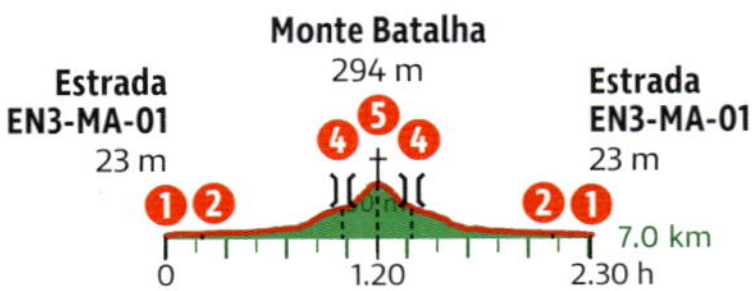

An dem braunen Wanderschild verlassen wir die **Straße** ❶ auf der beginnenden Piste in östliche Richtung. Nach einigen Metern unterqueren wir Stromleitungen. Bei der nachfolgenden Weggabelung – hier

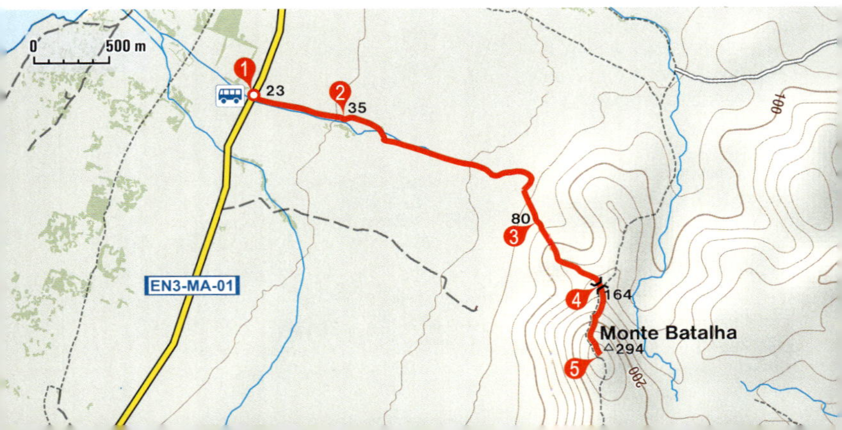

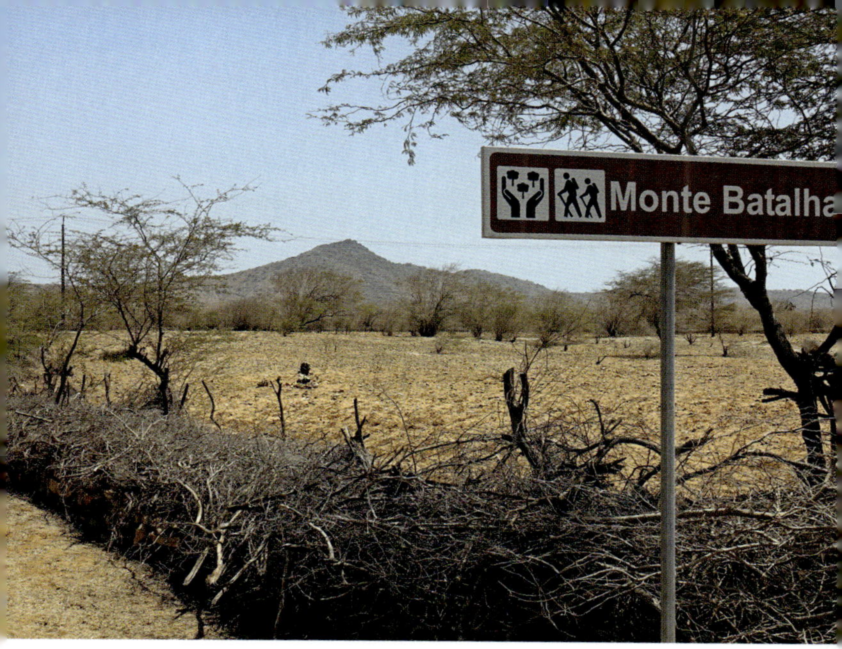

Ein Schild an der Straße weist auf den Wanderpfad hin.

befindet sich eine Viehtränke – ignorieren wir den rechten **Abzweiger** ❷ und gehen geradeaus weiter, vorbei an Feldern. Vor einer kreisförmig errichteten Trockensteinmauer – gelegen unter eine Akazie – gabelt sich die Piste, und wir nehmen den halb linken Arm.

Es folgt ein längerer Wegabschnitt über eine Ebene, die nur mit wenigen Akazien bestanden ist. Wir marschieren direkt auf einen Bergrücken zu, der in seiner Verlängerung bis zum Gipfel aufsteigt. Einen abzweigenden Pfad bei einem ersten Steinmännchen lassen wir links liegen und bleiben auf der Piste. Aber auf rot-braunem Untergrund, 10 m nach einem zweiten Steinhaufen, endet die Piste und wir beginnen halb links mit dem Aufstieg. Der nachfolgende **Pfad** ❸ wird selten gegangen und ist daher nicht immer leicht auszumachen.

Über teilweise gerölligen Untergrund erreichen wir eine **Einsattelung** ❹. Dort gehen wir rechts bis zum Gipfelaufbau des zu besteigenden Berges, ein Pfad ist nun nicht mehr zu erkennen. An einigen wenigen Stellen müssen die Hände zu Hilfe genommen werden, bevor wir über den Berggrat den Gipfel des **Monte Batalha** ❺ erreichen.

Zum **Ausgangspunkt** ❶ gehen wir dann auf dem bekannten Hinweg.

↗ 50 m | ↘ 50 m | 13.1 km

3.15 h

14 Perímetro Florestal

Der größte Akazienwald der Kapverden und zwei Traumbuchten

Durch Aufforstung entstand die größte zusammenhängende Waldfläche des Archipels: 3500 gepflanzte Akazien erfreuen den Wanderer mit ihrem satten Grün. Deshalb können auch wieder Kohlenmeiler betrieben werden, ohne den Baumbestand zu gefährden. Bis zum Zeitpunkt der Recherchereise für diesen Wanderführer hatte allerdings es vier Jahre lang nicht mehr geregnet, dementsprechend war der eigentlich grüne Akazienwald in einem sehr schlechten Zustand. Der Rückweg führt dann an zwei wunderschön gelegenen Sandbuchten vorbei, die definitiv zum Verweilen einladen. In Calheta ist ein Besuch der Töpferei lohnenswert.

Ausgangspunkt: Calheta, 11 m (15.229300 -23.210983), ca. 11 km nördlich der Inselhauptstadt Vila do Maio. Anfahrt: Verbindungsstraße von Vila do Maio nach Calheta, am Kirchplatz Parkmöglichkeit. Aluguer: Von Montag bis Samstag, Preis ca. 100 CVE, wenn man aus Vila do Maio anreist. Taxi: Je nach Autotyp und Anzahl der Passagiere ca. 1000 CVE.
Anforderungen: Die Tour kann zwar ohne spezifische Übung von jedem absolviert werden, viele Abzweigungen erschweren allerdings die Orientierung.
Einkehr: Bar neben der Kirche in Calheta, unterwegs keine.
Hinweis: Nach Regen sind die Pfade nur schwer auszumachen. Da es wenig Orientierungspunkte in der Landschaft gibt, ist die Navigation mit einem GPS-Gerät hilfreich.

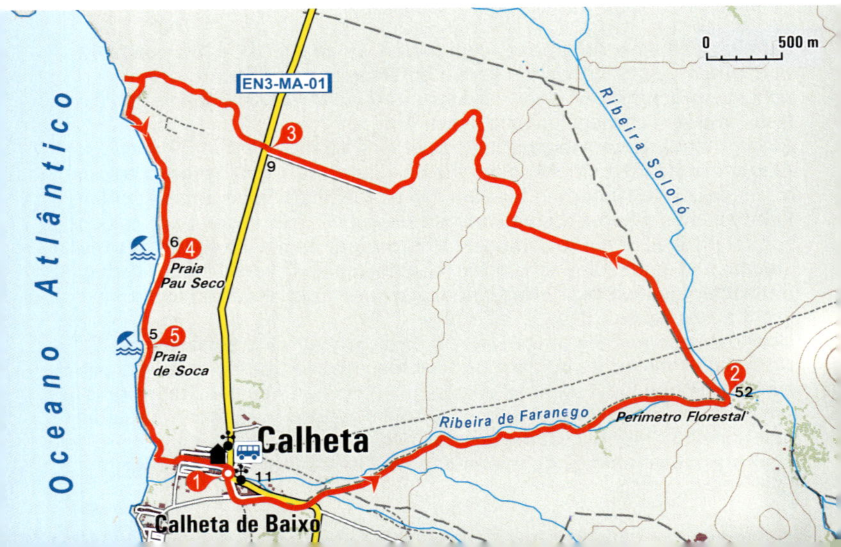

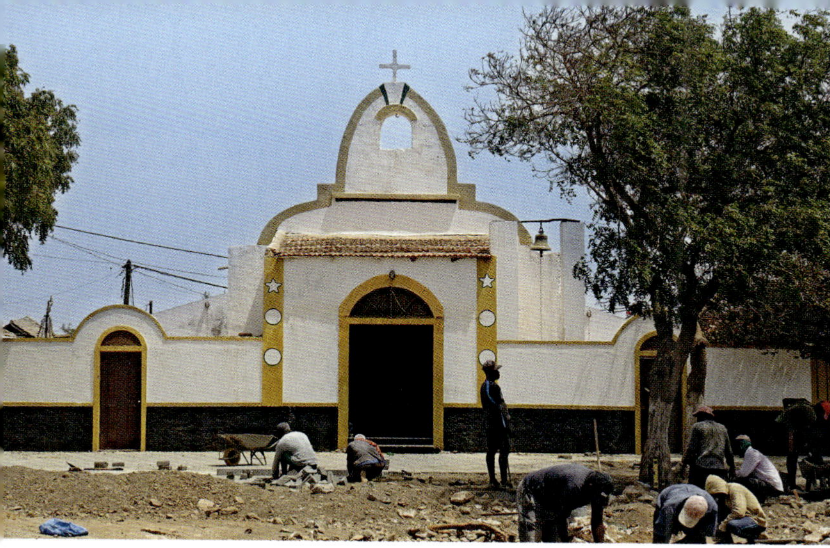

Das Dorf Calheta.

Von der **Kirche** im Dorf **Calheta** ❶ wandern wir auf der Straße Richtung Inselhauptstadt Vila do Maio. Bei dem Verkehrsschild »Rechtskurve« verlassen wir die gepflasterte Straße auf die halb links abzweigende Piste und unterqueren eine kleine Stromleitung. Bei der folgenden Weggabelung ignorieren wir den rechten Abzweiger und gehen geradeaus in Richtung einer Viehtränke. Ab der nachfolgenden Steinmauer wandern wir auf dem weiterführenden Pfad – links sehen wir eine kleine Staumauer. Wir queren ein Trockenbachbett und marschieren dann auf einem Pfad parallel zu einem weiteren Trockenbachbett.

Der Pfad mündet in das Trockenbachbett, in dem wir unsere Wanderung fortsetzen. Akazien, die den Weg versperren, müssen umlaufen werden. Nach ca. 1 km verlassen wir den Bachlauf nach links auf die beginnende Piste. Es geht an in den Boden eingelassenen Betonpfeilern vorbei, und nach ca. 800 m auf dieser Piste treffen wir auf eine querende Piste. Hier sind nun abgesägte Baumstämme in den Boden eingelassen. Am Wendepunkt

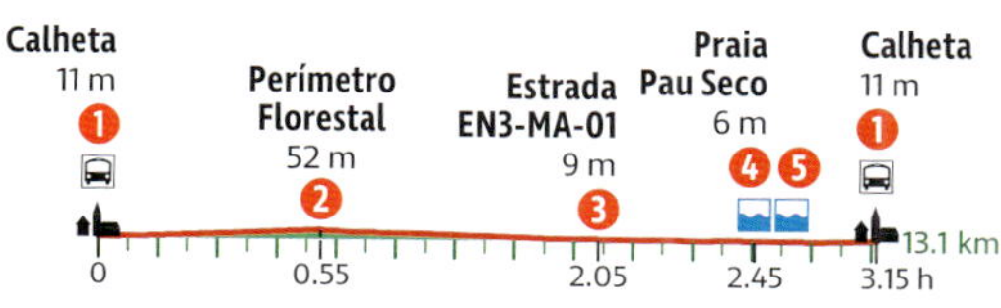

unserer Tour im **Perímetro Florestal** ❷ gehen wir links auf die Piste. Nachfolgend überqueren wir eine Wegkreuzung. Eine links abzweigende Piste in Richtung eines Betonpfeilers lassen wir aus, aber bei einem weiteren Betonpfeiler wenden wir uns dann nach halb links (gehen also nicht geradeaus weiter). Durch den lichten Akazienwald kann man für eine sehr lange Strecke unsere geradeaus verlaufende Piste nachverfolgen. Bei einem mit weißer Farbe angemalten Betonpfeiler endet die Piste, und wir halten uns rechts. Nach ca. 225 m gehen wir durch eine lang gezogene Linkskurve. Auch diese Piste endet, und wir gehen links auf der querenden Piste weiter, zwischen den nachfolgenden gelben Häusern hindurch und weiter bis zur **Straße** ❸.

An der Straße gehen wir 15 m nach rechts, um dann sofort links abzubiegen. Der von Akazien gesäumte

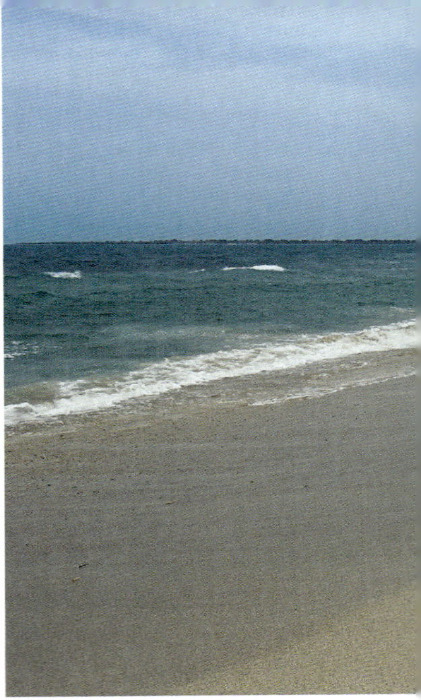

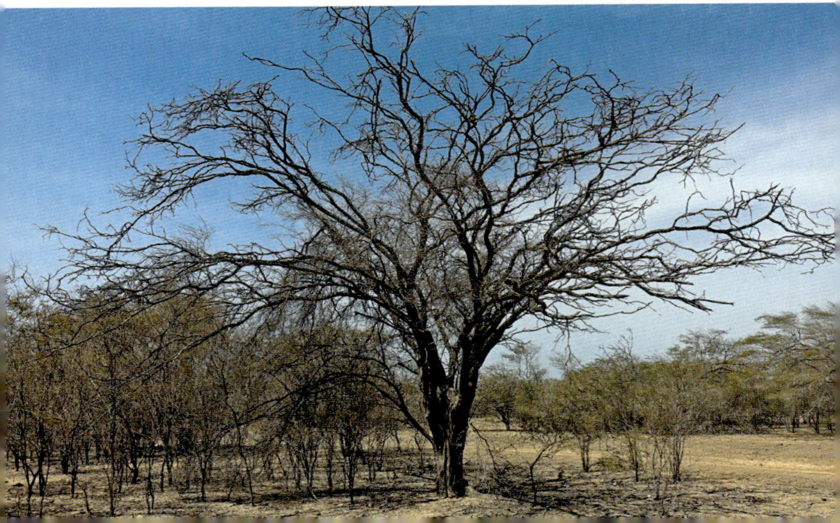

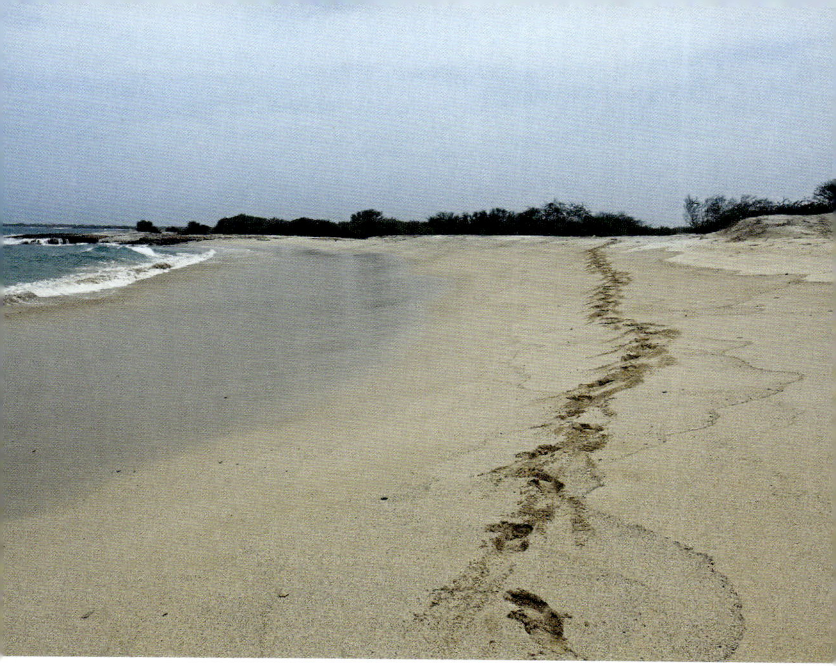

Foto oben: Der wunderschöne Praia de Soca.
Links: Nach vier Jahren ohne Regen gibt es viele vertrocknete Bäume.

und schwer auszumachende Pfad mündet in eine Piste, auf der wir halb rechts weiterlaufen. Hinter einer Linkskurve führt der Weg an einer Steinmauer entlang, und bei der nachfolgenden Weggabelung folgen wir dem halb linken Arm. Hinter einer kleinen Dünenlandschaft erreichen wir das Meer, wo wir nach links (Richtung Süden) marschieren. Weglos folgen wir dem Verlauf der Küstenlinie bis zum **Praia Pau Seco** ❹, einem ca. 250 m breiten Sandstrand.

Wir wandern weiter entlang der Küste und erreichen den ca. 150 m langen Sandstrand **Praia de Soca** ❺. In der Ferne sieht man bereits die Häuser von Calheta, die von einigen wenigen Palmen überragt werden. Hinter einer kleinen Anlegestelle für Fischerboote befinden sich hoch aufgetürmte Hügel mit den zerschlagenen Gehäusen der Fechterschnecke. Auf einem der vielen Wege gehen wir in Richtung des weißen Kreuzes, welches sich am Ortseingang befindet. Zum **Ausgangspunkt** ❶ bei der weiß-gelben Fassade der **Capela e Festa de São José** gelangen wir auf der gepflasterten Straße, die parallel zum Trockenbachbett verläuft.

↗ 30 m | ↘ 30 m | 7.6 km

15 Praia de Morro

2.00 h

Ein kilometerlanger Traumstrand

Wie auf Boa Vista und Sal findet man auch auf Maio wunderschöne, absolut einsame Strände. Ein kilometerlanger, relativ gut erreichbarer Sandstrand zieht sich zum Beispiel an der Westküste der Insel entlang. Dort, zwischen Calheta und Morro, präsentiert die Natur ein Potpourri aus kontrastreichen Farben: vom weißsandigen Strand und dem azurblauen Atlantischen Ozean bis hin zum braunen Höhenzug des 294 m hohen Monte Batalha.

Ausgangspunkt: Ortseingang von Calheta, 14 m (15.229300 -23.210983); ca. 11 km nördlich von Vila do Maio. Anfahrt: Straße von Vila do Maio nach Calheta. Aluguer: Mo–Sa; ca. 100 CVE aus Vila do Maio. Taxi: Je nach Autotyp und Anzahl der Passagiere ca. 1000 CVE.
Endpunkt: Morro, 15 m (15.180233 -23.221133); ca. 5 km nördlich von Vila do Maio. Aluguer: Montag bis Samstag; ca. 500 CVE, wenn man nach Vila do Maio fährt. Taxi: Je nach Autotyp und Anzahl der Passagiere ca. 500–1000 CVE.
Anforderungen: Leichter Strandspaziergang.
Einkehr: Restaurant am Praia de Baxona (Km 1); Loja Bert Restaurante in Morro (Km 7,6).

Dort, wo an einer Hauswand der Ortsname **Calheta** ❶ geschrieben steht und sich auf der anderen Straßenseite eine kleine Infotafel befindet, gehen wir an der Straßengabelung halb links. Wir marschieren auf der gepflasterten Straße in Richtung des Ortsteils Calheta de Baixo. Schon aus der Ferne sehen wir den Turm des Anwesens **Torre de Sabina** ❷ mit seinen zwei exklusiven Ferienwohnungen. Hinter dem nachfolgenden Restaurant und einem Minimarkt erreichen wir die durch ein vorgelagertes Riff geschützte Bucht Ponta Corral mit dem Strand **Praia de Baxona** ❸. Ablandiger Wind

Am Ziel befindet sich das Dorf Morro.

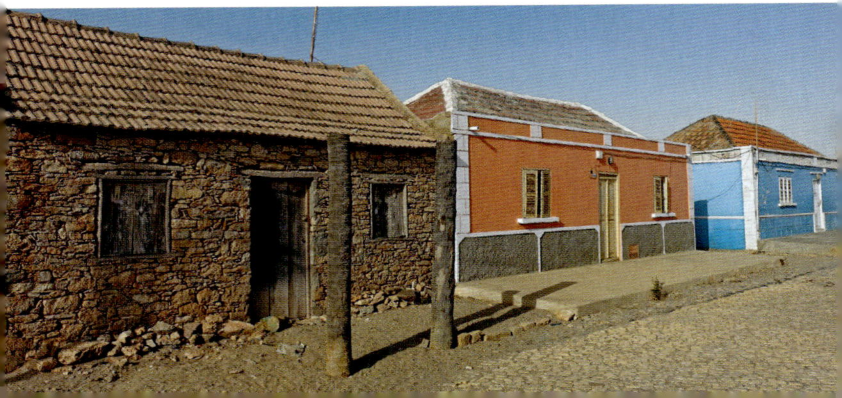

und nahezu keine Wellen laden zum Bad im Meer ein, bevor es weiter durch das lange Halbrund der Bucht geht.
An deren Ende schlüpfen wir durch einen Mauerdurchbruch und wandern in der eingeschlagenen Richtung auf der nachfolgenden Piste weiter. An einer Weggabelung mit Baumstumpf gehen wir halb links.
Nachdem wir die Landzunge überquert haben, folgt der wunderschöne und nicht enden wollende Sandstrand **Praia de Morro** ❹. Nach einem längeren Abschnitt über felsigen Untergrund erreichen wir eine von Urlaubern errichtete Steinburg am Strand und im Weiteren die bunten Häuser einer Ferienanlage.
Wir verlassen den Strand an dieser Stelle und gehen auf das letzte, ganz rechte Haus zu. Dort schlüpfen wir durch einen Mauerdurchbruch. Nach einem kurzen Stück parallel zur Ferienanlage gelangen wir auf deren Zufahrtsstraße und folgen dieser nun ins Landesinnere. Hinter einer mit Akazien bestandenen kleinen Schlucht gehen wir entlang der bunten Häuser des Dorfes **Morro** ❺ bis zur Hauptstraße und warten auf ein Aluguer, das zum **Ausgangspunkt** ❶ oder nach Vila do Maio zurückfährt.

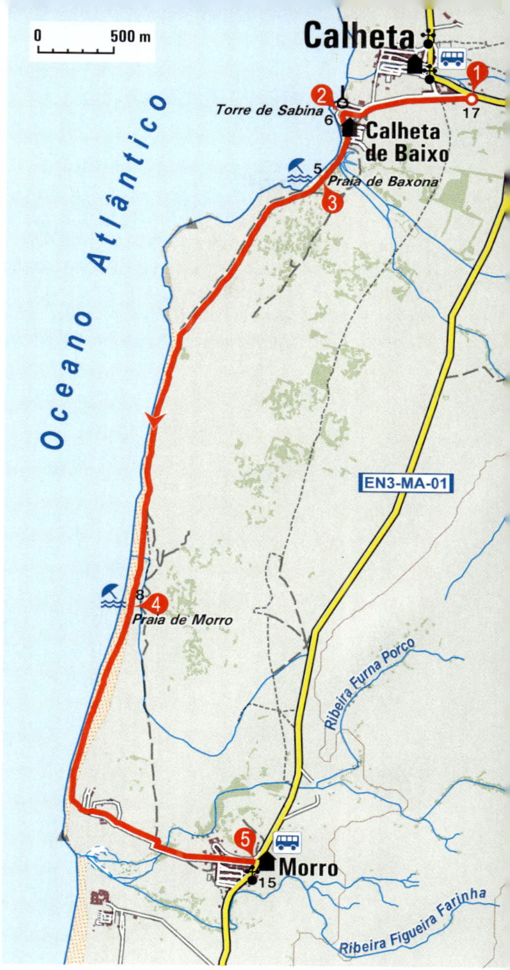

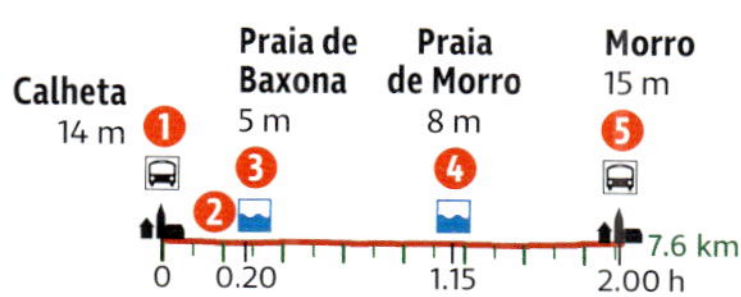

↗ 20 m | ↘ 20 m | 8.3 km

16 Salinas Vila do Maio

2.00 h

Ehemalige Salinen zur Salzgewinnung

Obwohl die 3000 m langen und 500 m breiten Salinen von Maio nicht mehr genutzt werden, sind die Salzpfannen und dekorativ hergerichteten Salzberge sehr sehenswert. Die Vegetation ist einmalig. Vogelbeobachter können Seeschwalben und Wattvögel beobachten. Und dann ist da noch der ca. 4 km lange und absolut unberührte Strandabschnitt, den wir auf dieser Rundwanderung entdecken. Und unberührt bedeutet wirklich keine Menschen und keinerlei touristische Infrastruktur! Wirklich nichts!

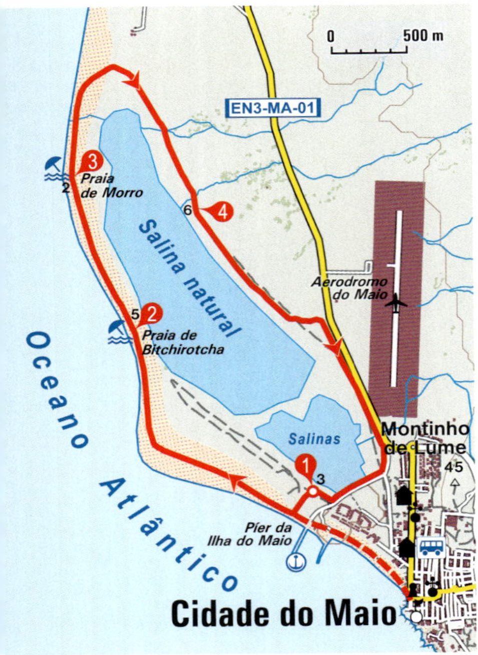

Ausgangspunkt: Informationstafel beim Pier (Anlegestelle) da Ilha do Maio (15.144033 -23.218833), 3 m; ca. 1,5 km vom Zentrum von Vila do Maio in der Nähe vom Anlegeplatz der Fähre. Anfahrt: Direkt hinter dem kleinen Damm, der zum Fähranleger führt, biegt man rechts in eine Stichstraße ein und erreicht eine Tafel mit Informationen über die Saline. Aluguer: Fahren nur, wenn eine Fähre ankommt oder abfährt, also sehr selten; ca. 50 CVE. Taxi: Je nach Autotyp und Anzahl der Passagiere ca. 500 CVE.
Anforderungen: Leichter Spaziergang.
Einkehr: Nur in Vila do Maio.
Variante: Natürlich kann man auch von Vila do Maio am Strand entlang zum Ausgangspunkt wandern. Aber nur bei Niedrigwasser kann man unter dem Anleger hindurchgehen, sonst muss das weiträumig abgesperrte Hafengebiet umlaufen werden.

Bei der **Tafel mit Informationen** ❶ über die Saline – dahinter befindet sich der eingezäunte **Píer da Ilha do Maio** – beginnt in nordwestlicher Richtung ein unvergesslicher Strandspaziergang am ca. 1,75 km langen **Praia de Bitchirotcha** ❷. Danach beginnt der nächste Strandabschnitt mit dem **Praia de Morro** ❸. Zur Information: Nach

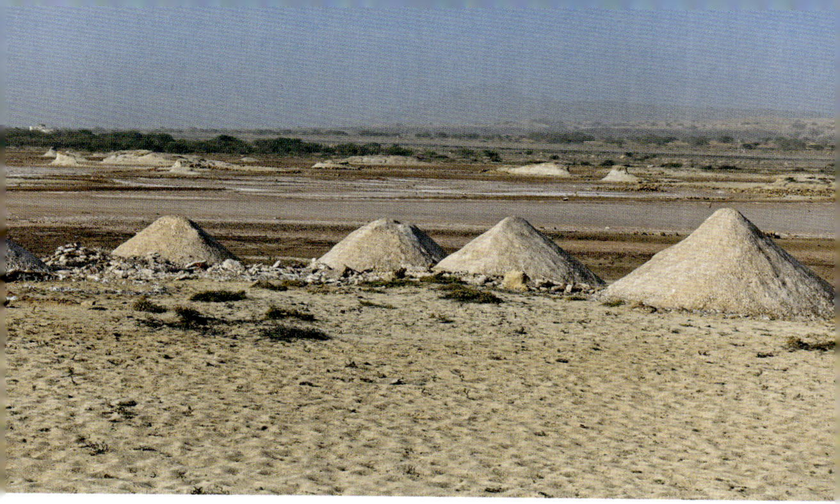

Aufgetürmte Salzberge in den Salinen.

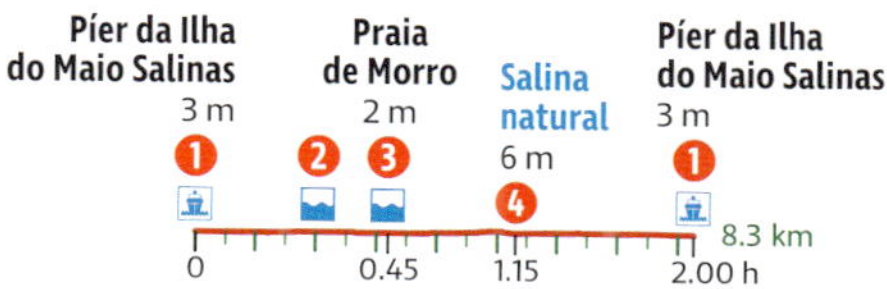

2,75 km würde man das für den Strand namensgebende Dorf erreichen (siehe Tour 15).
Bei der nachfolgenden Dünenlandschaft ist die Landzunge zwischen Lagune und Meer nur noch 50 m breit. Um sich zu orientieren und zu schauen, wie viel Wasser in der Lagune steht, muss man auf die bis zu 3 m hohen Dünen gehen. Sehen wir in nordöstlicher Richtung – in ca. 200 m Entfernung – eine Ruine (oder irgendwann mal ein fertiggestelltes Haus), so beginnen wir in einem Halbkreis um das nördliche Ende der Lagune zu wandern. Dieser Abschnitt muss dem jeweiligen Wasserstand in der Lagune angepasst werden und ist dementsprechend weglos.
Nun, an der Ostseite der **Brackwasserlagune** ❹, gehen wir an einer Trockensteinmauer entlang. Bei Niedrigwasser ist auch eine Fahrspur zu erkennen. In der Ferne kann man die Häuser von Vila do Maio ausmachen. Wir ignorieren eine links abzweigende Fahrspur und gehen durch die ausgetrocknete Lagune auf einen Zaun zu. Dieser Zaun versperrt uns den weiteren Weg, und wir weichen nach halb links auf die gepflasterte Straße aus. Diese ist nur sehr schwach befahren.
Am braunen Wegweiser Richtung **Salinas** verlassen wir die Hauptstraße nach halb rechts. Über einen kleinen Damm gehen wir zunächst Richtung Fähranleger, biegen dann aber hinter den nachfolgenden Häusern rechts in die Stichstraße zum **Ausgangspunkt** ❶.

Die Insel Santiago

In dem heutigen Fischerort Cidade Velha nahm die Besiedelung der Kapverdischen Inseln ihren Anfang. Wegen der günstigen Lage wurde aus dem portugiesischen Überseegebiet schnell ein Drehkreuz für den Sklavenhandel zwischen Afrika, Europa und Amerika. Santiago ist die größte Insel der Kapverden mit den meisten Einwohnern des Archipels und ist den verschiedenen afrikanischen Kulturen am nächsten geblieben.

Die bunte Metropole Praia ist das wirtschaftliche und politische Zentrum der Kapverden. Auf dem sogenannten »Plateau« liegt das Stadtzentrum mit seinen Kolonialhäusern und Museen. Die Stadt Assomada befindet sich auf einer oft grünen Hochebene im Zentrum der Insel. Beim Ort Tarrafal gibt es einen wunderschönen weißen Sandstrand, gesäumt von Kokospalmen und bunten Fischerbooten.

Durch Santiago verlaufen zwei Gebirgsmassive, die den Passatwolken Feuchtigkeit entziehen. Es gibt sogar ganzjährig wasserführende Bachläufe! Im Zentrum der Insel erhebt sich der 1394 m hohe Pico d'Antónia, der höchste Berg der Insel. Im Norden liegt der Parque Natural de Serra Malagueta (Naturpark) mit dem 1064 m hohen Berg Malagueta. Dazwischen breiten sich die sogenannten *achadas* – Hochebenen – aus, mit einer üppigen Vegetation auf einem vergleichsweise feuchten Untergrund. Diese machen Santiago zur landschaftlich produktivsten Insel der Kapverden: Mais, Zuckerrohr, Kaffee, Bananen, Gemüse, Obst sowie Bohnen gedeihen besonders gut.

Eine einsame Kuh trifft auf einen Wanderer.

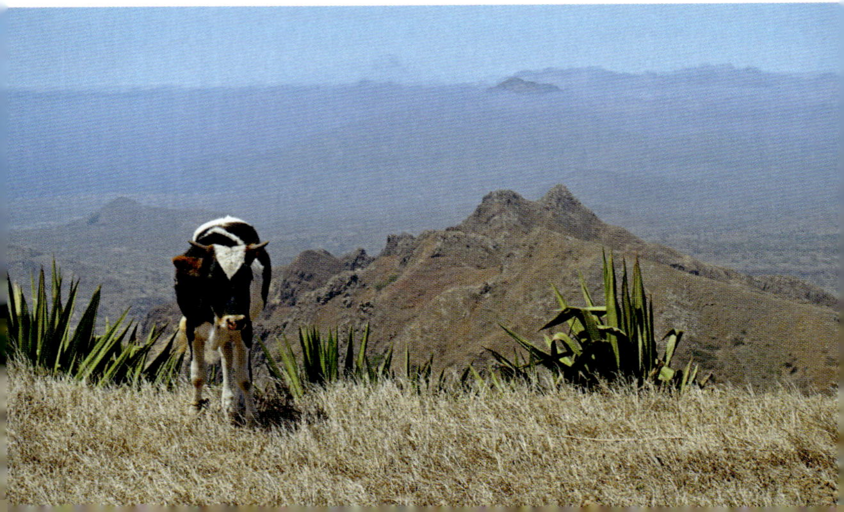

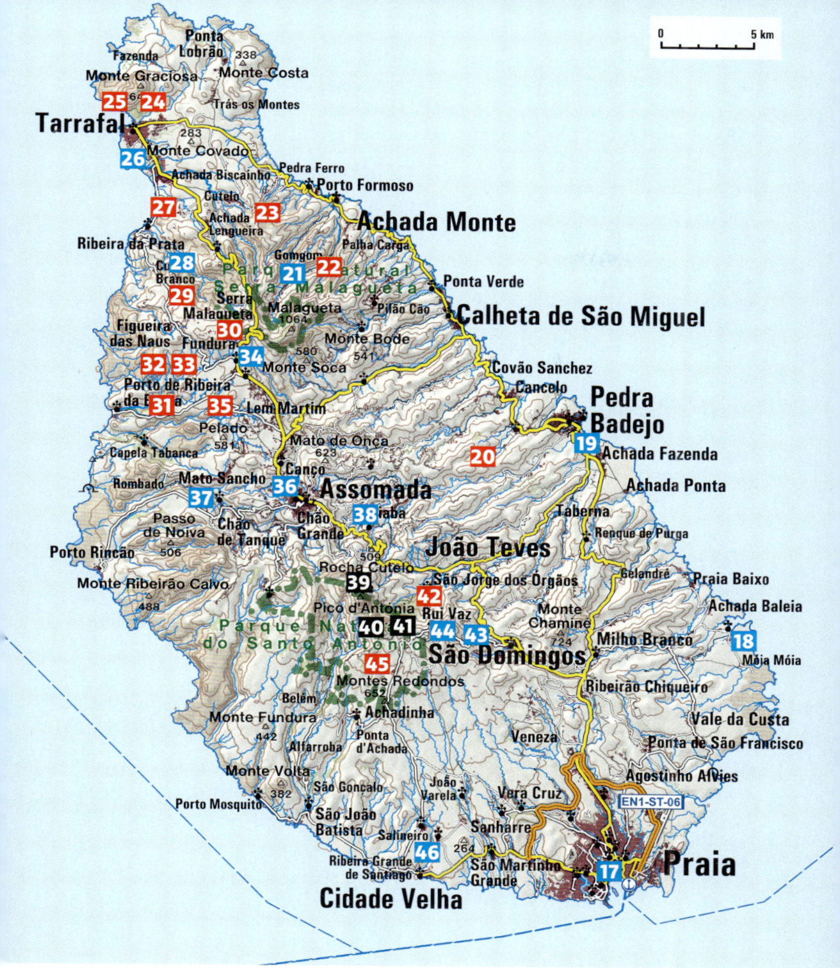

Santiago steht für imposante Gebirgszüge mit mächtigen Felsnadeln, eindrucksvolle Schluchten und fruchtbare Täler bis hin zu feinen, schwarz- und weißsandigen Stränden und zahlreichen malerischen Buchten. Genusswanderer können sich somit an einer der facettenreichsten Inseln erfreuen.

Die Hauptstadt Praia bekam 1986 erstmals einen modernen Handelshafen. Seither gibt es regelmäßige Fährverbindungen vom Hafen Praia auf Santiago zum Hafen Porto Inglês auf Maio, zum Hafen Sal-Rei auf Boa Vista, zum Hafen Tarrafal auf São Nicolau und zum Hafen Grande auf São Vicente.

BESONDERE UNTERKÜNFTE AUF DER INSEL SANTIAGO

Salav Guesthouse (€€)
Das Salav Guesthouse gehört zu den extravagantesten Unterkünften der Hauptstadt Praia.
- Avenida OUA, 25 Praia, salavguesthouse.com, office@salavguesthouse.com (14.905112 -23.519152; Touren 17, 18, 43 und 46).

Hotel Cesaria (€€)
Das Hotel Cesaria ist ideal, wenn man einen Anschlussflug auf eine der Nachbarinseln hat und einmal in der Hauptstadt Praia übernachten muss.
- Rua Che-Guevare 33, Fazenda, Praia (14.926239 -23.507979; Touren 17, 18, 43 und 46).

Pousada Quinta da Montanha (€€)
Am Naturpark Pico d'Antónia liegt das ländliche Berghotel Pousada Quinta da Montanha.
- Rui Vaz, quintamontanha@cvtelecom.cv (15.035121 -23.600481; Touren 39–45).

Pensão Asa Branca (€)
An der Verbindungsstraße von Praia nach Tarrafal befindet sich die Pensão Asa Branca, gelegen in dem Ort Assomada.
- Av. Justino Lopes – Portãozinho, 7310 Assomada (15.097510 -23.665750; Touren 35–39).

Casa da Amizade (€)
Die Casa da Amizade befindet sich beim Dorf Pedra Badejo, 34 km von Praia, an der Ostküste von Santiago.
- Achada Fatima Santa Cruz, 7410 Pedra Badejo (15.142781 -23.537213; Touren 19, 20).

Cote de France (€)
46 km entfernt von Praia, an der Verbindungsstraße nach Tarrafal im Norden der Insel, liegt in dem kleinen Ort Fundura die Unterkunft Cote de France.
- Achada Lem, 7310 Fundura (15.142919 -23.678837; Touren 22, 30–35).

Pensão Dunas de Areia Preta (€)
Die Pension Dunas de Areia Preta befindet sich im Nordwesten der Insel in Ribeira da Prata, nur wenige Gehminuten entfernt von einem der schönsten schwarzen Sandstrände der Insel.
- Vila de Ribeira da Prata, m.facebook.com/dunasareiapreta, claumendes22@hotmail.com (15.229011 -23.746111; Touren 21, 22, 23, 27, 28 und 29).

Vista Mar (€)
In dem kleinen Fischerort Tarrafal liegt nahe am Strand die Unterkunft Vista Mar.
- Mar de Baixo – Tarrafal, hotelvistamar.cv, info@hotelvistamar.cv (15.279166 -23.754194; Touren 24–28).

King Fisher Lodge (€€)
Die direkt am Meer liegende King Fisher Lodge befindet sich im Nordwesten der Insel Santiago in dem kleinen Dorf Tarrafal.
- Santo Amaro Abade, Ponta de Atum, Próximo da Praia, 7110 Cidade do Tarrafal, king-fisher-village.com, info@king-fisher-village.com (15.274538 -23.758148; Touren 24–28).

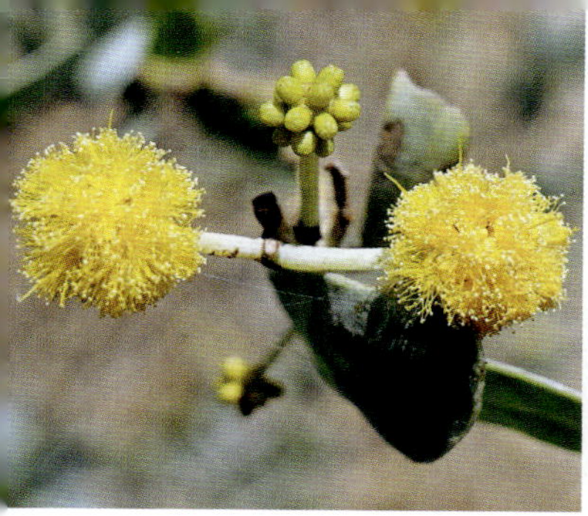
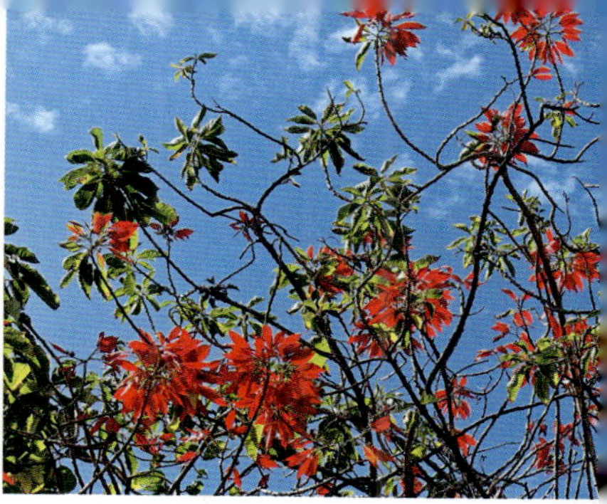
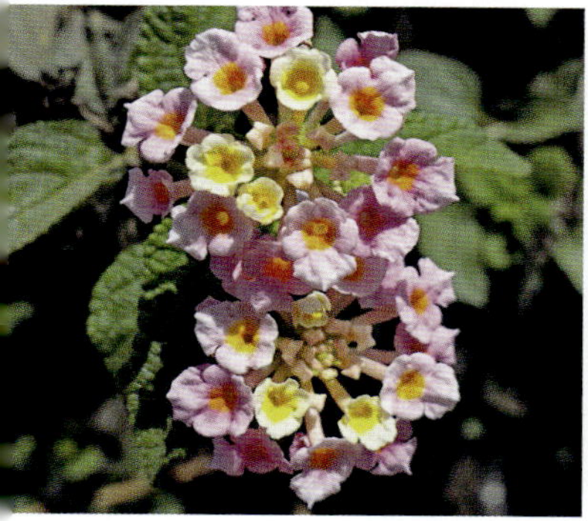
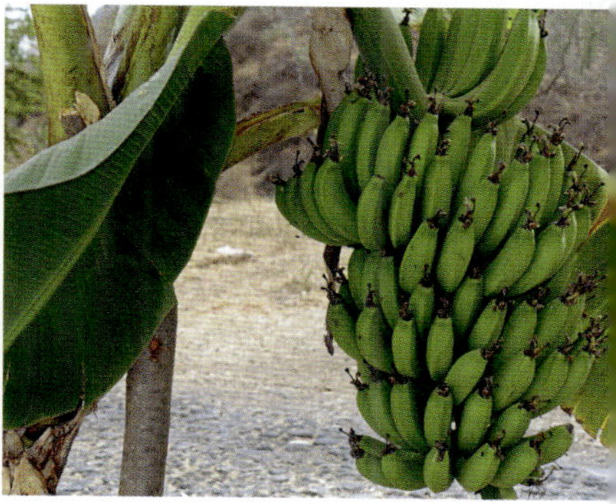

Foto links oben: Die zartgelben Blütenpompons der Silberakazie. – Rechts oben: Weihnachtsstern. – Links unten: Wandelröschen. – Rechts unten: Bananenstaude.

Außerdem bestehen regelmäßige Flugverbindungen vom internationalen Flughafen Nelson Mandela auf Praia zum nationalen Flughafen Cidade do Maio auf Maio, zum nationalen Flughafen São Filipe auf Fogo, zum internationalen Flughafen Rabil auf Boa Vista, zum internationalen Flughafen Amilcar Cabral auf Sal, zum nationalen Flughafen Preguiça auf São Nicolau und zum internationalen Flughafen Cesária Évora auf São Vicente.

Botanische Besonderheiten der Insel Santiago

In dem begrenzten Gebiet des Serra-Malagueta-Nationalpark gedeihen 123 Pflanzenarten, wovon 30 endemisch sind. Von den 19 Vogelarten sind 6 endemisch, von den 6 Reptilienarten sind es 4.
Auf Touren durch die Inselwelt Santiago begegnen Personen auf Wanderschaft verschiedenen botanischen Besonderheiten, einige davon sind oben abgebildet.

↗ 40 m | ↘ 40 m | 3.5 km

17 Praia

1.00 h

Durch die Hauptstadt der Kapverdischen Inseln

Seit 1770 – nach dem Untergang der ehemaligen Hauptstadt Cidade Velha auf Santiago – fungiert Praia als politisches und wirtschaftliches Zentrum des Archipels. Hier befinden sich der Sitz der Regierung, das größte Krankenhaus der Inselgruppe, prachtvolle Kolonialbauten, himmelhohe Betonklötze und viele interessante Sehenswürdigkeiten, die einen Besuch wert sind. Die Erkundung beginnt an den Toren der Altstadt, die von den Einheimischen einfach nur »Plateau« genannt wird. Tipp: Wochentags gestaltet sich das Leben in Praia hektisch und ziemlich laut. Sonntag ist ein guter Zeitpunkt für Besichtigungen, dann ist die Hauptstadt wie ausgestorben!

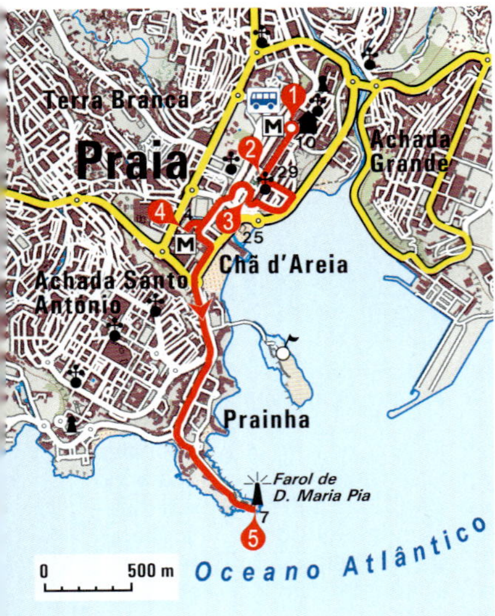

Ausgangspunkt: Ethnografisches Museum in Praia, 10 m (14.922275 -23.505808). Anfahrt: Wenn man mit dem Mietauto kommt, parkt man am besten am Praça Domingos Ramos vor der großen Schule. Dort verlässt man den Kreisverkehr in südliche Richtung, geht die zweite Straße rechts und dann sofort links. Nach weiteren ca. 100 m durch die Fußgängerzone erreicht man den Ausgangspunkt.
Endpunkt: Farol de D. Maria Pia, 7 m (14.900400 -23.509133). Aluguer: Keine. Taxi: Je nach Autotyp und Anzahl der Passagiere bis ca. 1000 CVE.
Anforderungen: Leichter Spaziergang.
Einkehr: Viele Möglichkeiten in Praia, zum Beispiel ca. 200 m nördlich des Ethnografischen Museums das Quintal da Música Av Amlicar Cabral, Praia 7600; Mo–Sa 15.00–24.00 Uhr, sehr oft wird abends Livemusik gespielt.

Die Streckenwanderung beginnt am **Museu Etnográfico da Praia ❶**. Das ethnografische Museum wurde im November 1997 eröffnet und befindet sich in einem Gebäude aus dem 19. Jahrhundert. Mächtige Ficusbäume säumen die Fußgängerzone in Praia – der Ficus benjamina wird in europäischen Wohnungen gerade mal zwei Meter groß! Wir gehen vorbei an dem vom quirligen Leben erfüllten Markt und erreichen den eindrucksvollen zentralen **Praça Alexandre Albuquerque ❷**, seit 1876 benannt nach dem Gouverneur der portugiesischen Kolonialmacht, Caetano Alexandre de Almeida e Albuquerque. Neben seiner Büste gibt es noch ein weiteres Monument – des portugiesischen Afrikaforschers Alexandre Alberto da Rocha de Serpa Pinto. Wichtige Gebäude am Praça Alexandre Albuquerque sind: Das 1858 gebaute ockergelbe Câmara Municipal da Praia (Rathaus); das rosarote Gebäude ist der Palácio da Cultura Ildo Lobo (Kulturpalast); die Banken Banco Comercial do Atlântico und Banco Interatlântico; das gelbe Gebäude ist der 1961 gebaute Supremo Tribunal de Justiça (Justizpalast).

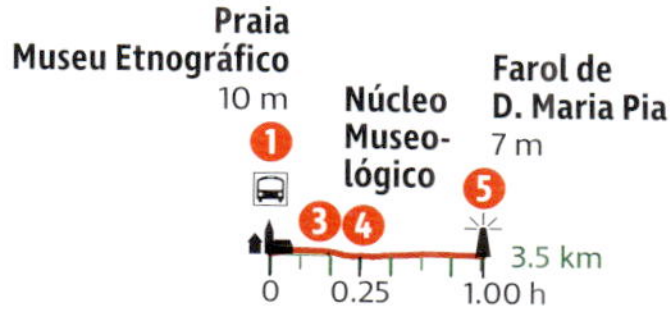

Wir queren den Platz nach links und gehen rechts an der 1894 erbauten Kirche Igreja de Nossa Senhora da Graça vorbei. An der nachfolgenden Straße gehen wir links und sofort wieder rechts Richtung Meer bis zum **Miradouro do Cruzeiro**. Von den alten Kanonen der ehemaligen Festung Bateira ergibt sich ein fantastischer Panoramablick über die Bucht von Praia und den dahinter liegenden Hafen. Wir spazieren rechts weiter, dann durch die Rechtskurve und hinter dem Gebäude links. Wir befinden uns nun auf der Rückseite des Präsidentenpalastes. Vorbei geht es an den alten Kasernen und einem alten sowjetischen Panzer. Nach einer Rechtskurve treffen wir auf das riesige Monumento de Diogo Gomes – der portugiesischen Seefahrer, der 1460 einer der Entdecker der Insel Santiago war. Rechts von uns befindet sich dann der **Palácio Presidencial** 3, Palast der Präsidentschaft der Republik. Er wurde 1894 im neoklassizistischen Stil als Residenz des portu-

Das Museu Etnográfico da Praia.

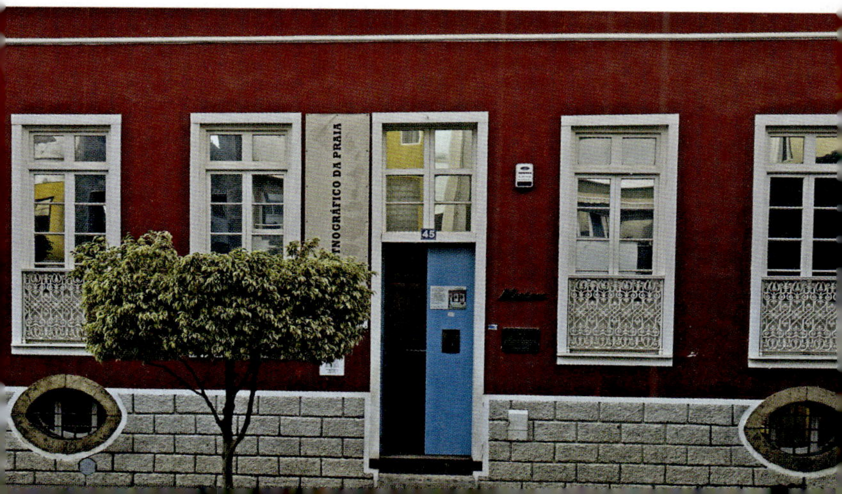

giesischen Gouverneurs der Kapverdischen Inseln erbaut. 1974 – nach der Unabhängigkeit von Portugal – wurde er zum Präsidentenpalast der Kapverden.
Wir setzen unsere Stadterkundung fort, indem wir um den Spielplatz zu unserer Linken herumgehen und dem Fußweg entlang der Hauptstraße bergab folgen. An der nächsten Möglichkeit biegen wir scharf rechts ab und gehen die Treppe hinunter zum Kreisverkehr. Nordwestlich davon befindet sich die Biblioteca Nacional de Cabo Verde (Nationalbibliothek der Kapverden). Wir halten uns links, an dem Fußballstadion vorbei und folgen rechts der Beschilderung zum 2008 eröffneten **Núcleo Museológico da Praia** 4. Dieses ist nur ein sehr kleines Museum und nicht vergleichbar mit archäologischen Museen, wie man sie in Europa vorfindet. Die Exponate berichten von der Geschichte zwischen dem 15. und 17. Jahrhundert, also gleich nach der Entdeckung der Inseln und der Zeit des Sklavenhandels, aber auch über

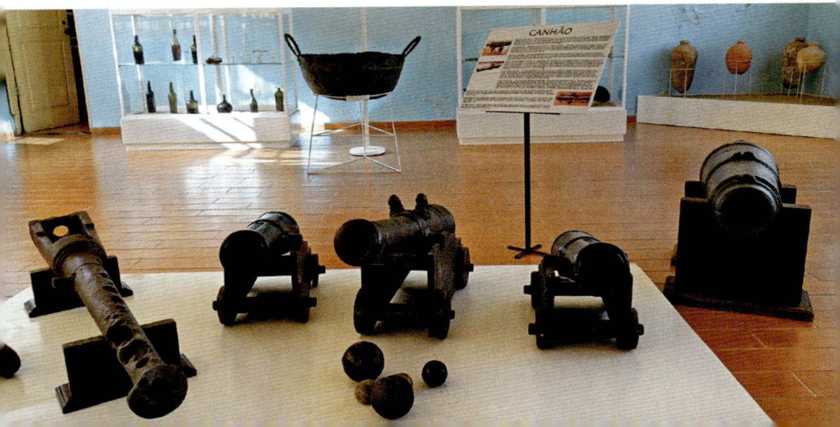

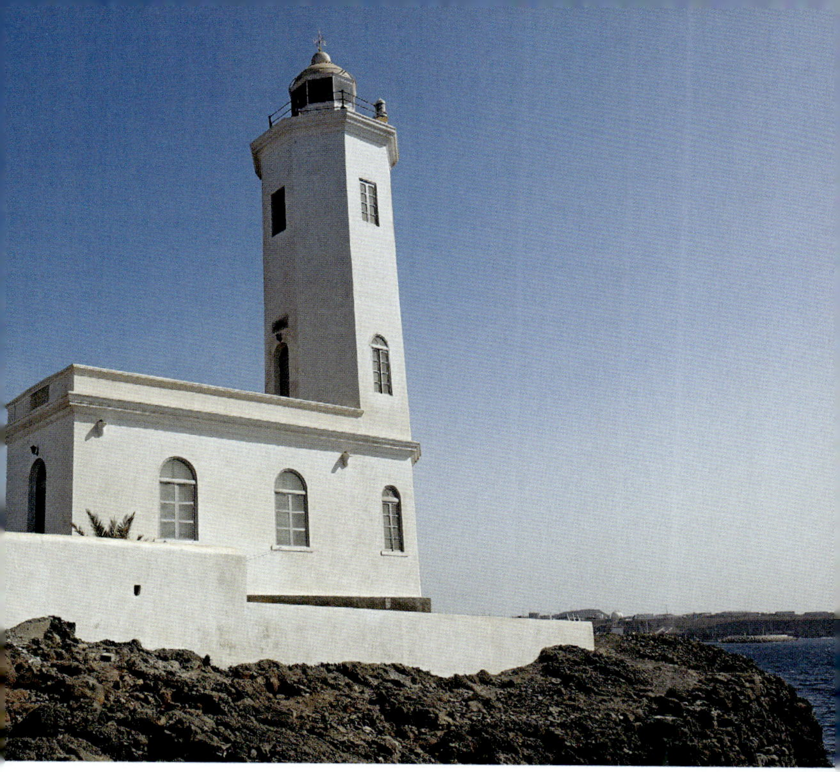

Der Leuchtturm Farol de D. Maria Pia in Praia.

die Entwicklung des technologischen Fortschritts des späten 18. und 19. Jahrhunderts.

Wir spazieren bis zur Hauptstraße vor, überqueren diese und laufen rechts bis zum nächsten Kreisverkehr. Auf der gleichen Straßenseite bleibend gehen wir halb links, nun entlang der wunderschönen Villen mehrerer Botschaften und betuchter Einheimischer. Hinter der Botschaft von Kuba wandern wir halb links weiter, in Richtung des weithin sichtbaren **Farol de D. Maria Pia** 5. Der 1881 unter portugiesischer Kolonialherrschaft erbaute Leuchtturm befindet sich auf der Landzunge Ponta Temerosa. Namensgeberin war die Königin Maria Pia von Savoyen. Hier suchen wir uns ein Taxi oder gehen auf dem gleichen Weg bis zum **Ausgangspunkt** 1 zurück.

Das Núcleo Museológico da Praia.

↗ 70 m | ↘ 70 m | 7.5 km

2.15 h

18 Fósseis dunares de Móia-Móia

Zeugnis vergangenen Lebens

Die fossilen Dünen von Móia-Móia sind ein Dünengürtel und Naturschutzgebiet. Sie gelten als geologische Besonderheit und sollen die einzig unzerstörten dieser Art auf den Kapverden sein – so heißt es auf der Webseite des Tourismusverbandes. Die Realität sieht leider etwas anders aus, da die meisten der versteinerten Fossilien bereits in Privateigentum übergegangen sind. Umso spannender ist das unheimlich anmutende Schiffswrack der Pentalina B, die am 5. Juni 2014 auf Grund lief. Es geschah um 2.00 Uhr morgens, als das Boot von der Insel Sal kam. Alle 85 Passagiere, 69 Erwachsene und 16 Kinder, konnten gerettet werden. Die Runde führt durch eine einmalige Naturlandschaft fernab jeglicher touristischer Infrastruktur.

Ausgangspunkt: Kirche Nossa Senhora da Luz Baía, 23 m (15.037133 -23.454117); ca. 26 km entfernt von Praia. Anfahrt: Man verlässt Praia in nördliche Richtung. Hinter der Ortschaft Curral Grande zweigt man rechts Richtung Achada Fazenda ab und verlässt nach weiteren 1,5 km die Hauptstraße. Ab hier gibt es keine Wegweiser Richtung Móia-Móia. Aluguer: Fahren so gut wie gar nicht, daher empfiehlt sich eine Anreise mit dem Taxi. Taxi: Je nach Autotyp und Anzahl der Passagiere ca. 3000 CVE.
Anforderungen: Leichte Rundwanderung.
Einkehr: Keine.

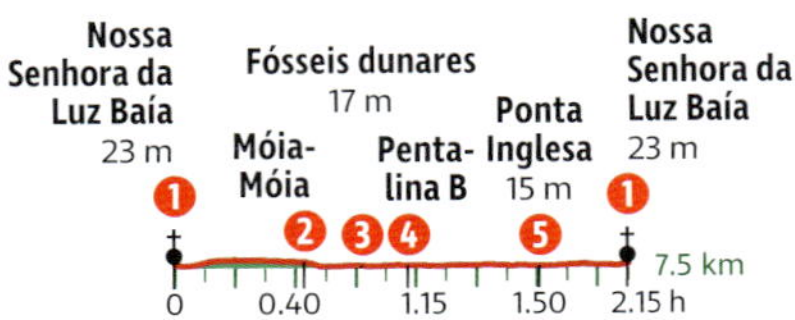

Das Schiffswrack der Pentalina B.

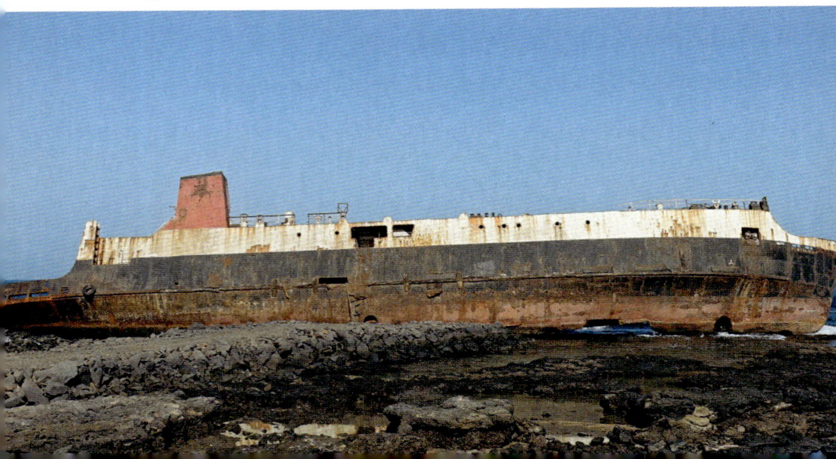

Auf einem Pfad zwischen der links von uns liegenden **Igreja Nossa Senhora da Luz Baía** ❶ und einem Gebäude steigen wir in die unterhalb liegende Lagune hinunter. Von dort wandern wir in Richtung der gepflasterten Straße und weiter auf dieser durch das nachfolgende Dorf. Hinter dem Kinderspielplatz lassen wir die Siedlung hinter uns und wandern bis zum nächsten Dorf, **Móia-Móia** ❷.

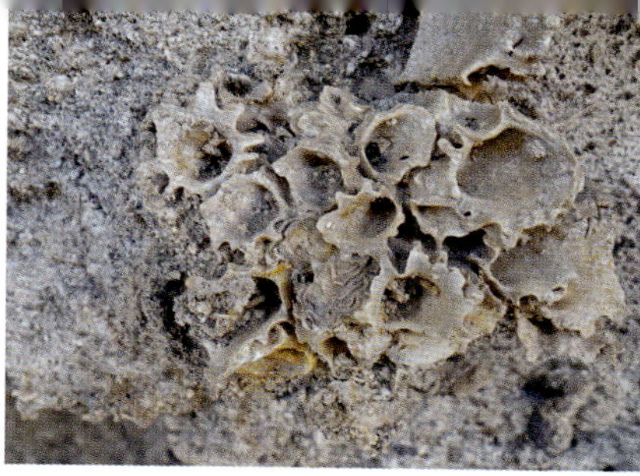

Man findet nur mehr wenige versteinerte Fossilien.

An der ersten Weggabelung – am Ortseingang – marschieren wir halb rechts, und am Ortsausgang nehmen wir den halb linken Arm. Nach wenigen Metern führt dieser an einer Wasserzapfsäule vorbei. Wir überqueren ein trockenes Bachbett, und unsere Piste schlängelt sich über eine Anhöhe. Sobald wir ca. 50 m vom Meer entfernt sind, gehen wir noch 50 m weglos landeinwärts. Dort befinden sich die Überreste der **fossilen Dünen** ❸ *(Fósseis dunares)*. Wir machen eine 180°-Kehrtwendung und gehen nun nach Nordwesten auf einem Pfad entlang der Küste. Je nach Wasserstand mal mehr, mal weniger landeinwärts queren wir dann die vor uns liegende Lagune und gehen auf einem der nachfolgenden Pfade in Richtung des Schiffswracks der **Pentalina B** ❹.

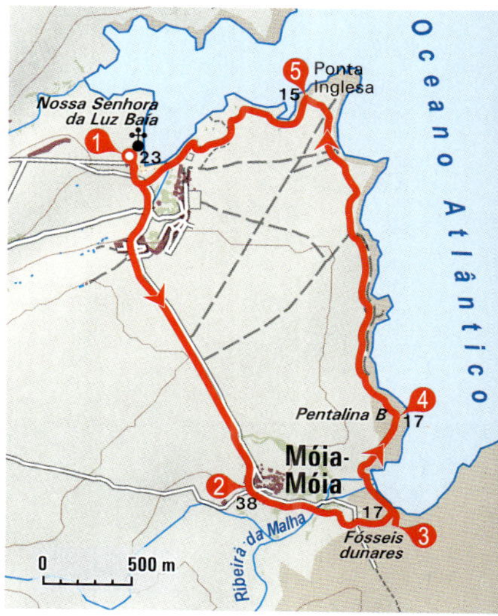

Durch ein Wirrwarr von Pisten und Pfaden folgen wir dem Verlauf der Küstenlinie in nördliche Richtung. Eine Landzunge überqueren wir einfach (und gehen nicht an der Küste entlang). Sobald der Pfad halb rechts (in östliche Richtung) auf diese Landzunge hinausführt, halten wir uns halb links und überqueren die **Ponta Inglesa** ❺. Dahinter befindet sich eine wunderschön gelegene Lagune, an deren westlichem Ende sich die Kirche am Ausgangspunkt befindet. Zuvor müssen wir aber noch kleinere und größere Buchten umlaufen, abermals in einem Wirrwarr von Wegen, bis wir schließlich den **Ausgangspunkt** ❶ erreichen.

↗ 60 m | ↘ 60 m | 3.2 km

19 Palmeiral

1.00 h

Durch den größten Palmenhain der Kapverdischen Inseln

Der Palmenhain bei Pedra Badejo ist eine Palmenpflanzung auf der Insel Santiago und erstreckt sich über eine Fläche von 0,75 km². In der fruchtbaren grünen Oase hört man überall die laut zwitschernden Töne verschiedenster Vögel. Ein echtes Kontrastprogramm zu anderen Wanderungen in der oft kargen Landschaft von Santiago.

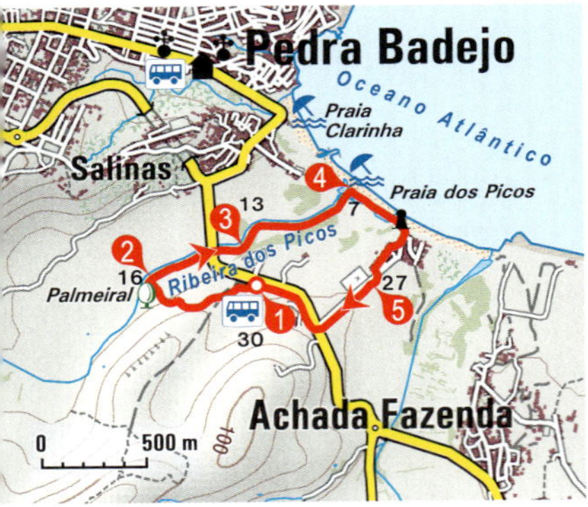

Ausgangspunkt: Ca. 1,2 km südlich vom Strand in Pedra Badejo, 30 m (15.127583 -23.530467). Anfahrt: Auf der Verbindungsstraße von Assomada (ca. 27 km). Dort, wo südlich von Pedra Badejo auf der rechten Straßenseite ein Baobabbaum steht, links eine Stichstraße zu einem Dorf abbiegt und rechts eine Schotterpiste beginnt, ist der Ausgangspunkt. Aluguer: Fahren in alle Richtungen. Möchte man nach Assomada, so muss man in São Lourenço dos Órgãos umsteigen, Kosten ca. 250 CVE. Taxi: Je nach Autotyp und Anzahl der Passagiere ca. 2500 CVE.
Anforderungen: Leichte Rundtour.
Einkehr: Keine.

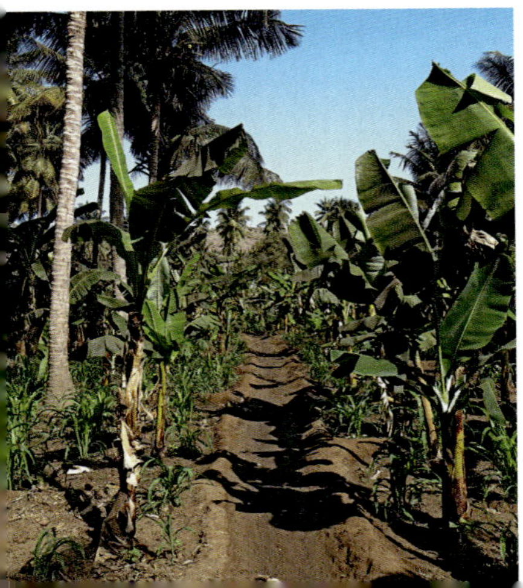

Von der Ortschaft **Pedra Badejo** kommend verlassen wir am Ausgangspunkt die **Straße** ❶ nach rechts. Auf der leicht bergauf führenden Piste kommen wir an einem bunten Haus vorbei und gehen bei der darauffolgenden Weggabelung halb rechts. Hinter der Anhöhe haben wir freien Blick über den riesigen Palmenhain.
Vor einer eingezäunten Viehhaltung steigen wir rechts einige Meter auf einem Pfad zu einem weiteren Zaun ab und gelangen in den **Palmeiral** ❷. In dem Wirrwarr mehrerer Pfa-

Ein faszinierender Palmenhain.

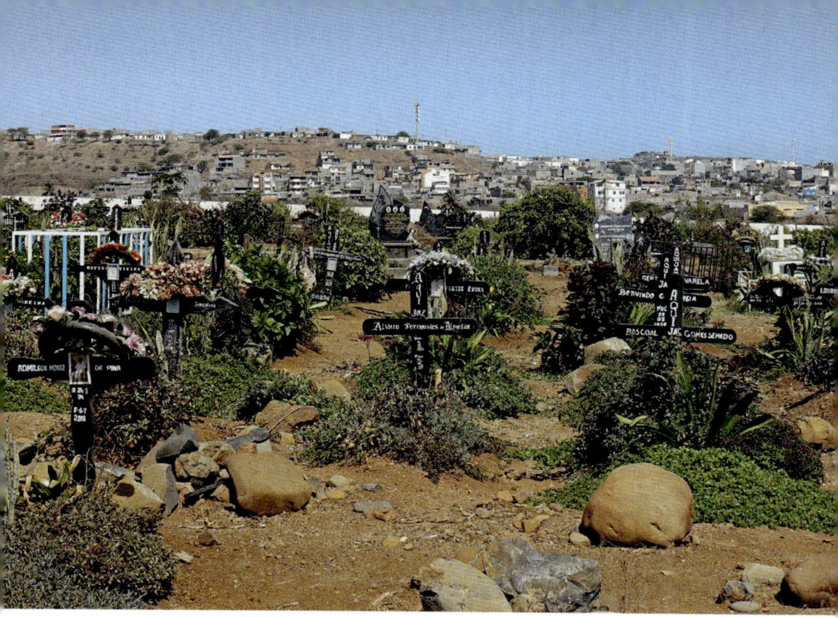

Auf der gepflasterten Straße geht es an einem Friedhof vorbei.

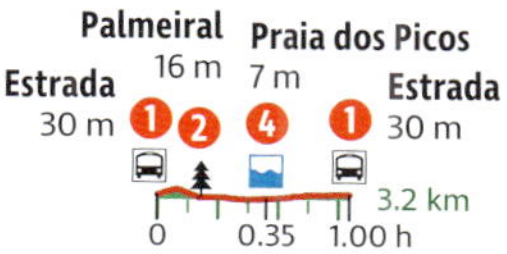

de orientieren wir uns in Richtung eines weiß angemalten Hauses, wo wir dann halb rechts, teilweise weglos zwischen Bananenplantagen und Palmen bis zum Hauptweg vorgehen.

Dort halten wir uns rechts und überqueren die nachfolgende Straße. Nun folgen wir dem Verlauf des Trockenbachbetts des **Ribeira dos Picos** ❸. An der Stelle, an der sich der Pfad verzweigt, marschieren wir nicht rechts zu den Häusern hoch, sondern geradeaus weiter.

Bei einer kleinen Staumauer gehen wir halb links, vorbei an Schilfgras und durch wenige Akazien bis zum schwarzsandigen Strand **Praia dos Picos** ❹. Durch zwei Felsvorsprünge in drei Strandabschnitte geteilt, ist er insgesamt 1,3 km lang. Wir gehen rechts bis zum nächsten Felsvorsprung und dann auf dem Pfad an einer im Jahr 2020 erbauten Kirche vorbei.

Entlang der nördlich gelegenen Häuser des Dorfes **Achada da Igreja** erreichen wir die gepflasterte Straße und kommen am **Friedhof** ❺ vorbei. Weiter wandern wir bis zur Hauptstraße, an der wir nach rechts bis zum **Ausgangspunkt** ❶ zurückgehen.

↗ 360 m | ↘ 930 m | 19.3 km

20 Assomada – Praia Clarinha

6.00 h

Zwischen den Gebirgen von Santiago

Ziemlich zentral auf der Insel Santiago liegt die Stadt Assomada. Ab dort verläuft ein gebirgiger und sehr aussichtsreicher Höhenzug bis zu dem an der Ostküste gelegenen Ort Pedra Badejo. Sofern man nicht gerade mit der schwierigen Wegfindung beschäftigt ist, genießt man auf vielen Wegstücken einen wunderschönen Fernblick. Richtung Norden erhebt sich das Gebirgsmassiv Serra Malagueta und im Süden der höchste Berg der Insel, der Pico d'Antónia. Neben der beeindruckenden, kargen Natur (in den Sommermonaten) hat man auf dieser selten begangenen Route immer wieder die Möglichkeit, in den abgelegenen Dörfern mit der einheimischen Bevölkerung in Kontakt zu kommen. An sehr heißen Wandertagen hilft der erfrischende Gedanke, am Endpunkt ein kühlendes Bad im Atlantischen Ozean nehmen zu können.

Ausgangspunkt: Assomada, 569 m (15.097500 -23.667650); ca. 38 km nordwestlich von Praia und 29 km südöstlich von Tarrafal. Anfahrt: Bis zum großen Parkplatz im Stadtzentrum, beim zentralen Sammelpunkt für alle Aluguers. Aluguer/Taxi: Fahren in alle Richtungen.
Endpunkt: Pedra Badejo, 2 m (15.135350 -23.529950), ca. 27 km östlich von Assomada. Aluguer: Möchte man nach Assomada zurückfahren, so muss man in São Lourenço dos Órgãos umsteigen, Kosten ca. 250 CVE. Taxi: Je nach Autotyp und Anzahl der Passagiere ca. 2500 CVE.
Anforderungen: Lange und anstrengende Streckenwanderung. Man benötigt einen guten Orientierungssinn. Sehr viel Trinkwasser mitnehmen, da es auf der Strecke so gut wie gar keinen Schatten gibt!
Einkehr: Nur in Assomada und in Pedra Badejo, unterwegs keine.

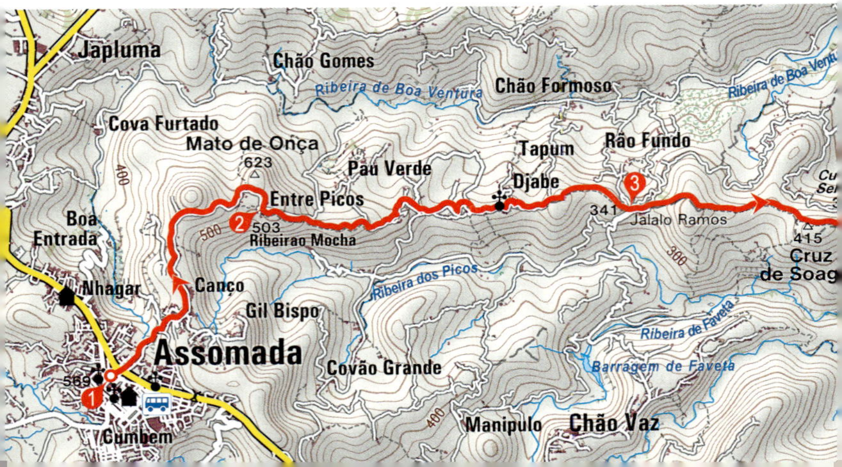

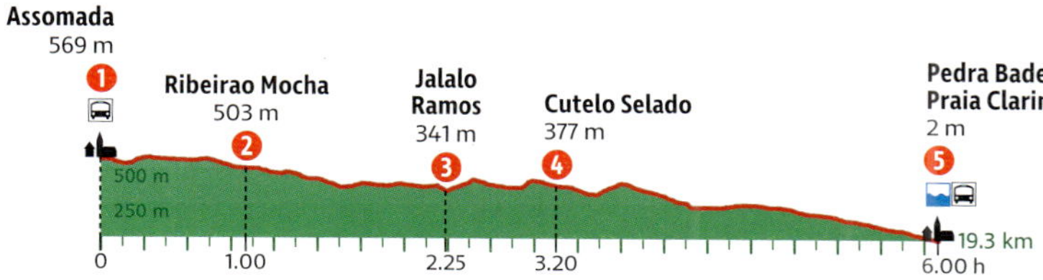

Vom nördlichen Ende der Aluguer-Haltestelle in **Assomada** ❶ folgen wir dem Verlauf der Einbahnstraße in nordöstliche Richtung. Beim Stoppschild überqueren wir die Hauptstraße, lassen die Western Union Bank links liegen und folgen der ortsauswärts führenden Straße. Auf dem nachfolgenden Pfad durch eine Senke kommen wir an einem kleinen Staudamm vorbei und gehen nach kurzem Aufstieg an der gepflasterten Straße rechts und bei der nächsten Möglichkeit scharf links.

Alle Abzweiger ignorierend folgen wir dem Verlauf der Straße, in Richtung eines allein stehenden, felsigen Berges. Diesen lassen wir nach einer U-förmigen Kurve durch das Dorf **Ribeirao Mocha** ❷ dann hinter uns. In der sofort darauffolgenden Linkskehre gabelt sich der Weg – hier befinden sich auffallend hohe Papayabäume; wir halten uns halb rechts. Hinter einer Linkskehre und dem nachfolgenden letzten Haus gehen wir links, nun auf

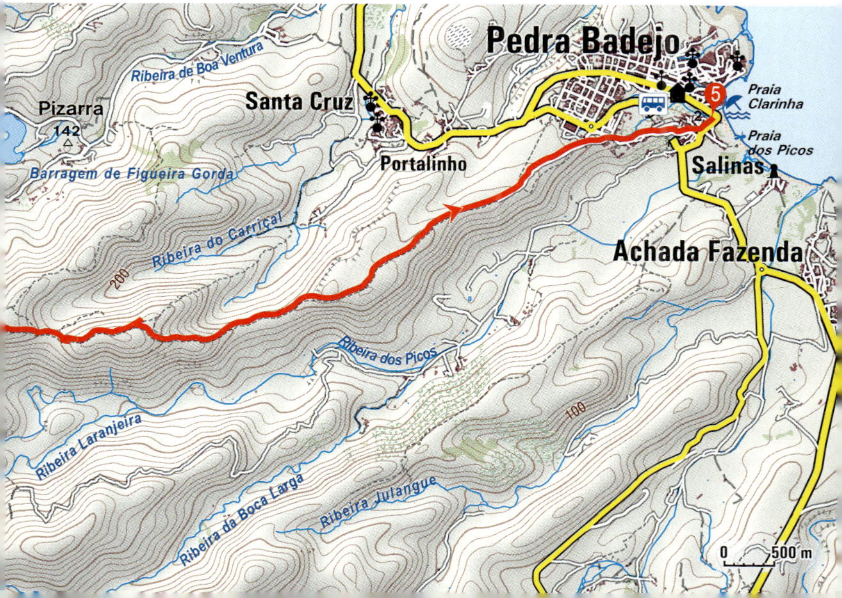

einem Pfad und im Weiteren über einen Bergrücken. Hat man eine kleine Einsattelung erreicht und sieht direkt rechts unten eine Straße, so muss man ca. 5 m zurückgehen, um auf einem schwer auszumachenden Pfad rechts zur Straße abzusteigen. In den Weg ragende Wandelröschen und einige Agaven erschweren den Abstieg. Auf der bergab führenden Straße bleiben wir an der nächsten Weggabelung – hier befinden sich zwei Strommasten – auf dem Hauptweg (wir gehen also nicht halb rechts zu den Häusern hoch).
Wo die Straße endet, gehen wir dann links, an einem weißen Heiligenschrein vorbei, der an einer Felswand hängt. Nach einer Rechtskurve führt der bergauf ziehende Weg an einem Strommast aus Metall vorbei. Immer auf dem Hauptweg bleibend passieren wir eine Kirche. Hinter einem üppig bepflanzten Anwesen gabelt sich der Weg; wir gehen in Richtung des nächsten Hauses – mit Palmen im Garten. Kurz darauf führt die Straße durch einen Felsdurchbruch. Wir gelangen an eine Wegkreuzung und folgen dem mittleren, bergauf verlaufenden Weg bis zur Einsattelung. Von dort geht es weiter geradeaus, nun auf einem Pfad in Richtung eines Funkmasts. Hinter der nachfolgenden Bergkuppe schwenken wir dann scharf nach links und wandern weiter bergab, bis zur Straße beim Bergdorf **Jalalo Ramos** 3. Dort behalten wir unsere Richtung bei – auf den markanten Funkmast zu – und durchqueren das Dorf auf einem der vielen Pfade.
In der Nähe einer Ruine kann man bereits in der Ferne das Meer erkennen. Fast auf Höhe des nun rechts von uns stehenden Funkmasts folgen wir dem links abzweigenden Pfad durch die Felder. Bei einer weiteren Ruine ignorieren wir den kreuzenden Pfad und wandern geradeaus weiter. An

Der Weg führt durch das Dorf Ribeirao Mocha.

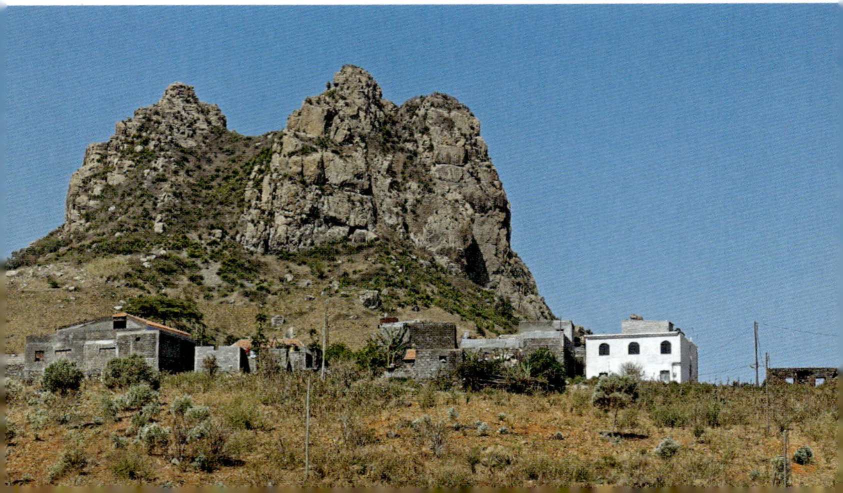

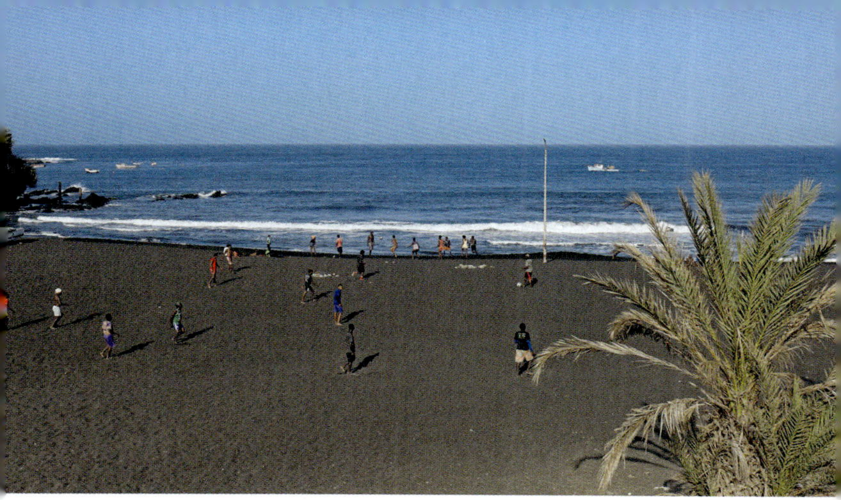

Der Praia Clarinha am Ziel der Wanderung.

der darauffolgenden Gabelung der Pfade halten wir uns halb links, leicht bergauf, und bei der nächsten Gabelung halb rechts. So erreichen wir das Bergdorf **Cutelo Selado** ❹.

Vor einem Haus mit Betonsockeln auf dem Dach folgen wir dem halb rechts weiterführenden Pfad. Dieser weithin sichtbare Pfad bringt uns an den Fuß einer felsigen Bergspitze. Auf der linken Seite des Berges verläuft der Pfad steil hinauf zum Gipfel, den wir überschreiten. Hinter einem Steinhaus gabelt sich der Pfad, halb rechts führt er zu weiteren Steinhäusern, wir gehen links. Nach weiteren 350 m auf dem Bergrücken – hinter mehreren Ruinen – zweigt scharf rechts ein Pfad ab. Auch dieser ist weithin sichtbar und verläuft durch eine Senke, bleibt aber oberhalb eines Steinhauses mit einem roten Dach. Weiter geht es auf dem nächsten Bergrücken Richtung Meer. An einer Pfadgabelung – hier liegt ein Fels am Wegesrand – gehen wir halb links; an der darauffolgenden Felsspitze führt der Pfad rechts vorbei.

Wie schon öfters auf dieser Tour wandern wir auf einem breiten Bergrücken. Bald sehen wir rechts im Tal den größten zusammenhängenden Palmenhain der Kapverdischen Inseln. Ein weißes Haus lassen wir auf der linken Seite links liegen. Bei einem großen, aus Stein gebauten Wassertank verlassen wir die Piste und folgen einem Pfad in Richtung eines weiteren Funkmasts. Wo der Pfad endet, gehen wir auf der gepflasterten Straße rechts und sogleich durch eine Linkskurve. An der nachfolgenden Straßengabelung wählen wir den halb rechten Arm, der durch das Dorf **Pedra Badejo** bis hinunter zur Hauptstraße führt. An dieser Straße gehen wir links bis zum Endpunkt weiter, dem Strand **Praia Clarinha** ❺.

↗ 40 m | ↘ 800 m | 10.9 km

21 Serra Malagueta – Ribeira Principal

3.45 h

Abstieg durch eines der schönsten Täler der Insel Santiago

Die Insel Santiago ist von zwei eindrucksvollen Gebirgsketten geprägt. Eine davon ist das Serra-Malagueta-Gebirge mit dem gleichnamigen Naturpark, das sich nördlich der Stadt Assomada erhebt. Die Landschaft ist gekennzeichnet von tiefen Tälern, die das Gebirge förmlich zerschneiden. Von den halbfeuchten kühlen Nebelwäldern auf mehr als 700 m Höhe beginnen wir mit dem Abstieg. Gleich zu Beginn der Tour erwartet uns ein fantastischer Ausblick über die gesamte Länge des fruchtbaren, meist grünen Tals, vom Meer bis zum Talschluss, mit seinen wie Miniaturen wirkenden Häusern. Am Talgrund kommen wir an einem der wenigen Stauseen der Insel sowie an zahlreichen Schnapsbrennereien vorbei; in Boca de Ribeira heißt es dann Abschied nehmen von einem der schönsten Täler der Insel.

Ausgangspunkt: Serra, 765 m (15.185600 -23.689983); ca. 15 km südöstlich von Tarrafal. Anfahrt: Auf der Verbindungsstraße von Tarrafal nach Praia bis zu einer Einsattelung des Gebirgsmassives Serra Malagueta. Dort verlässt bei einem hellblauen Gebäude der Wanderweg die Straße in östliche Richtung. Aluguer: Von Tarrafal ca. 200 CVE. Taxi: Von Tarrafal ca. 2000 CVE.

Endpunkt: Boca de Ribeira, 3 m (15.244283 -23.655000), 15 km östlich von Tarrafal. Aluguer: Nach Tarrafal ca. 200 CVE. Taxi: Nach Tarrafal ca. 2000 CVE.

Anforderungen: Der ausgetretene, nur bergab führende Pfad ist auch ohne spezifische Übung einfach zu begehen.

Einkehr: Restaurant im Dorf Hortelão bei Km 6,7, Kiosk mit Erfrischungen am Ende der Tour bei Km 11.

Gleich nach dem Start in Serra schaut man über das Ribeira Principal.

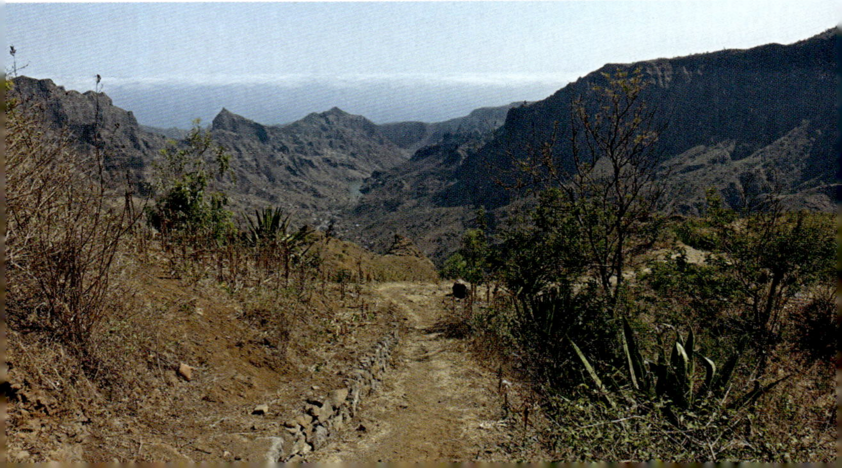

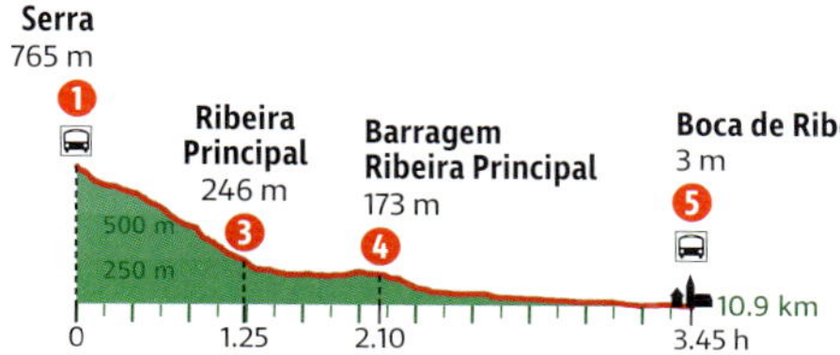

In der Streusiedlung **Serra** ❶ verlassen wir die Straße auf dem Pfad in östliche Richtung. Eine Tafel liefert Hintergrundinformationen zum Ribeira Principal. Im felsigen Gelände ignorieren wir den nach links abzweigenden Pfad und wandern geradeaus auf dem Bergrücken weiter. An einer kleinen Einsattelung gehen wir links bergab (nicht geradeaus zu einem felsigen Aussichtspunkt).

Einen weiteren links bergauf führenden Pfad lassen wir links liegen. Ab einer markanten Felswand schlängelt sich unser Pfad in einer langen Linkskehre talwärts. Dabei ignorieren wir einen links abzweigenden Pfad in Richtung dieser Felswand.

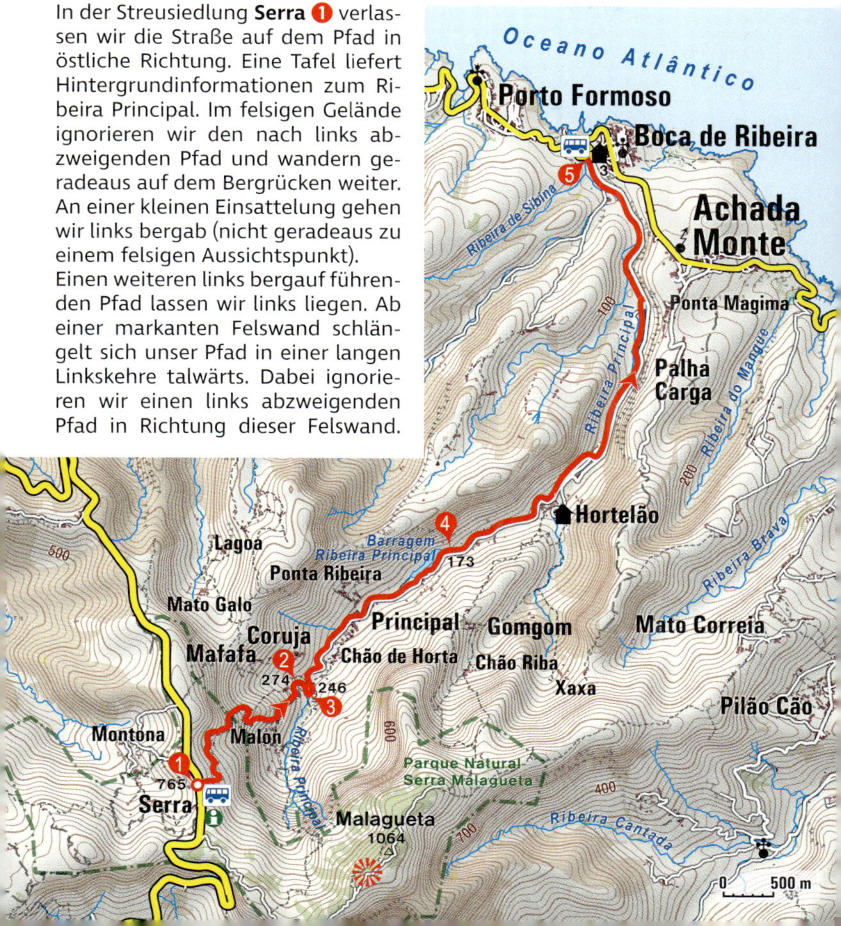

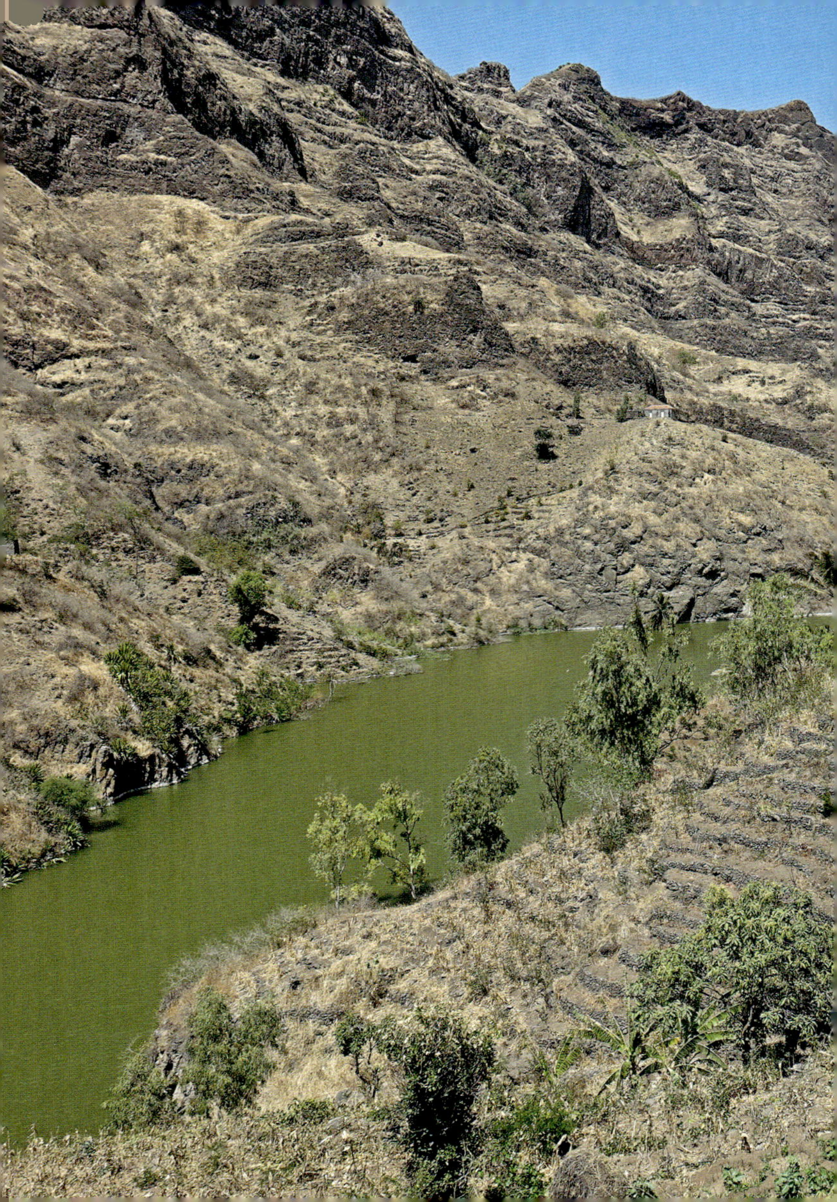

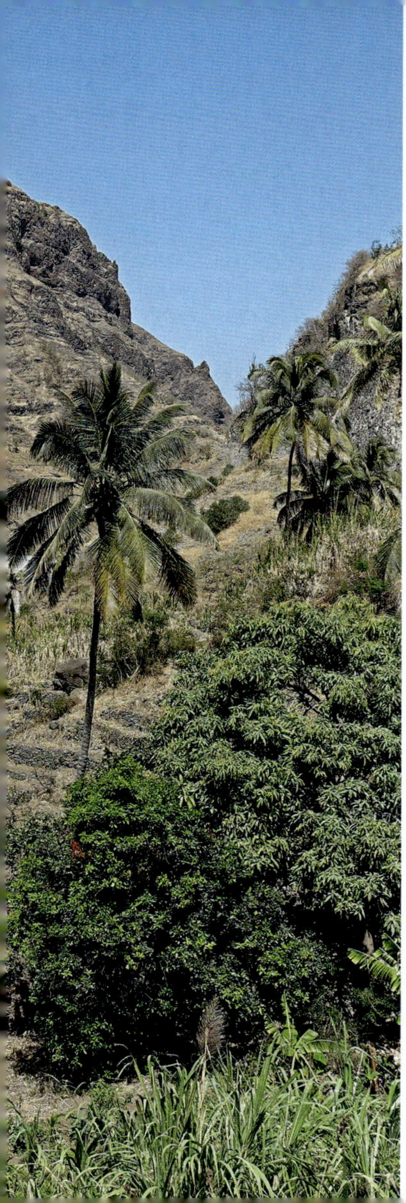

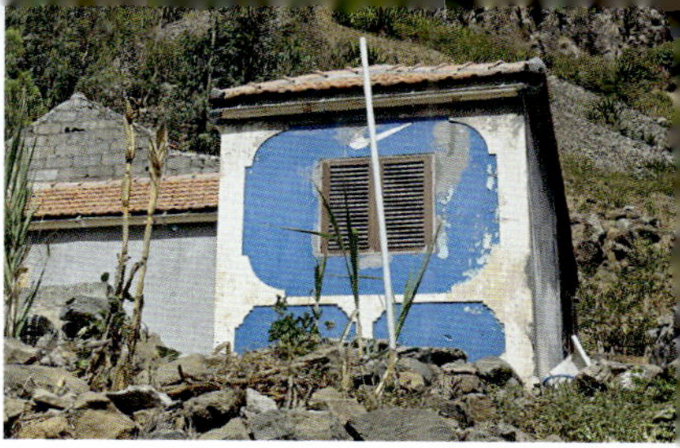

Beim blauen Haus steigen wir nicht in das Ribeira Principal ab.

Bei einem lichten Eukalyptuswald gehen wir an der Weggabelung oberhalb der Häuser weiter. An einem **Haus mit blauer Fassade** ❷ – einer Schlüsselstelle – wandern wir geradeaus weiter (nicht rechts ins Tal).

Vorbei an weiteren Häusern und dann steil bergab auf einem neu angelegten Pfad geht es bis zum **Ribeira Principal** ❸. Streckenweise verläuft der Pfad direkt im Trockenbachbett. Im Talgrund erreichen wir die Straße und das Dorf Chão de Horta. Auf der sehr gering befahrenen Straße laufen wir oberhalb eines **Staudamms** ❹ vorbei und kommen danach in das Dorf **Hortelão**. Auf der rechten Flussseite befindet sich ein Restaurant, auch gibt es hier gleich zwei Grogue-Brennereien. Von rechts mündet der Abstieg vom Gom-Gom-Tal (Tour 22) ein.

Unspektakulär verläuft der verbleibende Wegabschnitt Richtung Meer. Nur am Ende der Tour verengt sich noch einmal die Schlucht, bevor sie an der Hauptstraße endet. Der heutige Endpunkt in der Nähe des Dorfes **Boca de Ribeira** ❺ ist erreicht.

Ein kleiner Stausee am Wanderweg.

TOP

↗ 330 m | ↘ 1090 m | 14.4 km

22 Vale Gom Gom

4.45 h

Das Beste der Insel Santiago

2003 wurde der Naturpark Serra Malagueta ins Leben gerufen, seitdem ist er ein Refugium für Fauna und Flora. Die halbfeuchten Wälder der Bergregionen bis in die Talregionen sind Lebensraum für ca. 28 endemische Pflanzenarten und bis zu 19 Vogelarten. Dass man auf gleicher Höhe mit – je nach Wetterlage sogar über – den Wolken wandert, verleiht der Tour eine besondere Stimmung. Im Herbst nach der Regenzeit erstrahlt die Region in einem wundervollen Grün – in dieser Jahreszeit lohnen sich Wanderungen umso mehr. Der Pfad führt durch felsige Abhänge und bietet spektakuläre Ausblicke über das faszinierende Gom-Gom-Tal hin bis zum Atlantik. Nach einem kurzen Aufstieg über den höchsten Punkt des Gebirgszugs schwinden die Höhenmeter im nachfolgenden »Sinkflug« schnell. Im Ribeira Principal angekommen kann man in der Ortschaft Hortelão eine originelle Bar besuchen. Diese Tour ist ein Fest für alle Sinne!

Im unteren Ribeira werden Bananenstauden und Zuckerrohr angebaut.

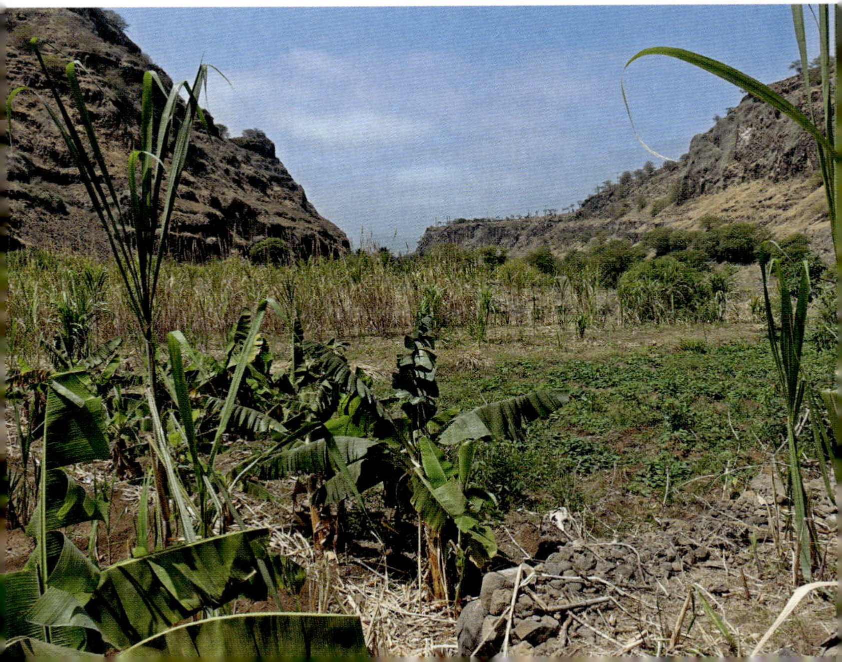

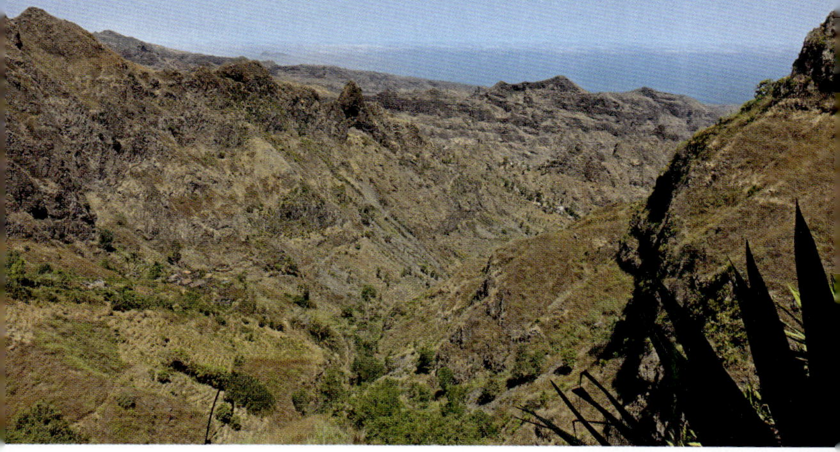

Weit kann man den Verlauf des Caminho durch das Gom-Gom-Tal nachverfolgen.

Ausgangspunkt: Serra, 765 m (15.185600 -23.689983); ca. 15 km südöstlich von Tarrafal. Anfahrt: Auf der Verbindungsstraße von Tarrafal nach Praia bis zu einer Einsattelung des Gebirgsmassivs Serra Malagueta. Dort beginnt bei einem hellblauen Gebäude (etwas nördlich des Besucherzentrums) die Wanderung. Aluguer: Von Tarrafal ca. 200 CVE. Taxi: Von Tarrafal ca. 2000 CVE.
Endpunkt: Boca de Ribeira, 3 m; ca. 15 km östlich von Tarrafal (15.244283 -23.655000). Aluguer: Nach Tarrafal ca. 200 CVE. Taxi: Nach Tarrafal ca. 2000 CVE.
Anforderungen: Trittsicherheit und Schwindelfreiheit auf einem sehr kurzen Teilstück nötig. Sonst ist die Strecke einfach zu bewältigen.
Einkehr: In Hortelão ein Restaurant bei Km 6,7 und ein Kiosk mit Erfrischungen am Ende der Tour bei Km 14,3.
Hinweis: Für diese Wanderung durch den Naturpark muss man im Besucherzentrum an der Hauptstraße ein Eintrittsticket lösen.

Von dem hellblauen Haus in der Streusiedlung **Serra** ❶ an der Einsattelung der Verbindungsstraße wandern wir entlang der Straße Richtung Süden bis zum Besucherzentrum, wo das Eintrittsticket gelöst werden muss. Viele Erklärungstafeln im Empfangsbereich bereichern die Besichtigung. Nach weiteren 100 m auf der Straße zweigen wir scharf links auf einen Pfad ab, der bald darauf in eine gepflasterte Straße mündet. Am nachfolgenden, faszinierenden Aussichtspunkt gleitet der Blick Richtung Süden über eine Hochebene bis zur Stadt Assomada und dem dahinter liegenden höchsten Berg der Insel, dem 1394 m hohen Pico d'Antónia. Richtung Norden blickt man tief in das zerfurchte Ribeira Principal.
Das Gebirgsmassiv Serra Malagueta hat keinen markanten einzelnen Gipfel, so überqueren wir den mit 1064 m höchsten Punkt des **Malagueta** ❷, ohne

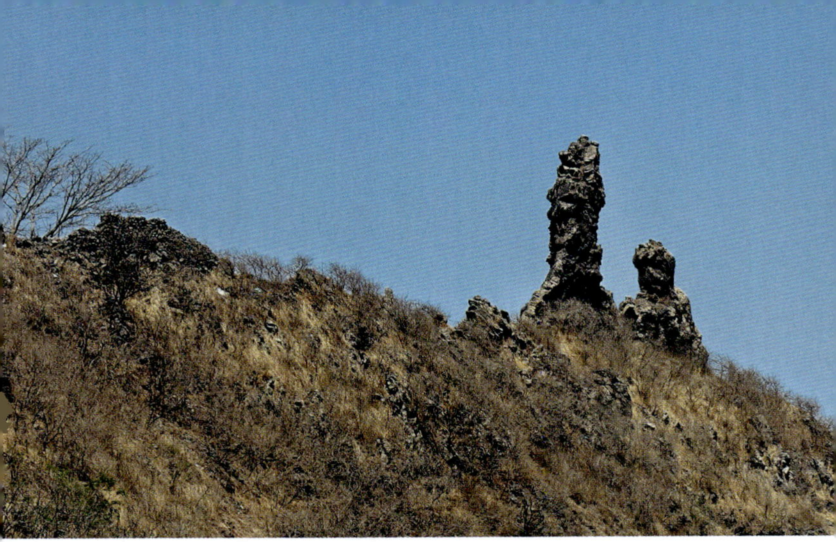

Hinter zwei Dykes erreichen wir die Straße beim Dorf Hortelão.

es wirklich zu merken. Auf der Suche nach ein bisschen Gipfelglück kann man etwas später dem scharf links abzweigenden Pfad bis zum Aussichtspunkt **Malagueta** folgen. Aber aufgrund der inzwischen hochgewachsenen Bäume ist der einst schöne 360°-Rundblick nicht mehr gegeben.
Wieder am Hauptweg angelangt, setzen wir unseren Abstieg in Richtung eines Sendemasts fort, dem wir im weiteren Verlauf links liegen lassen. Die harte Piste weicht federndem Boden. Nach weiteren 750 m gehen wir an der Einsattelung nicht geradeaus weiter, sondern zweigen an dieser Stelle links auf einen **Weg** ❸ ab. Die nachfolgende Hütte passieren wir auf ihrer linken Seite und gehen in Richtung einer weiteren Hütte, um aber nach 75 m scharf rechts durch die Terrassenfelder den Abstieg fortzusetzen. An einer Weggabelung folgen wir dem Verlauf des halb linken, breiteren Arms.

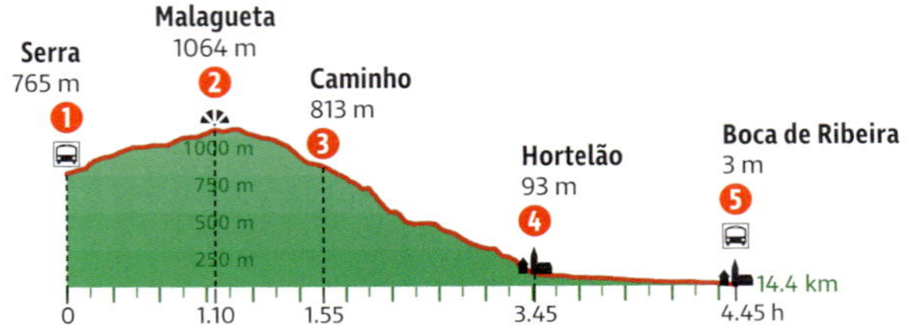

Unterhalb einer Felswand befindet sich eine Quelle und gleich darauf eine zweite. Man stellt sich unweigerlich die Frage, ob dieses Wasser für uns Mitteleuropäer verträglich ist? Der Autor hat es nicht gekostet! Raffiniert angelegt führt der Pfad durch eine steil aufragende Felswand. Für dieses Teilstück benötigt man Trittsicherheit und Schwindelfreiheit.

Weit kann man den Verlauf des Wanderwegs durch das Gom-Gom-Tal bis zu einem kleinen Dorf mit den Augen nachverfolgen. Nach einem längeren Wegstück passieren wir Ruinen, aus denen mächtige Papayabäume aufragen. An einer Weggabelung kurz hinter einem Dorf folgen wir dem rechts bergab verlaufenden Pfad. Es geht vorbei an zwei markanten Felsspitzen, die links oberhalb am Berg stehen. Hinter dem nächsten Dorf Quebradas folgt ein bestens befestigter Caminho bis zur Straße beim Dorf **Hortelão** ❹ im Ribeira Principal.

Unspektakulär verläuft der verbleibende Wegabschnitt Richtung Meer. Nur am Ende der Tour verengt sich noch einmal die Schlucht, bis sie dann an der Hauptstraße in der Nähe des Dorfes **Boca de Ribeira** ❺ endet.

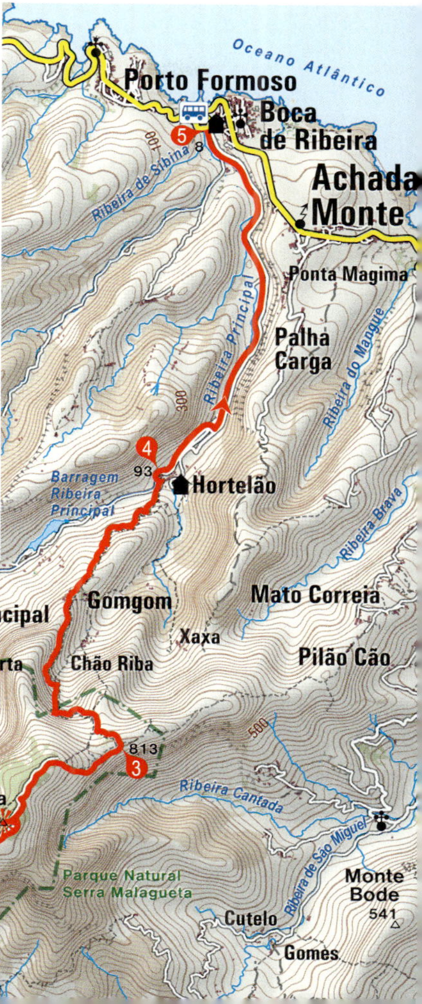

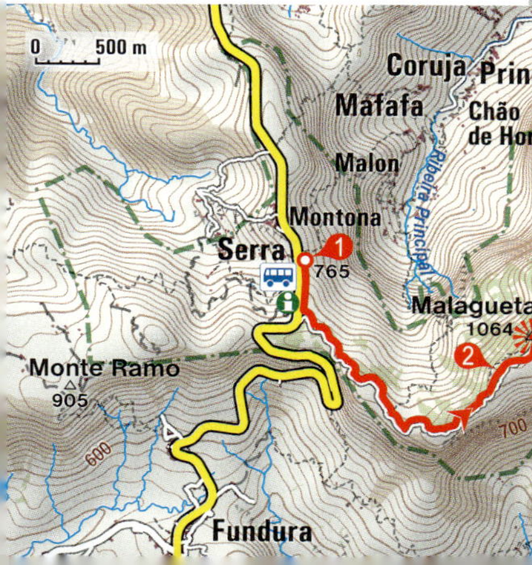

↗ 230 m | ↘ 1010 m | 9.9 km

23 Achada Lagoa

3.15 h

Versteckt, ursprünglich und ruhig

Gleich zu Beginn der Route bietet sich ein atemberaubender Ausblick: Rechts erhebt sich die Bergkette der Serra Malagueta, davor die tiefe Schlucht des Ribeira Principal mit ihrem Stausee. Links auf einer »kleinen Ebene am Berghang« (portugiesisch »achada«) liegt das ursprüngliche Dorf Lagoa, auch »Achada Lagoa« genannt. Unser aussichtsreicher Höhenweg schlängelt sich hoch über dem Ribeira Lagoa in Richtung Meer. Auf dieser selten begangenen Tour entdecken wir urtümliche Dörfer und unberührte Natur.

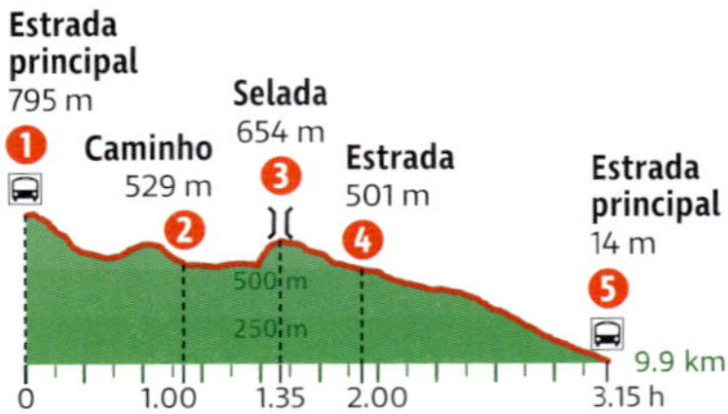

Ausgangspunkt: Kurz vor Serra, ca. 14 km südöstlich von Tarrafal, 795 m (15.192983 -23.691783). Anfahrt: Auf der Verbindungsstraße von Tarrafal nach Assomada. Kurz vor der Streusiedlung Serra befindet sich ein Wegweiser Richtung Achada Lagoa. Aluguer: Kosten von Tarrafal ca. 200 CVE. Taxi: Kosten von Tarrafal ca. 2000 CVE.

Endpunkt: Nordostküste von Santiago, ca. 10 km östlich von Tarrafal, 14 m (15.257250 -23.678917). Aluguer: Nach Tarrafal 100–200 CVE. Taxi: Nach Tarrafal 1000–2000 CVE.

Anforderungen: Relativ einfache Strecke, aber anstrengender Abstieg.

Einkehr: Keine.

Wir verlassen die **Hauptstraße** ❶ nach Norden über den ausgeschilderten Pfad Richtung Achada Lagoa. Hinter einem Felsband ergibt sich eine faszinierende Fernsicht. Bei der Abzweigung eines Pfades nach links bleiben

Kurz vor der Hauptstraße ergibt sich ein schöner Blick über die Küste.

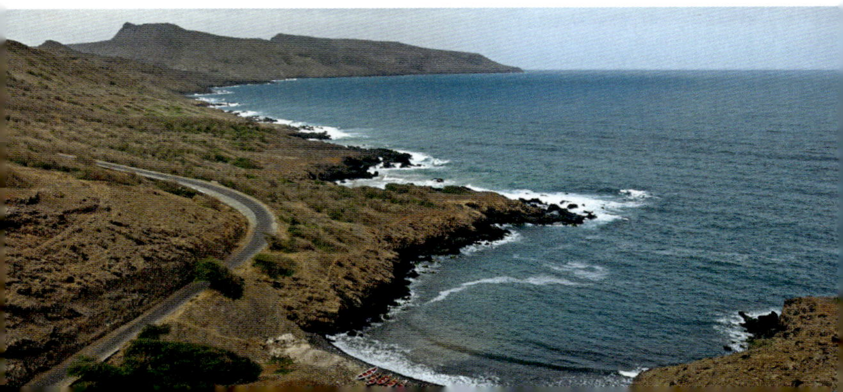

wir auf dem breiten, abschnittsweise noch gepflasterten Weg. An der nachfolgenden Einsattelung ignorieren wir nach links und rechts abzweigende Pfade und marschieren geradeaus leicht bergauf weiter. An einer Weggabelung lassen wir den halb links abzweigenden Pfad links liegen, folgen dem halb rechts bergauf führenden Arm und kommen an einem betonierten kleinen Haus vorbei. Hinter einer Ruine verzweigt sich der **Weg** ❷. Dort ignorieren wir den halb rechts abzweigenden Arm und halten halb links auf einige Häuser zu. Direkt hinter den Häusern folgen wir dem auf einem kurzen Abschnitt gepflasterten Pfad.
Auf dem fast eben verlaufenden Pfad wandern wir in Richtung einer Strohhütte, die sich halb rechts oberhalb vom Wegesrand befindet. In der Ferne können wir den weiterführenden Weg nachverfolgen, der in engen Kehren durch eine steile Felswand bis zu einer Anhöhe aufsteigt. Hinter dem **Pass** ❸ lassen wir zwei rechts abzweigende Wege unbeachtet und steigen nun kontinuierlich ab, Richtung Häuser, die man in der Ferne sieht. Direkt vor diesen Häusern folgen wir dem Pfad halb rechts über einen Hügel und kommen schließlich an der breiten gepflasterten **Straße** ❹ an.
In der nachfolgenden Senke – direkt hinter Häusern und der Post – zweigen wir dann rechts ab. Der weitere Weg führt an den Häusern von Pedra Ferro vorbei und schließlich etwas oberhalb der Küste erreichen wir die **Hauptstraße** ❺. Mit einem Aluguer fahren wir nach Tarrafal zurück.

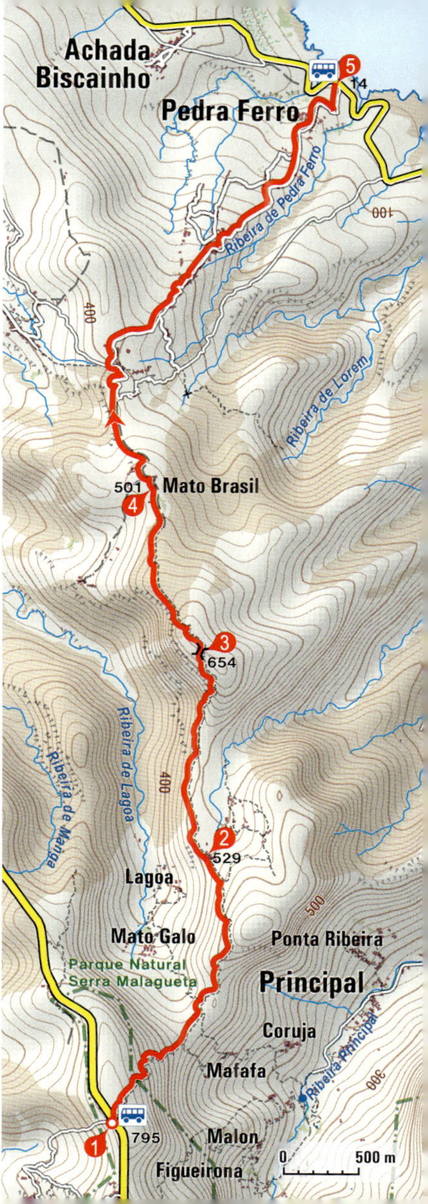

↗ 580 m | ↘ 580 m | 12.6 km

24 Am Monte Graciosa

4.15 h

Erkundungsrunde um einen omnipräsenten Berg

Von der Stadt Tarrafal ausgehend entdecken wir die Berglandschaft um den 645 m hohen Berg Monte Graciosa – der je nach Wetterlage in Passatwolken gehüllt ist. Aber der Berg ist auch ein Bollwerk gegen die stark wehenden Passatwinde. In seinem Windschatten befindet sich einer der schönsten Strände der Insel Santiago. Mit seinem feinen weißen Sand markiert der Praia do Tarrafal den ersten Höhepunkt der Runde. Er ist eine Besonderheit unter Kapverdischen Stränden, denn er ist mit schattenspendenden Palmen bestanden. Aufgrund der sonnendurchglühten Tage ist es sinnvoll, die Tour in den späten Nachmittag zu legen. Am Ende der Rundwanderung, beim Abstieg nach Tarrafal, ergibt sich dann ein wunderschöner und klarer Blick (ohne Dunst) bis weit hinein in die Bergwelt der Serra Malagueta.

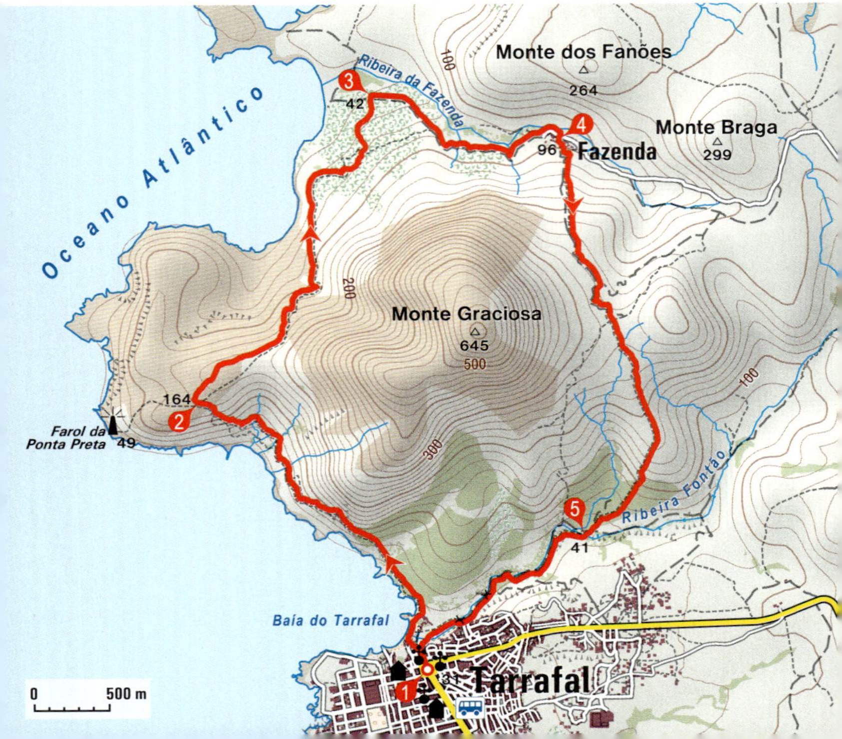

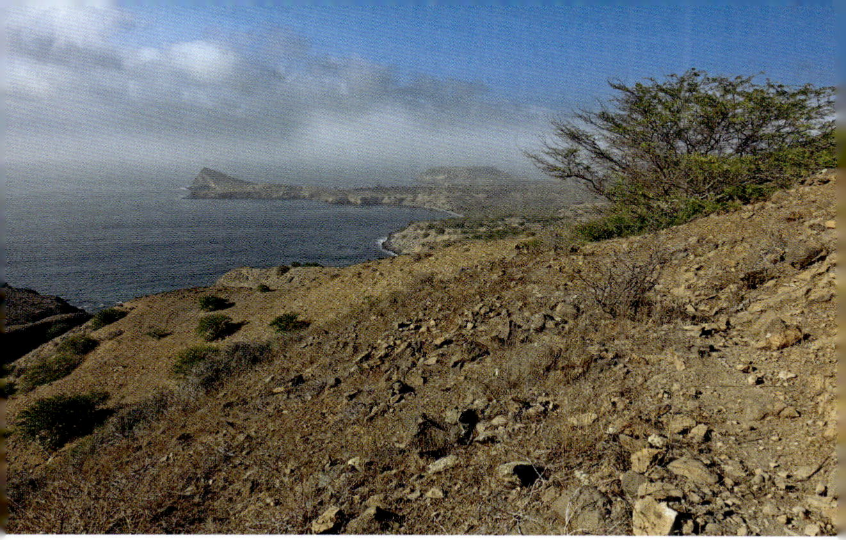

Blick auf die Nordwestspitze der Insel Santiago.

Ausgangspunkt: Tarrafal, 31 m (15.278550 -23.751817); ca. 67 km entfernt von Praia. Anfahrt: Im äußersten Nordwesten von Santiago beginnt diese Tour am zentralen Park unterhalb der Kirche. Aluguer: Fahren in alle Richtungen, von Praia beträgt der Preis 1000 CVE. Taxi: Je nach Autotyp und Anzahl der Passagiere ca. 10.000 CVE.

Anforderungen: Die größte Herausforderung ist die Orientierung im Gelände anhand von Landschaftsmerkmalen. Zur Unterstützung bei der Wegfindung ist der heruntergeladene GPS-Track sehr hilfreich! Außerdem ist an einigen Stellen die Zuhilfenahme der Hände nötig.
Einkehr: Unterwegs keine. Zahlreiche Restaurants in Tarrafal.

Die Parkanlage in der Stadt **Cidade de Tarrafal** ❶ verlassen wir über die Straße in nördlicher Richtung. Hinter dem nachfolgenden Platz geht es herunter zum weißsandigen Strand **Praia do Tarrafal**. Da, wo der durch ein Felsriff getrennte zweite Strandabschnitt beginnt, gehen wir landeinwärts in Richtung eines Baobabbaums. Dort steigen wir auf die Klippen und folgen dem Verlauf des Pfads durch einen lichten Akazienwald.

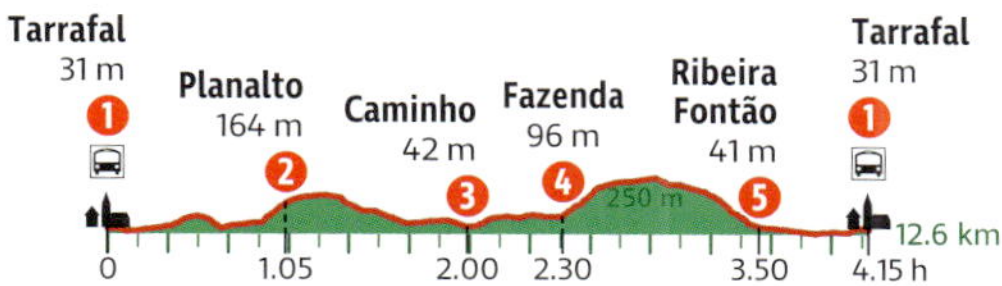

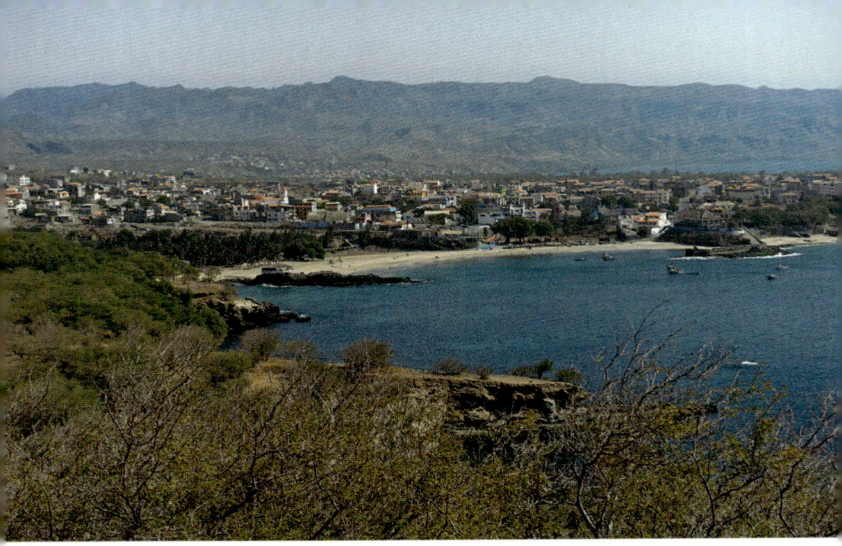

Schnell lassen wir die Stadt Tarrafal hinter uns.

Gelegentlich markieren Steinmännchen den Wegverlauf. Einen halb rechts abzweigenden Arm des Pfads ignorieren wir und gehen halb links. Der teilweise sehr geröllige Pfad führt durch das Halbrund einer weiten Bucht. Am Strand liegt ein mächtiger Fels. Immer wieder zweigen teilweise mit Steinen versperrte Pfade Richtung Meer ab, wir bleiben aber auf dem halb rechts weiterführenden Hauptweg. Es erfolgt ein steiler Aufstieg, bei dem auch die Hände zu Hilfe genommen werden müssen, bevor wir auf einem **Plateau** ❷ ankommen.

5 m hinter einem Steinhaufen auf einem Fels zweigen wir rechts auf einen schwach ausgetretenen Pfad ab (links geht es zum Farol da Ponta Preta, siehe Tour 25). Aufgrund der vielen Spuren von herumlaufendem Vieh ist kein eindeutiger Weg zu erkennen. Wir orientieren uns zunächst in Richtung einer Ruine. Dort, wo wir auf einen querenden Pfad stoßen, folgen wir diesem nach halb rechts. Er führt an einer kreisförmigen Trockensteinmauer vorbei. Nun – fast am Fuß des Berges Monte Graciosa angekommen – beginnt ein Pfad in nördliche Richtung. Für das nachfolgende Teilstück benötigt man Erfahrung und Kenntnisse bei der Orientierung im nahezu weglosen Gelände. Auf einen der vielen Wegspuren, die durch herumlaufende Weidetiere entstanden sind, orientieren wir uns zunächst Richtung Norden und gehen nicht zum Meer herunter. Ein großes Geröllfeld wird weiträumig umlaufen, und schlussendlich erreichen wir einen querenden **Schotterweg** ❸.

Rechts bergauf auf dieser Schotterpiste erreichen wir nach ca. 1,5 km das abgelegene Dorf **Fazenda** ❹. Hinter den ersten Häusern verlassen wir die Piste nach rechts, auf einem der vielen Pfade. Wir passieren zwei Wassertanks und gehen bergauf bis an das südliche Ende des Dorfes. Dort beginnt in südlicher Richtung ein Pfad, abermals vom Vieh nahezu zur Unkenntlichkeit zertrampelt. Sobald wir in den lichten Akazienwald treten, vereinen sich die Pfade zu einem Strang. Auf einer Hochebene angekommen marschieren wir in der eingeschlagenen Richtung, also Süden, weiter. Der Monte Graciosa befindet sich nun rechts von uns.
Der Pfad mündet in eine selten befahrene Piste und führt in Richtung einer Anhöhe. Nach ca. 250 m zweigen wir an der Gabelung halb rechts auf die breitere Spur ab. Auf der Anhöhe angekommen queren wir dann eine weitere Piste. Wo sich unser Weg in zwei Äste gabelt, steuern wir halb rechts auf einen Funkmast zu. Es folgt ein steiler Abstieg, bei dem auch die Hände zu Hilfe genommen werden. Der Funkmast befindet sich nun oberhalb von uns. Hinter mehreren Staumauern erreichen wir schließlich das **Ribeira Fontão** ❺. Im Slalom zwischen den Kleingärten hindurch treffen wir auf eine den Strand abgrenzende Mauer, vor der wir links aufsteigen. Zuletzt gehen wir auf dem bekannten Hinweg bis zum **Ausgangspunkt** ❶ zurück.

Während wir durch das Ribeira Fontão wandern, geht hinter dem Monte Graciosa die Sonne unter.

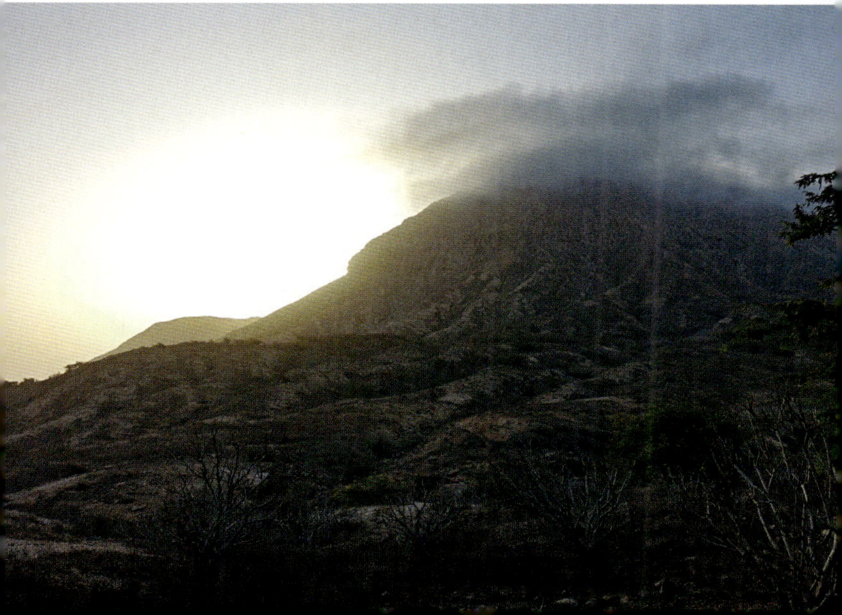

↗ 380 m | ↘ 380 m | 7.2 km

25 Farol da Ponta Preta

2.30 h

Leuchtfeuer am Ufer des Meeres

In gewisser Weise bergen Leuchttürme etwas Geheimnisvolles, denn bei ihrem Anblick breitet sich oft ein Gefühl aus: Da möchte ich hin, den möchte ich erkunden. Aus Gefühlen werden Taten, und wir lassen uns auf dieser Wanderung von dieser unbeschreiblichen Anziehungskraft leiten. Der Pfad zu unserem Ziel führt entlang der steil aufragenden Felswände des 645 m hohen Bergs Monte Graciosa durch eine faszinierende Küstenlandschaft. Oft sind Leuchttürme auch ästhetische Markenzeichen – der 1889 erbaute Farol da Ponta Preta eher nicht, er erfüllt nur seinen Zweck. Aber irgendwie war er doch besonders genug, denn 2004 wurde er auf einer Kapverdischen Briefmarke verewigt – so heißt es. An dieser Stelle allerdings auch eine Warnung: Öfters kam es auf dieser Strecke zu Übergriffen von Einheimischen. Daher wandern Sie hier nicht alleine!

Der Farol da Ponta Preta.

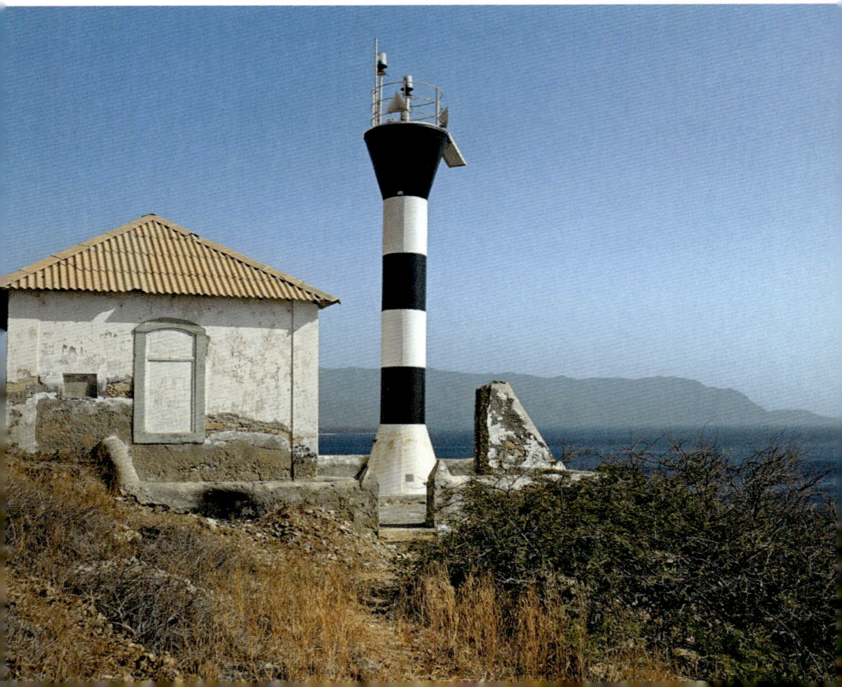

Ausgangspunkt: Tarrafal, 31 m (15. 278550 -23.751817); ca. 67 km entfernt von Praia. Anfahrt: Im äußersten Nordwesten von Santiago beginnt diese Tour am zentralen Park unterhalb der Kirche. Aluguer und Taxi: Fahren in alle Richtungen, Preise siehe Tour 24.
Anforderungen: Beim Aufstieg auf das Plateau müssen die Hände zu Hilfe genommen werden.
Einkehr: Keine.
Hinweis: Immer wieder hört man, dass es entlang der Strecke zu Übergriffen von Einheimischen kommt. Gehen Sie daher nie alleine und wenn möglich in einer größeren Gruppe!

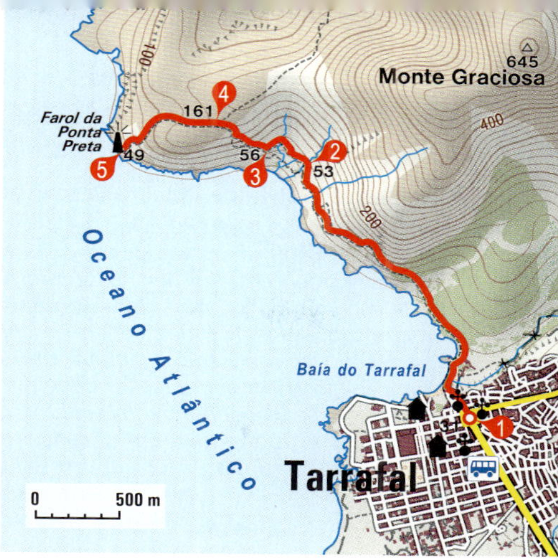

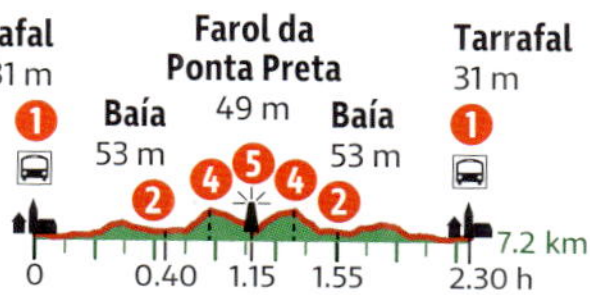

Der Verlauf dieser Wanderung ist bis zur Abzweigung zum Farol da Ponta Preta identisch mit Tour 24: Die Parkanlage in **Tarrafal** ❶ verlassen wir in nördlicher Richtung. Hinter einem Platz geht es herunter zum weißsandigen Praia do Tarrafal. Wo der durch ein Felsriff getrennte zweite Strandabschnitt beginnt, steuern wir landeinwärtsauf einen Baobabbaum zu. Dort steigen wir auf die Klippen und folgen dem Verlauf des Pfads durch einen lichten Akazienwald. Gelegentlich markieren Steinmännchen den Wegverlauf. Einen halb rechts abzweigenden Arm des Pfads ignorieren wir und gehen halb links. Der teilweise sehr geröllige Pfad führt durch das Halbrund der weiten **Baía do Tarrafal** ❷. Am Strand liegt ein mächtiger Fels. Immer wieder zweigen **Pfade** ❸ Richtung Meer ab, teils mit Steinen versperrt. Wir bleiben auf dem halb rechts weiterführenden Hauptweg. Es erfolgt ein steiler Aufstieg, bei dem wir auch die Hände zur Hilfe nehmen müssen. Wir kommen auf einem **Plateau** ❹ an und ignorieren hinter einem Fels mit aufgelegten Steinen den nach rechts abzweigenden Pfad (hier setzt sich Tour 24 fort). Es geht weiter über die Hochebene, nun kontinuierlich bergab. Sobald unterhalb auf einer Klippe der **Farol da Ponta Preta** ❺ zu sehen ist, geht es auf den Überresten eines mit Steinen verlegten Pfades in Kehren zum Leuchtturm hinunter. Auf dem Rückweg nehmen wir dieselbe Strecke wie auf dem Hinweg bis zum **Ausgangspunkt** ❶ zurück.

↗ 30 m | ↘ 30 m | 7.5 km

26 Tarrafal – Museu da Resistência

2.00 h

Wellenumtoste Strände, dunkle Geschichte, buntes Markttreiben

Ein Auf und Ab der Gefühle erwartet uns auf dieser Runde beim Städtchen Tarrafal. Nach einem wunderschönen weißsandigen Strand und herrlichen Panoramen entlang der Küste informieren wir uns in der Gedenkstätte (Museu da Resistência) eines Konzentrationslagers (Campo de Concentração) über einen unrühmlichen Abschnitt portugiesischer Geschichte. Die Folterung von Regimegegnern und antikolonialen Kämpfern war hier an der Tagesordnung. Erst im Zuge der Nelkenrevolution vom 1. Mai 1974 befreiten die Bewohner der Insel Santiago die letzten Gefangenen aus diesem Konzentrationslager. Entlang der Hauptstraße geht es dann auf einer Promenade zurück – für kapverdische Verhältnisse kann man hier bereits von Flanierqualität reden! Vorbei am örtlichen Fußballstadion erreicht man den geschäftigen Aluguer-Parkplatz und die dahinter gelegene Markthalle mit ihrem dem europäischen Betrachter fremdartig anmutenden Marktgeschehen.

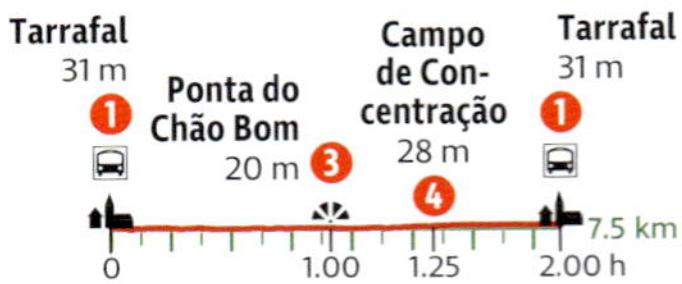

Die repräsentative Kirche Santo Amaro.

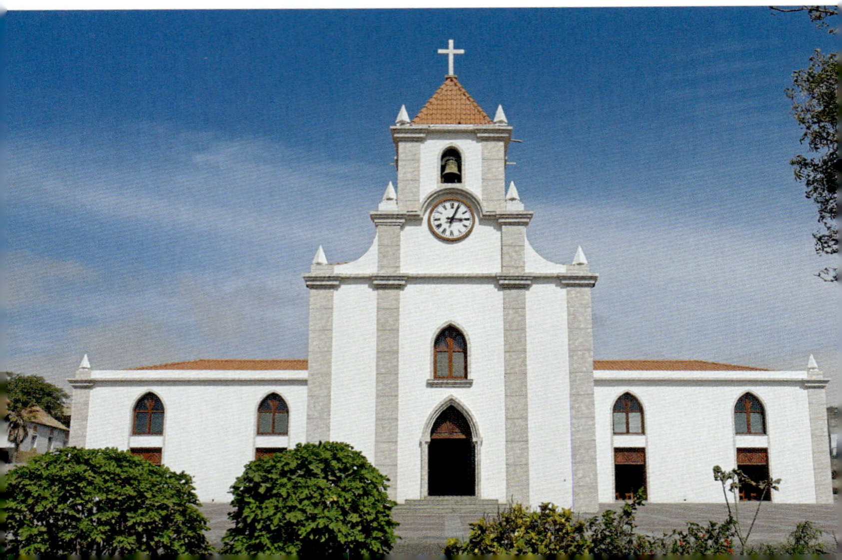

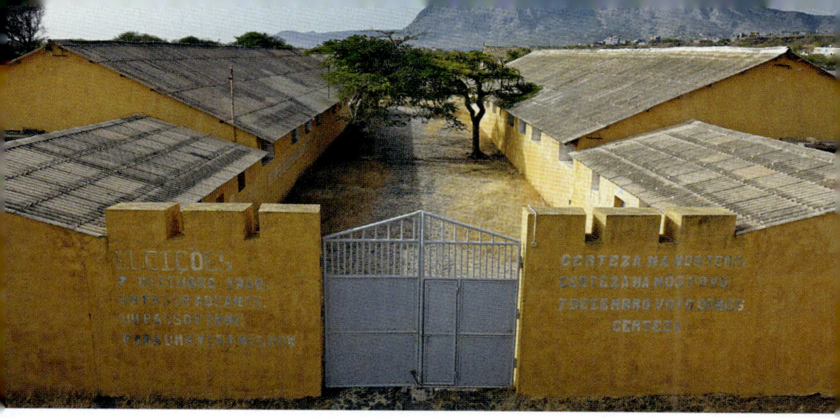

Das ehemalige Konzentrationslager ist heute eine Gedenkstätte.

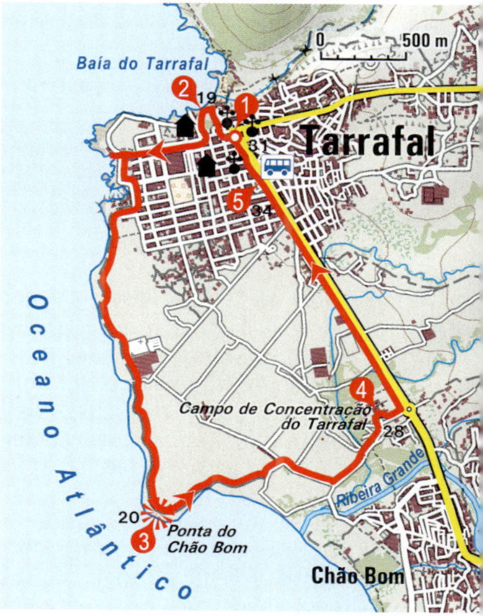

Ausgangspunkt: Tarrafal, 31 m (15. 278550 -23.751817); ca. 67 km entfernt von Praia. Anfahrt: Im äußersten Nordwesten von Santiago beginnt die Tour am zentralen Park unterhalb der Kirche. Aluguer: Fahren in alle Richtungen. Von Praia beträgt der Preis 1000 CVE. Taxi: Je nach Autotyp und Anzahl der Passagiere ca. 10.000 CVE.
Anforderungen: Einfacher Spaziergang.
Einkehr: Mehrere Restaurants in Tarrafal.
Tipp: Öffnungszeiten des Campo de Concentração do Tarrafal: Montag bis Sonntag 8.00–16.00 Uhr.

Direkt an der repräsentativen Kirche Igreja Santo Amaro liegt der **Praça Tarrafal** ❶. Am Rathaus vorbei verlassen wir die kleine Parkanlage in westliche Richtung.
Hinter der Western Union Bank biegen wir rechts in die Stichstraße, gehen über den großen Platz und die wenigen Meter zum wunderschönen Strand **Praia do Tarrafal** ❷ hinunter. An seinem westlichen Ende verlassen wir den Strand wieder und gehen bei der nächsten Möglichkeit rechts. Die breite Straße gabelt sich kurz vor dem Meer, halb rechts gelangen wir zu einer kleinen Strandbar und Tauchschule. Wir gehen halb links

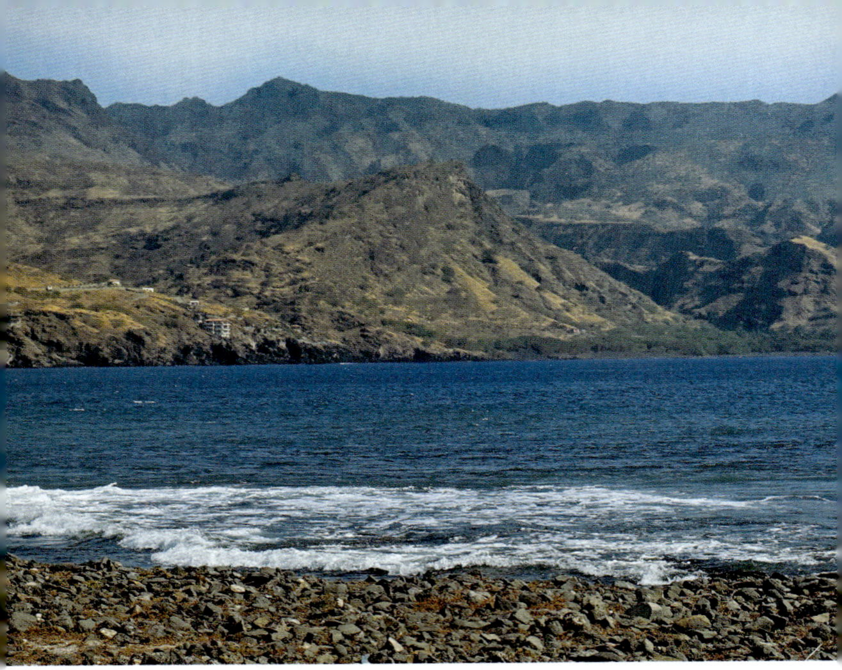

Von der Ponta do Chão Bom schaut man weit in das Hinterland von Santiago.

und nach ca. 350 m rechts an den Außenmauern des Hotels King Fisher Village vorbei und bis zum Meer vor.

Hinter dem letzten Haus des Ortes gehen wir in südliche Richtung. Die Küstenlinie bestimmt unsere Route. Am schönsten ist der Weg direkt am Strand über die plattgeschliffenen Steine. Auch führt im Landesinneren eine Piste parallel zur Küste. Leider wurde hier Schutt abgeladen und damit die Natur verschandelt! So ist in diesem Fall der steinige Weg direkt am Strand der schönere.

Kurz als Hintergrundinformation: Bausand ist auf den Kapverden ein teures Gut und wird in mühsamer Handarbeit vom Strand oder ausgetrockneten Flussläufen abgetragen. So ist der einstige Sandstrand entlang dieses Küstenstreifens zur Gänze verschwunden. Seit 2002 ist das Schürfen am Strand verboten, aber wer kontrolliert schon alle Strände der Insel ...

Am südlichsten Punkt unserer Runde kommen wir an der Landspitze **Ponta do Chão Bom** 3 an – mit einem wunderschönen Blick über das Meer und die dahinter liegende Bergwelt. Unser nächster Wegpunkt in östlicher Richtung sind die Ruinen eines gelben Gebäudes. Nach einem kurzen weglosen

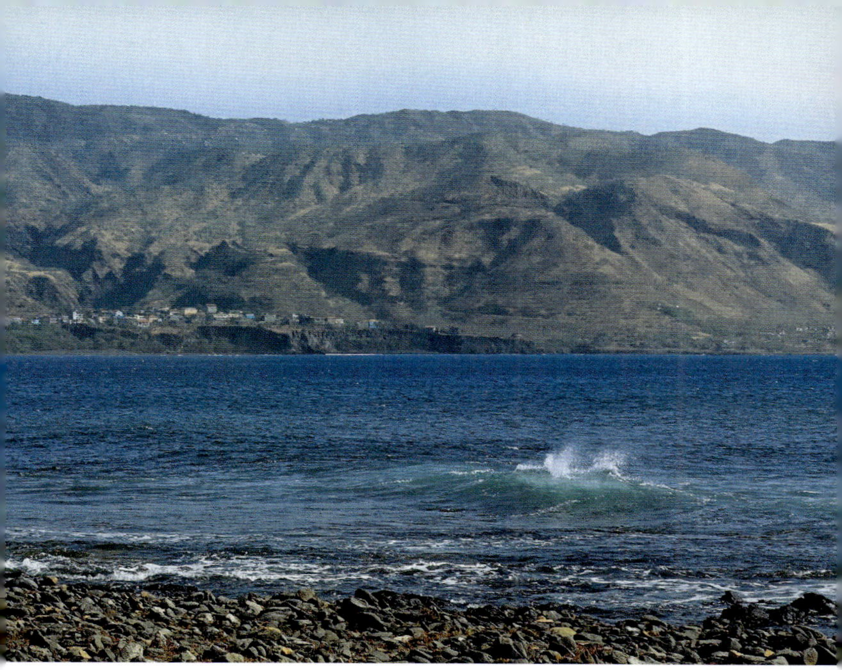

Abschnitt stoßen wir auf einen Pfad und gehen dann links an diesem gelben Gebäude vorbei. Nach einem großen Platz mit einer mächtigen Akazie gehen wir an der darauffolgenden gepflasterten Straße rechts. Hinter einem Gebäude mit schwarzen Türen zeigen wir links auf die Schotterpiste ab und folgen deren Verlauf bis zum **Campo de Concentração do Tarrafal** ❹. Das als Nationaldenkmal klassifizierte Konzentrationslager Tarrafal ist heute das Museu da Resistência. Es befindet sich in den ursprünglichen Räumen, in denen die politischen Gefangenen des portugiesischen faschistischen Regimes und die Gegner des Kolonialismus eingesperrt waren.
Nach dem Besuch gehen wir links bis zur Hauptstraße vor und auf der angelegten Promenade ca. 1,6 km in Richtung der Stadt Tarrafal. Dort befindet sich gegenüber der Tankstelle der **Aluguer-Parkplatz** ❺. Dahinter liegt die Markthalle, die man auf jeden Fall besuchen sollte. Ein wahrhaft buntes Angebot aus fangfrischem Fisch – groß, klein, dick, dünn, weißhäutig, bunt und silberglänzend – liegt neben einer üppigen Auswahl an Gemüse und Obst.
Wieder auf der Hauptstraße erreichen wir nach 300 m den Ausgangspunkt am **Praça Tarrafal** ❶.

↗ 100 m | ↘ 100 m | 3.7 km

27 Praia dos Sonhos

1.00 h

Schatzsuche: der schönste schwarze Sandstrand der Insel

Das ursprüngliche Ribeira da Prata wurde noch nicht vom Tourismus entdeckt. Bis jetzt gibt es nur die familiengeführte Pensão Dunas de Areia Preta, und das ist auch schön so. Das kleine Dorf hat einen ganz besonderen Schatz, den ca. 700 m breiten, feinen und schwarzen Sandstrand. Dieser liegt malerisch eingebettet zwischen Felsen mit einer faszinierenden Dünenlandschaft, die sich bis in den angrenzenden Palmen- und Akazienwald erstreckt. Treiben die stark wehenden Passatwinde mal wieder Sand über den Strand, kann man windgeschützt in der Nachbarbucht Praia Barca liegen. Man kann es vom Strand aus nicht ahnen, aber auf einer kleinen Exkursion erkunden wir dann eine spektakuläre Schlucht mit plattgeschliffenen Felsen, bevor es dann wieder zum Ausgangspunkt zurückgeht.

Ausgangspunkt: Pensão Dunas de Areia Preta, 38 m (15.228950 -23.746117) in Ribeira da Prata; ca. 8 km südlich von Tarrafal. Anfahrt: Von Tarrafal fährt man bis zum südlichen Ortsausgang von Ribeira da Prata. Aluguer: Von Tarrafal 100 CVE. Taxi: Je nach Autotyp und Anzahl der Passagiere ca. 1000 CVE.

Anforderungen: Überwiegend leichter Spaziergang. Lediglich der Weg zum benachbarten Strand Praia Barca und durch das Trockenbachbett erfordert Trittsicherheit auf felsigem Untergrund.
Einkehr: Am Ausgangspunkt Restaurant-Pension Pensão Dunas de Areia Preta.

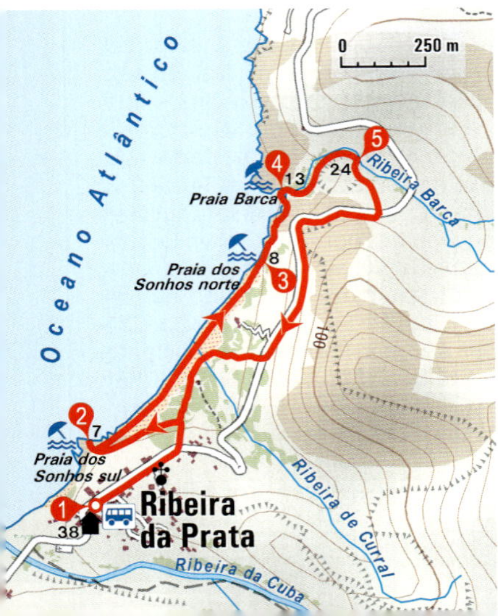

Von der Pension Dunas de Areia Preta gehen wir auf der gering befahrenen Dorfstraße von **Ribeira da Prata** ❶ ca. 280 m Richtung Tarrafal. Direkt vor der ersten Rechtskehre der Straße zweigen wir halb links auf den Pfad ab. Vor der Felsnase gehen wir ganz scharf rechts am Felsen entlang – leider auch durch Hausmüll – und dann ein kurzes Stück Richtung Meer.
Sobald man diese Felsnase umlaufen hat, geht es links auf einem der vielen Pfade weiter. Durch den lichten Akazienwald gelangen wir an den Strand und spazieren links bis zum **Praia dos Sonhos sul** ❷ vor. Die wunderschöne Bucht ist an ihrem südlichen und nördlichen Ende

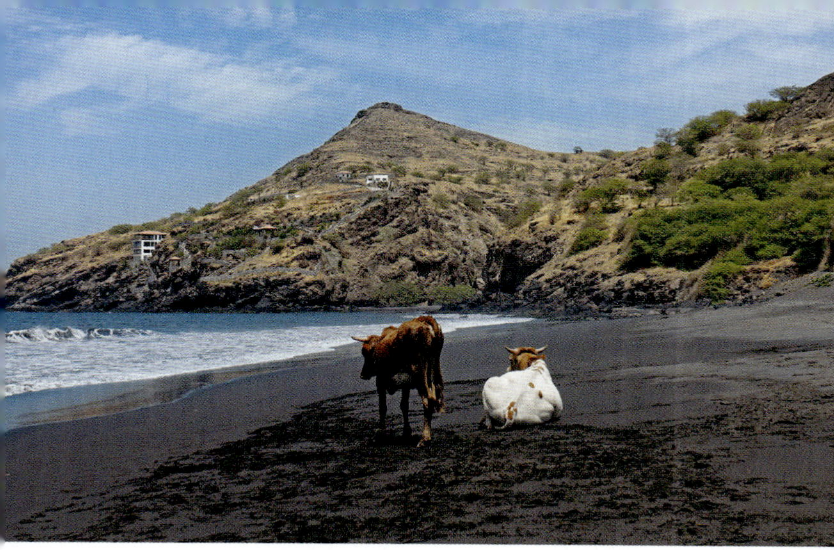

Kühe kühlen sich am Strand von Praia dos Sonhos norte ab.

von Felsen begrenzt. Schaut man über das Meer, so sieht man die Dachspitzen der Häuser von Tarrafal, dahinter erhebt sich der Monte Graciosa (siehe Tour 24). Es folgt ein wunderschöner Strandspaziergang bis zum **Praia dos Sonhos norte** ❸. Dort versperren Felsen das Weiterkommen zum benachbarten Strand. Wir klettern über die Felsen und erreichen die wunderschön gelegene und windgeschützte **Praia Barca** ❹.
Als Nächstes gehen wir landeinwärts unter den Akazien hindurch und gelangen in die kleine Schlucht, die in den Strandabschnitt mündet. Über die plattgeschliffenen Felsen des Bachlaufs steigen wir weglos auf. An einer Stelle müssen auch die Hände zur Hilfe genommen werden. Sobald wir die Straße sehen, verlassen wir das **Ribeira Barca** ❺ und wandern weglos die wenigen Meter bis zur Straße hinauf.
Auf der gepflasterten Straße gehen wir dann rechts Richtung Ribeira da Prata. Man kann nun auf der Straße bis zum Ausgangspunkt zurückgehen oder nach einem kurzen Stück auf der Straße direkt hinter einem rotbraunen Haus und einer kleinen Steinmauer den Pfad hinunter zum Strand nehmen.
Nach nur einigen Metern am Strand entlang folgen wir wieder landeinwärts dem Pfad Richtung Dorf. Wir gehen auf dem bekannten Hinweg zum **Ausgangspunkt** ❶ zurück.

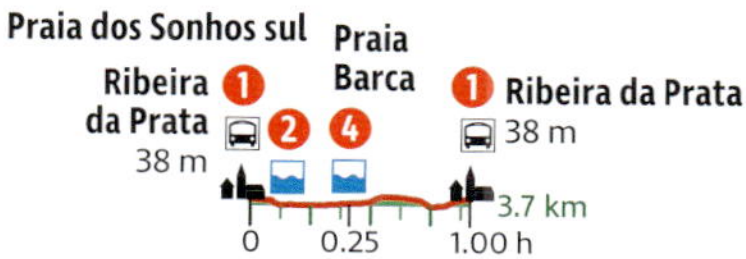

↗ 200 m | ↘ 200 m | 8.3 km

28 Ribeira da Prata

3.00 h

Aufbruch zu geologischen Besonderheiten

Durch eine Reihe von Vulkanausbrüchen entstand zunächst die Insel Santiago, die vollständig aus Vulkaniten aufgebaut ist. Im Laufe der Jahrmillionen erodierte das Regenwasser das weichere Auswurfmaterial und bildete die faszinierende Schlucht Ribeira da Prata, deren Felswände bis zu 200 Meter hoch aufragen. Und dann entdecken wir auf der Tour noch eine einzigartige Basaltformation: den Schlot eines erloschenen Vulkans. Die typische kantige Form des Säulenbasalts entsteht, wenn basaltische Lava langsam abkühlt und sich dabei zusammenzieht. Auch hier hat die Erosion das härtere Gestein freigelegt. Am Ende der Tour verengt sich die Schlucht auf 2 Meter und endet an einem 40 Meter hohen Wasserfall. Wer allerdings das charakteristische Rauschen eines Wasserfalls erwartet, wird enttäuscht, denn Wasser führt die Schlucht nur während und kurz nach der Regenzeit.

Ausgangspunkt: Pensão Dunas de Areia Preta, 38 m (15.228950 -23.746117), am südlichen Ortsausgang des Dorfes Ribeira da Prata; ca. 8 km südlich von Tarrafal. Anfahrt: Von Tarrafal fährt man in südliche Richtung bis zum Dorf. Aluguer: Von Tarrafal ca. 100 CVE. Taxi: Je nach Autotyp und Anzahl der Passagiere ca. 1000 CVE.
Anforderungen: Keine an Technik und Kondition, Orientierung auch ohne Karte relativ einfach.
Einkehr: Am Ausgangspunkt Restaurant-Pension Pensão Dunas de Areia Preta.

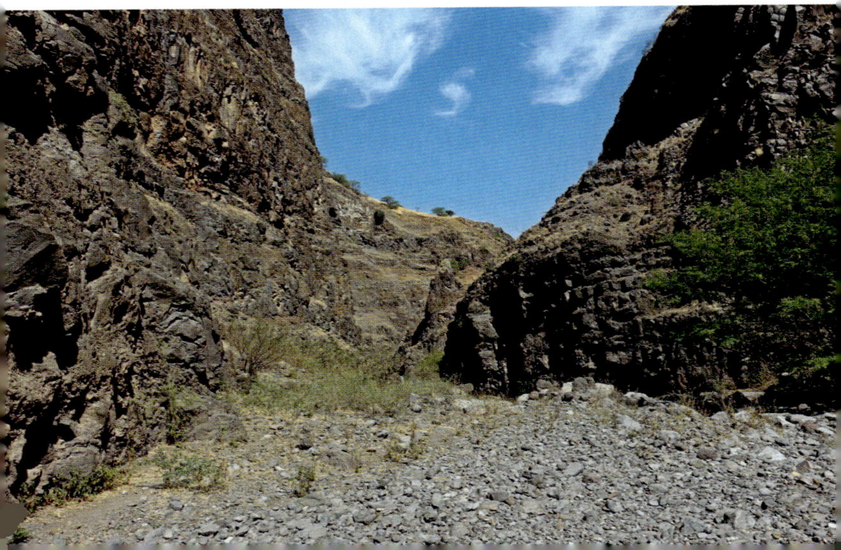

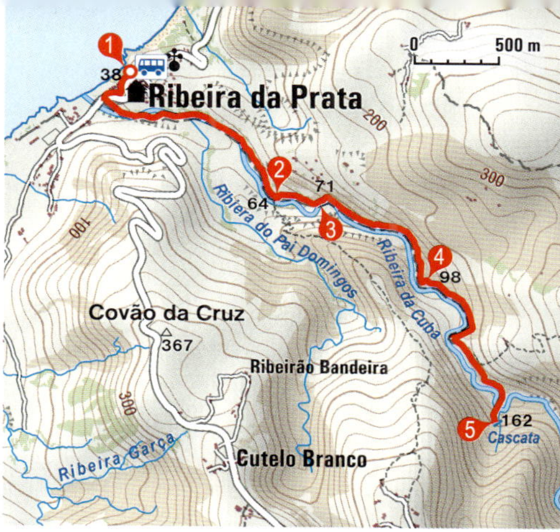

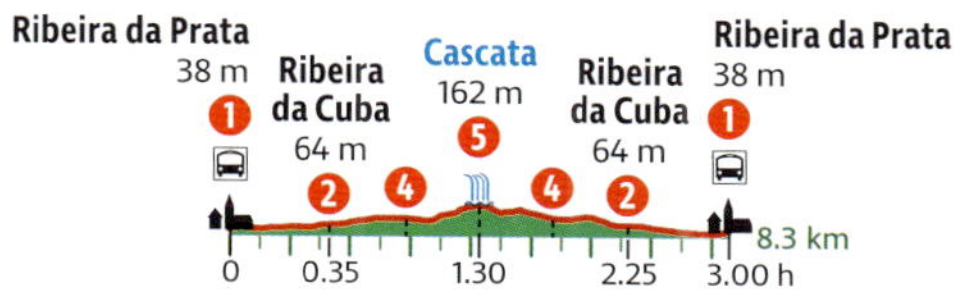

Von der Pensão Dunas de Areia Preta marschieren wir in südliche Richtung und lassen dabei die letzten Häuser des Dorfes **Ribeira da Prata** ❶ schnell hinter uns. Nach dem Fußballplatz und vor der Brücke zweigen wir nach halb links ab und folgen einer Schotterpiste durch die breite Schlucht.

Nach 1,5 km Gesamtstrecke sieht man halb rechts oberhalb einen Pfad (Tour 28), der in engen Kehren durch die Felswand bis in das **Ribeira da Cuba** ❷ hinunterführt. Wir setzen unseren Weg durch die Schlucht fort und gelangen bereits nach 260 m zu einer besonderen **geologischen Formation** ❸, dem Schlot eines erloschenen Vulkans. Würde man sich nicht bewusst umdrehen, so würde man glatt an dieser Sehenswürdigkeit vorbeigehen und sie erst auf dem Rückweg bemerken.

Vereinzelte Gesellschaften des Purgierstrauchs stehen unterhalb der schattenspendenden Felswände. In der Vergangenheit wurde die Purgiernuss – die immerhin einen Ölanteil von 30 % hat – gepresst, um mit dem gewonnenen Nussöl kleine Lampen zu betreiben. Aber Achtung: Die Pflanze enthält einen ätzenden Milchsaft, die Samen können Bewusstlosigkeit hervorrufen, zu Herzstillstand und damit sogar zum Tod führen. Die Wände der Schlucht werden zunehmend steiler, und die Piste ist nicht auszumachen – wir laufen nun direkt in dem steinigen Flussbett. Beeindruckende 2 m schmal ist dann die **engste Stelle** ❹ in der **Schlucht**.

Nach ca. 4,2 km Gesamtstrecke kommen wir an einer Gabelung an. Durch eine lange Linkskehre schlängelt sich das breite Flussbett weiter, halb rechts kann man noch weitere 200 m durch ein Bachbett gehen, bis man dann vor einem 40 m hohen **Wasserfall** ❺ steht.

Der Rückweg spiegelt unseren Hinweg, wir nehmen dieselbe Strecke bis zum **Ausgangspunkt** ❶.

An der engsten Stelle der Schlucht denkt man nicht, dass es ein Weiterkommen gibt.

↗ 60 m | ↘ 690 m | 8.5 km

2.30 h

29 Figueiras das Naus – Ribeira da Prata

Landschaften von unglaublicher Magie und Schönheit

Diese selten begangene und sehr naturnahe Wanderung liegt fernab touristischer Pfade. Hinter den letzten Häusern der Siedlung Figueiras das Naus wandern wir durch eine typisch afrikanische Dornenstrauchsavanne. Es erwartet uns ein einmaliges Farbenspiel mit der typischen braunen Graslandschaft (in den Sommermonaten) und in relativ regelmäßigen Abständen stehenden grünen Büschen und Akazien – besonders in der Abenddämmerung. Der Pfad oberhalb der Steilwand des Ribeira da Prata lässt einem den Atem stocken, denn beim Wandern hat man das Gefühl, dass der Weg aufgrund der Steilheit im Abgrund verschwindet. Nach dem Abstieg in die Schlucht erwartet uns ein gemütliches Auslaufen. Und wenn man seine Übernachtung in der Pensão Dunas de Areia Preta gebucht hat, definitiv auch ein köstliches Abendessen.

Gesehen bei Achada do Maio – noch Esel oder schon Strohballen?

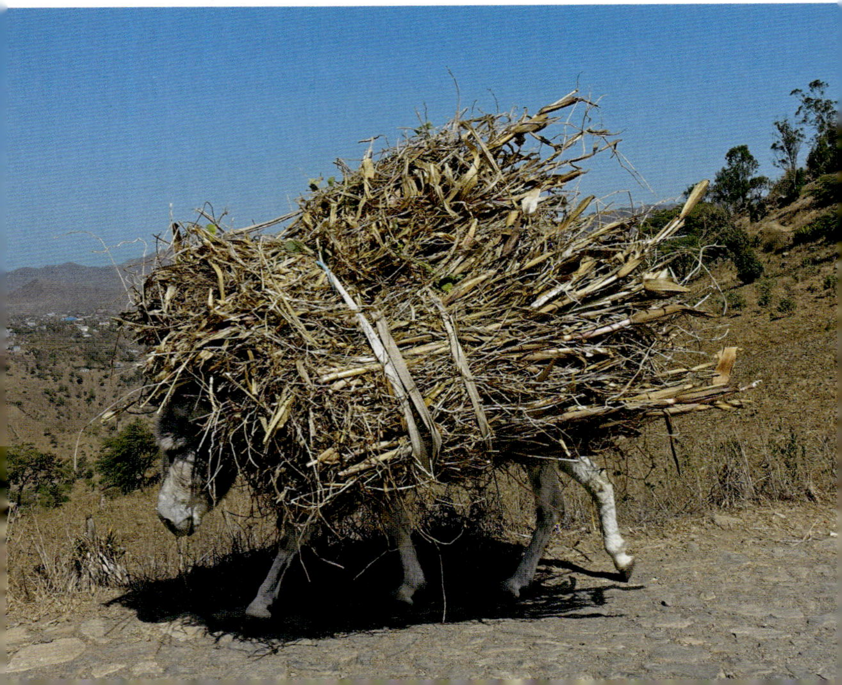

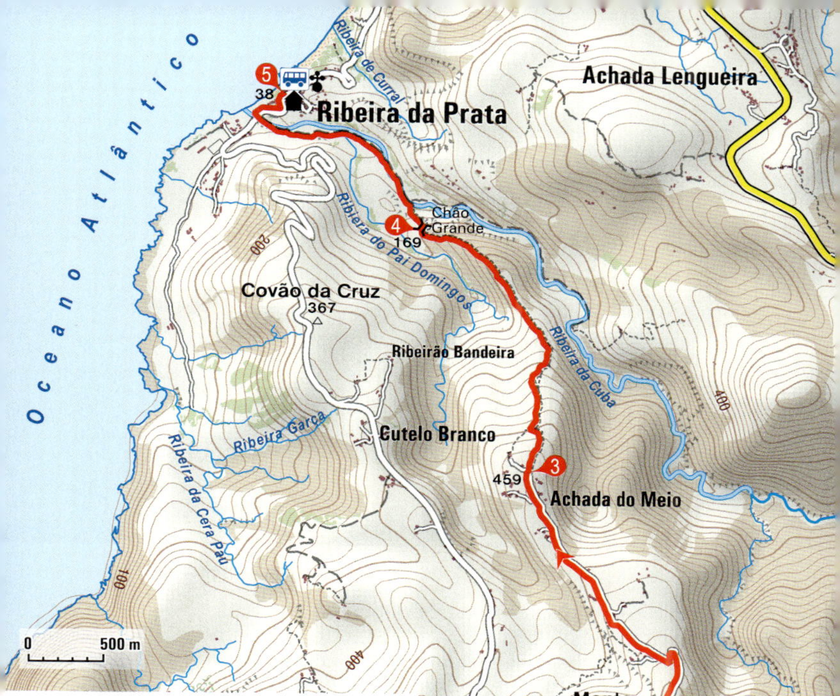

Ausgangspunkt: Am Friedhof von Figueiras das Naus, 671 m (15.182100 -23.730833); ca. 16 km nordwestlich von Assomada. Anfahrt: Von Assomada zunächst Richtung Tarrafal, aber dann halb links Richtung Figueiras das Naus. Aluguer: Fahren so gut wie gar nicht auf dieser Strecke. Taxi: Je nach Autotyp und Anzahl der Passagiere ca. 2000 CVE.
Endpunkt: Ribeira da Prata, 38 m (15.228950 -23.746117); ca. 8 km südlich von Tarrafal. Aluguer: Nach Tarrafal 100 CVE. Taxi: Je nach Autotyp und Anzahl der Passagiere ca. 1000 CVE.
Anforderungen: Technisch einfach, aber aufgrund vieler Weggabelungen ist die Orientierung erschwert – besonders nach der Regenzeit und dem Erwachen der Natur. Aufgrund der Steilheit ist auch etwas Schwindelfreiheit gefragt.
Einkehr: Am Endpunkt Restaurant-Pension Pensão Dunas de Areia Preta.
Variante: Kombination mit Tour 32; Gesamtlänge ca. 18,5 km, 780 Hm im Anstieg und 1010 Hm Abstieg.

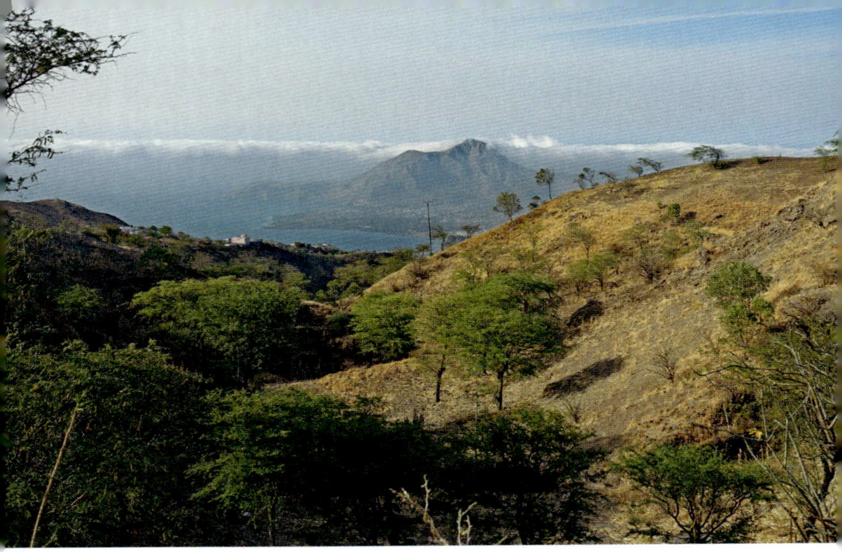

Von der bergab führenden Straße ergeben sich faszinierende Ausblicke.

Entlang der Friedhofsmauer im Dorf **Figueiras das Naus** ❶ verlassen wir die Hauptstraße und wandern auf der Schotterpiste in östliche Richtung. Hinter dem ersten Haus auf der linken Straßenseite zweigen wir halb links auf einen Pfad ab. Am linken Abzweiger – in Richtung eines Strommasts – gehen wir geradeaus weiter. Auf dem bergauf führenden Pfad passieren wir eine kleine Staumauer und lassen ein rosabraunes Haus links liegen.

Hinter diesem Haus gehen wir durch eine Senke und queren auf der Anhöhe eine **Straße** ❷. Zunächst führt die Piste auf ein weiteres Haus zu. Vor diesem Haus ignorieren wir den links abzweigenden Schotterweg und gehen geradeaus leicht bergab auf dem Schotterweg weiter, der nach 40 m eine Linkskurve macht.

Hinter einem Brunnen geht die Piste in eine gepflasterte Straße über. Rechts von uns erhebt sich malerisch der Gebirgszug Serra Malagueta. Bei einer Ruine – noch ist ein bisschen die einstige rosa Bemalung zu erkennen – ignorieren wir den linken Abzweiger. Während wir über die breite Hochfläche gemächlich absteigen, ignorieren wir weitere abgehende Wege. Vor den letzten Häusern der Siedlung **Achada do Maio** ❸ angekommen, zweigen wir halb rechts auf einen Pfad ab. Wir passieren ein Haus und eine Ruine.

Es folgt ein wunderschöner Wegabschnitt durch aufgegebene Terrassenfelder und meist braune Graslandschaft. Nach der Regenzeit ist der Pfad extrem schwer auszumachen. Wer sich seines Weges ganz sicher sein möchte,

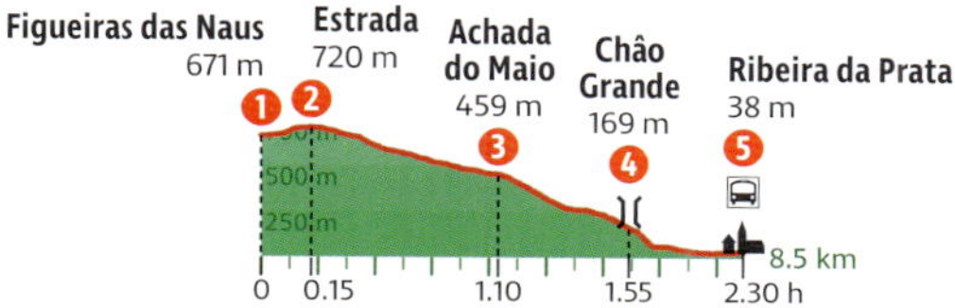

sollte hier den heruntergeladenen GPS-Track verwenden. Einigermaßen gut ist der Wegverlauf an den verbliebenen Trockensteinmauern zu erkennen, die den Pfad einst säumten. Alsbald gehen wir direkt am Rand der Schlucht entlang, wobei sich sich faszinierende Tiefblicke in das Ribeira da Prata ergeben. Der Bergrücken, auf dem wir wandern, wird zunehmend schmaler. Wir sehen nun links von uns eine weitere Schlucht. An der nachfolgenden Einsattelung **Châo Grande** ❹ steigen wir dann rechts in engen Kehren über einen alten Verbindungspfad ab.

Mal ins **Ribeira da Prata** abgestiegen, wandern wir weglos bis zur Mitte der Schlucht und folgen ab dort der Piste Richtung Nordwesten (links) bis zu einer aus Stein gemauerten Brücke. Dort verlassen wir den Bachlauf nach halb rechts, gehen auf der Straße am Fußballstadion vorbei und erreichen am Ortseingang auf der linken Straßenseite den Endpunkt der Wanderung, die **Pensão Dunas de Areia Preta** ❺.

Eine Brücke gleich vor dem Ortseingang von Ribeira da Prata.

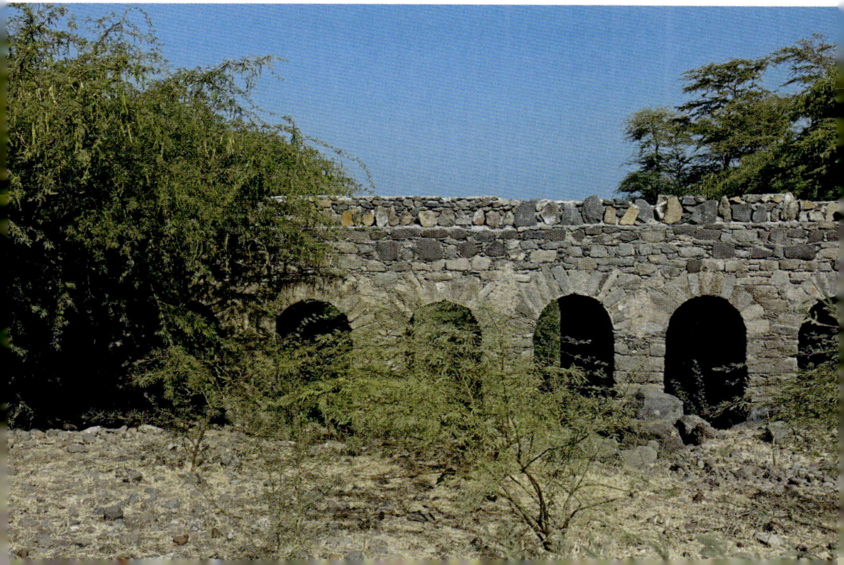

TOP

30 Monte Quebrada, 953 m

↗ 390 m | ↘ 570 m | 6.5 km

3.00 h

Vom »Tal der Ruinen« zu einem faszinierenden Aussichtsberg

Im Wanderparadies Serra Malagueta befinden sich die meisten Pfade östlich der Hauptstraße, die den Gebirgszug in eine östliche und westliche Region teilt. Die hier beschriebene Wanderung führt durch die westliche Seite und überquert die Gebirgskette von Nord nach Süd. Von einem Tal, das von auffällig vielen Ruinen geprägt ist, steigen wir auf den 953 m hohen Monte Quebrada. Von dort ergibt sich ein faszinierender 360°-Panoramablick über die reizvolle Landschaft, die sich in einzigartiger Pracht zu Füßen des Betrachters ausbreitet. Der Abstieg erfolgt über einen steilen Steig, den noch heute die Ziegenhirten nutzen, um das Vieh auf die fruchtbare Hochebene zu bringen.

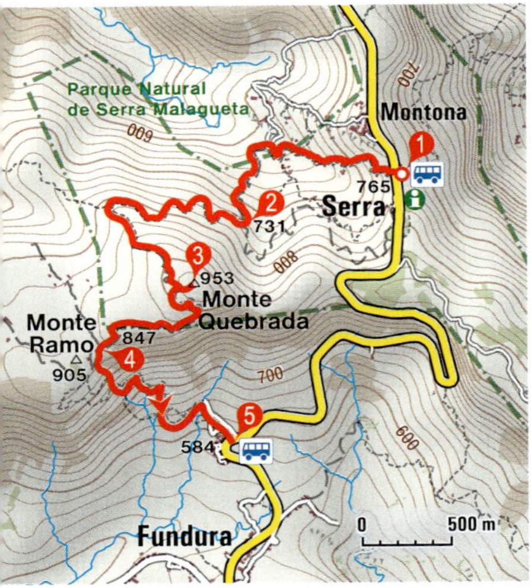

Ausgangspunkt: Serra, 765 m (15.185333 -23.689933); ca. 14 km nördlich von Assomada. Anfahrt: Man fährt auf der Verbindungsstraße nach Tarrafal bis zur Einsattelung des Gebirgsmassives Serra Malagueta. Bei einem hellblauen Gebäude beginnt der Wanderweg. Aluguer: Von Tarrafal ca. 100 CVE. Taxi: Von Tarrafal ca. 1000 CVE.
Endpunkt: An der Straße von Tarrafal nach Assomada, 584 m (15.171733 -23.698167); ca. 10 km nördlich von Assomada. Aluguer: Nach Tarrafal ca. 100 CVE. Taxi: Nach Tarrafal ca. 1000 CVE.
Anforderungen: Erschwerte Orientierung aufgrund der zahlreichen Weggabelungen auf dem ersten Teilstück. Während des Abstiegs müssen an einigen wenigen Stellen die Hände zur Hilfe genommen werden.
Einkehr: Keine.

Die Streusiedlung **Serra** ❶ verlassen wir in westliche Richtung. Dort führt direkt neben einem hellblauen Haus ein gepflasterter Pfad 25 m bergab. Wo er endet, halten wir uns rechts. Auf einem fast eben verlaufenden Pfad wandern wir zwischen den Häusern hindurch, um nach weiteren 25 m links bergab zu gehen, nun auf einem schmalen Pfad über den Bergrücken. Bei mehreren Kakteen gabelt sich der Weg in zwei Äste, wir gehen rechts über einen Felsen. Unterhalb sehen wir ein großes Haus mit einem Flachdach,

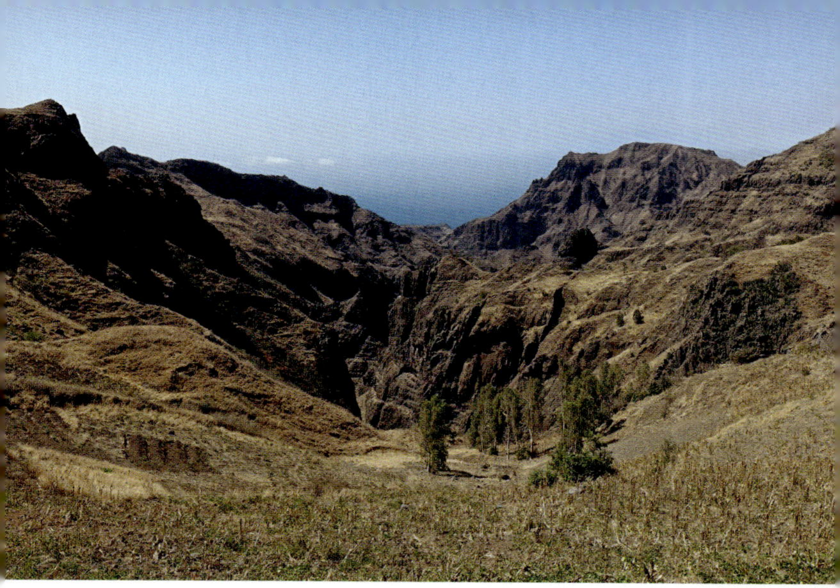

Von einer Wegkreuzung schaut man tief in das Ribeira da Cuba.

an dem wir im weiteren Verlauf rechts vorbeigehen. Mehrere Ruinen lassen wir links liegen. Wir passieren ein gelb angemaltes Haus; der Pfad ist nun gut zu erkennen, abschnittsweise ist er von Steinen gesäumt.
Vor weiteren Ruinen verzweigt sich der Pfad ein weiteres Mal, wir gehen links. In einem ausgetrockneten Bachbett gabelt sich der Weg abermals, wir folgen dem halb rechten Arm im Bachbett (nicht dem halb links bergauf führenden Pfad). 10 m vor Ruinen – aus denen mehrere Papayabäume wachsen – wandern wir auf dem scharf links abzweigenden Weg bis zu einer Wegkreuzung. Dort wählen wir den halb rechten Pfad durch eine Senke zu einem dachlosen Haus, in dem sich ein Gedenkstein befindet. Hier nimmt nun ein breiter, bergauf führender Weg seinen Anfang. Nach längerem Aufstieg – kurz hinter einem großen Felsen, hier befindet sich sogar mal eine weißgrüne Markierung – gehen wir an der **Wegkreuzung** ❷ rechts.
Ein wunderschöner Höhenweg schlängelt sich durch den westlichen Teil der Serra Malagueta. Von einem Aussichtspunkt bietet sich eine beeindruckende Fern-

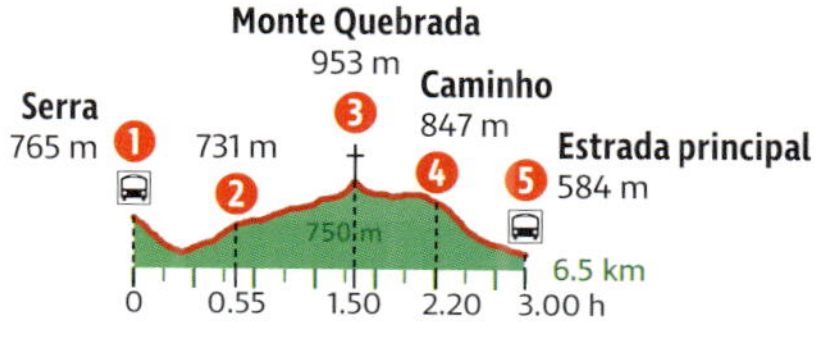

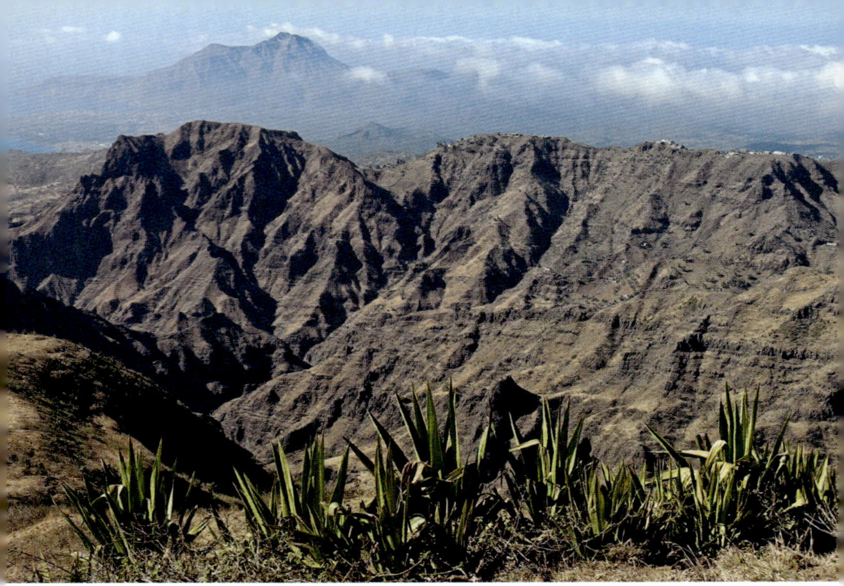

Blick vom Gipfel in das Ribeira da Cuba.

sicht über eine mächtige zerklüftete Schlucht bis zum Atlantischen Ozean. In nördliche Richtung vor dem Berg befindet sich Tarrafal.

100 m nach dem Aussichtspunkt wandern wir an der Gabelung der Piste halb links bergauf. Mit zunehmender Höhe erkennen wir dann auch die Stadt Assomada und dahinter liegend den Pico d'Antónia (siehe Tour 40). Sobald wir an einem einzeln stehenden Haus vorbeikommen, sehen wir vor uns den dritthöchsten Gipfel der Malagueta-Gebirgskette, den Monte Quebrada. Nach ca. 350 m führt dann links bergauf ein Pfad zum Gipfel des **Monte Quebrada 3**.

Nach dem kurzen Abstieg zurück zur Piste setzen wir den eingeschlagenen Weg auf der Piste nach links fort. Bald darauf folgen wir dem Verlauf eines querenden Pfads nach links. Es folgt der Abstieg über diesen schmalen und teilweise sehr steilen **Weg 4**. An der nächsten Wegkreuzung halten wir uns links. Während des Abstiegs kommen wir an einer geologisch interessanten Lavawand und einem freierodierten Vulkankegel vorbei. Diese befinden sich links oberhalb des Steigs.

Nachdem wir einen letzten Bergrücken umlaufen haben, gehen wir links an den Häusern vorbei und auf der nachfolgenden Piste bis zur **Hauptstraße 5**. Hier am Endpunkt suchen wir eine Mitfahrgelegenheit in einem der zahlreich vorbeifahrenden Aluguers.

↗ 140 m | ↘ 400 m | 7.6 km

2.30 h

Cascata de Água Caída I

31

Der einzige ganzjährig wasserführende Wasserfall auf Santiago

Ein Wasserfall übt eine besondere Faszination auf den Betrachter aus. Und wenn sich diese 20 m hohe Wassersäule in einer wüstenhaften Landschaft ins Tal ergießt, dann ist das schon ein besonderes Spektakel. Es sei aber angemerkt, dass er in den Sommermonaten zu einem Rinnsal austrocknet. Oft stürzt dann das Wasser nicht talwärts, sondern wirbelt aufwärts in den Himmel. Grund dafür ist der stark blasende Passatwind. Der Rückweg führt durch die Quellwasser-Oase mit intensiver Oasenwirtschaft innerhalb dieses Trockengebietes. Bedingt durch kürzere Regenperioden aufgrund des Klimawandels und die zunehmende Nachfrage nach Trinkwasser ist die Wasserversorgung der Oase allerdings stark bedroht; Wasser wird mehr und mehr zur Mangelware!

Ausgangspunkt: Ca. 14 km nordwestlich von Assomada, 269 m (15.137800 -23.737867). Anfahrt: Von der Straße nach Tarrafal ca. 5,6 km in Richtung Porto de Ribeira da Barca. Nach einer links abzweigenden Piste beginnt in der nachfolgenden Linkskurve die Wanderung. Aluguer: Von Assomada ca. 200 CVE. Taxi: Von Assomada ca. 2000 CVE.
Endpunkt: Porto de Ribeira da Barca, 5 m (15.137517 -23.759483); ca. 17 km nordwestlich von Assomada. Aluguer: Nach Assomada ca. 200 CVE. Taxi: Nach Tarrafal ca. 2000 CVE.
Anforderungen: Auf einem kurzen Teilstück sind Trittsicherheit und Schwindelfreiheit erforderlich, sonst elementarer Orientierungssinn.
Einkehr: Keine. Am Endpunkt in Porto de Ribeira da Barca ein Minimarkt.

Das Ribeira da Barca in seiner ganzen Länge.

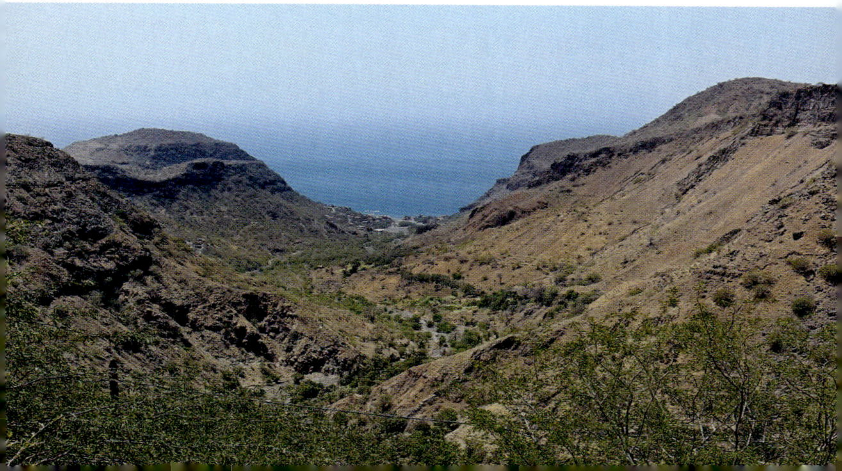

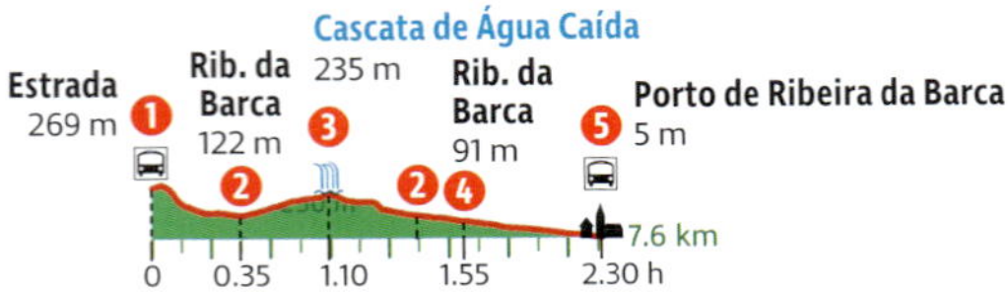

Die **Straße** ❶ verlassen wir nach rechts auf den beginnenden Pfad. Dieser durchläuft nach wenigen Metern eine scharfe Linksbiegung. Auf einem kleinen Plateau angekommen, ignorieren wir den halb rechts abzweigenden Arm und gehen geradeaus weiter. Hinter einem querenden Pfad erreichen wir dann den oberen Rand einer Schlucht. Von dort führt ein steiler Pfad quer durch die Felswand Richtung Tal. Für diesen Abstieg benötigt man Trittsicherheit und Schwindelfreiheit.

Nach dem steilsten Wegstück endet der Pfad, und wir gehen rechts auf den querenden Pfad weiter. Auf dem nächsten halb rechts abzweigenden Pfad gelangen wir zu einer Siedlung. In dem Wirrwarr zahlreicher Pfade orientieren wir uns am nordöstlichen Rand des Dorfes, queren die dahinter liegende kleine Schlucht und passieren einen Baobabbaum. Im breiten **Trockenflussbett** des **Ribeira da Barca** ❷ marschieren wir entlang der

Foto unten: Der einzige ganzjährig wasserführende Wasserfall der Insel Santiago, der Cascata de Água Caída. – Rechts: Das Ziel der Wanderung, Porto de Ribeira da Barca.

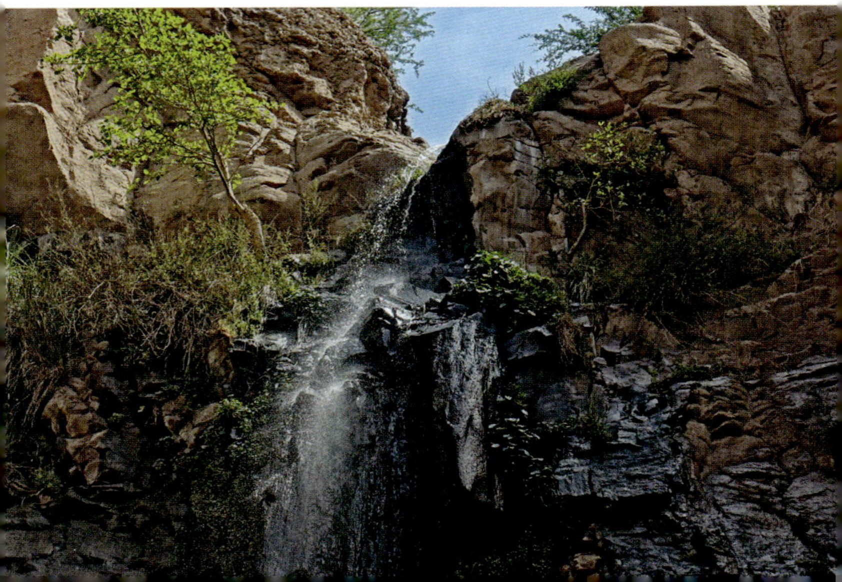

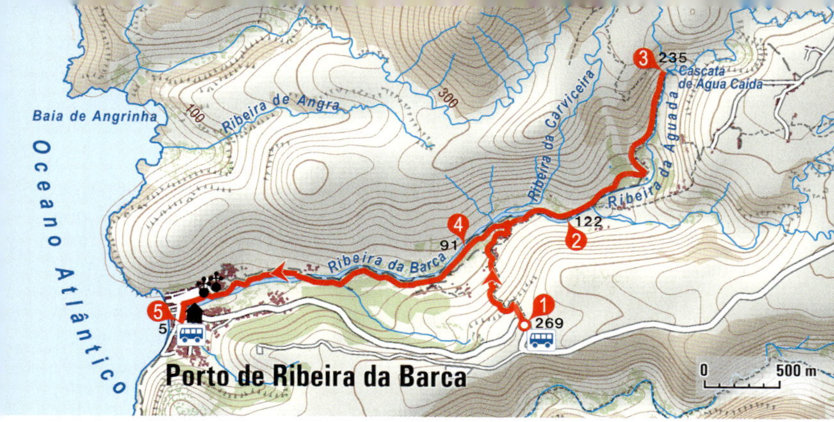

Fahrstraße bis an die Stelle, wo sich das Trockenflussbett in zwei Arme aufteilt.

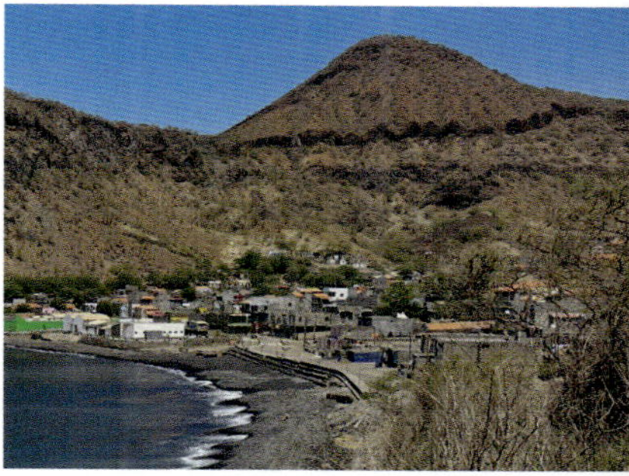

Von dort folgen wir dem Pfad, der zu einer oberirdisch verlegten Wasserleitung – portugiesisch *levada* – führt. Hinter einem schattenspendenden Akazienwald und einigen Palmen passieren wir ein Gatter aus Metall. Unzählige Pfade bilden ein wahres Labyrinth an Möglichkeiten. Somit ist die Wasserleitung vorerst unser Wegweiser. Wir gehen zwischen Häusern hindurch und weiter entlang der Levada. Hinter einer Staustufe laufen wir dann auf einem der vielen Pfade im Bachbett bis zum Ende der Schlucht mit dem Wasserfall **Cascata de Água Caída** ❸.

Dann geht es auf dem bekannten Hinweg bis zum **Trockenflussbett** ❷ zurück und von dort weiter Richtung Meer durch das **Ribeira da Barca** ❹. Wie auch schon bei anderen Tourenbeschreibungen gibt das Trockenbachbett die Route eindeutig vor, sodass der nachfolgende Wegabschnitt nicht weiter erklärungsbedürftig ist.

Wir passieren kleine Häuser, queren eine Piste und gehen, sobald wir auf Höhe des Fußballplatzes angekommen sind, halb rechts in Richtung der Häuser und der Piste weiter. An dem nachfolgenden großen Platz von **Porto de Ribeira da Barca** ❺ laufen wir ca. 150 m links. An der Kreuzung mit der Straße Richtung Assomada ist die Haltestelle der Aluguers, unser heutiger Endpunkt.

TOP

32 Ribeira da Barca – Figueiras das Naus

↗ 720 m | ↘ 320 m | 9.6 km

3.45 h

Ein faszinierendes Outdoor-Abenteuer

Diese Wanderung hat nur eine schwierige Passage, ist dafür konditionell sehr fordernd. Warum? Man wandert ausschließlich in der prallen Sonne durch eine oft absolut windstille Region. Bitte den Hinweis bezüglich Trinkwasser ernst nehmen! Wer mit der Hitze zurechtkommt, den wird die Landschaft mit ihrer kargen Schönheit in den Bann ziehen. Der absolute Höhepunkt ist die Schlucht des Ribeira do Prodoso. Dort hat man den Eindruck, in der Arena – hier der Talboden – eines riesigen römischen Amphitheaters zu stehen. Die Sitzreihen – hier die Felsstufen – steigen nach allen Seiten stufenförmig an. Von der Arena wandern wir in eine nur 5 Meter breite, 200 Meter lange und bis zu 50 Meter tiefe Schlucht. Unwirklich muten die Kühe an – hier die Statisten –, die sich oft in der Schlucht befinden. Über eine Hochebene mit rotbraunem Untergrund – bestanden mit nur wenigen grünen Akazien – geht es schließlich Richtung Endpunkt.

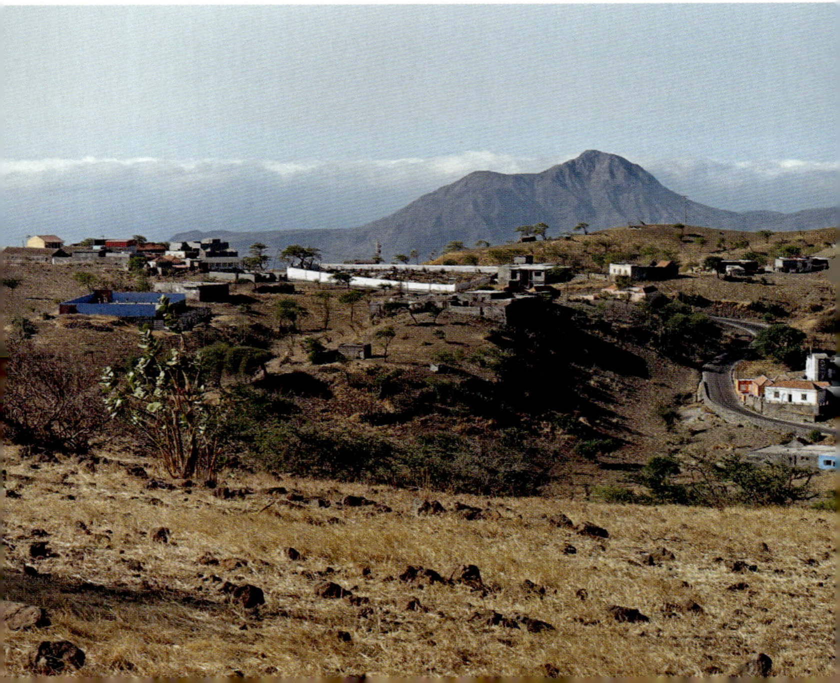

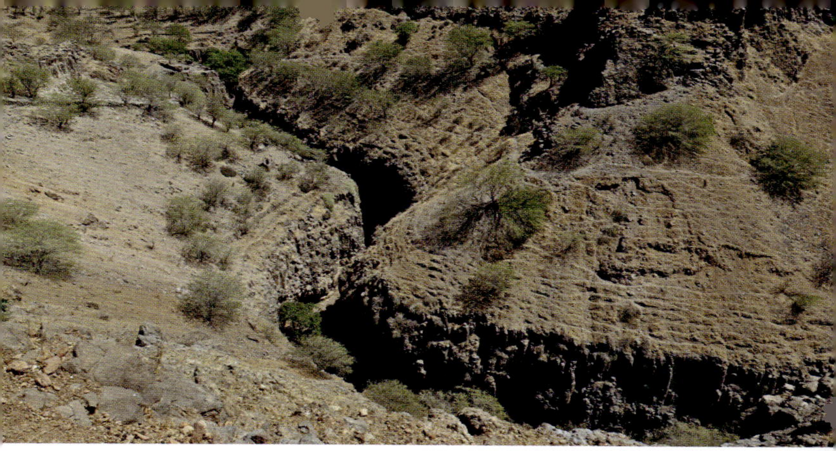

Foto oben: Die einmalige Schlucht des Ribeira do Prodoso.
Unten: Von der Anhöhe sieht man bereits das Dorf Figueiras das Naus.

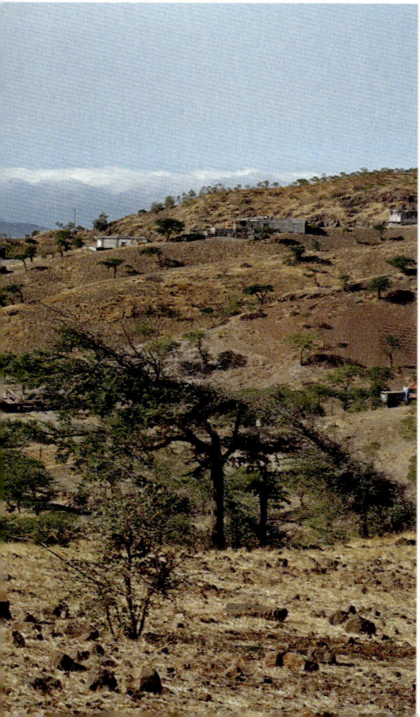

Ausgangspunkt: Ca. 14 km nordwestlich von Assomada, 269 m (15.137800 -23.737867). Anfahrt: Von der Straße nach Tarrafal ca. 5,6 km in Richtung Porto de Ribeira da Barca. Nach einer links abzweigenden Piste beginnt in der nachfolgenden Linkskurve die Wanderung. Aluguer: Von Assomada ca. 200 CVE. Taxi: Von Assomada ca. 2000 CVE.
Endpunkt: Figueiras das Naus, 671 m (15.177517 -23.726950); 15 km nordwestlich von Assomada. Aluguer: Fahren auf dieser Strecke sehr selten, vorsichtshalber sollte man sich ein Taxi bestellen; Preis nach Assomada ca. 200 CVE. Taxi: Nach Tarrafal ca. 2000 CVE.
Anforderungen: Auf einem kurzen Teilstück Trittsicherheit und Schwindelfreiheit erforderlich. Die Tour ist sehr windgeschützt und daher sehr heiß, sodass im Hochsommer Dehydration und Erschöpfung drohen; mind. 4 l Trinkwasser mitnehmen! Die Wegfindung ist schwer und muss teilweise intuitiv erfolgen.
Variante: Tour 29 und 32 kombinieren: Gesamtlänge ca. 18,5 km, 780 Hm im Anstieg und 1010 Hm Abstieg.
Einkehr: Keine.

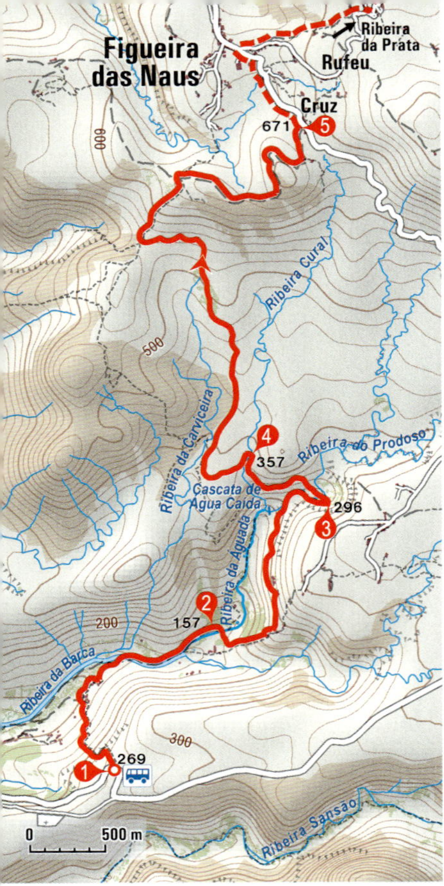

Wie bei Tour 31 verlassen wir die **Straße** ❶ auf dem nach rechts abzweigenden Pfad. Nach wenigen Metern macht dieser eine scharfe Linksbiegung. Auf einem kleinen Plateau angekommen ignorieren wir den halb rechts abzweigenden Arm und gehen geradeaus weiter. Hinter einem querenden Pfad erreichen wir dann den steil abfallenden Hang einer Schlucht. Von dort führt ein steiler, gerölliger Pfad quer durch die Felswand ins Tal. Für diesen Abstieg benötigt man Trittsicherheit und Schwindelfreiheit.

Nach dem steilsten Wegstück endet der Pfad, und wir gehen rechts auf dem querenden Pfad weiter. Auf dem nächsten halb rechts abzweigenden Pfad gelangen wir zu einer Siedlung mit nur wenigen Häusern. In dem Wirrwarr von Pfaden orientieren wir uns in Richtung des nördlichen Endes des Dorfes, queren die dahinter liegende kleine Schlucht und passieren einen Baobabbaum. Im breiten Trockenflussbett marschieren wir entlang der Fahrstraße bis an die Stelle, wo sich das Flussbett in zwei Arme aufteilt. Nach ca. 250 m sehen wir halb links, etwas erhöht, eine Wasserleitung.

Wir gehen aber rechts, queren das **Ribeira da Barca** ❷ und beginnen mit dem Aufstieg auf einem Pfad, der hier seinen Anfang nimmt. Über einen Bergrücken steigen wir zu einigen Häusern auf. Hier befinden sich ein Baobabbaum auf der linken und ein Funkmast auf der rechten Seite. Vor einem aus Stroh geflochtenen Ziegenstall halten wir uns an der Weggabelung halb links leicht bergab (nicht halb rechts in Richtung einer lang gezogenen Felswand). Auf einem der vielen Ziegenpfade passieren wir weitere Häuser. Hinter ein paar Ruinen führt der Weg dann direkt unterhalb der lang gezogenen Felswand entlang und im Weiteren in einem großen

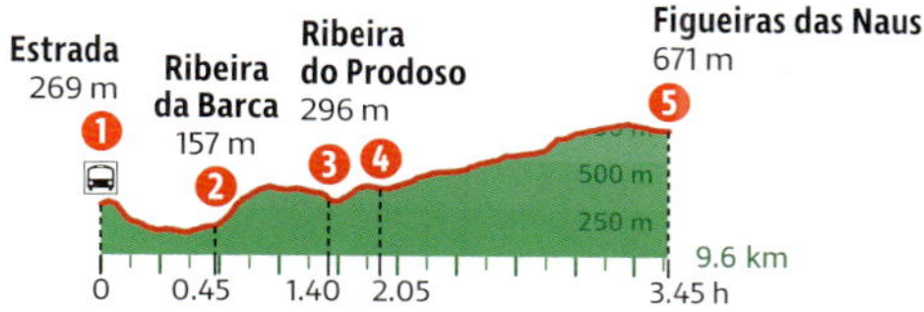

Rechtsbogen um diese herum. Ein Felsabgang hatte hier vor der Recherche für diesen Wanderführer ein Wegstück unkenntlich gemacht, das aber leicht umgangen werden kann. Von rechts mündet dann der Pfad von Tour 33 in den unsrigen, und wir erreichen das Trockenbachbett des **Ribeira do Prodoso** **3**.

Der Pfad durchläuft eine 180°-Kehre und gewinnt auf dem gegenüberliegenden Hang der Schlucht wieder an Höhe. Bei der nachfolgenden Hochebene mit rotbraunem Untergrund, einer **Schlüsselstelle** **4** dieser Tour – denn der Pfad ist nur schwach kenntlich – gehen wir halb links. Bei der Querung der nachfolgenden Schlucht ist dann die Trittspur wieder eindeutig. In einem lichten Akazienwald endet dann die Trittspur, hier gehen wir rechts auf dem querenden Pfad weiter. Auf dem nun vor uns liegenden Bergrücken wandern wir ca. 1,8 km leicht bergauf. An heißen Tagen ist die Hitze auf diesem Wegstück unerträglich!

Wo das Gelände steiler und unpassierbar wird, quert der weiterführende Pfad nach links den Berghang bis zu einer Einsattelung. Von dort kann man Richtung Westen das Meer ausmachen. Hier gehen wir nicht geradeaus auf dem schmalen Pfad weiter, sondern steigen rechts über den Bergrücken auf. Kurz hinter einer Trockensteinmauer endet dann der Pfad an einer Piste.

Deren Verlauf folgen wir nach rechts bis zum Endpunkt der Tour an der Verbindungsstraße von Assomada über **Figueiras das Naus** **5** nach Ribeira da Prata.

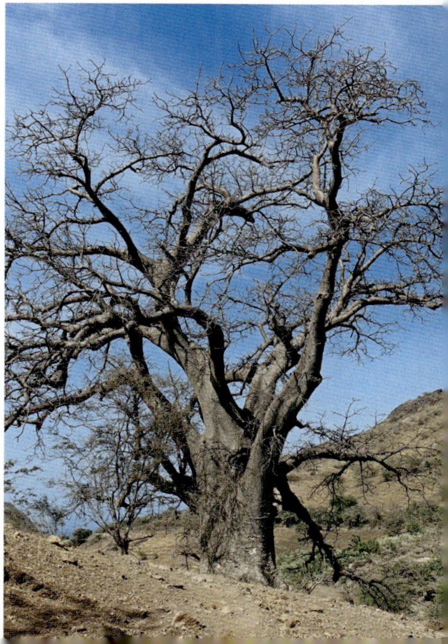

Im Ribeira da Barca marschieren wir an einen riesigen Baobabbaum vorbei.

↗ 220 m | ↘ 220 m | 2.7 km

1.15 h

33 Cascata de Água Caída II

Ein faszinierendes Wasserspiel

An den Bergspitzen des Gebirgsmassivs Serra Malagueta bleiben die Passatwolken hängen, und durch Nebelkondensation wird Feuchtigkeit an die Umgebung abgegeben. Dieses Nass und das wenige Regenwasser versickern im Erdreich. Eine wasserundurchlässige Erdschicht sorgt dafür, dass das Wasser in einer sogenannten wasserführenden Schicht unterirdisch weiterfließt. Kurz vor dem Wasserfall Cascata de Água Caída tritt es wie von Geisterhand gesteuert wieder zutage. Je nach Regen- oder Trockenzeit fließt mehr oder weniger Wasser im Bachlauf und tritt früher oder später aus dem Erdreich. Bei der Wanderung durch die nur 5 m breite, 200 m lange und bis zu 50 m tiefe Schlucht können wir genau dieses Naturphänomen beobachten.

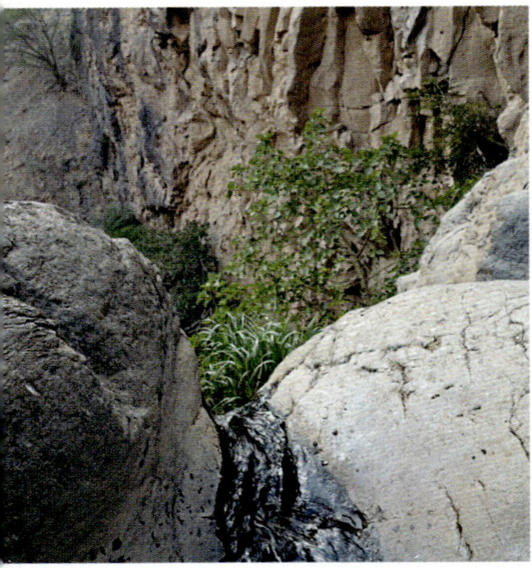

Das obere Ende des 20 Meter hohen Wasserfalls Cascata de Água Caída.

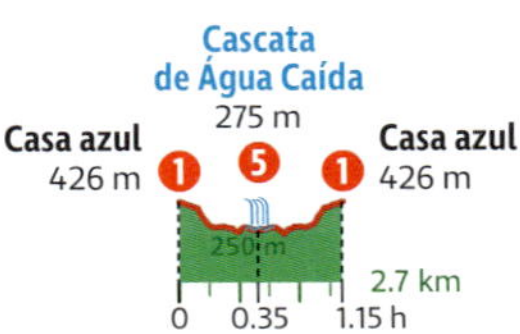

Ausgangspunkt: Ca. 13 km nordwestlich von Assomada bei einer blau angemalten Hütte, 426 m (15.151800 -23.725150). Anfahrt: Zunächst fährt man auf der Straße nach Tarrafal, dann bei der Straßengabelung halb links Richtung Figueiras das Naus. Nach 2,1 km, in der Rechtskurve vor einer Schlucht, folgt man der links abzweigenden Stichstraße. Man ignoriert alle Abzweiger und parkt bei der Hütte links von der Straße. Aluguer: Fahren auf dieser Strecke so gut wie gar nicht. Taxi: Einfache Fahrt von Assomada ca. 1000 CVE. Am besten man vereinbart gleich die Rückfahrt.
Anforderungen: Für ein kurzes Teilstück Trittsicherheit und Schwindelfreiheit nötig, ebenso die Zuhilfenahme der Hände.
Einkehr: Keine.
Hinweis: Bei zu erwartenden starken Niederschlägen sollte man nicht in die Schlucht hinabsteigen, es besteht Lebensgefahr aufgrund von Flutwellen!

Bei der **blau angemalten Hütte** ❶ *(casa azul)* verlassen wir die Straße in nordwestlicher Richtung. Auf dem leicht ausgetretenen Pfad passieren wir einen Baobabbaum, gehen über einen Bergrücken bis zu einer Ruine und stehen nun direkt am oberen

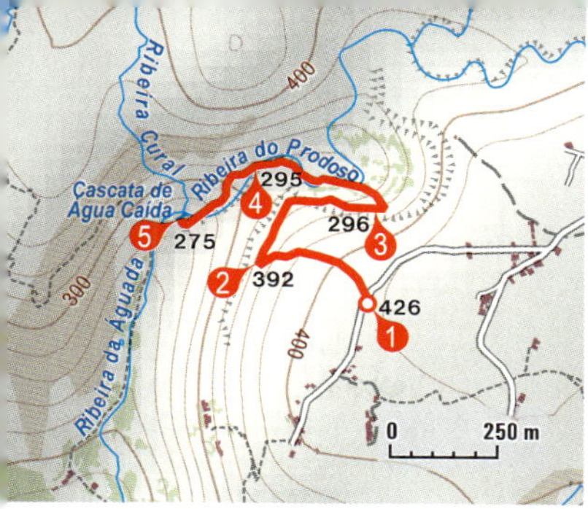

Rand einer spektakulären Schlucht. Nach wenigen Metern **Abstieg** ❷ folgen wir dem querenden Pfad nach rechts, tiefer in die Schlucht hinab. Im felsigen Gelände folgt ein ausgesetzter Wegabschnitt. Trittsicherheit und Schwindelfreiheit sind hier notwendig, auch müssen die Hände zu Hilfe genommen werden. Von links mündet der Pfad von Tour 32 in den unsrigen. Wir erreichen das meist trockene Bachbett des **Ribeira do Prodoso** ❸. Links von uns tut sich eine fantastische Schlucht auf, in die wir nun hinuntersteigen. Der weitere Weg ist automatisch durch die rechts und links hoch aufragenden Felswände vorgegeben. Je nach Jahreszeit ist der **Bachlauf** ❹ eher ein Rinnsal, kann aber bei kräftigem Niederschlag zu einer mächtigen Flutwelle werden!

Am Ende der Schlucht stehen wir dann oberhalb des einzigen Wasserfalls der Insel Santiago, des **Cascata de Água Caída** ❺. Wir gehen auf dem bekannten Hinweg bis zum **Ausgangspunkt** ❶ zurück.

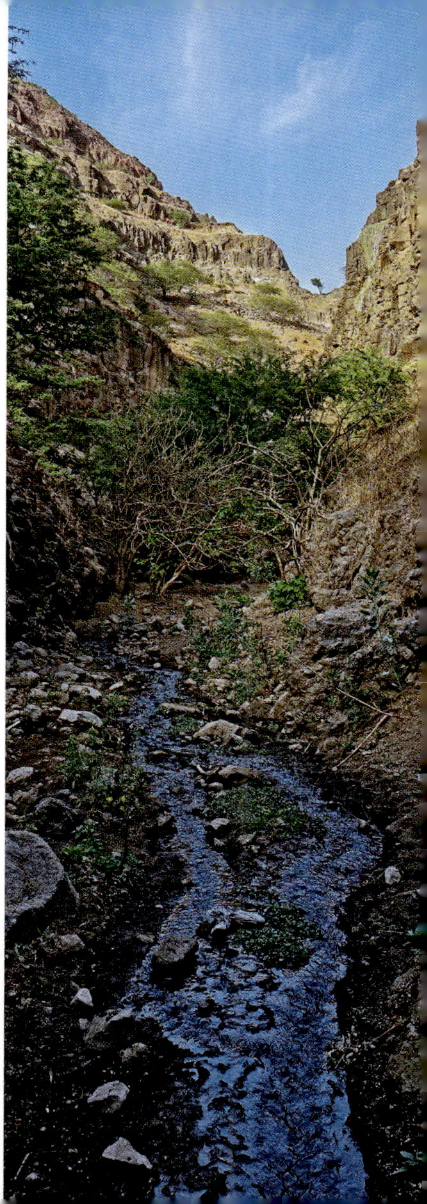

So langsam tritt das Grundwasser zutage und bildet einen Bachlauf.

↗ 120 m | ↘ 120 m | 1.6 km

34 Monte Jagau, 695 m

0.45 h

Erlebnisreiche Szenerie zwischen den Bergen

Diese kurze Wanderung verläuft auf dem Hochplateau zwischen den beiden landschaftsprägenden Gebirgsmassiven der Insel Santiago. Um die Aussicht so richtig genießen zu können, steigen wir auf einen erloschenen Vulkan. Richtung Norden erhebt sich die bis zu 1069 m hohe Gebirgskette Serra Malagueta; auf der entgegengesetzten Achse schaut man über die Stadt Assomada bis zum 1394 m hohen, steil aufragenden und markanten Gipfel des Pico d'Antónia. Zur blauen Stunde erwartet den Betrachter ein faszinierendes Farbenspiel in der rotbraunen, wüstenhaften Landschaft.

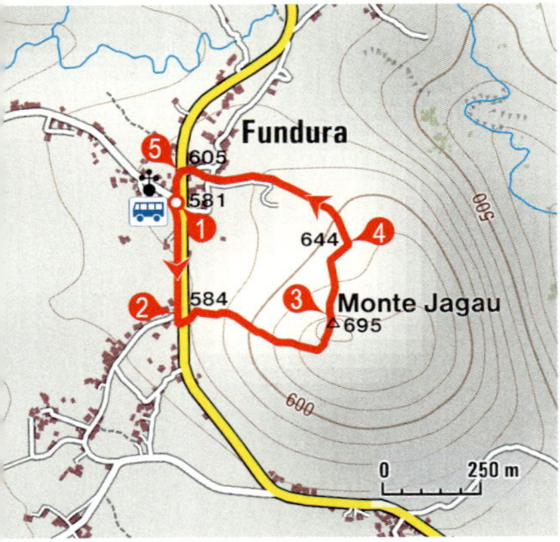

Ausgangspunkt: Fundura, 581 m (15. 163583 -23.698600); ca. 9 km nördlich von Assomada. Anfahrt: Auf der Verbindungsstraße Richtung Tarrafal fährt man bis zum Dorf Fundura, wo man das Auto parkt. Die Wanderung beginnt an der Straßengabelung, wo es links nach Figueiras das Naus und rechts nach Tarrafal geht. Aluguer: Sehr befahrene Strecke, ca. 100 CVE. Taxi: Ca. 1000 CVE.
Anforderungen: Einfache Wanderung.
Einkehr: Keine.

Zunächst einmal marschieren wir von der Streusiedlung **Fundura** ❶ auf der Hauptstraße Richtung Assomada. Nach 300 m Gesamtstrecke mündet von rechts eine kleine **Stra-**

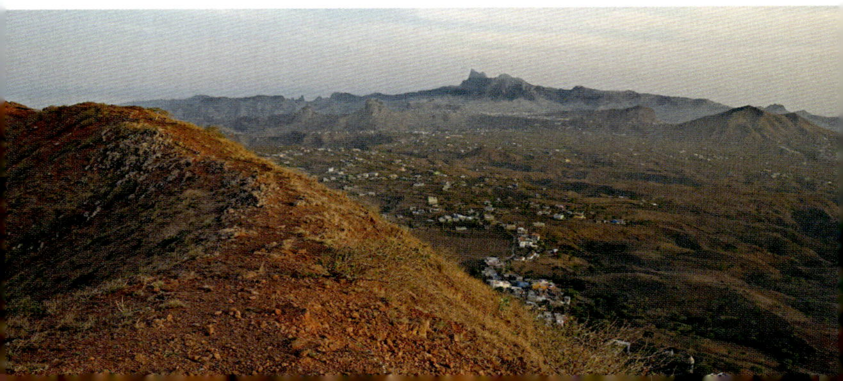

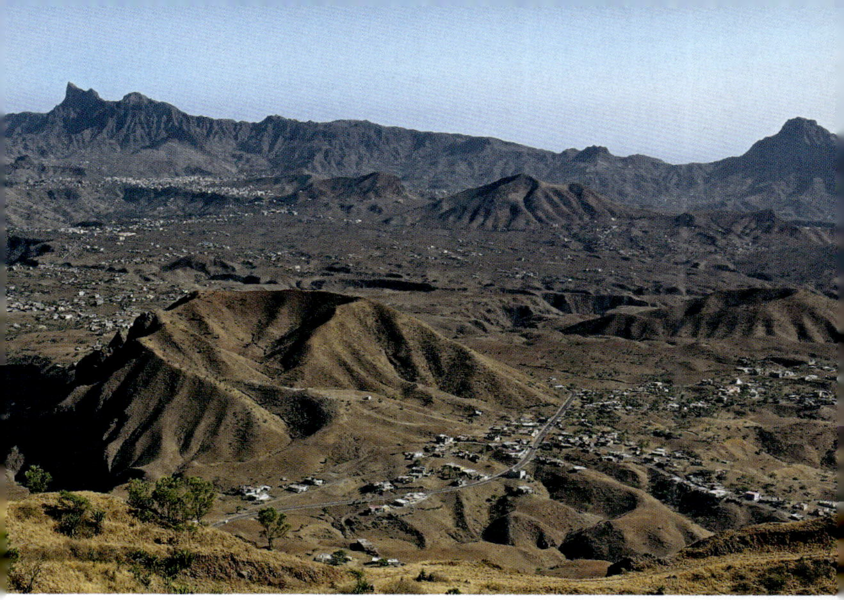

Foto oben: Start und Ziel ist die Ortschaft Fundura. – Unten: Vom Gipfel hat man eine gigantische Fernsicht bis zum markanten Zacken des Pico d'Antónia (links).

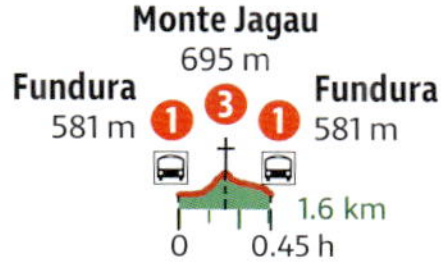

ße ❷ in die Hauptstraße. An dieser Stelle überqueren wir die Straße nach links und beginnen mit dem Aufstieg auf einem nur schwach kenntlichen Pfad.

Auf dem schmalen Bergrücken führt dann aber eine Trittspur bis zu einer Pfadgabelung im Gipfelbereich. Von hier aus könnte man geradeaus den östlichen Vulkankrater besteigen, wir gehen aber links auf den westlichen Vulkankrater. Nach wenigen Metern erreichen wir den höchsten Punkt des **Monte Jagau** ❸.

Für den Abstieg gehen wir in der bisher eingeschlagenen Richtung weiter. Da der Pfad durch die Gräser kaum zu erkennen ist, orientieren wir uns bis zum Talgrund am Bergrücken. Dort wandern wir in einem schmalen **Ribeira** ❹ weiter talwärts, bis wir halb rechts und leicht bergauf über einen Pfad bis zu einem Wasserreservoir aufsteigen. Im Weiteren lassen wir dieses Wasserreservoir dann links liegen. Wir erreichen die ersten Häuser des Dorfes **Fundura** und gehen auf der Piste bis zur **Straße** ❺ vor. Von dort sind es nur mehr ca. 60 m bis zum **Ausgangspunkt** ❶.

↗ 100 m | ↘ 610 m | 12.7 km

35 Chóróró de Santa Ana – Ribeira do Tabugal – Porto de Ribeira da Barca

4.15 h

Versteckt, ursprünglich und ruhig

Vom Dorf Chóróró de Santa Ana führt die Streckenwanderung durch eine der fruchtbarsten und grünsten Adern der Insel bis zum Atlantischen Ozean. Ein erster Höhepunkt ist der zwischen hoch aufragenden Felswänden gelegene Staudamm Saquinho. Danach geht es dann entlang eines wasserführenden Bachbetts durch Bananen- und Zuckerrohrplantagen, vorbei an mächtigen Palmen, Papaya- und Mangobäumen. Auch passieren wir zwei Grogue-Brennereien, bei der man in den Monaten April bis Juni einen Einblick in die Schnapserzeugung bekommen kann. Danach wird es etwas abenteuerlich, die Wanderung verläuft größtenteils direkt im Flussbett, mit den damit verbundenen nassen Füßen – natürlich nur in der Regenzeit. Fazit: Eine Landschaft von unglaublicher Magie und Schönheit erwartet den Betrachter!

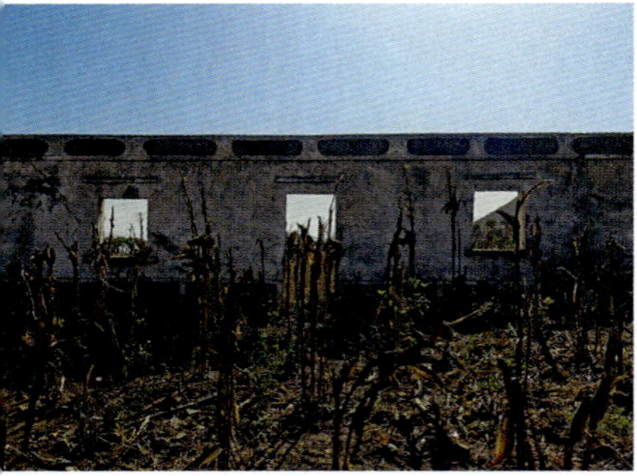

Ruinen am Ende der Straße.

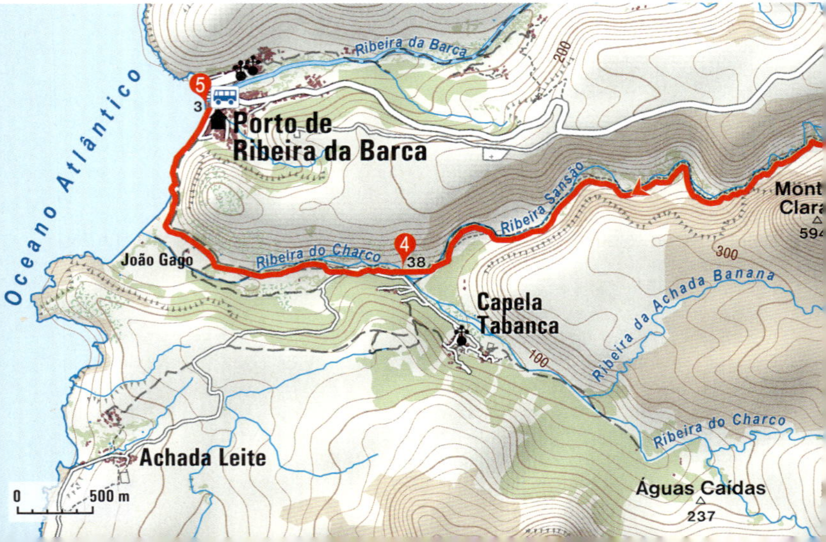

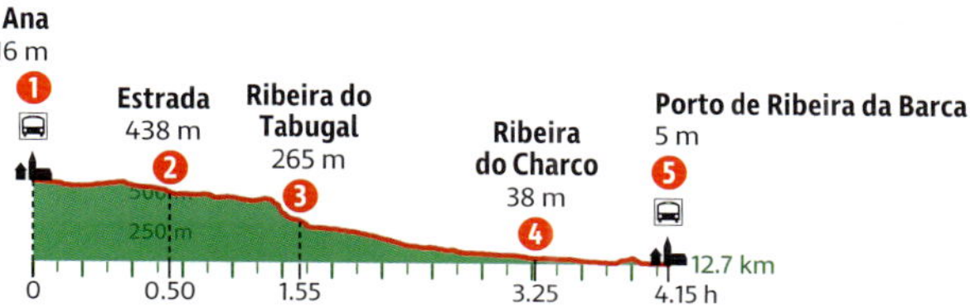

Ausgangspunkt: Chóróró de Santa Ana, 516 m (15.116317 -23.679367); ca. 3 km nördlich von Assomada. Anfahrt: Auf der Verbindungsstraße von Assomada nach Tarrafal bis zur links abzweigenden Stichstraße auf Höhe des Minimarkts. Aluguer: Ca. 50 CVE. Taxi: Ca. 500 CVE. **Endpunkt:** Porto de Ribeira da Barca, 5 m (15.137517 -23.759483), 17 km nordwestlich von Assomada gelegen. Aluguer: Kosten nach Assomada ca. 200 CVE. Taxi: Nach Assomada ca. 2000 CVE.
Anforderungen: Wegsuche im Ribeira schwierig, teilweise muss man intuitiv den Weg finden. Für kurze Passagen muss man die Hände zu Hilfe nehmen.
Einkehr: Unterwegs keine. Minimarkt in Chóróró de Santa Ana.
Hinweis: Ein längerer Abschnitt der Wanderung verläuft im Trockenbachbett bzw. in der Regenzeit im Bachbett, dann wird geeignetes Schuhwerk benötigt.

Wir verlassen **Chóróró de Santa Ana** ❶ in westliche Richtung, vorbei an einem hellblauen Haus. Nach wenigen Metern geht die geteerte Straße in eine gepflasterte Piste über. Zunächst ignorieren wir alle abzweigenden Straßen, um nach 1,9 km Gesamtstrecke rechts in die gepflasterte Straße

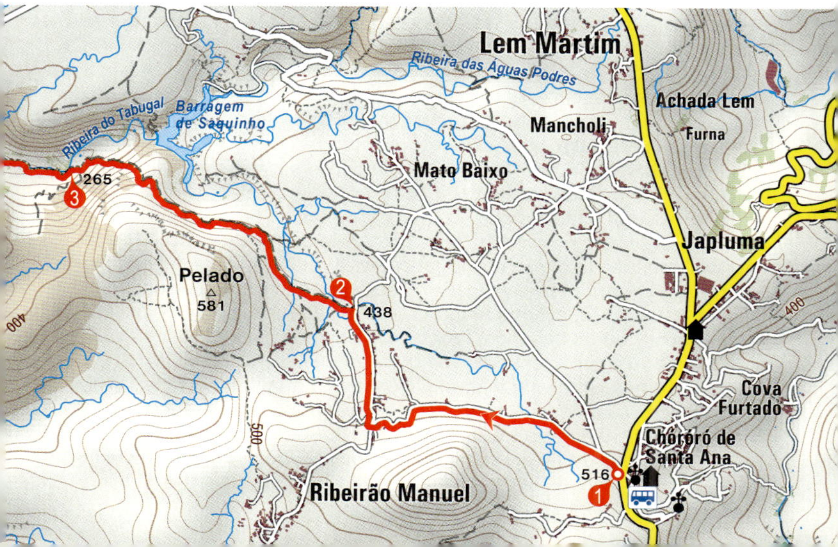

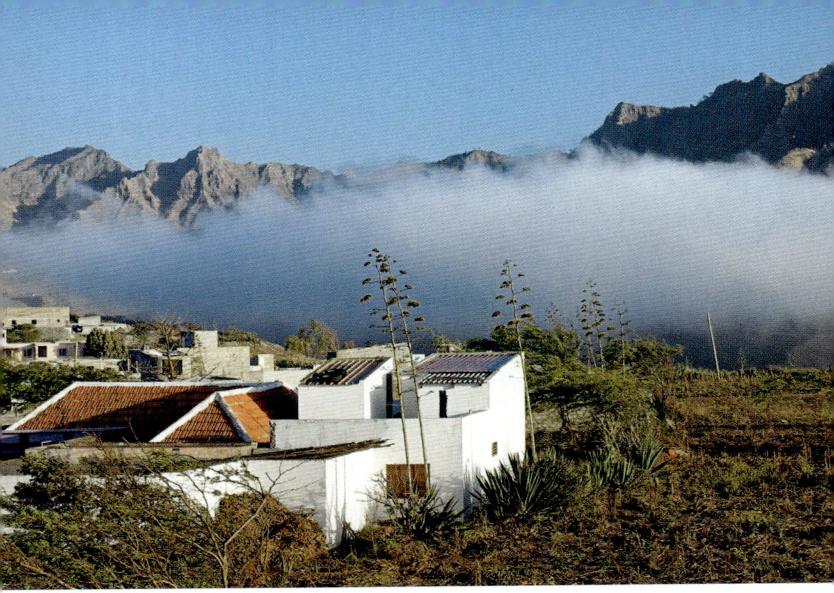

Frühnebel auf dem Hochplateau bei Assomada.

zu biegen. Diese bergab verlaufende Straße führt bis zu einem rosa Wohnhaus links am Wegesrand. Wo die gepflasterte **Straße** ❷ endet, gehen wir durch die Linkskehre der Piste und biegen nach wenigen Metern links auf die Piste durch die Schlucht ab. Nach dem anschließenden Aufstieg kommen wir an einem einzelnen Haus vorbei. Fortan geht es auf einem breiten, ausgetretenen Verbindungspfad weiter. Zur Orientierungshilfe: Rechts unterhalb befindet sich eine Schlucht und links oberhalb Felsen. Einen in die Schlucht abzweigenden Pfad lassen wir ebenso aus wie einen links abzweigenden Pfad bei strohbedeckten Hütten. In der Schlucht sieht man nun den Damm und dahinter den Stausee Barragem de Saquinho.
Vor Felsen beginnen wir mit dem Abstieg in das **Ribeira do Tabugal** ❸. Auf halbem Weg in die Schlucht gehen wir 10 m hinter einer Viehtränke auf dem links weiterführenden Pfad in Richtung des großen Baums. Ein zunächst steiniger Pfad führt hinunter in den Talgrund, dann weiter entlang eines Baches durch Bananenplantagen. Es geht vorbei an kleinen Tümpeln bis zu einer Grogue-Brennerei, zu erkennen an den Gärbehältern und einer Zuckerrohrpresse (der sogenannten *trapicho*). Entlang einer Levada – eines künstlichen Wasserlaufs – erreichen wir eine zweite Grogue-Brennerei.
Ab hier ist die Wegführung immer wieder unklar. Wir wandern jetzt nicht mehr entlang der Levada, sondern direkt im Bachlauf. Es folgen kurze Passa-

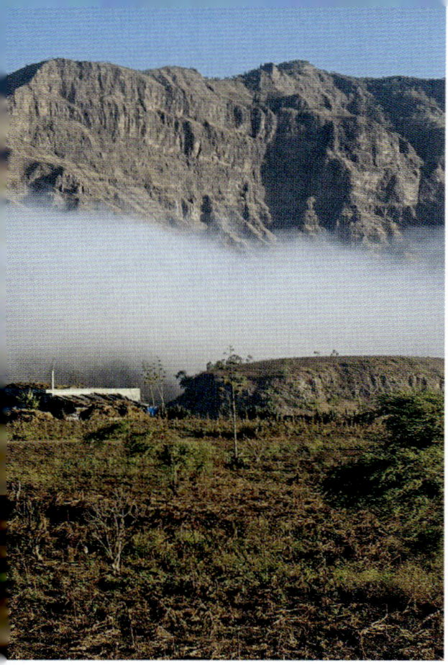

gen, bei denen auch die Hände zum Einsatz kommen. Der Bach versiegt, Akazien prägen das Landschaftsbild. Fortan ist die Orientierung einfacher, und hinter einer weiteren kleinen Oase erreichen wir den Zusammenfluss des Ribeira do Tabugal und des breiten **Ribeira do Charco** 4.

Auf der hier beginnenden Fahrspur gehen wir weiter in Richtung Meer. Bei einem großen Baum und einigen Palmen erreichen wir eine Waschstelle. Von der nachfolgenden Ebene aus sehen wir dann links den 719 m hohen Berg Monte Brianda – dieser ähnelt ein bisschen dem Matterhorn. Bei einer Gabelung der Piste folgen wir dem halb rechts bergauf führenden Arm. Der Weg verläuft nun parallel zur Küste bis **Porto de Ribeira da Barca** 5, wo wir ein Aluguer finden.

Das wasserführende Ribeira do Tabugal.

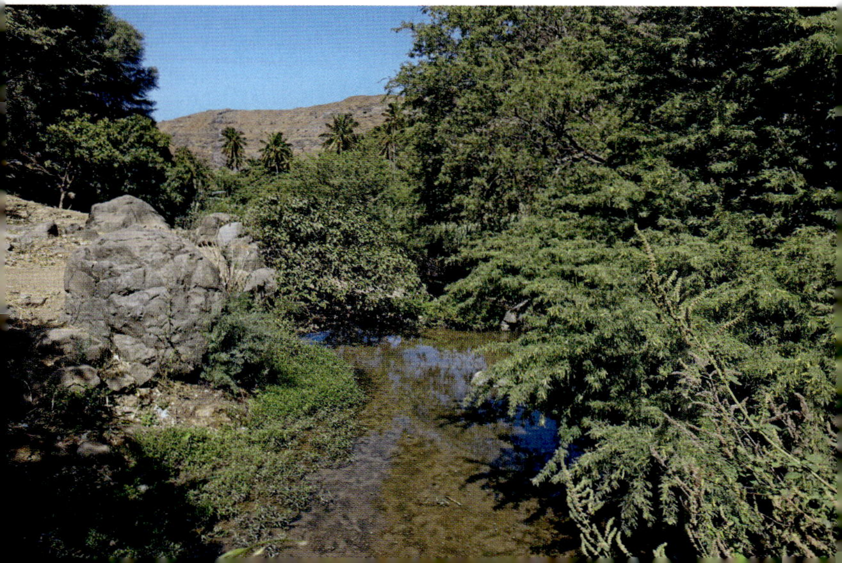

↗ 230 m | ↘ 230 m | 6.3 km

36 Der Poilón von Assomada

2.00 h

Der größte und älteste Baum der Kapverden

Diese eindrucksvolle Wanderung nimmt ihren Anfang in der drittgrößten Stadt der Kapverdischen Inseln. Sobald wir die Geschäftigkeit an der Hauptstraße hinter uns gelassen haben, kommen wir bei einer farbenfrohen Kirche an. Dann geht es durch ein grünes Tal mit lebendiger Kleingartenkultur – Maniok, Kartoffeln, Papaya und Bananen werden hier angebaut. Der Höhepunkt ist ein imposanter Baum namens Poilón. Der Kapokbaum ist ca. 500 Jahre alt – wenn er nur seine erlebten Geschichten erzählen könnte! Bei der nachfolgenden Waschstelle bietet das trinkbare Quellwasser eine willkommene Erfrischung. Auch können wir sehen, wie Frauen auf ihren Waschbrett eifrig Hemden, Röcke und Blusen scheuern.

Ausgangspunkt: Assomada, 544 m (15.098183 -23.666583), an der Hauptstraße. Anfahrt: Ca. 150 m nordöstlich vom großen Aluguer-Parkplatz liegt die Western Union Bank an der Hauptstraße nach Tarrafal. Aluguer/Taxi: Fahren aus allen Himmelsrichtungen nach Assomada.
Anforderungen: Keine speziellen Voraussetzungen erforderlich.
Einkehr: Nur in Assomada, unterwegs keine.

Von der Western Union Bank in **Assomada** ❶ gehen wir auf dem Fußgängerweg entlang der Verbindungsstraße von Praia kommend Richtung Tarrafal. Wer dieses quirlige Treiben entlang der Hauptstraße vermeiden möchte, könnte die 2,2 km auch mit dem Aluguer fahren. Zu Fuß halten wir uns beim nachfolgenden Kreisverkehr halb rechts weiterhin in Richtung Tarrafal.

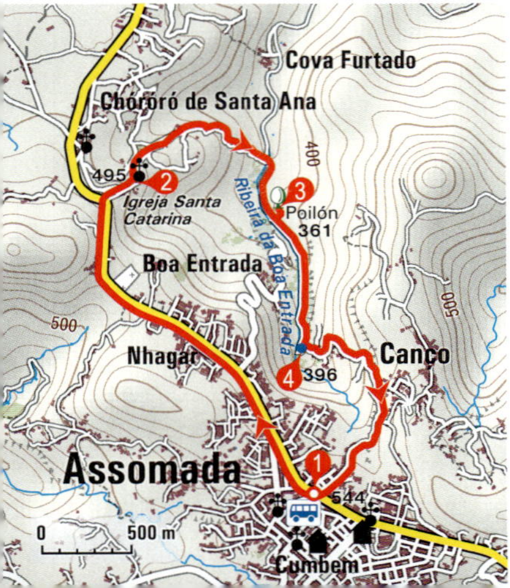

Wir passieren zwei Tankstellen und biegen nach 2,2 km Gesamtstrecke rechts in die bergab führende, gepflasterte Straße. Nach ca. 200 m erreichen wir die 1889 erbaute **Igreja Santa Catarina** ❷. Dort folgen wir dem Pfad entlang der Kirchmauer. In einem Linksbogen um die Kirche herum wandern wir in Richtung eines schrill grünen Hauses, einen Abzweiger nach rechts lassen wir aus. Hinter einer Senke geht es auf dem bergauf führenden Pfad weiter.
Bei der nachfolgenden Weggabelung folgen wir dem halb rechten

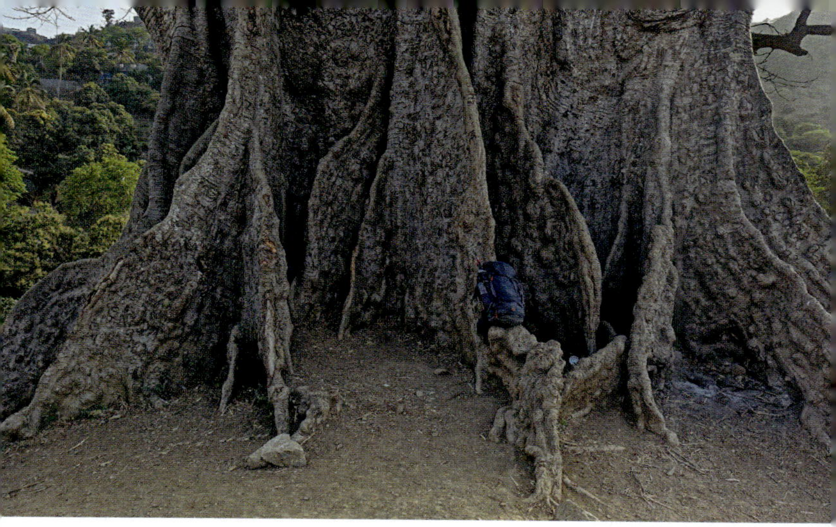

Man beachte den Rucksack am 40 Meter umfassenden Stamm des Baumes Poilón.

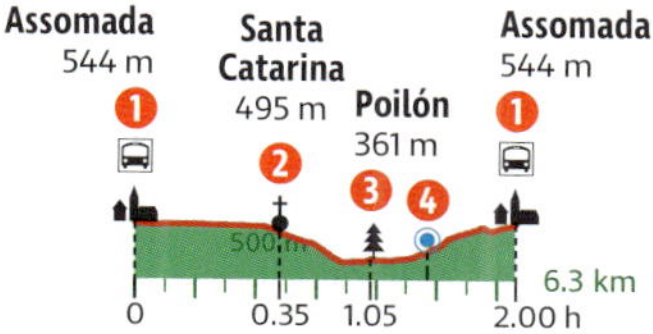

Arm und passieren zwei Palmen. Dort, wo der Pfad an einer Straße endet, gehen wir nur einige Meter rechts, um dann sofort links hinunter bis zu einer Steinmauer zu wandern. Dort halten wir uns rechts und wählen bei der nachfolgenden Weggabelung den halb linken Arm. Durch ein üppig grünes Tal laufen wir nun teilweise im, streckenweise neben einem Trockenbachbett. Schon aus der Ferne sehen wir den gewaltigen **Poilón** ❸. Ein neu angelegter, gepflasterter Pfad führt zu seinem mächtigen Baumstamm.

Nach dem Versuch, das Ungetüm von Baum fotografisch festzuhalten, wandern wir durch das ausgetrocknete Bachbett in der bisher eingeschlagenen Richtung weiter. Vor einer Steinmauer steigen wir links – nur wenige Meter – auf und erreichen einen **Waschplatz** ❹.

Der weiterführende Pfad gabelt sich in zwei Arme, wir gehen halb rechts. Hinter dem grünen Haus wenden wir uns wieder nach rechts und bei der großen Steinmauer nach halb links. Der Pfad mündet in eine Straße. Nach steilem Aufstieg verlassen wir die Straße nach halb rechts auf einen Pfad, der durch eine Senke und an einer kleinen Staumauer vorbeiführt. Wir kommen bei Häusern an und folgen von nun an dem Verlauf der Straße zurück bis zum Ausgangspunkt in **Assomada** ❶.

↗ 250 m | ↘ 320 m | 14.6 km

37 Museu da Tabanca – Gruta de Águas Belas

4.00 h

Eine tiefe und karge Schlucht zwischen mächtigen Gebirgszügen

Bevor wir in die Gebirgswelt eintauchen, lohnt ein kurzer Besuch im Museu da Tabanca. Historische Gegenstände und Handarbeiten werden hier gezeigt. Bitte erwarten Sie aber kein Museum nach europäischen Standards! Die Informationstafeln sind in Portugiesisch, mit etwas Glück bekommt man eine kurze Führung in englischer Sprache. Das Museum ist montags bis samstags von 8.00 bis 14.00 Uhr geöffnet. Nach dem kurzen Ausflug in das kulturelle Erbe der Insel Santiago folgt eine beeindruckende Wanderung durch eine wilde und ursprüngliche Schlucht, die von bis zu 400 m hohen Bergen eingefasst ist. Mal den Atlantischen Ozean erreicht, kommen wir bei der Gruta de Águas Belas an. Auf der dem Meer zugewandten Seite befindet sich ein 5 Meter breites Loch in der Felswand, durch das Licht in die Höhle dringt – ein besonderes Naturspektakel.

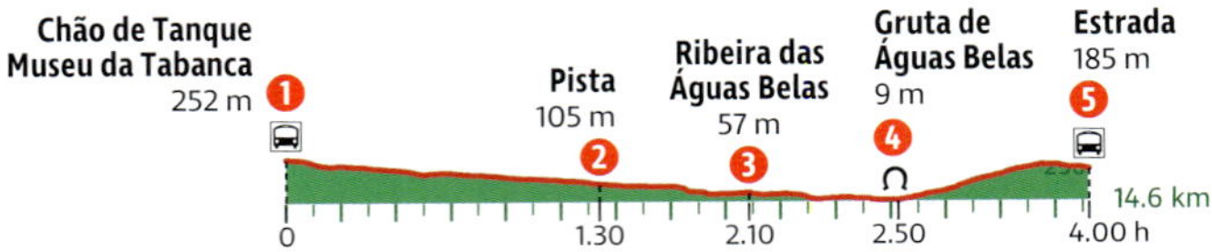

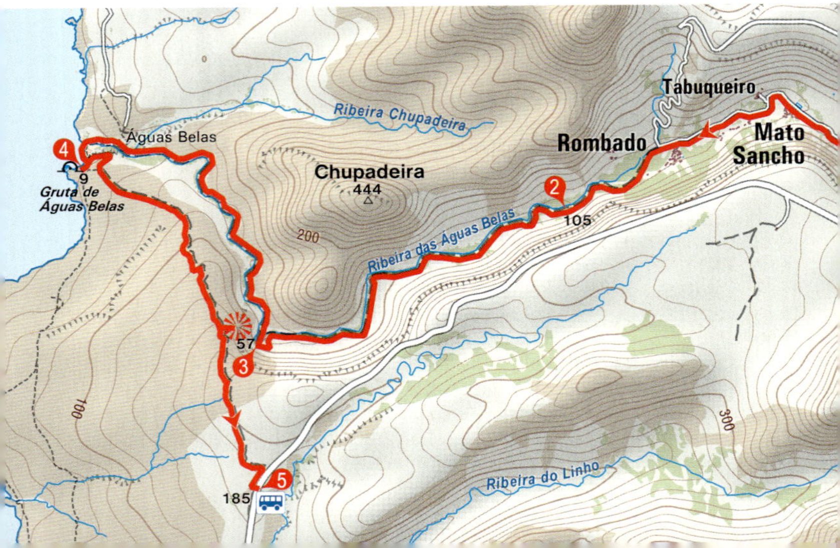

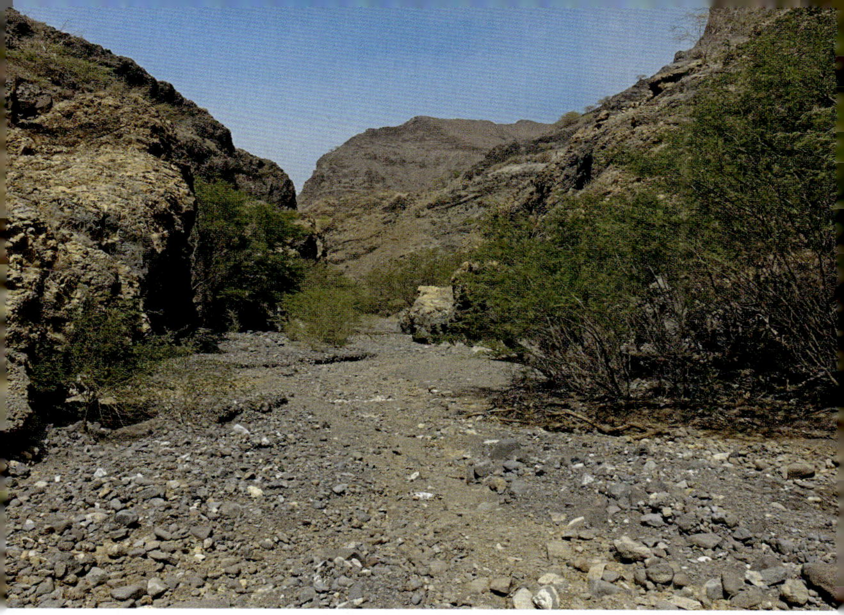

Die Wanderroute führt durch das Ribeira das Águas Belas.

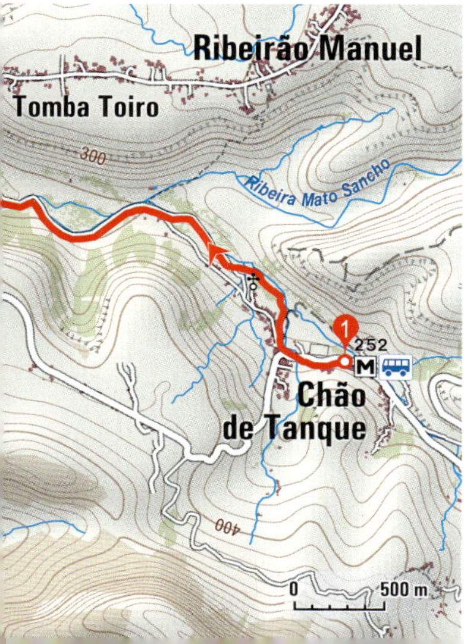

Ausgangspunkt: Museu da Tabanca, 252 m (15.092217 -23.701383), in Chão de Tanque; ca. 6 km westlich von Assomada. Anfahrt: Auf der Straße von Assomada nach Ponta Rincão, Parkmöglichkeit beim ausgeschilderten Museum. Aluguer: Ca. 50 CVE. Taxi: Ca. 500 CVE.
Endpunkt: Verbindungsstraße, 185 m (15.080683 -23.759017), von Ponta Rincão nach Assomada, ca. 14 km westlich von Assomada. Aluguer: Nach Assomada ca. 100 CVE. Taxi: Nach Assomada ca. 1000 CVE.
Anforderungen: Einfache Tour. Der Weg ist nicht immer gut auszumachen, trotzdem ist die Orientierung problemlos.
Einkehr: Keine.
Hinweis: Bei zu erwartenden starken Niederschlägen die Wanderung durch die Schlucht verschieben, es besteht Lebensgefahr aufgrund von Flutwellen!

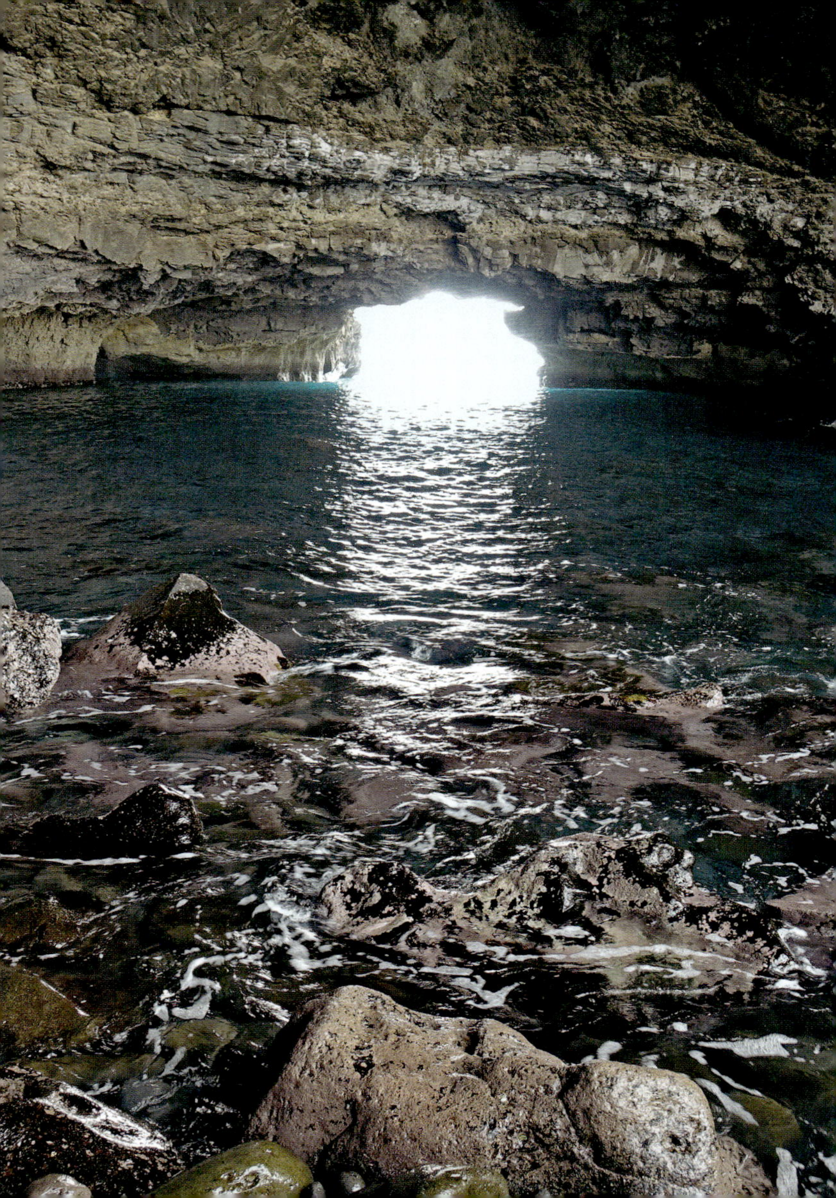

Vom **Museu da Tabanca** ❶ gehen wir auf der Anfahrtsstraße ca. 250 m in westliche Richtung weiter. Dort verlassen wir die Hauptstraße nach halb rechts. Die Schotterpiste bringt uns zu einer Kiesgrube und dem dahinter liegenden ausgetrockneten Flussbett. Auf dem ersten Wegabschnitt ist nun das Flussbett unser Wegweiser, bevor ein interessanter Abstecher folgt: 375 m nach dem Beginn einer Schotterpiste zweigt rechts bergauf ein Pfad zu einer üppig grünen Oase mit einer Quelle ab.
Danach setzen wir unseren Weg fort; nur noch vereinzelt befinden sich Häuser am Wegesrand. Die Schlucht wird zunehmend schmaler, die **Piste** ❷ geht in einen Pfad über, und schlussendlich sind keine Trittspuren mehr zu erkennen. Die Orientierung ist aber eindeutig, da rechts und links des ausgetrockneten Bachlaufs hohe Felsen aufragen.
Wir sind bereits tief in das **Ribeira das Águas Belas** ❸ hineingegangen, bevor wir vor einer ca. 200 m hoch aufragenden Felswand stehen. Zunächst hat man den Eindruck, dass die Schlucht hier endet. Beim Näherkommen sieht man aber, dass sie an dieser Stelle eine scharfe Rechtsbiegung macht. Jetzt folgt der spektakulärste Abschnitt der Wanderung durch den Canyon. Schließlich gelangen wir zum Schluchtauslauf und dem dahinter liegenden steinigen Strandabschnitt. Am südlichen Ende der Bucht steigen wir über Steine und erreichen so den Eingang zur riesigen Höhle **Gruta de Águas Belas** ❹.

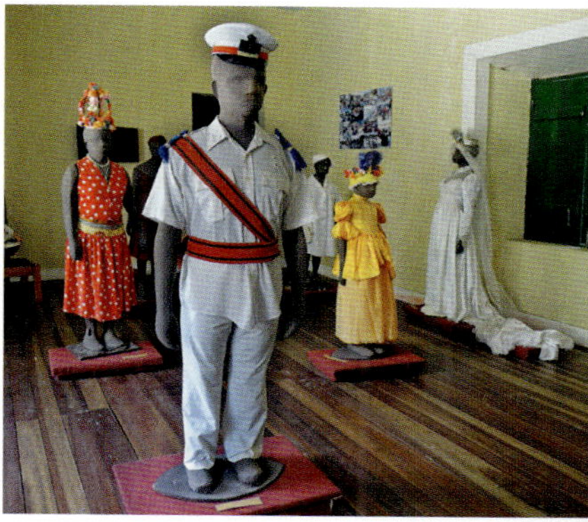

Im Museu da Tabanca.

Nach Verlassen der Höhle gehen wir ca. 225 m unterhalb der rechts aufragenden Felswand in Richtung Landesinneres. Bei plattgeschliffenen Steinen – die wie Orgelpfeifen angeordnet sind – steigen wir nun rechts auf und folgen einem Pfad durch eine 180°-Kehre. Nach wenigen Metern stoßen wir auf eine Piste, auf der wir kontinuierlich bergauf marschieren. Nach ca. 2 km Aufstieg ist am Pistenrand das Erdreich abgetragen, geblieben ist freigelegter rotbrauner Untergrund. Geht man an dieser Stelle ca. 70 m weglos in östliche Richtung, so steht man am oberen Rand der Schlucht, durch die wir zuvor gewandert sind. Ein faszinierender Aussichtspunkt!
Wir gehen zum Hauptweg zurück und erreichen schließlich die **Straße** ❺. Per Anhalter oder mit einem vorbeikommenden Aluguer fahren wir zum **Ausgangspunkt** ❶ zurück.

Die Gruta de Águas Belas.

↗ 330 m | ↘ 330 m | 9.3 km

38 Barragem de Faveta

2.45 h

Ein Stausee in einer kargen, wüstenhaften Landschaft

Die Tour nimmt ihren Anfang am Kirchplatz der in puristischer Architektur erbauten Kirche Igreja Paroquial de São Salvador do Mundo. Hinter den letzten Häusern von Picos erreichen wir dann einen der schönsten Aussichtspunkte auf den freierodierten Vulkanschlot Manhaga. Er misst sagenhafte 60 m im Durchmesser und ist ca. 100 m hoch – ein Überbleibsel der vom Vulkanismus geprägten Landschaft. Nach dem Abstieg in das Ribeira de Faveta ergibt sich dann ein bizarrer, ja unwirklicher Anblick: der Staudamm Barragem de Faveta. Mit Stauseen versucht man in dieser wüstenhaften Landschaft das spärliche Nass zu speichern. Auf dem Rückweg ergeben sich dann weitere schöne Ausblicke auf den Vulkanschlot.

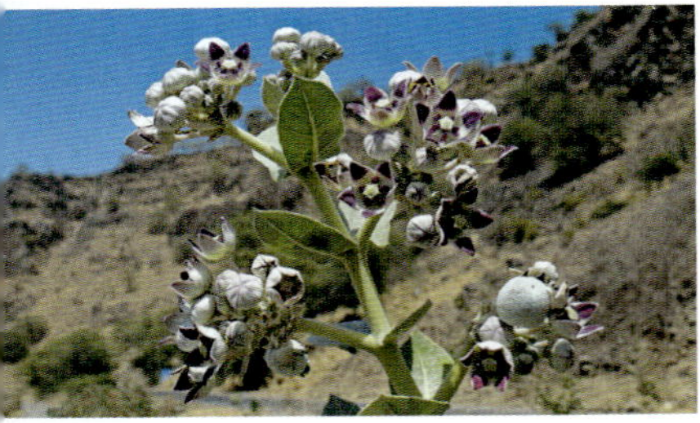

Ausgangspunkt: Picos, 416 m (15.083767 -23.632000); ca. 6 km südöstlich von Assomada. Anfahrt: Von der Verbindungsstraße Praia nach Assomada zweigt man rechts zur Ortschaft Picos ab und parkt bei der Kirche. Aluguer: Fahren nur bis zum Abzweiger nach Picos, ca. 100 CVE. Taxi: Ca. 1000 CVE.
Anforderungen: Ohne spezifische Übung von jedermann zu absolvieren.
Einkehr: Unterwegs keine. Mehrere Restaurants in Picos.

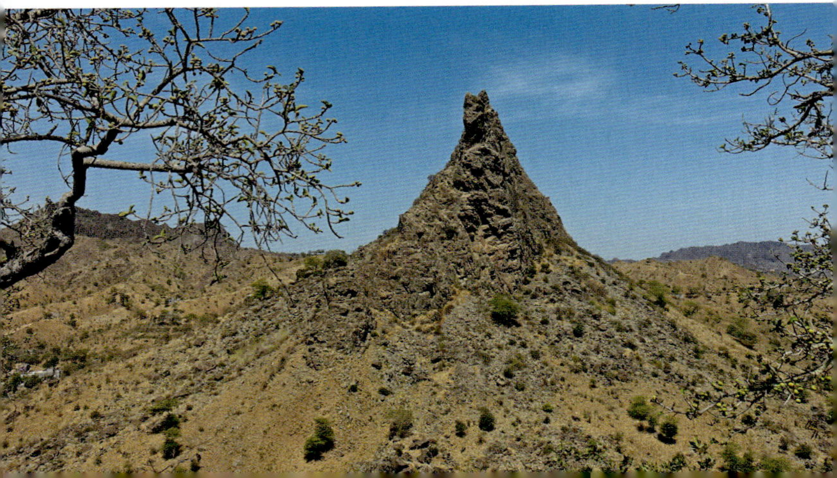

Von der **Igreja Paroquial de São Salvador do Mundo** ❶ wandern wir zunächst auf der gepflasterten Straße und folgen nach ca. 180 m dem Verlauf der Straße durch die Linkskurve. In der nachfolgenden Senke ergibt sich ein wunderschöner **Blick** ❷ auf den Vulkankegel **Manhanga**. Fortan gehen wir am Rand der Straße entlang mehrerer Häuser. Dabei lassen wir alle Abzweiger aus. Dort, wo sich die Straße abermals gabelt, gehen wir halb links an einem weißen Haus vorbei. Nach 125 m passieren wir einen sandigen Fußballplatz.

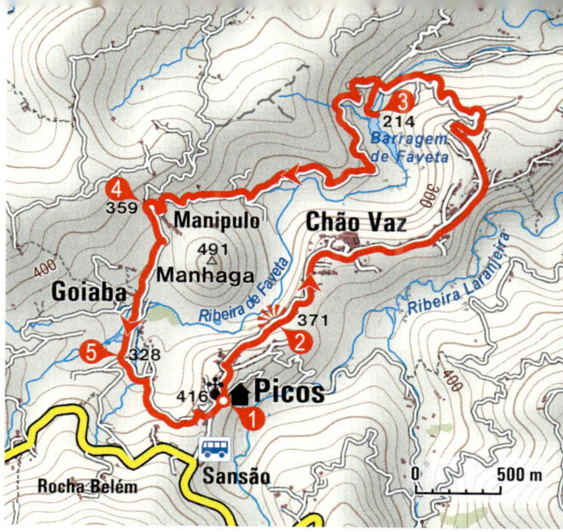

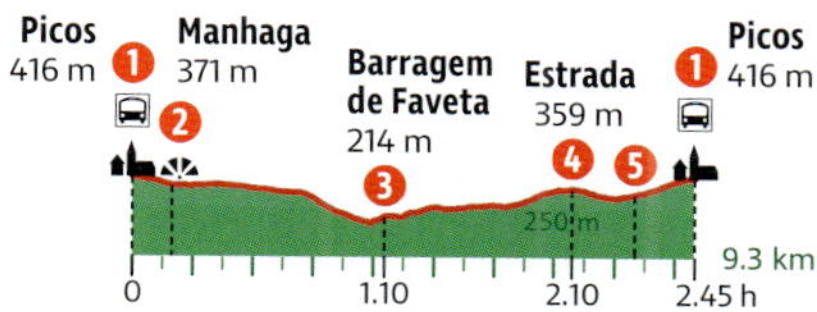

Die gepflasterte Straße wird nun zunehmend schlechter und führt in steilen Kehren in eine Schlucht hinunter. Auf der linken Seite sehen wir den Staudamm **Barragem de Faveta** ❸. An seiner rechten Seite gelangt man über Treppen auf die Staumauer, von der man einen wunderschönen Blick über den Stausee hat. Wir gehen zur gepflasterten Straße zurück, dort links (von rechts sind wir gekommen) und vor dem nachfolgenden Haus abermals links, nun auf einer Schotterpiste. Diese führt zunächst oberhalb des Stausees entlang und dann in langen Kehren bergauf, bis sie an der **Straße** ❹ endet. Auf ihr gehen wir links bergab und überqueren hinter weiteren Häusern das Ribeira de Faveta.

325 m hinter dem Ribeira zweigen wir dann auf den **Weg** ❺ halb links ab. In der folgenden Linkskehre – vor Häusern – verlassen wir den Weg auf dem geradeaus weiterführenden Pfad, der bereits nach 50 m endet. Dort halten wir uns dann rechts und weiter bergauf Richtung der Kirche, die man oberhalb sehen kann. Wir erreichen die Steinmauer des Friedhofs und spazieren rechts an dieser entlang, um an deren Ende dann links bis zum Ausgangspunkt an der **Kirche** ❶ vorzugehen.

Foto links oben: Calotropis am Straßenrand kurz vor dem Ribeira de Faveta.
Links: Der erodierte Vulkanschlot Manhaga.

↗ 1190 m | ↘ 1060 m | 17.0 km

39 Durch den Naturpark Santo Antónia

7.15 h

Wo die Berge schroff und wild werden

Die Insel Santiago wird von zwei Gebirgsmassiven geprägt. Zum einen befindet sich im Norden die Bergwelt um die Serra Malagueta. Zum zweiten ist da das zentrale Bergmassiv mit dem höchsten Berg der Insel, dem 1394 m hohen Pico d'Antónia. Diese einmalige Bergtour führt quer durch das zentrale Bergmassiv. Voraussetzung ist eine gute Portion Unternehmungslust, denn viele Wegabschnitte sind schwer zu finden und technisch sehr anspruchsvoll. Und dann muss man sich auch noch mit der Hitze der meist sonnendurchglühten Tage auseinandersetzen. Bitte nehmen Sie den Hinweis bezüglich Trinkwasser sehr ernst! Dafür erwarten den Abenteurer spannende Erlebnisse in einer ursprünglichen Wildnis und faszinierenden Bergszenerie sowie ein ursprüngliches Bergdorf. Mit etwas Glück kann man sogar Westliche Grünmeerkatzen in freier Wildbahn beobachten.

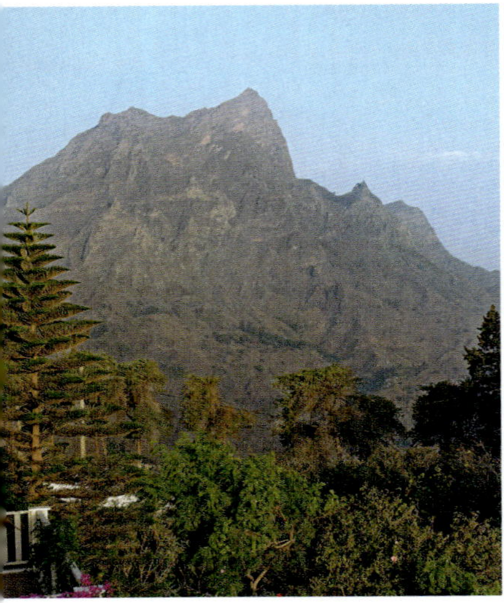

Vor uns erhebt sich der Pico d'Antónia.

Ausgangspunkt: São Jorge dos Órgãos, 276 m (15.063450 -23.597600); ca. 13 km südöstlich von Assomada. Anfahrt: An der Verbindungsstraße von Praia nach Assomada. Die Tour beginnt an der Straße zum ausgeschilderten Jardim Botânico (Botanischer Garten). Aluguer: Von Assomada ca. 200 CVE. Taxi: Von Assomada ca. 2000 CVE.

Endpunkt: Verbindungsstraße EN1-ST-01, 405 m (15.080633 -23.643467), von Praia nach Assomada; 4 km südöstlich von Assomada. Aluguer: Nach Assomada ca. 100 CVE. Taxi: Nach Assomada ca. 1000 CVE.

Anforderungen: Trittsicherheit und Schwindelfreiheit sind nötig, dazu extrem guter Orientierungssinn und die Fähigkeit, sein Ziel auch intuitiv zu finden. Zur Unterstützung bei der Wegfindung ist der heruntergeladene GPS-Track auf einem Navigationsgerät sehr hilfreich!

Einkehr: Keine.

Variante: Mit dem Taxi oder Aluguer bis zum rekonstruierten Dorf ❷ fahren. Damit reduziert sich die Tour auf 13,7 km, 6.15 Std., 1000 Hm Anstieg und 1050 Hm Abstieg.

Hinweis: Im Hochsommer drohen wegen der Hitze Dehydration und Erschöpfung. Aufgrund der Länge der Tour mindestens 6 l Trinkwasser mitnehmen!

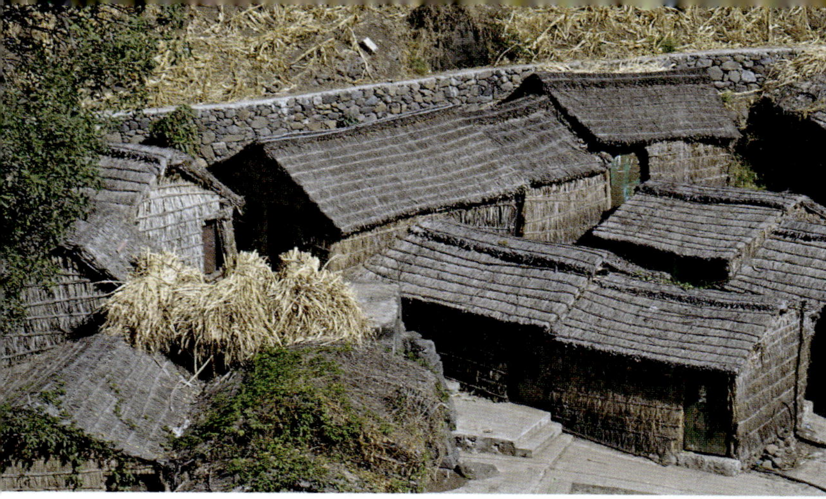

Am Ende der Straße erreichen wir ein rekonstruiertes Dorf.

Von dem Dorf **São Jorge dos Órgãos** ❶ folgen wir der von der Hauptstraße abzweigenden Stichstraße in südwestliche Richtung. Vor uns erheben sich die schroffen Felswände des Pico d'Antónia. Von dieser Seite ist er für normale Wanderer nicht zugänglich. Wir lassen alle abzweigenden Straßen und Pfade aus, auch den links zum botanischen Garten. Bei einer Wegkreuzung ignorieren wir den rechten Abzweiger zu einem Miradouro. Die gepflasterte Straße endet und wir steigen über Treppen zu den historischen Hütten eines originalgetrau **rekonstruierten Dorfs** ❷ *(aldeia)* hinunter. Nach nur 160 m auf der Piste queren wir das Bachbett nach halb rechts und beginnen bei einem Wasserreservoir mit dem Aufstieg. Sehr viele Pfade erschweren die Orientierung, so versuchen wir immer mittig auf dem vor uns liegenden Bergrücken aufzusteigen.

Bei einem weißen Haus mit verblassten roten Fensterläden gabelt sich der Pfad. Wir folgen dem linken Arm durch eine Linkskurve und eine kleine Schlucht. Dann passieren wir ein weiteres Haus und eine Strohhütte und kommen bei einer Quelle an, die unter einer Steinmauer entspringt. Nachdem wir einen Bachlauf gequert haben, ist der weiterführende Pfad nur sehr schwer zu erkennen, da er fast zugewachsen ist. Nach engen Kehren endet dieser Pfad vor einer Felswand. Unter Zuhilfenahme der Hände steigen wir nun links einige Meter auf, dann ist der weiterführende Pfad auszumachen. Auf einem nur sehr schmalen Felsband (Achtung, Absturzgefahr!) steigen wir nun bis zur Einsattelung am **Riba Achada** ❸ auf.

Den halb links abzweigenden Pfad zum Monte Tchota (siehe Tour 41) ignorieren wir und wandern halb rechts weiter. Wir queren den Südhang des

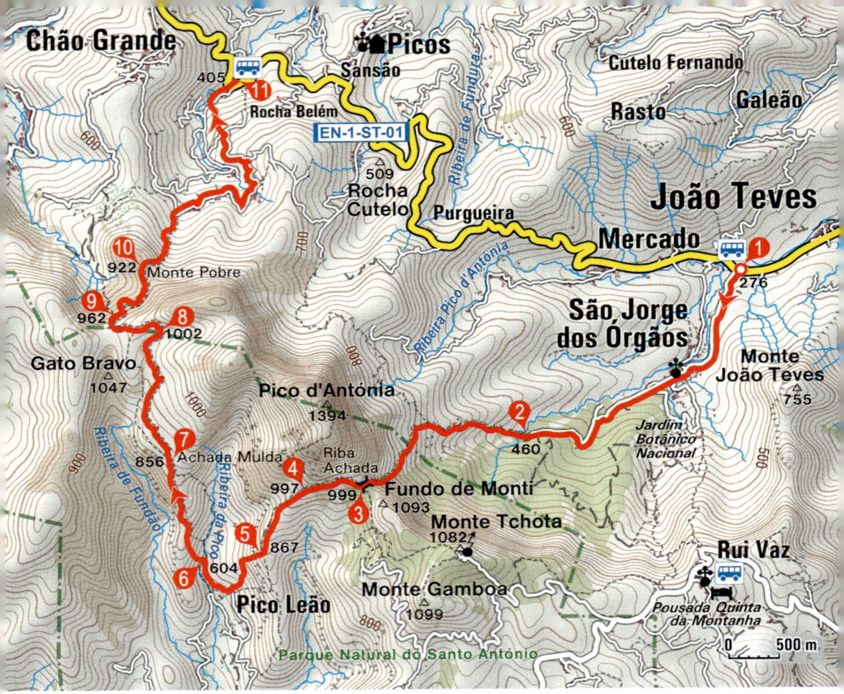

Pico d'Antónia und erreichen eine ebene freie Fläche mit einer **Pfadgabelung 4**. Wir wandern halb links über den Bergrücken leicht bergab; nicht halb rechts zum Pico d'Antónia (siehe Tour 40 und 41).

Ca. 220 m nach der erwähnten Gabelung umlaufen wir eine 20 m hohe Felsnadel und erreichen nach ca. 7,3 km Gesamtstrecke eine erste **Schlüsselstelle 5**. Der ursprüngliche Abstieg ist nicht mehr begehbar! Er befand sich ca. 200 m weiter auf dem Bergrücken, so ist es auch noch in manchen Karten eingezeichnet. Den heutigen Abstieg entdeckt man erst nach längerer Betrachtung: ein schmaler, größtenteils vom Vieh zertretener Pfad, der entlang von Felsbändern kontinuierlich bergab führt. Das erste Wegstück ist am schwersten, auch die Hände müssen zu Hilfe genommen werden. Dann führt aber ein ausgetretener Pfad talwärts. Bei einer kleinen Einsattelung lassen wir eine Ruine rechts liegen und erreichen dann erste Häuser. Dort gehen wir nicht zur grünen Oase (Dorfzentrum) hinunter, sondern queren oberhalb der Oase nach halb rechts auf einem der vielen Pfade.

Schließlich kommen wir bei einer Schotterpiste im **Ribeira da Pico 6** an. Diese überqueren wir und beginnen gleich auf der gegenüberliegenden

Talseite mit dem Aufstieg auf dem nun breiten Weg, der zunächst in engen Kehren steil bergauf führt. Wir durchqueren ein Ziegengatter. Dort, wo man links tief in eine Schlucht hinunterschaut, gehen wir rechts auf dem weiterführenden Pfad, nun über die Hochebene **Achada Mulda** ❼.
Nach einem längeren Abschnitt führt der Pfad mal wieder ein Stück bergab. Wir erreichen das Ende der Schlucht (links von uns); hier befindet sich die zweite **Schlüsselstelle** ❽: Aufgrund der extrem vielen Viehspuren ist kein eindeutiger Weg zu erkennen. Wir gehen ca. 150 m durch das dicht stehende Gestrüpp in der eingeschlagenen Richtung weiter, um dann einem wieder gut erkennbaren Pfad links um eine Bergkuppe herum zu folgen. Bei einer freien Fläche erreichen wir eine Anhöhe – ein wunderschöner Aussichtspunkt!
Wir verlassen diese Anhöhe auf dem weiterführenden Pfad. Dabei passieren wir eine kleine Staumauer mit Becken für Regenwasser und halten auf einen namenlosen Berggipfel zu. An der nachfolgenden Einsattelung gehen wir rechts, in der Ferne sieht man bereits die Stadt Assomada. Beim nachfolgenden Abstieg verlassen wir aber schon in der zweiten Linkskehre den Pfad wieder. An dieser dritten **Schlüsselstelle** ❾ nimmt halb rechts ein kaum zu erkennender Pfad seinen Anfang.
Es folgt ein weiterer spektakulärer Wegabschnitt. Unter mächtigen Felsbändern queren wir bis zum weithin sichtbaren und markant in die Höhe ragenden Felsgipfel des Monte Pobre. Die scheinbare Nähe des Gipfels trügt aber, denn immer wieder schlängelt sich der Pfad durch breite und mit Schutt bedeckte Kare. Wir erreichen eine Kammüberquerung (Einsattelung), der wir bis **unterhalb des Gipfels** ❿ des **Monte Pobre** folgen.
Hinter dem Kamm beginnt der zunächst steile Abstieg in Richtung der Häuser und der weithin sichtbaren Schotterpiste. Dort marschieren wir rechts und durch eine lang gezogene Linkskurve. Über eine Hochebene erreichen wir die Gabelung. Halb links und leicht bergab laufen wir ein kurzes Stück auf einem gepflasterten Wegabschnitt. An der darauffolgenden Kreuzung gehen wir geradeaus weiter und steigen nun auf einem Pfad bis zu einer weiteren Piste ab.
Dort gehen wir nach rechts und erreichen so die **Straße** ⓫ nach Assomada, wo wir auf ein Aluguer warten.

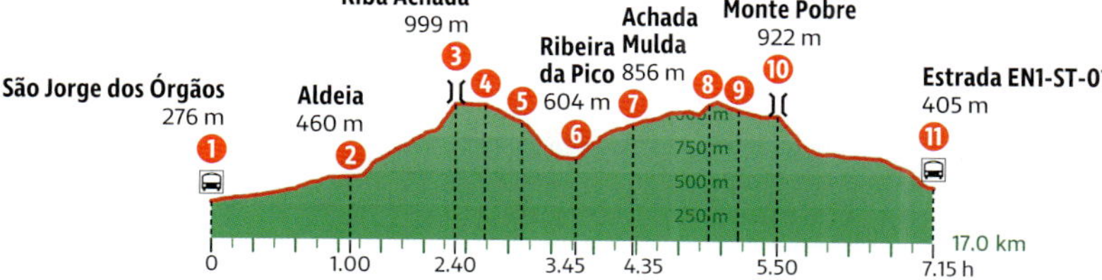

40 Pico d'Antónia, 1394 m

5.30 h

Die schönste Route auf den höchsten der Berg der Insel hat es in sich!

Der omnipräsente Gipfel des Pico d'Antónia ist schroff, seine fast senkrechte Ostwand ist gut 700 m hoch. Dieses unüberwindbare Bollwerk vor Augen, steigen wir auf einem alten Verbindungspfad zu einer Einsattelung an der südlichen Flanke des Pico auf. Diese umlaufen wir dann, um von Westen über teilweise grasbewachsene Flächen und sandigen roten Untergrund durch steiles Gelände bis zum Vorgipfel aufzusteigen. Der ausgesetzte Pfad über den Grat zum Hauptgipfel ist dann erfahrenen Bergsteigern vorbehalten! Am Gipfel staunen wir über den atemberaubenden Blick.

Ausgangspunkt: Bei einem rekonstruierten Dorf, 460 m (15.048200 -23. 616867); ca. 16 km südöstlich von Assomada. Anfahrt: Die Verbindungsstraße von Assomada nach Praia fährt man bis zum Dorf São Jorge dos Órgãos. Dort biegt man rechts in die Stichstraße zum ausgeschilderten Jardim Botânico ab und folgt ihr bis zum Ende. Aluguer: Von Assomada bis zum Dorf São Jorge dos Órgãos ca. 200 CVE. Dann muss man umsteigen und noch einmal ca. 100 CVE bis zum Ende der Straße zahlen. Diese Verbindung wird aber sehr selten befahren! Taxi: Von Assomada ca. 2500 CVE.
Anforderungen: Man benötigt Trittsicherheit und Schwindelfreiheit sowie die Fähigkeit, intuitiv sein Ziel zu finden.
Einkehr: Keine.
Variante: Geht man die Tour nur bis zum ebenfalls sehr aussichtsreichen Vorgipfel, also ohne den ausgesetzten Grat zum Gipfel, so hat die Wanderung den Schwierigkeitsgrad »Rot«.

Diese Tour ist ab dem rekonstruierten Dorf identisch mit Tour 39. Wie dort steigen wir über Treppen zu den historischen Hütten eines rekonstruierten **Dorfs** ❶ *(aldeia)* ab. Nach nur 160 m auf der Piste queren wir das Bachbett nach halb rechts und beginnen bei einem Wasserreservoir mit dem Aufstieg. Sehr viele Pfade erschweren die Orientierung, so versuchen wir immer mittig auf dem vor uns liegenden Bergrücken aufzusteigen. Bei einem weißen Haus mit blassroten Fensterläden gabelt sich der **Weg** ❷.

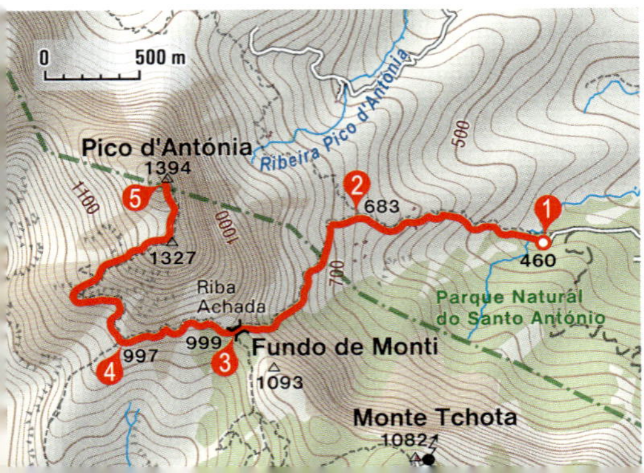

Wir folgen dem linken Arm durch eine Linkskurve und eine kleine Schlucht. Dann passieren wir ein weiteres Haus und eine Strohhütte und kommen zu einer Quelle, die unter einer

Steinmauer entspringt. Nachdem wir den Bachlauf gequert haben, ist der weiterführende Pfad nur sehr schwer zu erkennen, da er fast zugewachsen ist.

Nach engen Kehren endet der Pfad vor einer Felswand. Unter Zuhilfenahme der Hände steigen wir nun links einige Meter durch den Fels auf, dann erkennen wir auch den weiterführenden Pfad. Auf einem sehr schmalen Felsband (Absturzgefahr!) steigen wir nun bis zur Einsattelung am **Riba Achada** ❸ auf.

Den halb links abzweigenden Pfad zum Monte Tchota (siehe Tour 41) ignorieren wir und wandern halb rechts weiter. Wir queren den Südhang des Pico d'Antónia und erreichen eine ebene freie Fläche mit einer **Pfadgabelung** ❹. Jetzt gehen wir nicht wie bei Tour 39 links weiter, sondern halb rechts in Richtung Pico d'Antónia.

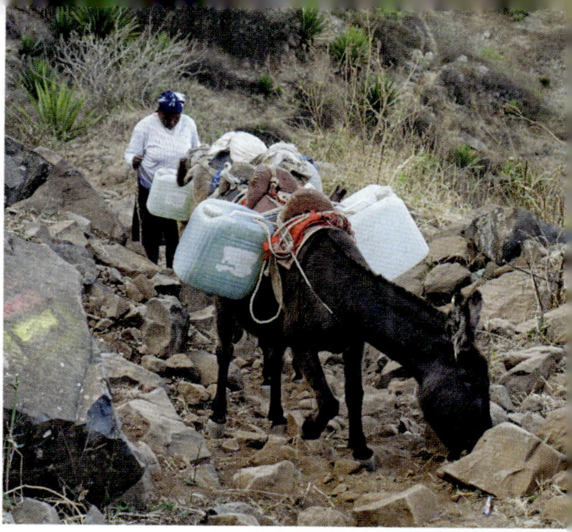

Während des Aufstieges werden Wasser transportierende Esel überholt.

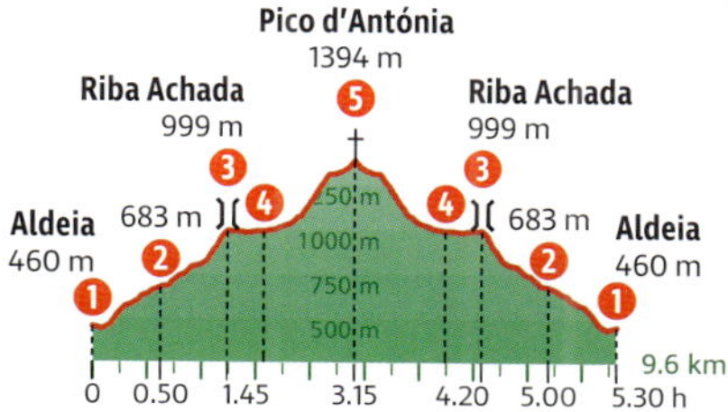

Auf den nun teilweise mit Gras bewachsenen südlichen Hängen des Pico d'Antónia steigen wir über die schlangenartigen Windungen eines ausgetretenen Pfades kontinuierlich bergauf. Vom 1327 m hohen **Vorgipfel** kann man den luftigen Aufstieg bis zum Gipfel schon einmal nachverfolgen: Er verläuft über einen sehr schmalen, gerölligen und immer wieder ausgesetzten Grat. Direkt unterhalb des Gipfels hat man dann noch die Wahl zwischen einem extrem ausgesetzten Abschnitt (es geht 700 m in die Tiefe!) und extrem bröseligem Sandgestein. Bei beiden Varianten besteht Absturzgefahr. Als Lohn für die Mühe bietet sich vom **Pico d'Antónia** ❺ bei guter Sicht ein faszinierender 360°-Rundblick über die Insel Santiago. Richtung Westen sieht man dann (bei besonders klarer Sicht) den 2829 m hohen Pico de Fogo auf der Insel Fogo.

Für den Rückweg nehmen wir dieselbe Strecke wie auf dem Hinweg.

↗ 610 m | ↘ 610 m | 8.6 km

3.30 h

41 Monte Tchota – Pico d'Antónia, 1394 m

Die kürzeste Route auf den höchsten Berg der Insel

Sofern man ein Taxi bekommt oder den Ausgangspunkt mit einem Mietauto erreichen kann, beginnt die Wanderung bei komfortablen 1041 m Höhe. Gleich hinter der militärischen Anlage auf dem 1082 m hohen Monte Tchota erreichen wir einen herrlichen Aussichtspunkt auf die reizvolle Landschaft – die uns praktisch zu Füßen liegt. Bis zum Vorgipfel am höchsten Berg der Insel hat die Tour den Schwierigkeitsgrad »Blau«. »Schwarz« wird sie definitiv, wenn man den sehr luftigen Pfad über den extrem ausgesetzten Berggrat bis zum Gipfel angeht. Dass man auf gleicher Höhe mit den Wolken wandert, bisweilen sogar darüber, verleiht der Tour eine besondere Note.

Ausgangspunkt: Monta Tchota, 1041 m (15.036550 -23.622800); ca. 9 km westlich von São Domingos. Anfahrt: Von Praia kommend biegt man im Dorf São Domingos links Richtung Rui Vaz ab. Das Dorfzentrum lässt man links liegen, biegt dahinter rechts ab und fährt bis zum Ende der Straße unterhalb einer militärischen Anlage. Aluguer: Keine. Taxi: Ca. 2000 CVE von São Domingos.
Anforderungen: Trittsicherheit und Schwindelfreiheit für den Gipfelgrat; guter Orientierungssinn.
Einkehr: Keine.
Varianten: 1. Wenn man kein Taxi bekommt, kann man die Tour in der 3 km entfernten Pousada Quinta da Montanha in Rui Vaz, 841 m, beginnen.
2. Geht man nur bis zum ebenfalls sehr aussichtsreichen Vorgipfel, so hat die Tour den Schwierigkeitsgrad »Blau«, da man den ausgesetzten Grat auslässt.

Am Ende der gepflasterten Straße am Berg **Monte Tchota** ❶ gehen wir in einem lang gezogenen Rechtsbogen an der linken Seite der militärischen Anlage herum. Auf dem nachfolgenden Pfad erreichen wir einen faszinierenden Aussichtspunkt. Links (Nordwesten) sieht man bereits den Gipfel des Pico d'Antónia.
725 m danach folgen wir dem **rechten Abzweiger** ❷, zunächst leicht bergab. Dann stoßen wir auf den querenden Pfad von Tour 40; wir sind bei der Einsattelung **Riba Achada** ❸ angekommen. Ab hier geht es

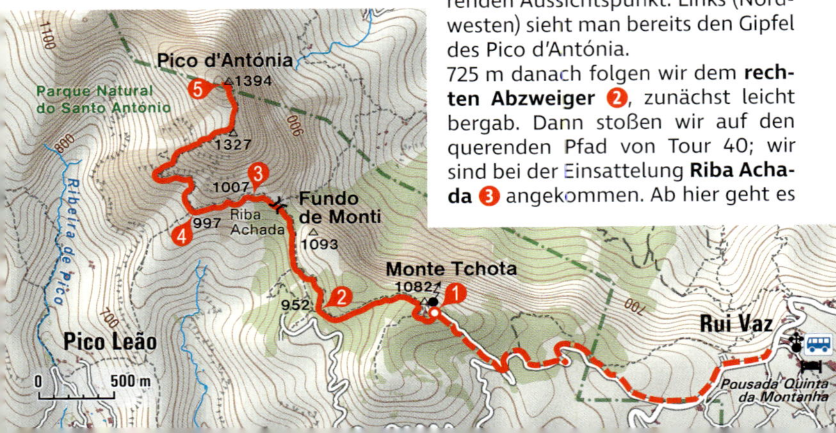

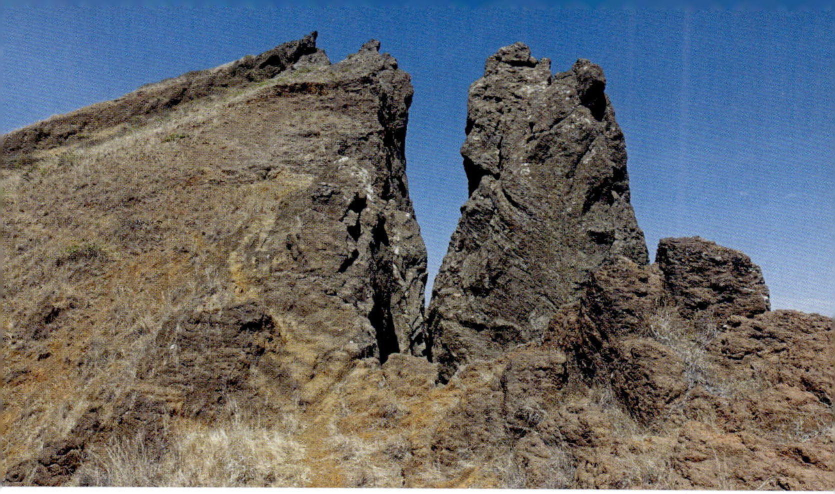

Kurz vor dem Gipfel des Pico d'Antónia.

weiter wie bei Tour 40: Wir queren den Südhang des Pico d'Antónia und erreichen eine ebene freie Fläche mit einer **Pfadgabelung** ❹, hier halb rechts in Richtung Pico d'Antónia.

Auf den nun teils grasbewachsenen südlichen Hängen des Pico d'Antónia steigen wir über die schlangenartigen Windungen eines ausgetretenen Pfades stetig bergauf. Vom 1327 m hohen **Vorgipfel** kann man den luftigen Aufstieg zum Gipfel schon einmal nachverfolgen: Er verläuft über einen sehr schmalen, gerölligen und immer wieder ausgesetzten Grat. Direkt unterhalb des Gipfels hat man dann noch die Wahl zwischen einem extrem ausgesetzten Abschnitt (es geht 700 m in die Tiefe!) und extrem bröseligem Sandgestein. Bei beiden Varianten besteht Absturzgefahr! Als Lohn für die Mühe hat man vom **Pico d'Antónia** ❺ einen faszinierenden 360°-Rundblick über die Insel Santiago. Richtung Westen sieht man bei besonders klarer Sicht sogar den 2829 m hohen Pico de Fogo auf der Insel Fogo.

Auf derselben Strecke geht es zurück zum **Monte Tchota** ❶.

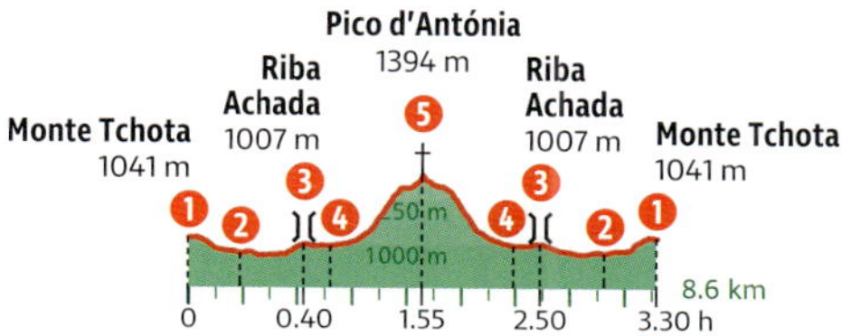

↗ 580 m | ↘ 580 m | 10.1 km

3.45 h

42 Rui Vaz – São Jorge dos Órgãos

Das Tal der Orgelpfeifen und der einzige botanische Garten der Inseln

Über einen uralten Verbindungsweg gelangen wir zu einer ganzjährig fließenden Quelle, an der meist geschäftiges Treiben herrscht. Aus allen Himmelsrichtungen kommen Packesel, um Wasser abzutransportieren. Es wird kräftig gewaschen, und der exotische Tourist – wir Wanderer – wird wie ein Außerirdischer bestaunt. Eine perfekte Gelegenheit, um ungezwungen mit den offenen und sehr interessierten Kapverdianern in Kontakt zu kommen. Ein weiterer Höhepunkt ist der Besuch des 20.000 m² großen Areals des botanischen Gartens, der 1986 eröffnet wurde. Die Rundwanderung führt durch ein bezauberndes Hochtal unterhalb der fast 700 m senkrecht aufragenden Felswände des höchsten Berges der Insel – des Pico d'Antónia – und weiterer Felsnadeln, die wie Orgelpfeifen aus der Landschaft ragen.

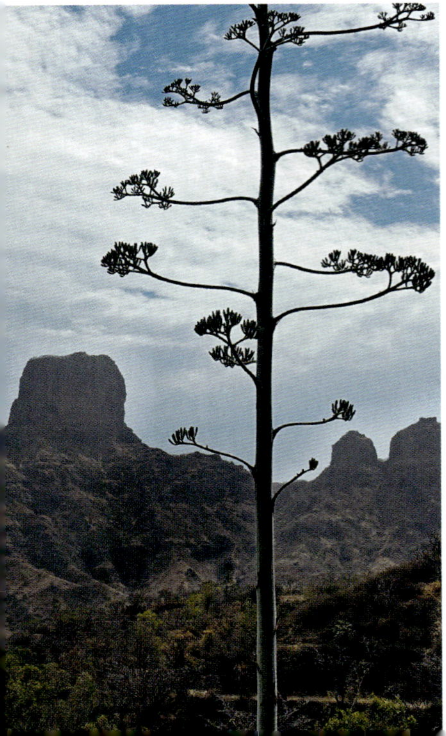

Ausgangspunkt: Kirche bzw. Unterkunft Pousada Quinta da Montanha in Rui Vaz, 841 m (15.034900 -23.600433); ca. 6 km westlich von São Domingos. Anfahrt: Von Praia kommend biegt man im Dorf São Domingos links Richtung Rui Vaz ab. Aluguer: Fahren selten auf dieser Strecke; Kosten ab São Domingos 100 CVE. Taxi: Ca. 1000 CVE von São Domingos.
Anforderungen: Trittsicherheit auf den steilen An- und Abstiegen nötig. Erhöhter Navigationsaufwand aufgrund vieler Abzweiger.
Einkehr: Keine.
Tipp: Der Jardim Botânico Nacional ist von 8.00 bis 16.00 Uhr geöffnet.

Von der Unterkunft **Pousada Quinta da Montanha** im Bergdorf **Rui Vaz** ❶ gehen wir bis zur Hauptstraße vor und dort rechts bergab Richtung São Domingos. Nach 465 m beginnt bei einer Einsattelung links eine bergab

Schöner Blick vom Miradouro bei Wegpunkt 4.

führende Piste. Nach wenigen Metern lassen wir den rechten Abzweiger (unser Rückweg) aus.

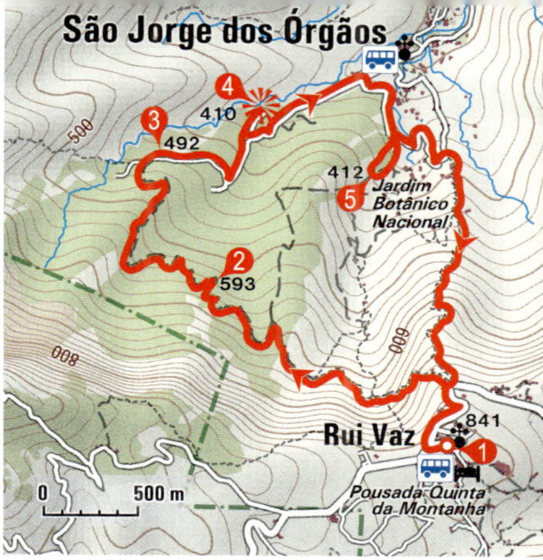

Die Piste geht in einen Pfad über; es folgt ein steiler, gerölliger Abstieg bis zu einer Quelle und Waschstelle. Entlang von Terrassenfeldern und vorbei an einem riesigen einzelnen Baum marschieren wir weiter. Einen rechts abzweigenden Pfad lassen wir dabei aus und nehmen dann den nachfolgenden halb rechts abzweigenden breiten Weg. Bei einem mit Natursteinen eingefassten Baum gehen wir an der Gabelung auf dem **linken Weg** ❷ weiter.

Wir passieren eine kleine Staumauer, wandern an einer Steinmauer entlang und gehen an einen Picknickplatz mit Tisch vorbei. Von links mündet eine Piste in die unsrige. Den links abzweigenden Pfad zu Häusern ignorieren wir. Hinter einer Absperrschranke marschieren wir auf der gepflasterten **Straße** ❸ talwärts. Bei einer Gabelung der Straße – an der ein großes weißes Haus steht – gehen wir halb links und erreichen mit einem kleinen Abstecher einen wunderschönen **Miradouro** ❹. Richtung Osten erheben sich Felsen, die wie Orgelpfeifen *(orgãos)* gen Himmel streben. Hinter uns erhebt sich bis auf 1394 m Höhe die markante Spitze des Pico d'Antónia.

Anschließend gehen wir zurück zum weißen Haus und von dort auf der asphaltierten Straße weiter bergab. Rechts und links des Weges wachsen viele Wollmispelbäume, auf den Feldern wird Gemüse angebaut. Hinter einer Palmenallee kommen wir im Dorf São Jorge dos Órgãos an. 125 m hinter einer halb links abzweigenden Straße – die wir ignorieren – gehen wir nach rechts zum ausgeschilderten und kostenpflichtigen **Jardim Botânico Nacional** ❺.

Nach der kleinen Exkursion durch das Gartengelände gehen wir vom Eingangstor 70 m auf der Straße zurück, um dort scharf rechts abzubiegen. Hinter einer Senke gehen wir durch eine Rechtskurve steil bergauf bis zu einem Haus, wo der Weg an einer querenden Piste endet; hier rechts. Die Piste wird zu einem Pfad, der sehr steil ansteigt und kurz vor der Einsattelung auf den Hinweg trifft. Ab hier gehen wir auf bekannter Route bis zum **Ausgangspunkt** ❶ zurück.

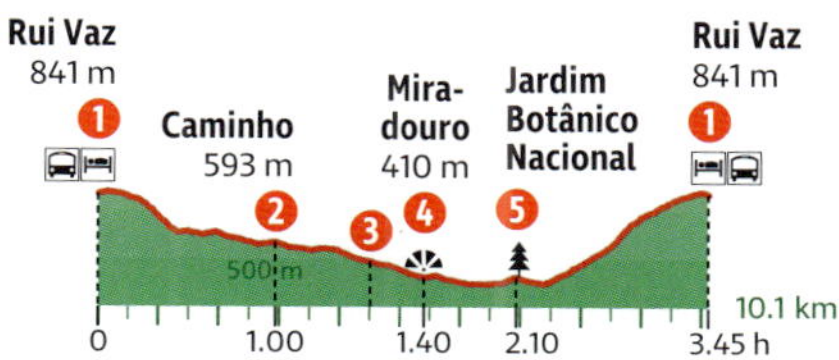

↗ 280 m | ↘ 280 m | 7.4 km

43 Zum Dorf Água de Gato

2.15 h

Natürliche Quellen in einer Wüstenregion

Das Dorf Água de Gato befindet sich im nordwestlichen Teil der Gemeinde São Domingos und zeichnet sich durch ein mildes Mikroklima aus. Eine Sehenswürdigkeit sind die Quellen mit den ganzjährigen Wasserläufen – Garant für eine sattgrüne Vegetation. Es herrscht reges Treiben an den Wasserreservoirs, in denen Kinder baden und Frauen die Wäsche waschen. Von einem Aussichtspunkt blicken wir dann auf faszinierende Felsnadeln, die wie Orgelpfeifen aus der Landschaft ragen.

Ausgangspunkt: São Domingos, 276 m (15.027967 -23.563583); ca. 15 km nördlich von Praia. Anfahrt: Von Praia kommend beginnt die Wanderung in São Domingos an der Abzweigung links nach Rui Vaz. Aluguer: Hauptverbindungsstrecke von Praia nach Assomada; von Praia 200 CVE. Taxi: Ca. 2000 CVE von Praia.
Anforderungen: Leichte Wanderung.
Einkehr: Keine entlang der Route; ein Restaurant in São Domingos.

An der Verbindungsstraße von Praia nach Assomada befindet sich das Dorf **São Domingos ❶**. Dort biegen wir auf Höhe der Cooperative links in die gepflasterte Straße Richtung Rui Vaz. Abschnittsweise findet man einen Fußgängerweg vor, sonst geht man am Rand der gering befahrenen Straße. Nach ca. 1,6 km Gesamtstrecke – hier durchläuft die **Straße ❷** eine scharfe Linkskehre – folgen wir der halb rechts abzweigenden ausgeschilderten Straße Richtung Água de Gato.

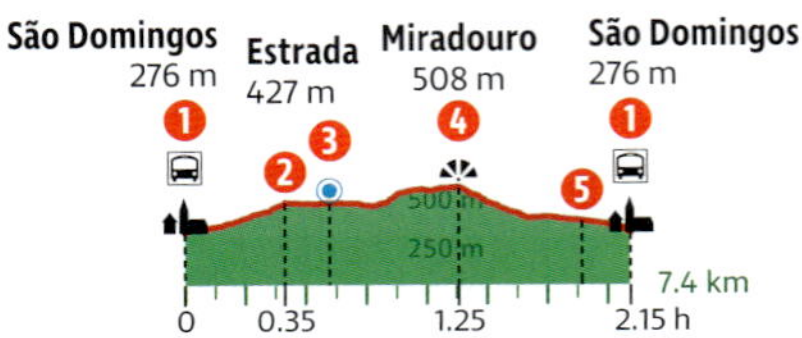

Auf der leicht bergab führenden gepflasterten Straße passieren wir

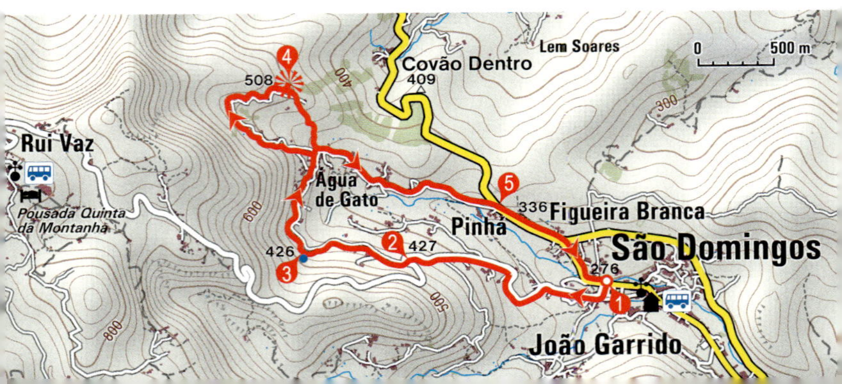

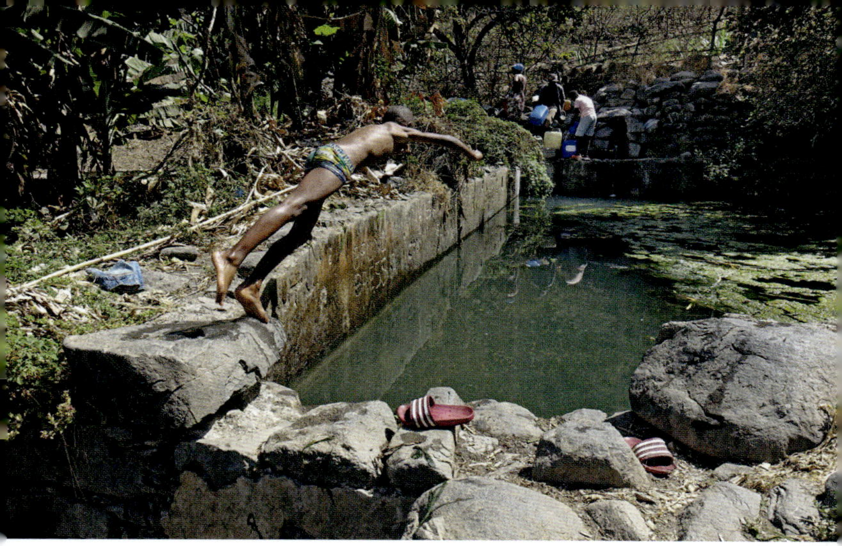

Die erste Quelle im Tal.

einen Baobabbaum. Die Landschaft ändert sich von wüstenhafter Trockenheit zu sattgrüner Vegetation. Der Grund ist eine Quelle mit einem Wasserauffangbecken und eine **Waschstelle** 3. Auf der weiterführenden Straße passieren wir dann eine weitere Quelle, an der meist reges Treiben herrscht. Nach ca. 600 m endet die Straße, hier wandern wir links, nun steil bergauf. Die gepflasterte Straße geht in eine Schotterpiste über. Wir queren ein Trockenbachbett und kommen an mehreren Häusern vorbei. Vor dem vorletzten Haus der Streusiedlung **Água de Gato** – weit vor einem betonierten Wasserreservoir – verlassen wir die Piste und gehen ein kurzes Stück weglos bis zur links oberhalb liegenden Einsattelung mit einem **Miradouro** 4. Dieser Aussichtspunkt ist nicht baulich befestigt, sondern befindet sich praktisch auf dem Bergrücken, auf den Feldern oberhalb des vorletzten Hauses.

Wir gehen wieder die ca. 70 m bis zur Piste hinunter und dort links. Auf Höhe des vorletzten Hauses zweigen wir rechts auf den beginnenden breiten Pfad ab. Hinter einem ersten Haus ist die Wegführung nicht eindeutig, so gehen wir an der linken Seite des zweiten Hauses vorbei. Hinter einer Senke mündet der Pfad in den Hinweg. Wir marschieren jetzt nach links (nicht rechts am Hinweg) und gehen nun kontinuierlich auf der gepflasterten Straße bergab. Diese mündet schlussendlich in die **Hauptstraße** 5. Beim Kreisverkehr folgen wir nach halb rechts der Ausschilderung Richtung **São Domingos**, wo wir dann den **Ausgangspunkt** 1 erreichen.

↗ 500 m | ↘ 500 m | 11.8 km

4.00 h

44 Monte Gamboa, 1099 m

Waldspaziergang auf den Kapverden

Auf der Insel Santiago wird es für uns Mitteleuropäer in den Sommermonaten schon unangenehm heiß. Klingt da nicht ein Ausflug in die kühlen Höhen der Berge sehr verlockend? Im Durchschnitt beträgt die Temperaturabnahme etwa 0,65° C je hundert Höhenmeter. Meist weht dann auch noch ein sehr starker Passatwind. Mit dieser zusätzlichen Windkühle ergeben sich dann angenehme Lufttemperaturen. So wird ein Spaziergang durch den lichten Wald am höchsten Berg der Insel zum Erlebnis an frischer Luft. Oft stauen sich Passatwolken an den Höhen der Berge, so läuft man auf einem Pfad in den Wolken oder über den Wolken in einer faszinierenden Naturlandschaft.

Ausgangspunkt: Kirche bzw. Unterkunft Pousada Quinta da Montanha in Rui Vaz, 841 m (15.034900 -23.600433); ca. 6 km westlich von São Domingos. Anfahrt: Von Praia kommend biegt man im Dorf São Domingos links nach Rui Vaz ab. Bei der Kirche und der Unterkunft Pousada Quinta da Montanha geht es los. Aluguer: Fahren selten auf dieser Strecke. Kosten 100 CVE. Taxi: Ca. 1000 CVE von São Domingos.
Anforderungen: Relativ lange, aber einfache Wanderung.
Einkehr: Keine.

Bei der Kirche neben der Pousada Quinta da Montanha beginnt die Tour.

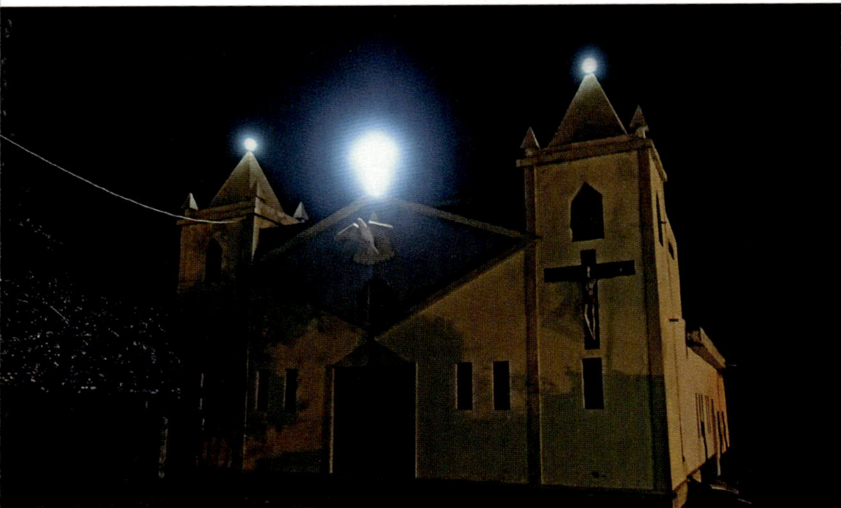

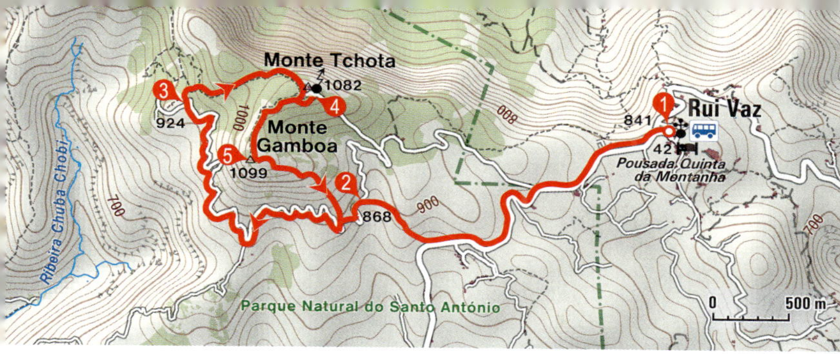

Von der Unterkunft **Pousada Quinta da Montanha** – gelegen im Bergdorf **Rui Vaz** ❶ – gehen wir bis zur Hauptstraße vor und dort links. Bei der nachfolgenden Straßengabelung folgen wir dem halb links abzweigenden Arm. Ca. 100 m hinter auffällig roter Erde bzw. ca. 100 m vor der Linkskehre der Straße zweigen wir rechts auf den beginnenden Pfad ab. Dieser führt entlang einiger weniger Eukalyptusbäume und vieler Akazien zu einer Pfadgabelung. Auf dem halb linken Arm kommen wir dann bei einer Einsattelung an; dort befinden sich einige abgesägte Baumstümpfe.

Von dort sieht man im gegenüberliegenden Hang eine Höhle und eine querende Schotterpiste, die wir erreichen, indem wir in die Schlucht absteigen. Bei einer gebrochenen Tränke beginnt der Aufstieg im Gegenhang. Oberhalb der **Piste** ❷ befindet sich die unspektakuläre Höhle. Wir marschieren nach links auf der leicht bergauf führenden Schotterpiste. Hinter einem Felsdurchbruch ignorieren wir den links abzweigenden Pfad in Richtung einer Ruine.

Der Weg schlängelt sich gemächlich durch die Berglandschaft, bis wir die **Schlüsselstelle** ❸ dieser Wanderung erreichen. In der Linkskehre der Piste bei einem abgesägten Baumstumpf und zwei Steinhaufen zweigen wir nach halb rechts auf den beginnenden Pfad ab. Diese endet bei einem breiteren Pfad; vor uns erhebt sich der Gipfel des Pico d'Antónia. Wir marschieren rechts weiter und ignorieren zwei linke Abzweiger.

Nach steilem Aufstieg erreichen wir ein ebenes Wegstück mit freier Sicht auf eine Radarkuppel. Nach wenigen Metern kommen wir bei einem faszinierenden Aussichtspunkt mit gigantischen Tiefblicken an. Nachfolgend

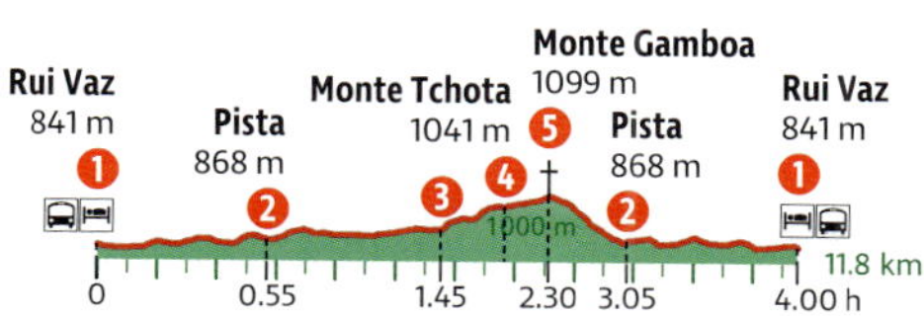

laufen wir um das eingezäunte militärische Gelände am **Monte Tchota** 4 bis zur gepflasterten Straße. Von hier könnte man auch auf der gepflasterten Straße bis zum Ausgangspunkt absteigen. Wir gehen aber nicht bis zur Straße vor, sondern vom südlichen Ende der militärischen Anlage über eine breite Piste bis zum Gipfel des **Monte Gamboa** 5. Von diesem schönen Aussichtspunkt blickt man hinüber auf den Pico d'Antónia.

Wir überschreiten den Berggipfel und gehen nun in südöstliche Richtung über einen breiten Bergrücken, zunächst gemächlich talwärts. Dort, wo sich der Pfad in zwei Arme gabelt, halten wir uns halb rechts. Bei einer einzeln stehenden Tanne gabelt sich der Pfad abermals, wir gehen nochmals halb rechts. Nach kurzem steilen Abstieg sehen wir unterhalb von uns eine Piste, das ist der Hinweg. Wir steigen aber nicht direkt zu dieser Piste ab, sondern bleiben geradeaus. Dieser weniger steile Pfad über einen Bergrücken führt ebenfalls zur Piste hinunter.

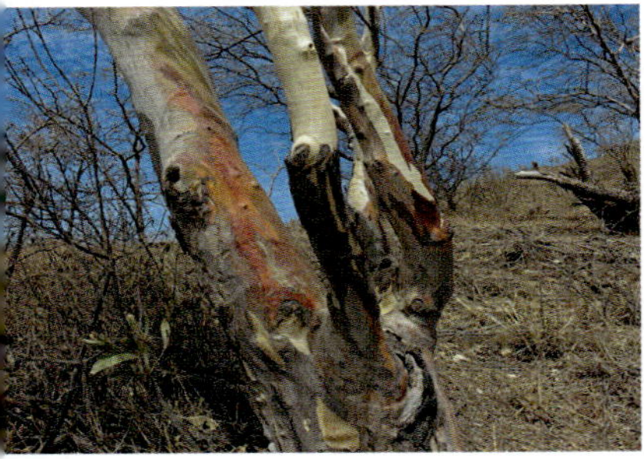

Von hier gehen wir auf dem bekannten Hinweg zurück nach **Rui Vaz** 1. Obacht! Dort, wo sich oberhalb des Weges die Höhle befindet, beginnt der Rückweg durch die Schlucht!

Foto oben: Eukalyptusbäume am Wegesrand.
Unten: Kurz vor dem Monte Tchota ergibt sich noch ein schöner Ausblick.

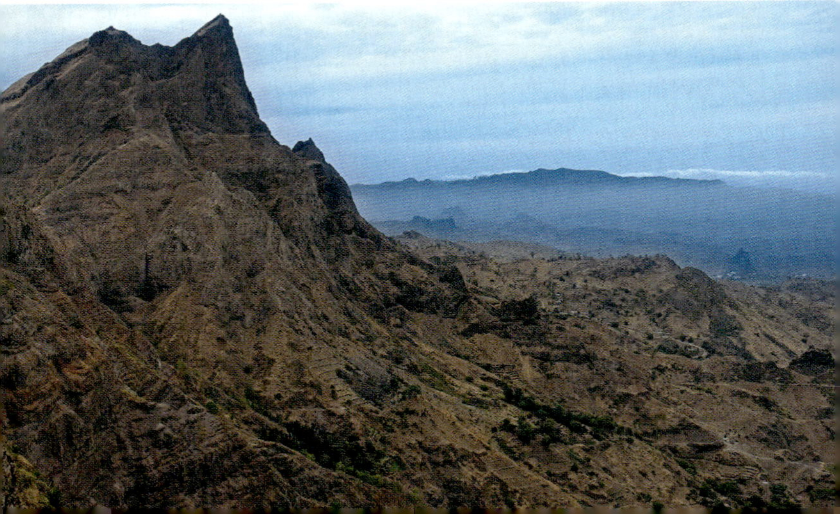

↗ 750 m | ↘ 320 m | 12.9 km

4.30 h

Ponta d'Achada – Rui Vaz 45

Auf unbekannten Wegen durch Santiago

Die Wanderung führt über die grüne Oase Santa Ana durch eine unbekannte und größtenteils unbewohnte Naturlandschaft zum Bergdorf Rui Vaz. Wir entdecken eine abgelegene Schlucht, genießen von einem Bergkamm eine faszinierende Aussicht auf den höchsten Berg der Insel und wandeln durch wohlriechende lichte Wälder nach Rui Vaz. Aufgrund der Höhenlage ist es hier kühler als an den Küstenorten. Auch weht oft ein starker Passatwind. Fazit: Ein Tag mit beeindruckenden Momenten in großartigen Landschaften!

Ausgangspunkt: Ponta d'Achada, 411 m (14. 988100 -23.635517); ca. 18 km nordwestlich von Praia. Anfahrt: Von Praia über die Dörfer João Varela oder Cidade Velha. Aluguer: Fahren sehr selten, Kosten 400 CVE. Taxi: Ca. 4000 CVE von São Domingos.
Endpunkt: Kirche in Rui Vaz, 841 m (15.034900 -23.600433), bei der Pousada Quinta da Montanha; ca. 6 km westlich von São Domingos. Aluguer: Fahren selten, Preis 100 CVE. Taxi: Ca. 1000 CVE von São Domingos.
Anforderungen: Guter Orientierungssinn wird benötigt, da teilweise Abschnitte weglos sind. Das Gelände ist aber einfach und kann ohne spezifische Übung von jedem absolviert werden.
Einkehr: Keine.

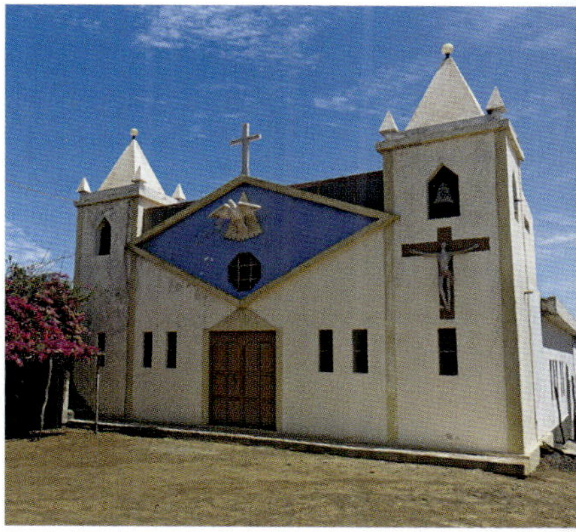

Die Tour endet an der Kirche von Rui Vaz.

Die Wanderung beginnt am Dorfplatz von **Ponta d'Achada** ❶, zu erkennen an den rot-grün-braun angemalten Sitzbänken. Wir gehen ein kurzes Stück auf der Anfahrtsstraße zurück, um dann an der Straßengabelung scharf links in die Hauptstraße einzubiegen. Der bergab führenden Straße folgen wir durch eine Links- und eine Rechtskehre.
Hinter den letzten Häusern des Dorfes gehen wir rechts auf dem **Weg** ❷ vor dem Fußballplatz mit den hellblau gestrichenen Mauern entlang. Wir wandern neben oder im Trockenbachbett – nach Regenfällen ist der Pfad kaum auszumachen. Dort, wo sich der Pfad gabelt, folgen wir dem halb linken Arm und kommen an einer Staumauer vorbei. Bei einer weiteren kleinen Staustufe führt dann der Weg halb rechts durch den Hang bergauf.

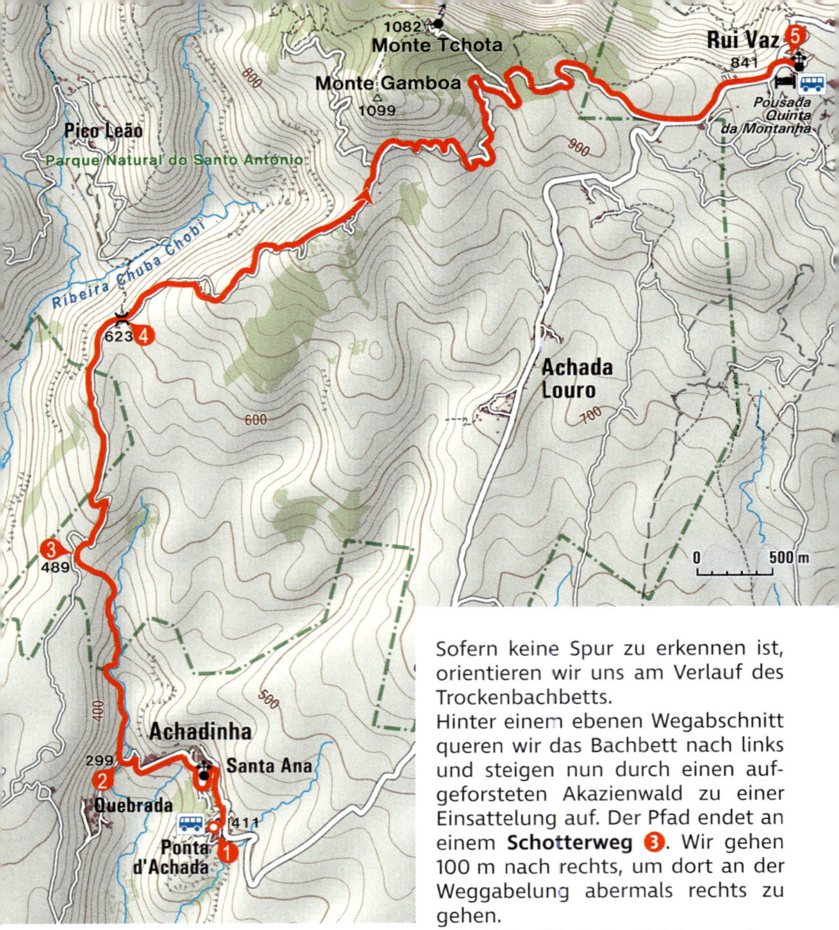

Sofern keine Spur zu erkennen ist, orientieren wir uns am Verlauf des Trockenbachbetts.

Hinter einem ebenen Wegabschnitt queren wir das Bachbett nach links und steigen nun durch einen aufgeforsteten Akazienwald zu einer Einsattelung auf. Der Pfad endet an einem **Schotterweg** ❸. Wir gehen 100 m nach rechts, um dort an der Weggabelung abermals rechts zu gehen.

Die Piste führt in Richtung eines weithin sichtbaren Funkmasts, den wir im Weiteren passieren. Bei einem kleinen Dorf im Nichts gehen wir an der **Einsattelung** ❹ geradeaus weiter (nicht links in die Schlucht). Wir kommen an weiteren Häusern vorbei und folgen an der Weggabelung den halb rechten Arm. Hinter einer 10 x 50 m großen freien Sandfläche gabelt sich der Weg abermals, wir gehen halb rechts auf dem steinigen Pfad bergauf. Nach einem Abschnitt mit zahlreichen Viehspuren im Sand mündet der Pfad in eine breitere Piste. Hin-

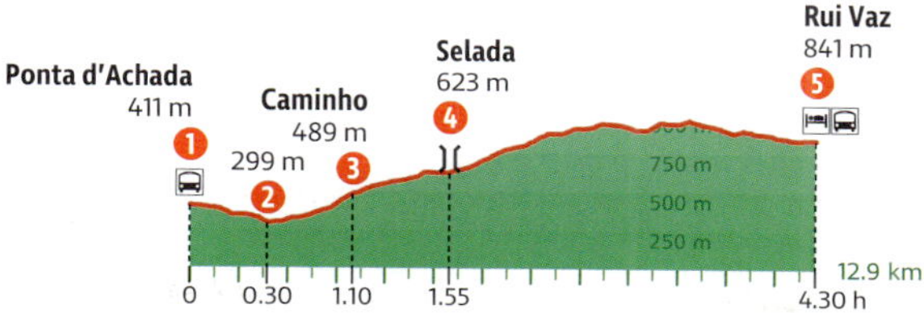

ter auffallend vielen Eukalyptusbäumen beginnt dann neuerlich ein Pfad, dieser führt in eine Senke mit mehreren Ruinen. Nach einem Wasserauffangbecken mündet der Pfad wieder in eine Piste, auf der wir rechts weitermarschieren. Wir gehen durch einen Felsdurchbruch und lichten Eukalyptuswald.

Bei einer kleinen Höhle, etwas oberhalb des Weges, verlassen wir die Piste nicht nach rechts (siehe Tour 44), sondern gehen geradeaus weiter. Unterhalb einer militärischen Anlage mit ihrer Radarkuppel am Monte Tchota erreichen wir eine gepflasterte Straße, auf der wir nun kontinuierlich talwärts wandern. Die nächste nach rechts abzweigende Straße lassen wir aus, und schließlich erreichen wir den Endpunkt der Wanderung, das Bergdorf **Rui Vaz** **5**, das sich auf der rechten Straßenseite befindet.

Von einer Einsattelung schaut man auf den Pico d'Antónia.

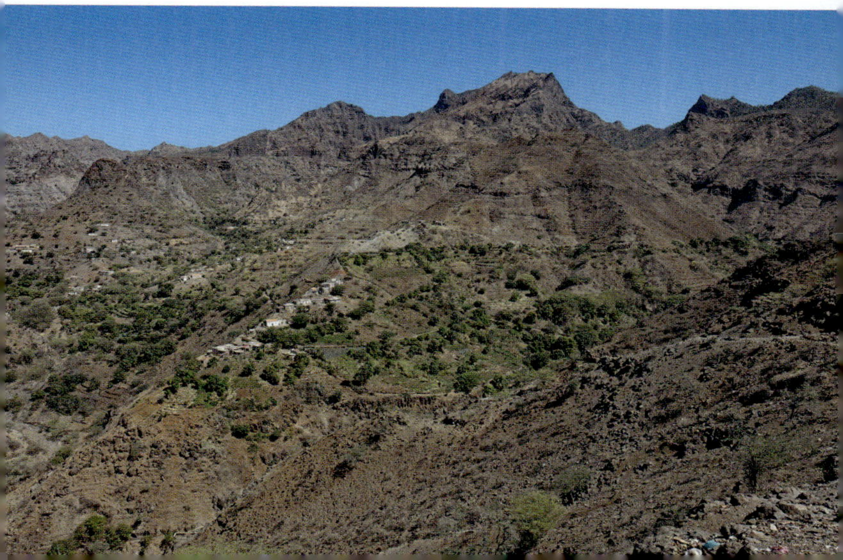

↗ 200 m | ↘ 200 m | 8.0 km

46 Cidade Velha

2.45 h

Die Wiege der Kapverden

Diese einmalige Wanderung führt durch die Geschichte der ehemaligen Hauptstadt der Kapverdischen Inseln. Cidade Velha wurde 1462 gegründet und war die erste portugiesische Siedlung auf den Kapverdischen Inseln – aber auch ein unrühmlicher Knotenpunkt des Sklavenhandels. In der Stadt entdecken wir: den Pelourinho – ein Denkmal, das an den Sklavenhandel erinnert, die älteste Kirche Westafrikas – die Igreja Nossa Senhora do Rosário, Kloster und Kirche des Franziskanerordens, das Forte Real de São Filipe und die Ruinen der Catedral da Sé. Immer wieder von Piraten und Freibeutern überfallen und geplündert, wurde Cidade Velha im 18. Jahrhundert aufgegeben und Praia zur heutigen Hauptstadt ernannt. Seit 2009 gehört das historische Zentrum von Cidade Velha zum Weltkulturerbe der UNESCO. Botanische Schmankerl sind die größten Baobabbäume der Kapverdischen Inseln und ein üppig grüner Palmenhain.

Hinter der Kirche Nossa Senhora do Rosário stehen die zwei größten Baobabbäume der Inselgruppe.

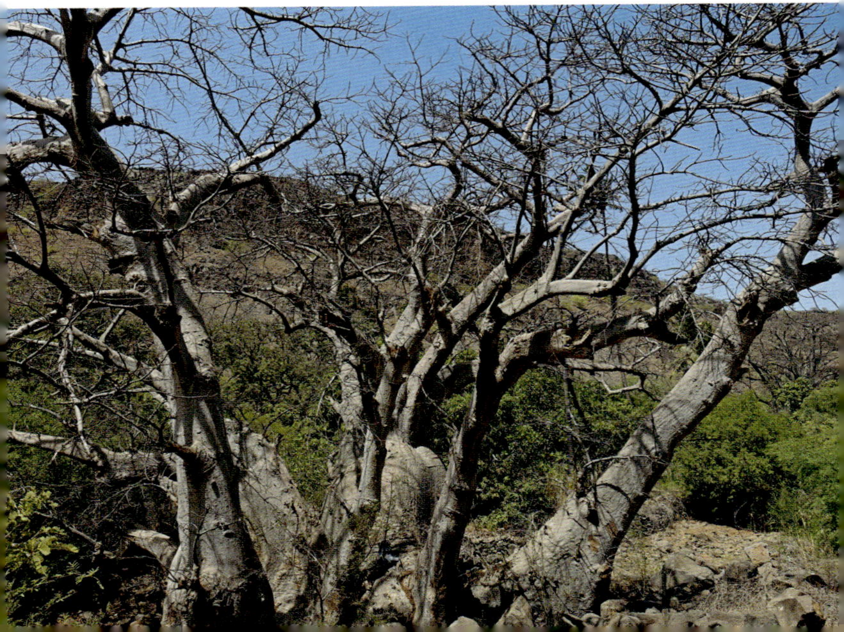

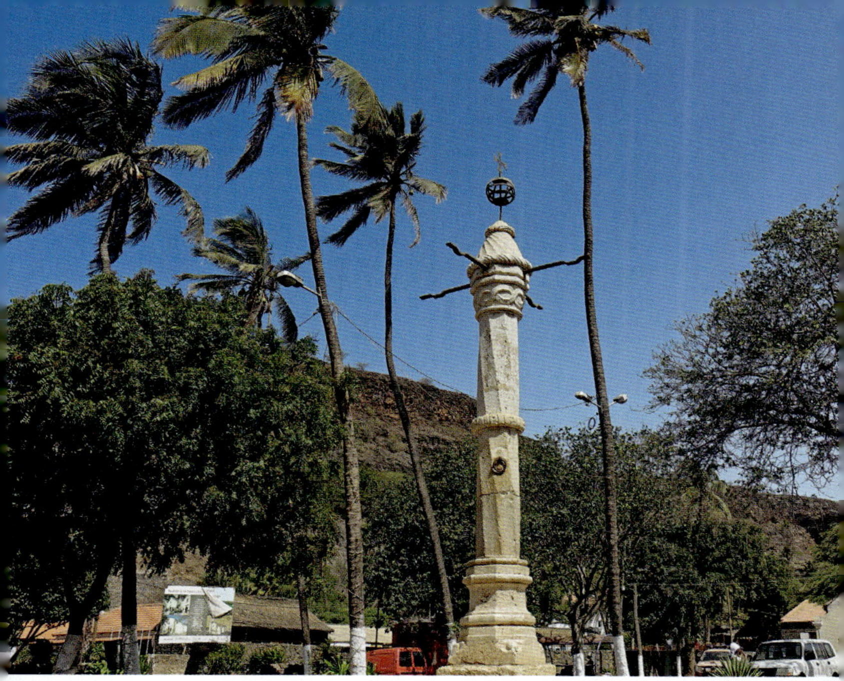

Der Pelourinho in Cidade Velha – ein Denkmal des Sklavenhandels.

Ausgangspunkt: Cidade Velha, 2 m (14.915000 -23.605017); ca. 14 km westlich von Praia. Anfahrt: Man folgt der Ausschilderung Richtung Cidade Velha und parkt das Auto im Ortszentrum. Aluguer: Kosten von Praia 200 CVE. Taxi: Ca. 2000 CVE.
Anforderungen: Einfache Wanderung.
Einkehr: Keine auf der Wanderung. Mehrere Restaurants in Cidade Velha.

Die Erkundungsrunde beginnt im Ortszentrum von **Cidade Velha** ❶ am 1520 errichteten Pranger *(pelourinho)*. Die Säule erinnert an die Zeit des Sklavenhandels auf den Kapverden. In nordwestlicher Richtung gehen wir hinter dem Trockenflussbett sofort rechts. Häuser in portugiesischer Kolonialarchitektur säumen den Weg.
Am nördlichen Ende der kleinen Siedlung treffen wir auf die 1495 errichtete **Igreja Nossa Senhora do Rosário** ❷, eines der historisch wichtigsten Gebäude der Kapverdischen Inseln. Die Wände sind halb hoch mit bunt bemalten Keramikfliesen bekleidet, die sogenannten Azulejos aus Portugal. Auf dem weiteren gepflasterten Weg, vorbei an historischen Häusern und an einem Container, gelangen wir an das Ribeira. Auf dessen Begrenzungs-

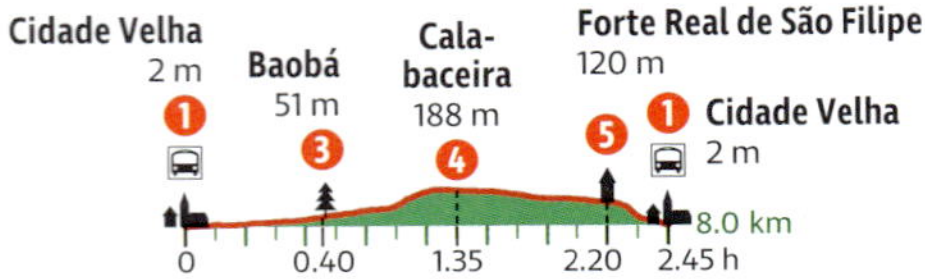

mauer gehen wir nur wenige Meter, um dann links der Ausschilderung Richtung Convento e Igreja São Francisco zu folgen. Der Bau entstand in der zweiten Hälfte des 17. Jahrhunderts und gehörte dem Franziskanerorden. Zahlreiche Piratenangriffe und ein großes Feuer zerstörten das Gebäude nahezu komplett. Zwischen 2001 und 2005 wurde es wieder aufgebaut. Nach der Besichtigung gehen wir ein kurzes Stück zurück auf den Hauptweg. Dort gehen wir halb links wenige Meter bis zur nächsten Weggabelung. Hier wählen wir den halb linken Arm und wandern auf einem von einer Steinmauer gesäumten Weg weiter.

Auf Höhe von Ruinen geht der Weg in einen Pfad über. An der nächsten Weggabelung folgen wir nicht dem halb rechten Arm zu einer Schweinehaltung, sondern gehen geradeaus auf dem Pfad weiter, der von Zäunen begrenzt ist. Der Pfad mündet in das Ribeira. Mal direkt im Ribeira, mal auf einem Pfad parallel zum Trockenbachbett erreichen wir einen ersten rie-

Das Forte Real de São Filipe.

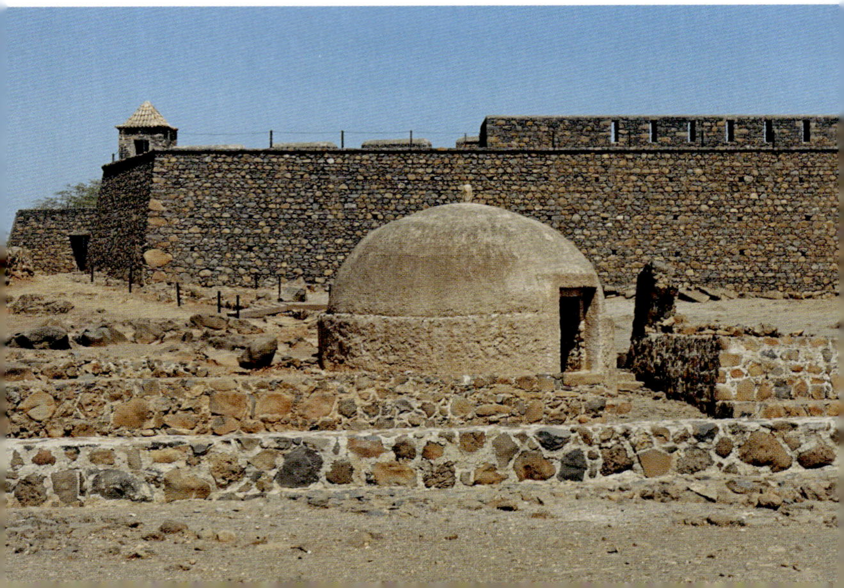

sigen **Baobabbaum** ❸. Nach einem kurzen Wegstück erreichen wir dann einen weiteren monumentalen Baobab, dieser ist der größte der Kapverdischen Inseln. Wir setzen unseren Weg durch die Schlucht fort und passieren kleine Staustufen.
Dort, wo unser Pfad endet, gehen wir rechts weiter durch das üppige Grün eines Palmenhains. Auch befinden sich hier rote Richtungspfeile. Hinter Häusern und einem Wasserauffangbecken wandern wir rechts bergauf und erreichen nach einer Kehre den oberen Rand der Schlucht. Dort halten wir uns geradeaus in Richtung der Häuser (nicht halb links zur Informationstafel).
Wir marschieren durch das Dorf **Calabaceira** und passieren die **Kirche** ❹. Sobald wir den Fußballplatz sehen, verlassen wir die Straße nach halb rechts und gehen zwischen dem Fußballplatz und den Häusern hindurch. Wir suchen und finden einen beginnenden Pfad, der bald darauf in eine Piste übergeht. Es folgt ein Wegabschnitt mit sehr vielen Abzweigern. Aber in der Ferne haben wir mit dem Fort einen ausgezeichneten Orientierungspunkt und können uns nicht verlaufen. Wir wandern immer auf dem Bergrücken und gelangen schlussendlich zum **Forte Real de São Filipe** ❺. Unübersehbar wacht die mächtige Festung über Cidade Velha. Sie wurde 1590 von den Portugiesen errichtet und sollte die damalige Hauptstadt Santiagos vor Piraten schützen.

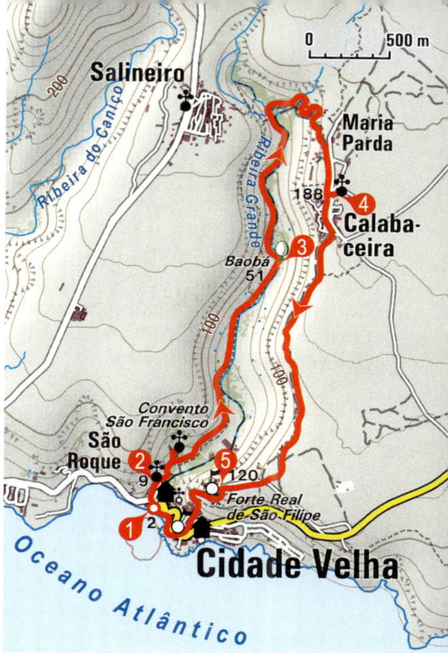

Nach dem Besuch gehen wir an der südlichen Außenmauer durch einen Torbogen des Forts und dann auf dem neu angelegten Weg talwärts. An der Weggabelung bei einer freien Fläche zweigen wir auf den Weg halb rechts ab. Dieser führt zwischen Häusern hindurch bis zu den Ruinen der Kirche **Catedral da Sé**. Aus den historischen Archiven entnimmt man, dass der Bau bereits 1555 begann und bis 1693 andauerte. Die Kathedrale wurde aber niemals komplett fertiggestellt, da es keine Mittel mehr für die Innendekoration gab. Im Laufe der Zeit wurden dann die Steine aus den Mauern der Kirche herausgebrochen und als Baumaterial für Häuser verwendet.
Auf der unterhalb der Kirchenruine liegenden Straße gehen wir schließlich bis zum **Ausgangspunkt** ❶ zurück.

Die Insel Fogo

Die Entstehung der Vulkaninsel Fogo begann durch vulkanische Aktivität und die Bildung eines »Seamounts« (Tiefseeberg) und setzte sich fort mit dem schnell und kontinuierlich entstehenden Schildvulkan Monte Amarelo. Dieser wurde vor ca. 73.000 Jahren instabil, seine östliche Flanke kollabierte und rutschte ins Meer ab. Dabei löste er eine ca. 270 m hohe Tsunamiwelle aus und die Depression (das Hochtal) Chã das Caldeiras entstand. Im Norden, Westen und Süden ist die Chã das Caldeiras von einer ca. 950 m hohen Steilwand, der sogenannten Bordeira do Fogo begrenzt. Danach bildete sich der 2829 m hohe Schichtvulkan Pico de Fogo, der höchste Berg der Kapverdischen Inseln.

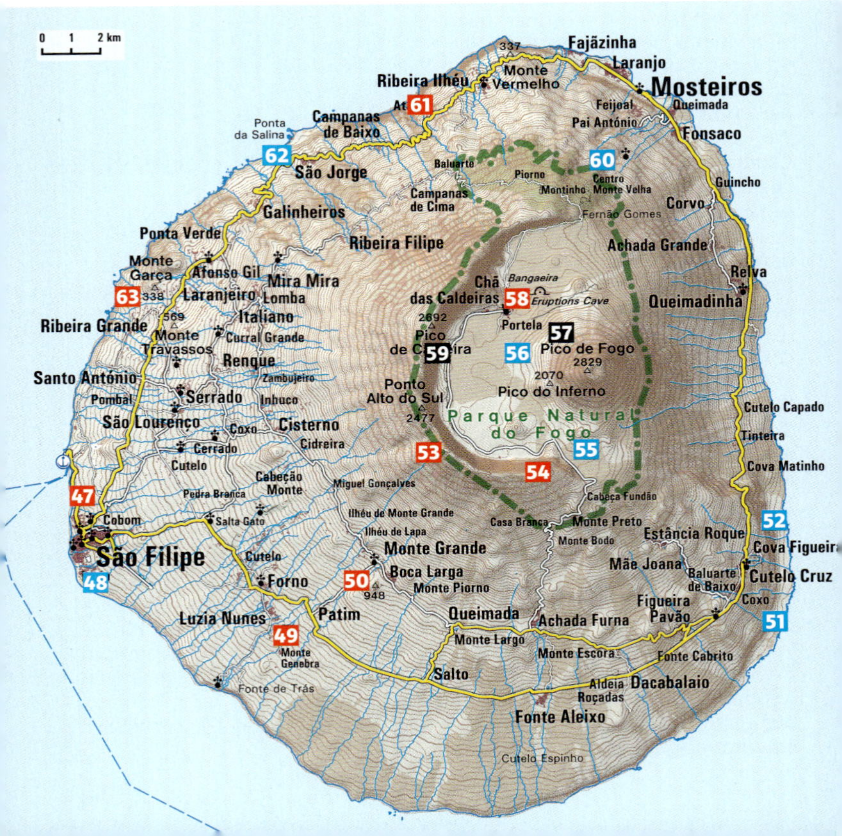

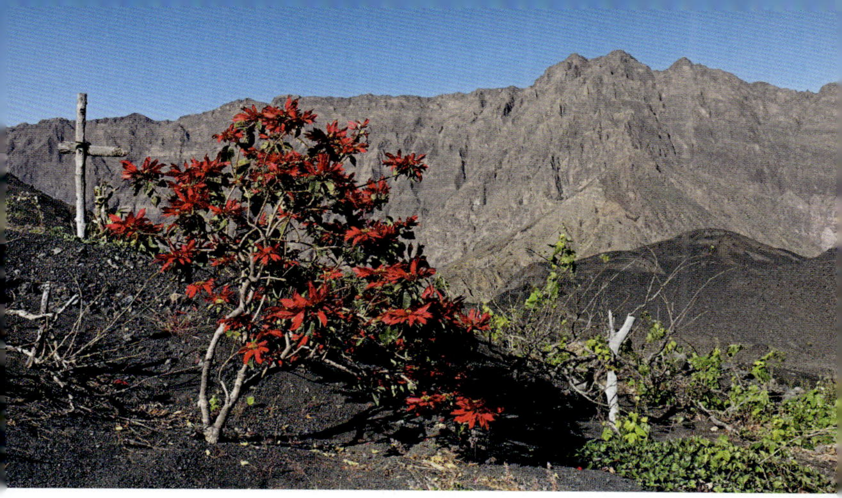

Der omnipräsente Weihnachtsstern in der Chã das Caldeiras.

Im Lauf der Jahrhunderte ereigneten sich zahlreiche weitere Vulkanausbrüche, der letzte im November 2014, als der Lavastrom des Nebenkraters Pico Pequeno einen Großteil der Häuser in den Dörfern Portela und Bangeira begrub – verletzt wurde zum Glück niemand. Seither entstanden in den betroffenen Gebieten neue Unterkünfte. Eine weitere Besonderheit auf der Insel Fogo ist das Weinanbaugebiet in der Chá das Caldeiras. Weinreben wurden erst im 19. Jahrhundert von dem französischen Abenteurer Armand Montrond eingeführt und werden seitdem kultiviert. Auf Fogo werden trockene Weiß-, Rosé- und Rotweine produziert.

Als südlichste und gebirgigste Insel des Archipels erhält Fogo die größten Niederschlagsmengen auf den Kapverdischen Inseln. Dennoch gibt es keine ganzjährig wasserführenden Flüsse. Aufgrund der Passatwolken sind aber die Nordosthänge der Insel ganzjährig grün. Eine weitere Besonderheit: Die Berghänge werden mit Kaffeepflanzen kultiviert. Sonst überwiegen auf der Insel wüstenartige Trockenregionen.

Die Inselhauptstadt São Filipe liegt auf einem 70 m hohen Plateau und ist in Ober- (für die adlige Oberschicht) und Unterstadt (für die Sklaven) geteilt. Das ist noch heute an den alten Kolonialbauten und *sobrados* (Herrschaftshäuser) zu sehen. São Filipe gilt als eines der schönsten Städtchen auf den Kapverden. In dem malerischen Ort leben die meisten der ca. 38.000 Bewohner von Fogo. Das Geld für den Lebensunterhalt erwerben sie durch Fischfang, Landwirtschaft und Tourismus.

Feuchte grüne Nebelwälder, erstarrte schwarze Lavaströme, zauberhafte Dörfer und zahlreiche pechschwarze Strände – die viertgrößte Insel der

Kapverden bietet eine faszinierende Vielfalt und lockt vor allem Wanderer und Naturliebhaber.
Es gibt regelmäßige Fährverbindungen vom Hafen Praia auf Santiago zum Hafen Furno auf Fogo sowie regelmäßige Flugverbindungen zum nationalen Flughafen São Filipe.
Auf der Insel Fogo bieten sich als Standorte für Erkundungen und Wanderungen die Inselhauptstadt São Filipe, das am Vulkan liegende Chã das Caldeiras und Mosteiros im Nordosten der Insel an.

Botanische Besonderheiten der Insel Fogo

Das Klima auf der Insel Fogo bringt zahlreiche pflanzengeografische Besonderheiten mit sich. So herrscht in Küstennähe extremer Trockenstress. Hier gibt es keine landwirtschaftliche Nutzung; man findet fast ausschließlich den Überlebenskünstler Akazie, die dort bis zu 20 m hoch wird und dicke Wurzeln, blaugrüne Blätter und Dornen hat. Sie ergrünt erst zu Beginn der Trockenphase. Auch ist der afrikanische Affenbrotbaum, der Baobab, in den niederen Lagen von 200 bis 600 m Höhe beheimatet.

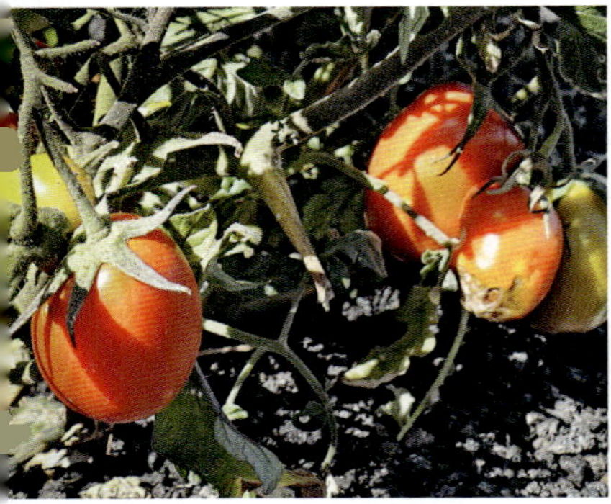

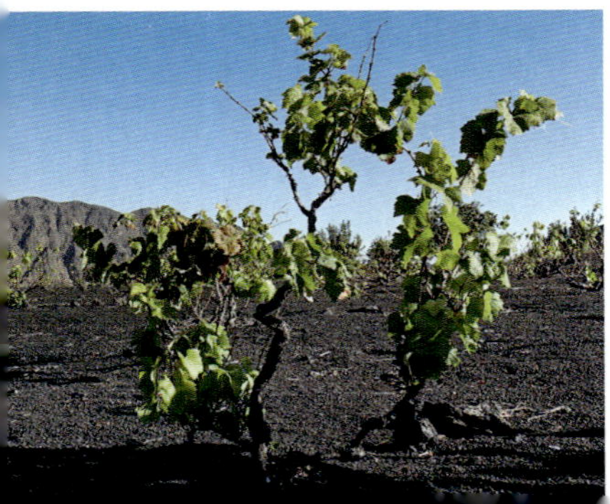

Die Vegetationsstufe von 500 bis 1000 m Höhe wird landwirtschftlich genutzt, dank dem Nordostpassat. An den Nordosthängen der Insel fallen erheblich mehr Niederschläge als an den im Passatlee liegenden Hängen im Südwesten. Im Nordosten ist daher die maximale Feuchte der Insel vorzufinden. Dort werden Bananen, Zitrusfrüchte, Papaya, Mango, Kongobohnen, Kaffee und weitere Nutzpflanzen angebaut. Als 1790 die Kaffeepflanze eingeführt wurde, bedeutete dies einen wirtschaftlichen Aufschwung für die gesamten Kapverden.
Für die Höhenlagen ab 1300 m ist die Federbuschvegetation typisch, und die Vegetation entspricht mediterranen Florenelementen. Die Chã das Caldeiras liegt oberhalb 1650 m; der Parque Natural do Fogo hat ca. 32 endemische Pflanzenarten. Es ist

Foto oben: Tomaten gedeihen vorzüglich auf dem vulkanischen Boden.
Unten: In der Caldera gedeihen erstklassige Rot- und Weißweine.

BESONDERE UNTERKÜNFTE AUF DER INSEL FOGO

Pensão Bela Vista (€)
In der Innenstadt von São Filipe und nur wenige Meter entfernt von der Bank, dem Markt und den Minimärkten befindet sich die Pension Bela Vista in einem schön renovierten Kolonialgebäude.
- Achada Pato, São Filipe, pousadabelavista.cv, fatimagoncalvesfg50@gmail.com (14.896598 -24.498538; Touren 47–50 und 63).

La Fora Ecolodge (€€€)
Die La Fora Ecolodge liegt ca. 8 km nordwestlich von São Filipe und bietet Unterkünfte mit Restaurant, kostenfreien Privatparkplätzen, Außenpool und Bar.
- Cerado Sul C.P. 87, 8220, São Filipe, laforaecolodge.com, info@laforaecolodge.com (14.929477 -24.454148; Touren 47–50 und 63).

Casa Colonial Koenig (€€)
Die Casa Colonial Koenig in São Filipe begrüßt Sie mit einer Bar.
- Rua do Mercado, São Filipe (14.894345 -24.499856; Touren 47–50 und 63).

Colonial Guest House (€€)
Das sehr schöne, in einem Kolonialgebäude untergebrachte Colonial Guest House in São Filipe überzeugt durch stilvoll eingerichtete Zimmer.
- Alto de São Pedro, São Filipe, casacolonialguesthouse.cv (14.895689 -24.498697; Touren 47–50 und 63).

Tortuga Fogo (€€)
Die Unterkunft Tortuga Fogo liegt 1 km südlich der Inselhauptstadt São Filipe, direkt an einem schwarzen Sandstrand.
- Praia Ns da Incarnaçao, São Filipe, tortuga-fogo.eu, casamarelacv@hotmail.com oder info@tortuga-fogo.eu (14.880788 -24.492962; Touren 47–50 und 63).

Casa Marisa (€€)
Die tägliche Anreise von São Filipe zum Krater Chã das Caldeiras ist zeitaufwendig und umständlich. Da bietet sich ein Aufenthalt in der wunderschön im Krater gelegenen Casa Marisa an.
- Chã das Caldeiras, fogo-marisa.com, info@fogo-marisa.com (14.967445 -24.373765; Touren 53–60).

Casa Alcindo (€€)
Eine Alternative zur Casa Marisa ist das benachbarte, ebenfalls im Krater gelegene Casa Alcindo.
- Chã das Caldeiras, alcindo.hotele1.top, casaalcindofogo@gmail.com (14.965623 -24.366723; Touren 53–60).

Pensão Christine (€)
Im Nordosten der Insel Fogo befindet sich das Dorf Mosteiros und die an der Hauptstraße (ist aber nicht sehr laut, nur wenige Autos fahren) liegende Pension Christine.
- Vila de Igreja, CPV Mosteiros Mosteiros, pensaochristine.cv, pensaorestaurantechristine@hotmail.com (15.033049 -24.324106; Touren 51, 52, 60, 61 und 62).

schön anzusehen, wie unter anderem der violett blühende Schöterich, ein kniehoher Strauch, und das gelbe Mato Branco Verbascum im Kontrast zur schwarzen Lavawelt gedeihen.
In Gruben in der Vulkanasche kultivieren die Bewohner der Caldeira schnellwüchsige Hülsenfrüchte, Zwergmelonen, Weinreben, Äpfel, Pfirsiche, Paprika, Tomaten, Feigen, Granatäpfel und Rizinus.

↗ 280 m | ↘ 280 m | 8.4 km

47 Monto Grito, 159 m

3.00 h

Land und Leute – die schönsten Ecken nördlich von São Filipe

Spannende Erkundungsrunde mit zwei astreinen Sonn- und Bademöglichkeiten, und von dem kleinen Vulkankegel Monte Grito ergibt sich dann ein faszinierender 360°-Panoramablick: Richtung Westen erspäht man – meist bedeckt von einer langen weißen Wolke – die Insel Brava, im Norden erkennt man den Hafen von Fogo. Richtung Osten schweift der Blick vom 2692 m hohen Ponto Alto do Norte (Nordosten) entlang der Bordeira do Fogo bis zum 2477 m hohen Ponto Alto do Sul (Südosten). Richtung Süden schaut man über die bunten Häuser der Inselhauptstadt São Filipe.

Ausgangspunkt: São Filipe, 73 m (14. 899617 -24.497467). Anfahrt: Die Wanderung begnnt am nördlichen Ortsausgang beim großen Kreisverkehr. Aluguer/Taxi: Fahren sehr zahlreich. **Anforderungen:** Die Abstiege vom Monte Grito und auch zum Secreto Praia sind sehr steil, und man muss trittsicher sein. Wanderstöcke zur Stabilisierung des Gleichgewichts sind hilfreich. **Einkehr:** Keine auf der Wanderung, mehrere in São Filipe.

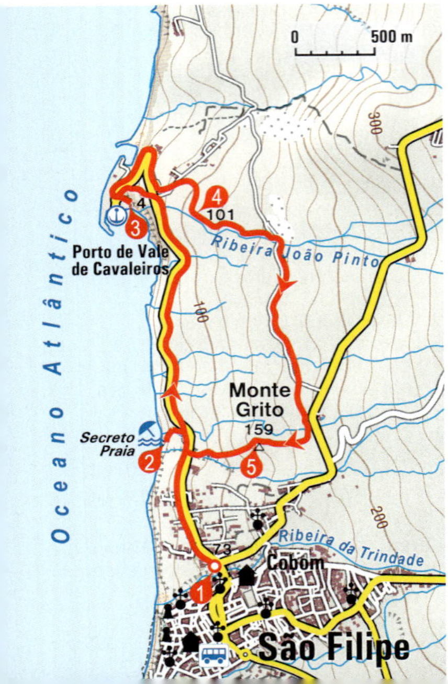

Entlang der Verbindungsstraße marschieren wir von **São Filipe ❶** in Richtung des Hafens Porto de Vale de Cavaleiros. In der Regel ist die Straße kaum befahren, nur wenn ein Schiff gelöscht wird, ist ein bisschen mehr los. Wir überqueren eine Brücke und sehen danach die Überreste einer alten Straße. Am Ende der ersten Reihe von ein paar im Boden verankerten Gummireifen verlassen wir die Straße Richtung Meer.
Auf einer schwachen Trittspur kommen wir an einem kleinen Müllberg vorbei und wandern nun auf der rechten Seite einer kleinen Schlucht, bis ein ausgetretener Pfad durch die Wand der Schlucht in das Trockenbachbett hinunterführt. Nach der Querung folgt der kurze, ausgesetzte Abstieg bis zum 100 m langen schwarzen Strand **Secreto Praia ❷**. Wir steigen wieder zur Straße auf und gehen weiter Richtung Hafen.

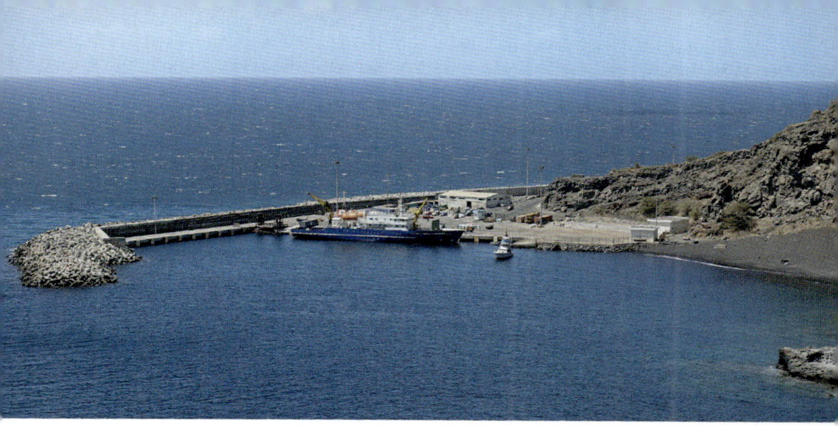

Der Hafen Porto de Vale de Cavaleiros.

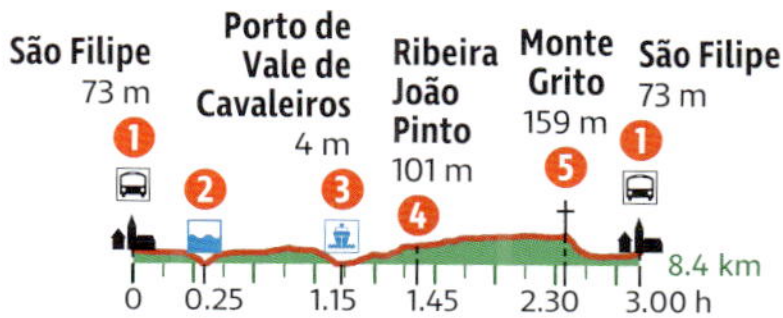

Auf Höhe einer alten Brücke verlassen wir die Straße nach links und folgen dem Pfad hinunter zur Anfahrtsstraße zum **Porto de Vale de Cavaleiros** 3. Geht man links um das eingezäunte Hafengelände herum, so erreicht man einen schönen kleinen Strandabschnitt.

Wir verlassen das Hafengelände auf der Zufahrtsstraße, und nach der ersten Rechtskehre marschieren wir hinter den laut tönenden Dieselgeneratoren zur Stromerzeugung links in die Nebenstraße. Nach ca. 100 m verlassen wir diese Piste nach halb rechts auf einem beginnenden Pfad. Diese führt unter einer Stromleitung hindurch. Dort, wo er sich in zwei Arme verzweigt, halten wir uns halb rechts. Auf der nachfolgenden Fahrspur gehen wir rechts und kommen am **Ribeira João Pinto** 4 an. Nun wandern wir durch diese Schlucht, zunächst noch auf einer Fahrspur, später dann auf einem Pfad und schlussendlich auf einem kurzen Stück weglos.

Nach einem kurzen Aufstieg über Felsen im Bachbett setzen wir unsere Wanderung auf der querenden Piste nach rechts fort. Nach einem längeren Wegabschnitt gehen wir an der rechten Seite eines eingezäunten Geländes vorbei. Der Pfad führt entlang einer eingefallenen Steinmauer bergab, auf die ersten Häuser von São Filipe zu. Auf der nächsten Anhöhe angekommen, aber noch vor zwei Hütten, gehen wir rechts über die Felder – nun weglos in Richtung des Berges **Monte Grito** 5. Bei einem weißen, betonierten Pfeiler überschreiten wir den Gipfel und wandern nun auf einem steilen schmalen Pfad zur unterhalb liegenden Straße, um dann auf dem bekannten Hinweg bis zum **Ausgangspunkt** 1 zurückzugehen.

↗ 120 m | ↘ 120 m | 8.1 km

48 São Filipe – Praia Senhora da Encarnação

2.45 h

Eine der schönsten Städte auf den Kapverdischen Inseln

São Filipe ist die Hauptstadt der Insel Fogo und zugleich die viertgrößte Stadt des Archipels. Sie thront 50 bis 80 Meter über dem Meer auf einem Plateau und bietet einen wundervollen Blick auf die Nachbarinsel Brava. Nach Cidade Velha auf Santiago ist das im 16. Jahrhundert gegründete São Filipe die zweitälteste städtische Siedlung auf den Kapverdischen Inseln. Prachtvolle Herrenhäuser und schmucke Kolonialbauten zeugen vom einstigen Reichtum der Insel während der portugiesischen Kolonialmacht. Südlich des historischen Zentrums spazieren wir entlang der Steilküste mit ihrem pechschwarzen Vulkanstrand. Der Ausflug verknüpft kulturelle und landschaftliche Höhepunkte.

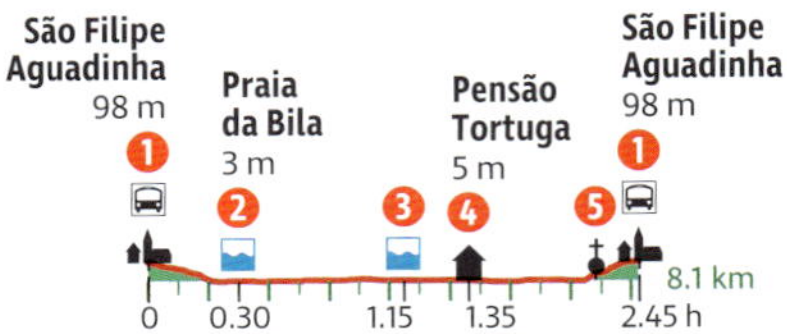

Das Wasserhaus Aguadinha.

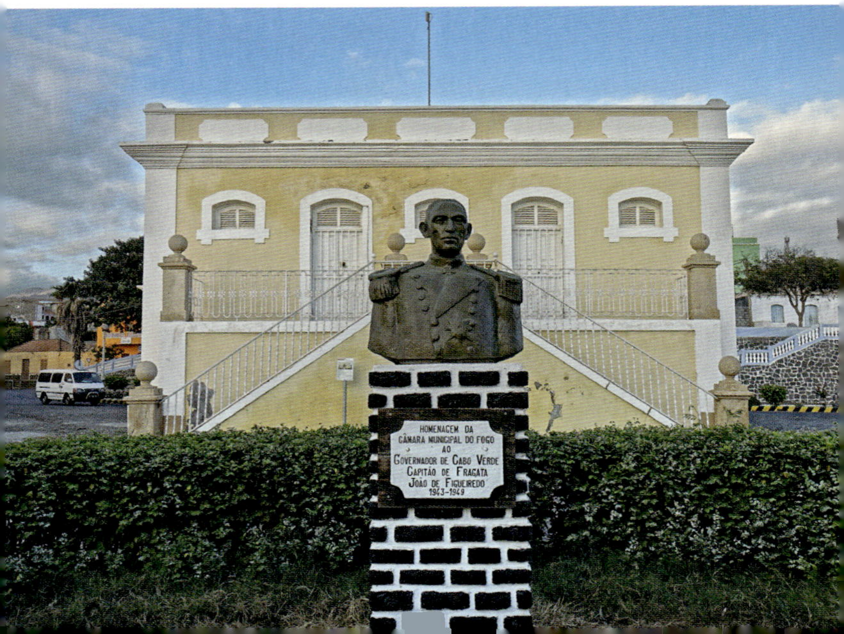

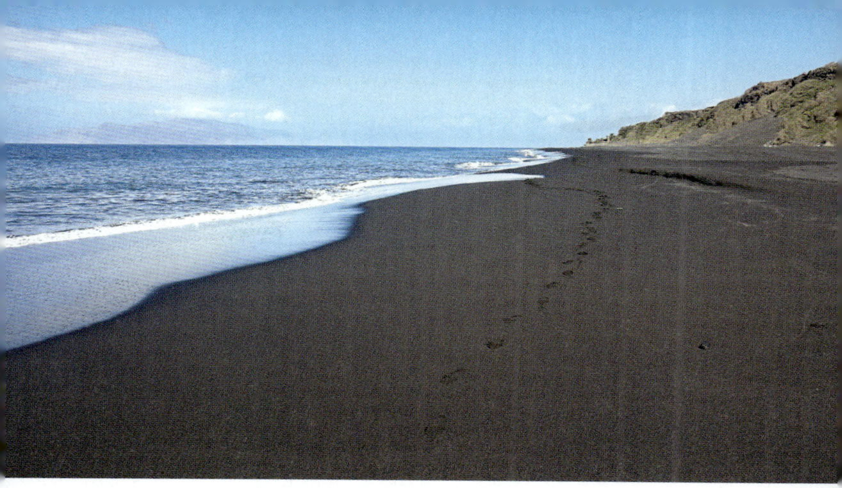

Der abgelegene Strand Praia Senhora da Encarnação.

Ausgangspunkt: São Filipe, 98 m (14.897200 -24.497683). Anfahrt: Die Wanderung beginnt im Nordwesten des historischen Zentrums am Wassertank Aguadinha. Aluguer/Taxi: Fahren zahlreich in die Hauptstadt.
Anforderungen: Einfacher Strandspaziergang.
Einkehr: Nahe am Ausgangspunkt Tropical Club-Restaurante, bei Km 5,4 Pension Tortuga.
Hinweis: Die Strände der Stadt São Filipe befinden sich auf der windabgewandten Seite von Fogo. Trotzdem gibt es oft hohe Wellen – dann ist das Durchqueren der Brandung nicht ratsam! Auch kann man sich an der Küste nicht auf eine gleichmäßige Strömung verlassen!
Tipp: Städtisches Museum, Casa da Memória: casadamemoriafogo.wixsite.com, geöffnet Mittwoch, Donnerstag und Freitag 10.00 bis 12.00 Uhr.

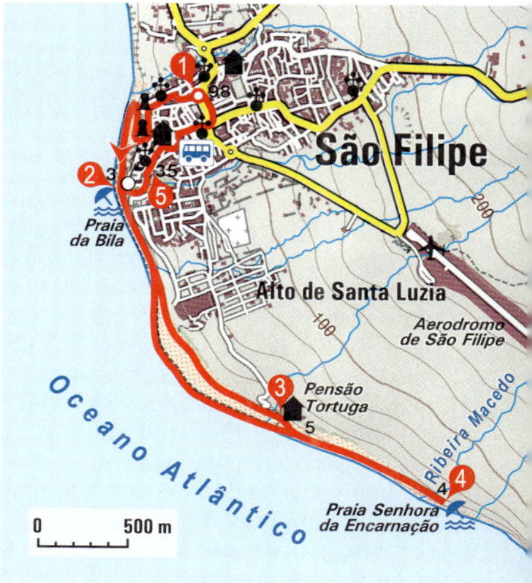

Die Tour beginnt bei einem der Wahrzeichen der Stadt São Filipe, dem 1914 erbauten Wassertank **Aguadinha** ❶, der bis heute die Stadtbevölkerung versorgt. Das Wasser kommt aus einer Quelle, die sich auf 1800 m Höhe

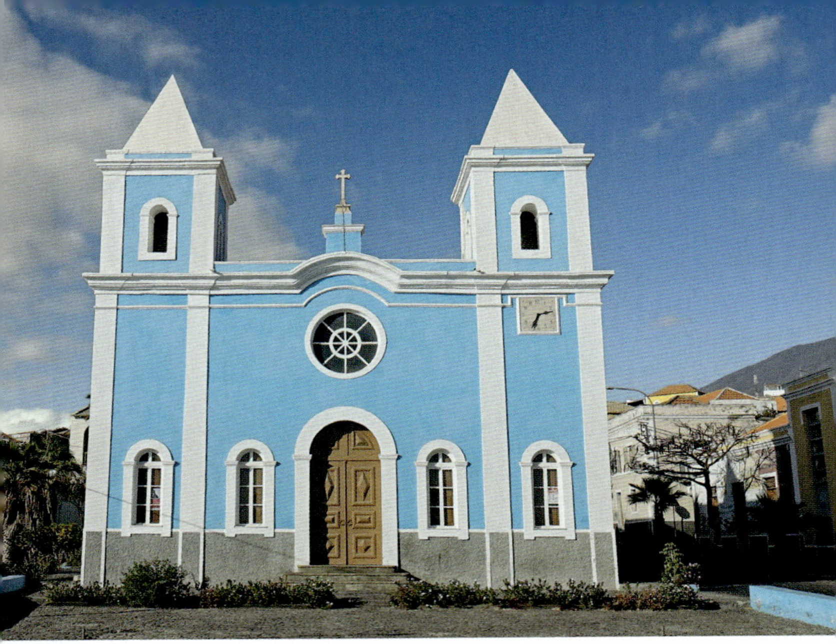

Die Igreja Nossa Senhora de Conceição.

in den Bergen befindet. Vor dem Gebäude des Wassertanks liegt ein wunderschöner Garten mit der Büste von Gouverneur João de Figueiredo, dem Förderer dieses Projekts, also der Wasserversorgung der Inselhauptstadt.
Vom Wassertank gehen wir auf der Hauptstraße in nordöstlicher Richtung (Hafen) und biegen bereits bei der ersten Gelegenheit links in die gepflasterte Straße. Bei der nachfolgenden Kreuzung gehen wir rechts und dann vor der Krankenstation sofort links – nun Richtung Meer. Hinter dem rosa gestrichenen Justizgebäude befindet sich auf der rechten Straßenseite ein kleiner Aussichtspunkt mit Panoramablick zur Nachbarinsel Brava. Vor den Steilklippen gehen wir links durch einen Park, hinter einer Büste rechts auf der gepflasterten Straße und abermals rechts über einen Pflastersteinweg hinunter zum Strand **Praia da Bila** ❷.
Von Juni bis Oktober legen hier die Meeresschildkröten ihre Eier ab. Zwar ist er per Gesetz verboten, wird aber überall auf den Kapverden praktiziert: der Sandabbau an den Stränden für die Bauindustrie. Dieses Vorgehen stört natürlich die Schildkröten während ihrer Eiablage. Ein Konsens zwischen den Interessen der Wirtschaft und denen des Naturschutzes ist bis heute nicht erreicht worden.

3 km lang ist der entspannte Spaziergang am schwarzen und feinen Sandstrand. Am Ende des **Praia Senhora da Encarnação** 3 verhindert ein Felssturz das Weiterkommen. Wir drehen um und machen dann einen lohnenswerten Abstecher zum italienischen Restaurant und **Pension Tortuga** 4, dem einzigen Haus am Strand weit und breit. Roberto ist für seine vorzüglichen Fischgerichte bekannt.
Wir gehen am Sandstrand zurück, bis wir oberhalb der Klippen die gelben Begrenzungsmauern des Friedhofs sehen. Hinter der nachfolgenden **Schlucht** beim **Praia da Bila** 2 steigen wir bei der nächsten Möglichkeit auf einem gepflasterten Weg auf. Unmittelbar hinter einem Hotel führen links Treppen bis in das Unterdorf von São Filipe. Die im 19. Jahrhundert erbaute und in den Jahren 2004 bis 2007 renovierte **Igreja Nossa Senhora de Conceição** 5 lassen wir links liegen, dann passieren wir das Städtische Museum, die Casa da Memória (siehe »Tipp«).
Schließlich gelangen wir zum Praça 4 do Decembro, dem zentralen Platz, an dem sich das Rathaus und die sogenannten *sobrados*, die prachtvollen Herrenhäuser der wohlhabenden Familien der Insel Fogo befinden. Beim nachfolgenden großen Platz halten wir uns links und vor dem Colonial Guest House of Fogo rechts; die Straße führt am ursprünglichen Restaurant Tropical Club vorbei. An der Ortsdurchgangsstraße von São Filipe angekommen, sind es dann nur noch einige Meter links bis zum **Ausgangspunkt** 1.

Die Pension Tortuga.

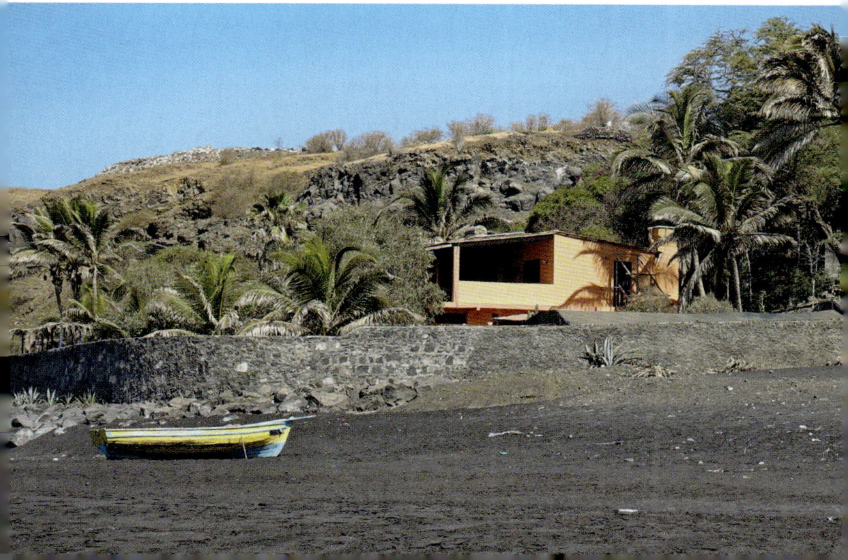

↗ 490 m | ↘ 490 m | 11.0 km

49 Fonte de Trás

4.00 h

Zu einer Quelle in einer kargen, wüstenhaften Landschaft

Da wandert man kilometerweit durch eine wüstenhafte Mondlandschaft, nur wenige Oasen sowie einige Akazien setzen grüne Akzente. Und dann findet Wasser, das zuvor im Boden versickert war, bei der Fonte de Trás seinen Weg an die Erdoberfläche. Einfach faszinierend! Wer ein kleines Abenteuer sucht, wandert von der Quelle auf der beschriebenen Route weiter. Wer es ruhig angehen möchte, spaziert auf der (aber so was von) unbefahrenen Straße zurück. Ein nur noch in Stücken erhalten gebliebener Verbindungsweg – mit den Ruinen einer Brücke – führte einst von der Quelle durch eine Schlucht zur nahe gelegenen Kirche. Spannende 700 m Luftlinie, die es in sich haben. Abgesehen davon ist die Tour aber einfach.

Ausgangspunkt: Patim, 560 m (14. 874333 -24.427117); ca. 10 km südöstlich von São Filipe. Anfahrt: Auf der Hauptstraße von São Filipe bis zum Zentrum des Dorfes Patim und der auffällig rot angemalten Casa Eumar. Aluguer: Fahren nur frühmorgens und abends auf dieser Strecke. Taxi: Ca. 2000 CVE.

Anforderungen: Für die Abschnitte zwischen Quelle und Kirche ist auf felsigem Untergrund Trittsicherheit notwendig, ebenso die Zuhilfenahme der Hände. Erschwerte Orientierung aufgrund vieler Weggabelungen.

Einkehr: Keine. Einen Minimarkt gibt es in Patim.

Variante: Von der Quelle Fonte de Trás kann man das schwierige Wegstück zur Kirche ❹ auslassen, indem man einfach auf der Anfahrtsstraße zur Quelle bergauf geht. Die Straße mündet später in den nachfolgend beschriebenen Weg.

Der Tiefblick von einer 140 m hohen Klippe an der Fonte de Trás.

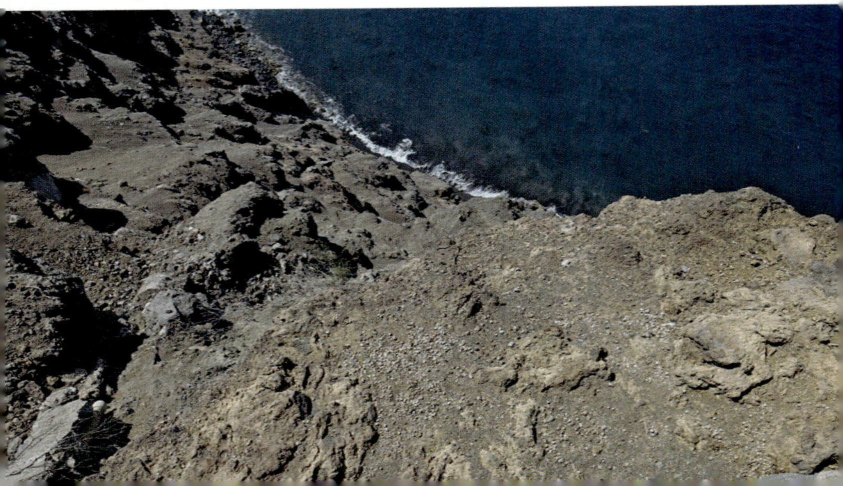

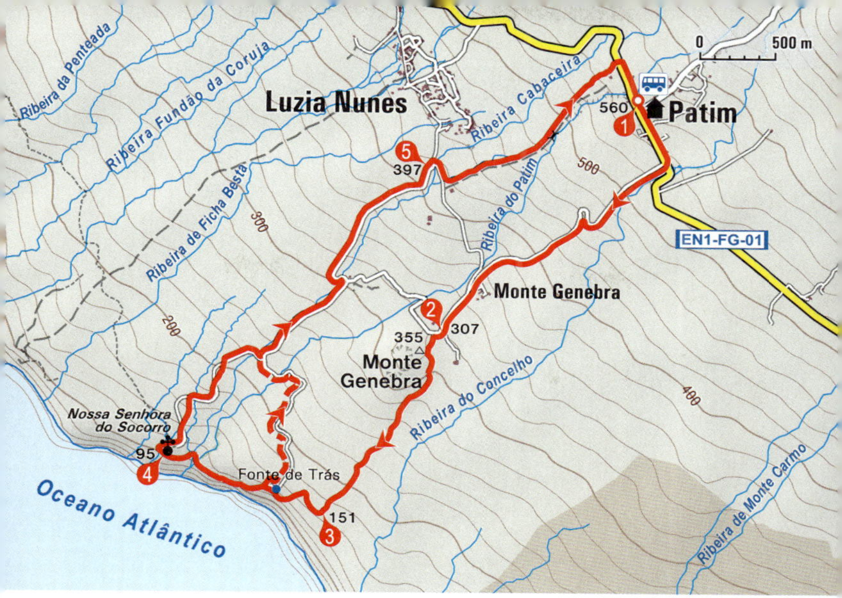

Vorbei an dem Minimarkt und am linken Abzweiger nach Boca Larga laufen wir bis zum südöstlichen Ende des Dorfes **Patim** ❶. Hinter einem riesigen Baum biegen wir rechts in die bergab führende, gepflasterte Straße ein. Nach einem längeren Stück bergab mündet von rechts eine Schotterpiste in die unsrige, und wir gehen an einer eisernen Schranke vorbei.

Die Straße endet, und vor uns erhebt sich der kleine Vulkan **Monte Genebra** ❷. An dieser Stelle gehen wir rechts auf der Piste und nach nur 70 m nach links, nun entlang von Feldern unterhalb der Hänge des Vulkans Monte Genebra. Wo die Piste endet, wandern wir auf dem weiterführenden Pfad geradeaus. Aber vor einer Ziegenhaltung gehen wir dann links durch eine kleine Schlucht und weiter auf einem Pfad Richtung Meer. Dieser Pfad mündet in eine Schotterpiste, auf der wir nun ein längeres Stück marschie-

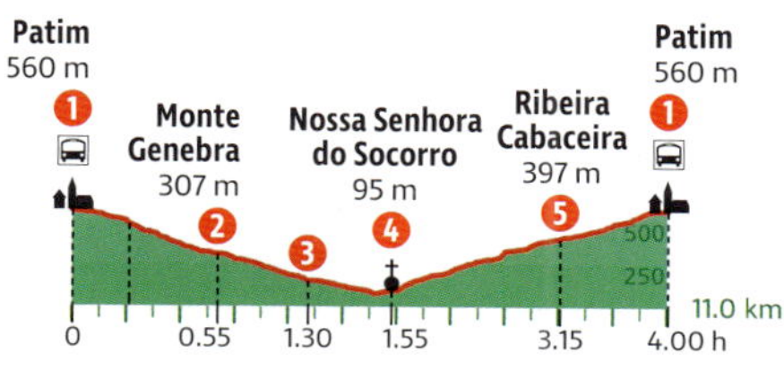

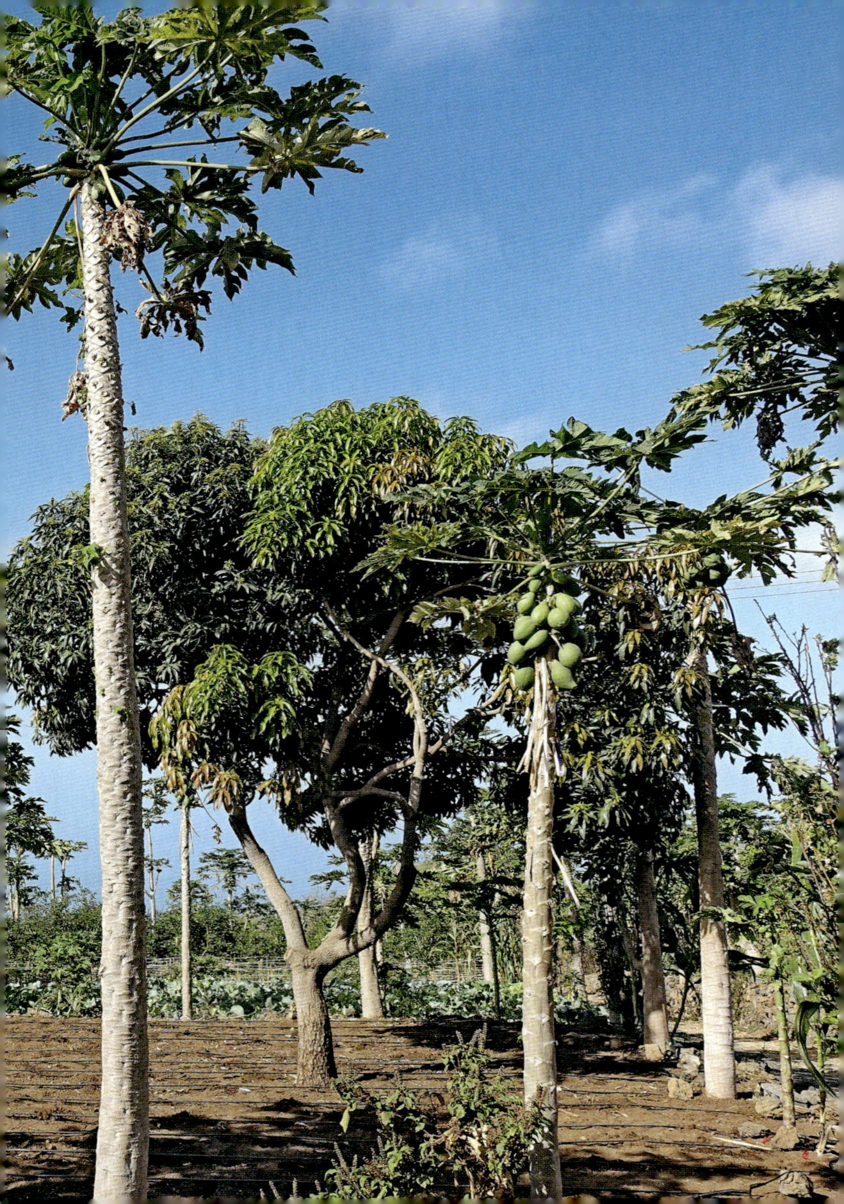

ren. Bei einer **Schlüsselstelle** ❸ – an der man leicht vorbeigehen kann – hinter einer freien Fläche verlassen wir die Piste nach rechts in Richtung eines 5 m entfernten, weiß getünchten Steins.
Nach kurzem Aufstieg gehen wir weglos in der eingeschlagenen Richtung weiter bis zu einer Anhöhe, von der aus man ein weißes Haus sehen kann. Wir queren ein kleines Trockenbachbett, kommen an einem großen Steinhaufen vorbei und orientieren uns nun zunächst in Richtung des weißen Hauses – wo wir auf eine Piste stoßen und schließlich die unspektakuläre Anlage der Quelle **Fonte de Trás** erreichen. Spektakulär ist hingegen der Blick von der Steilküste bis zum 140 m tiefer liegenden Meer. Von hier aus kann man sich für die Variante auf der Straße entscheiden oder für den etwas abenteuerlicheren Weg, der nachfolgend beschrieben ist.
Hinter einem einzeln stehenden blauen Haus steigen wir über Geröll zu einer unterhalb liegenden Piste ab, die parallel zu den Klippen verläuft. Dort, wo die Piste endet, folgen wir dem Ziegenpfad – auch noch durch eine kleine Schlucht. Von der nachfolgenden Anhöhe blicken wir tief in eine unüberwindbar scheinende Schlucht. An dieser Stelle ist es ganz wichtig, nicht links Richtung Meer zu gehen, sondern rechts auf einem Felsband bis zu den Überresten einer ersten Brücke. An dieser Stelle klettern wir unter Zuhilfenahme der Hände durch das Bachbett. Dann queren wir ein weiteres Bachbett und steigen aus der Schlucht zu einem Holzmast auf, von wo aus wir dann die Kirche **Nossa Senhora do Socorro** ❹ sehen – unser nächster Wegpunkt. Oft ist das Kirchengelände verschlossen.

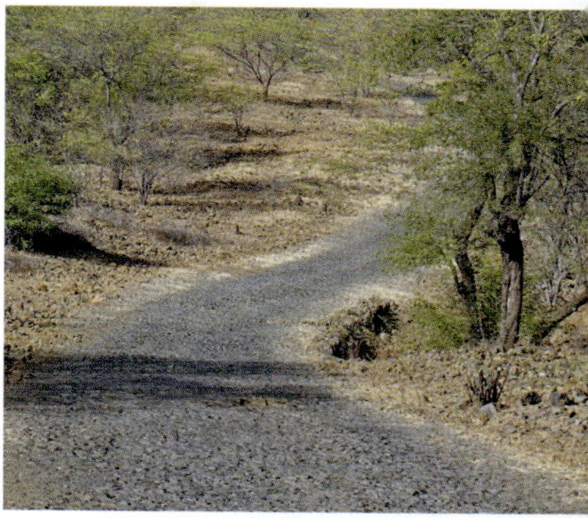

Die abzweigende Straße am Ribeira Cabaceira.

Wir gehen auf der gepflasterten Zufahrtsstraße bergauf. Nach einem längeren Abschnitt mündet von rechts die Straße von der Quelle Fonte de Trás kommend in die unsrige. Nach einem weiteren längeren Teilstück biegen wir halb rechts auf die Piste durch das **Ribeira Cabaceira** ❺ ab. Noch vor dem Anwesen verlassen wir dann die Piste nach halb links und folgen dem rechts an den Sonnenkollektoren vorbeiführenden Pfad. Aufgrund der sehr vielen Pfade ist die Wegführung immer wieder unklar und wir müssen intuitiv den richtigen Weg finden, bis wir oberhalb die Häuser des Dorfes Patim sehen und den **Ausgangspunkt** ❶ erreichen.

Papayabäume und gepflegte Felder am Wegesrand.

50 Monte Boca Larga, 948 m

2.30 h

In der ersten Reihe vor der Bordeira do Fogo

Ohne große körperliche Anstrengung lässt sich der 948 m hohe Monte Boca Larga besteigen. Von dort hat man einen einmaligen Panoramablick auf die steil abfallenden Berghänge des eingestürzten Vulkangebäudes der Bordeira do Fogo. Auf deren Grat thront der 2477 m hohe Berg Ponto Alto do Sul. In der anderen Himmelsrichtung schweift der Blick über karge Hochflächen bis zum Atlantischen Ozean. Richtung Westen sieht man bei klarer Sicht die Silhouette der Nachbarinsel Brava. In den Abendstunden wirkt die allgegenwärtige rotbraune Erde fast rot glühend.

Ausgangspunkt: Patim, 560 m (14. 874083 -24.427033); ca. 10 km östlich von São Filipe. Anfahrt: Auf der Hauptstraße von São Filipe bis zum Zentrum des Dorfes Patim und dem Minimarkt. Aluguer: Fahren selten auf dieser Strecke. Taxi: Ca. 2000 CVE.

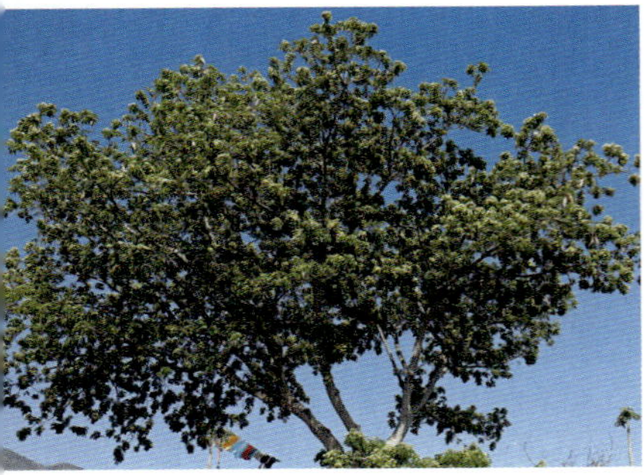

Anforderungen: Trittsicherheit beim Aufstieg über den Bergrücken; gewisse Geländebeurteilung und gutes Orientierungsvermögen erforderlich.
Einkehr: Keine. Ein Minimarkt in Patim.

Die Durchgangsstraße von **Patim** ❶ verlassen wir hinter dem Minimarkt nach links auf der gepflasterten Straße bergauf. Im nächsten Dorf befindet sich eine markant hellblaue Kirche am Wegesrand. Während des Aufstiegs ergeben sich viele schöne **Fotomotive** ❷ mit der einmaligen Bordeira do Fogo im

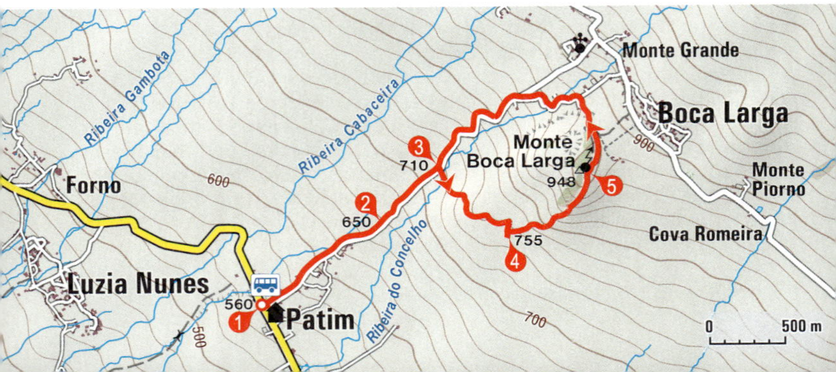

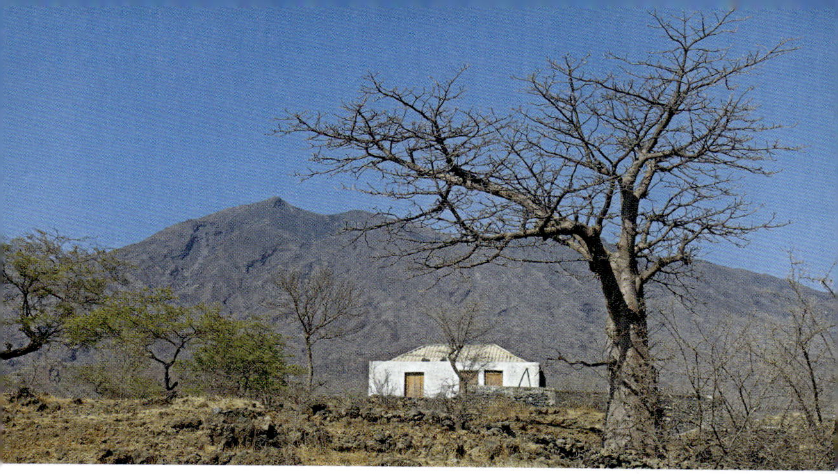

Foto oben: Hinter dem Baobabbaum erhebt sich der 2477 m hohe Ponto Alto do Sul. Links: Ein grüner Baum im Dorf Patima.

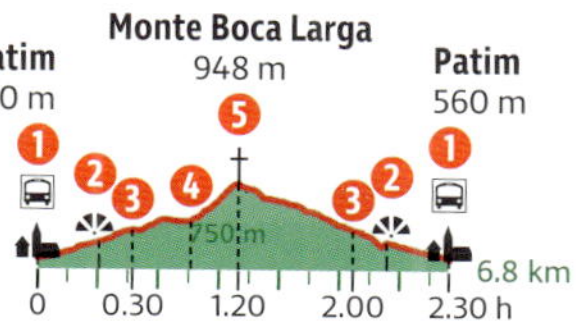

Hintergrund. Der kleine Vulkan mit den Funkmasten ist der Monte Boca Larga – den wir besteigen wollen.
Nach 1,6 km Gesamtstrecke, ca. 75 m hinter einer Ruine, nehmen wir den rechten **Abzweiger** ❸ durch eine kleine Schlucht. Wir folgen dem Verlauf des ausgetretenen Pfads bis zu einem oberhalb stehenden Haus. Auf dem weiterführenden Pfad hinter dem Haus gelangen wir in eine Senke. Aufgrund der vielen Viehspuren ist die Wegfindung an dieser Stelle schwierig. Zur Orientierung: 150 m östlich befindet sich ein markanter Bergrücken, der bis zu den Funkmasten am Gipfel des Monte Boca Larga aufsteigt. Dorthin queren wir nun weglos über eine weitere Anhöhe, um dann auf diesem **Bergrücken** ❹ kontinuierlich im Slalom um einige Akazien herum bis zum Gipfel aufzusteigen. Das Gipfelglück am **Monte Boca Larga** ❺ ist durch die Funkmasten etwas getrübt.
Nach der Überschreitung des Berges führt dann ein gepflasterter Weg talwärts. Bereits in der ersten scharfen Rechtskurve dieses Wegs steigen wir über die kleine Mauer links von uns und gehen auf dem Pfad durch die Felder. Hinter einer kleinen Schlucht stoßen wir auf einen gepflasterten Weg. Dort, wo er endet, gehen wir links bis zur Straßengabelung vor einem Haus. Auch hier halten wir uns links, bis dann der Weg in die Straße vom **Hinweg** ❸ mündet, auf der wir zum **Ausgangspunkt** ❶ zurückkehren.

↗ 570 m | ↘ 530 m | 14.0 km

51 Praia de Fajã

4.30 h

Im stillen Eck der Insel

Die südöstliche Ecke der Insel Fogo weist keinerlei touristische Infrastruktur auf. Man ist praktisch allein mit den Einheimischen, die man mit etwas Glück an ihrer bevorzugten Angelstelle trifft. Na ja, ein paar Kühe hatte der Autor auf der Recherchewanderung noch im renaturierten Akazienwald angetroffen. Das war's dann auch schon. Ein Tipp: Hinter den Fischerhäusern und Fischerbooten, am Beginn des Aufstiegs nach Dacabalaio, befindet sich bei Ebbe ein schöner sandiger Strand. Ohne lästige Wellen und gefährliche Unterströmung lässt sich dort perfekt baden. Und neben dem Farol de Vale de Cavaleiros im Hafen von Fogo und dem Leuchtturm Farol de Mosteiros im Norden der Insel geht es auf dieser Wanderung auch noch am dritten der insgesamt drei Leuchttürme, dem Farol de Ponta de Alcatraz vorbei.

Ausgangspunkt: Cova Figueira, 505 m (14.890218 -24.294235); ca. 19 km entfernt von Mosteiros. Anfahrt: Bis zum Dorfzentrum. Aluguer: Von Mosteiros 190 CVE. Taxi: 1900 CVE.
Endpunkt: Dacabalaio, 542 m (14.856092 -24.329166), ca. 25 km von Mosteiros. Aluguer: Von Mosteiros 250 CVE. Taxi: 2500 CVE.
Anforderungen: Leichte Streckenwanderung. An windstillen Tagen kann es sehr heiß werden.
Einkehr: Keine.
Variante: Kombination mit Tour 52: Streckenwanderung von Dacabalaio bis Cova Matinho oder umgekehrt, ohne Aufstieg nach Cova Figueira; ca. 16 km, 570 Hm Aufstieg und 320 Hm Abstieg – bzw. umgekehrt, je nach Ausgangsort.
Tipp: Badesachen nicht vergessen!

Der abgelegene Praia de Fajã.

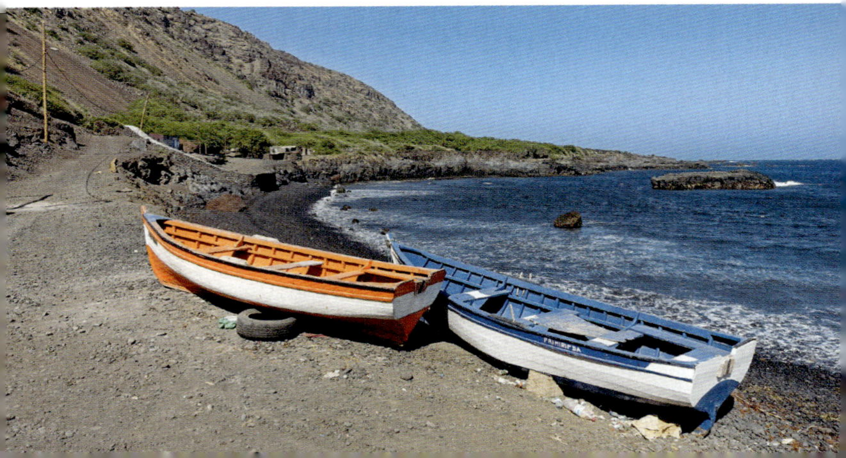

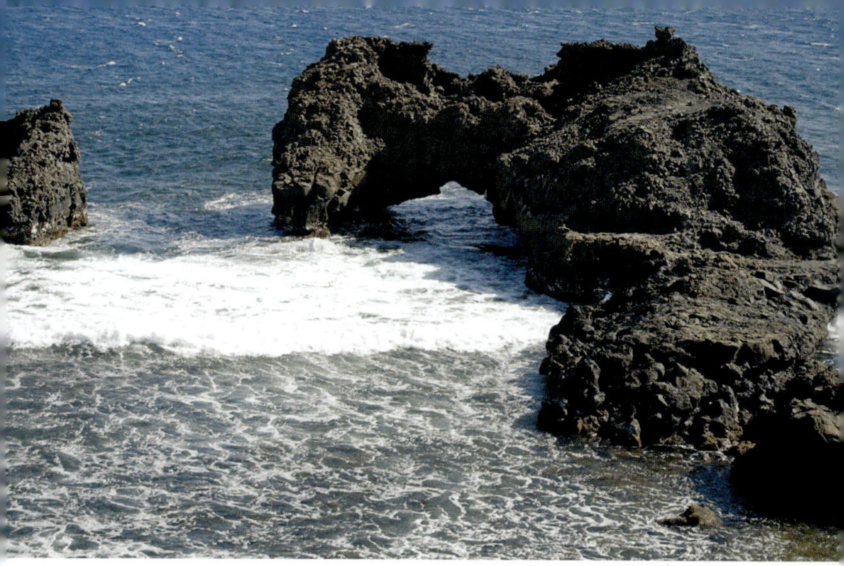

Ein wunderschönes Brandungstor.

Vom Dorfzentrum in **Cova Figueira** ❶ wandern wir auf der Durchgangsstraße nach Mosteiros in nördliche Richtung. Hinter der kleinen Krankenstation und der Polizei erreichen wir nach 240 m Gesamtstrecke einen ausgeschilderten Abzweiger nach rechts zum Praia de Fajã. Bei einer Weggabelung – ca. 100 m dahinter steht ein Baobabbaum – folgen wir dem halb rechten Arm. In einer Senke ignorieren wir den linken Abzweiger zum Fußballplatz.
Kontinuierlich geht es bergab bis zu einer Weggabelung. Von links mündet hier der Weg von Tour 52 ein. Wir halten uns rechts und nun immer parallel zur Küstenlinie, zunächst auf einer breiten Piste durch eine karge und vom Vulkanismus geprägte Gegend. Dann ändert sich das Landschaftsbild: Wir erreichen einen ersten renaturierten Akazienwald. Rechts vom Weg erheben sich nun steile Felsklippen. Gut zu erkennen ist auch, wie die Lava der

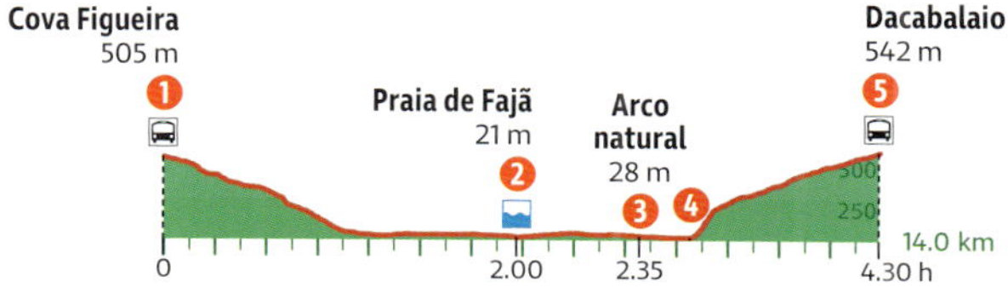

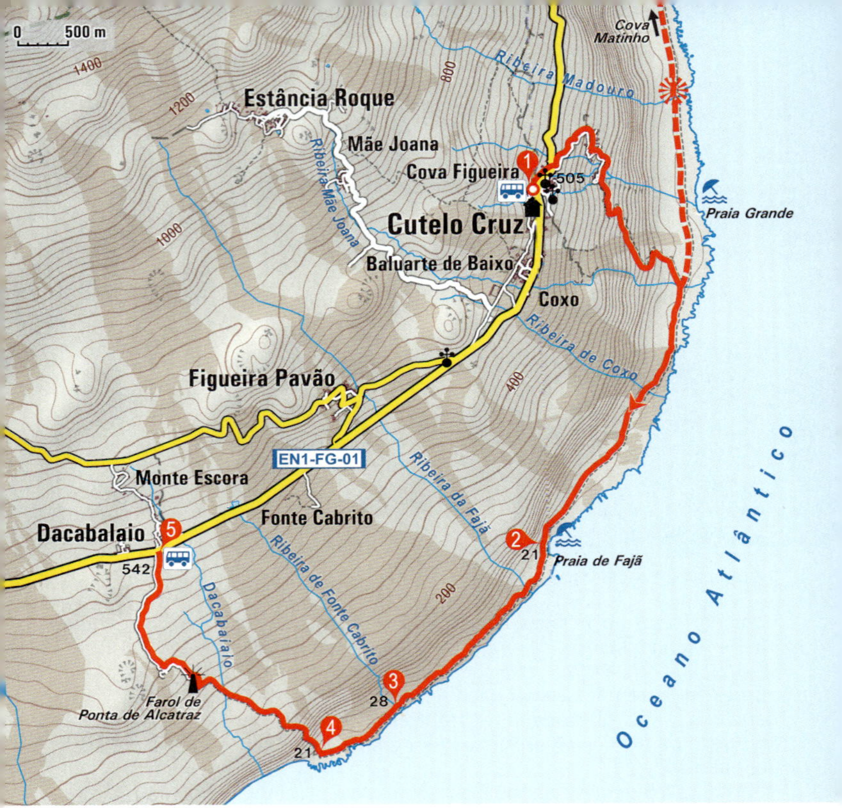

neuzeitlichen Eruptionen die umliegende Landschaft bedeckt. Der zweite Aufforstungsabschnitt ist weiter fortgeschritten, der Wald ist inzwischen dicht gewachsen und bietet sogar Schatten. Bei einigen Fischerhütten und einem Kieselsteinstrand erreichen wir die Bucht mit dem **Praia de Fajã** ❷. Gemächlich geht es auf der weiterhin breiten Piste bergauf und bergab. Ca. bei Km 8,8 verlässt ein Pfad halb links die Piste. Dieser führt ein kurzes Stück steil bergab. Die Belohnung ist ein Aussichtspunkt auf ein schönes **Brandungstor** ❸ *(arco natural)* in einem Felsen im Atlantischen Ozean. Nun geht es unmittelbar durch ein Lavafeld weiter, der Pfad ist streckenweise nur schwer auszumachen. Nach ca. 1 km verlassen wir das wüste Lavafeld und sehen auf einer kleinen Ebene mehrere Fischerhäuser und bei Ebbe den dahinter liegenden Stand. In der steil aufragenden Felswand ist

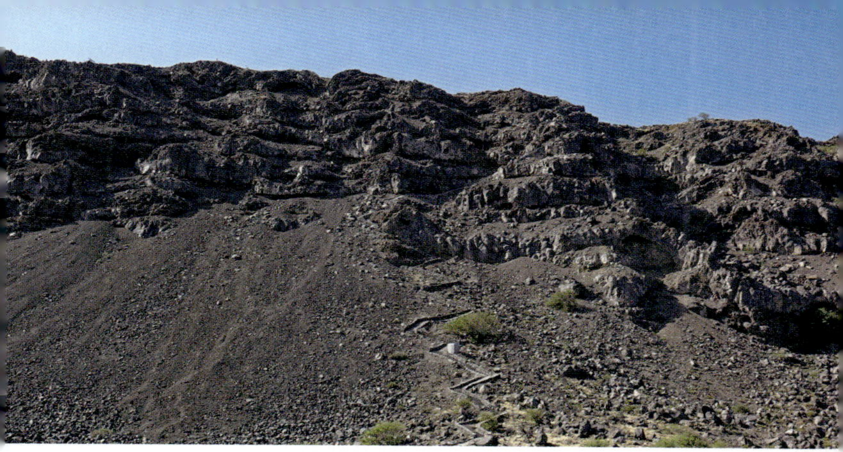

Die Aufstiegsroute verläuft auf Treppen durch ein Felsband.

die **Aufstiegsroute** 4 zu sehen. Über Treppen geht es steil bergauf bis zum unscheinbaren **Farol de Ponta de Alcatraz**.

Danach beginnt eine breite Piste, deren Verlauf wir gemächlich bergauf folgen. Nach einem längeren Wegstück müssen wir ein Metallgatter öffnen und wieder ordnungsgemäß verschließen. Dort, wo in dem nachfolgenden Dorf der Pflasterweg endet, gehen wir rechts und weiter bergauf bis zum Dorf **Dacabalaio** 5, gelegen an der Verbindungsstraße von Cova Figueira nach São Filipe. Von hier aus fahren wir mit dem bestellten Taxi oder Aluguer zum gewünschten Ort.

Die Piste zum Bergdorf Dacabalaio.

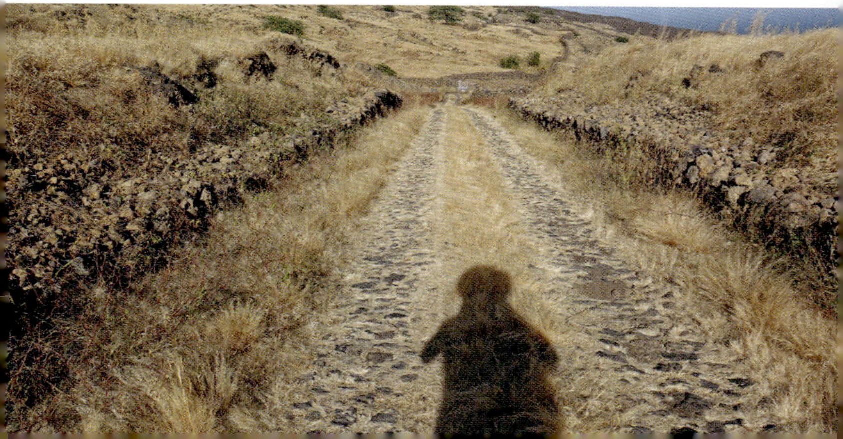

↗ 490 m | ↘ 320 m | 9.6 km

52 Praia Grande

3.15 h

Einer der abgelegensten Strände der Insel Fogo

Der Abstieg beginnt spektakulär auf einem Pfad zwischen den Lavaströmen von 1857 auf der linken und jenen von 1951 auf der rechten Seite. Dann quert der Wanderweg auch noch das Lavafeld aus dem vergangenen Jahrhundert, mit seiner klassischen Aa-Lava, das ist basaltische Brockenlava oder auch Blocklava. Ein weiterer Höhepunkt der Tour ist der abgelegene Strand Praia Grande. Nur bei Ebbe kommt dort der schwarze Sandstrand zum Vorschein. Bei geringem Wellengang ist sogar Baden möglich. Zwischen Mai und August kommen nachts die Karettschildkröten zur Eiablage an diesen Strand. Die Tour führt durch eine faszinierende, unberührte Naturlandschaft.

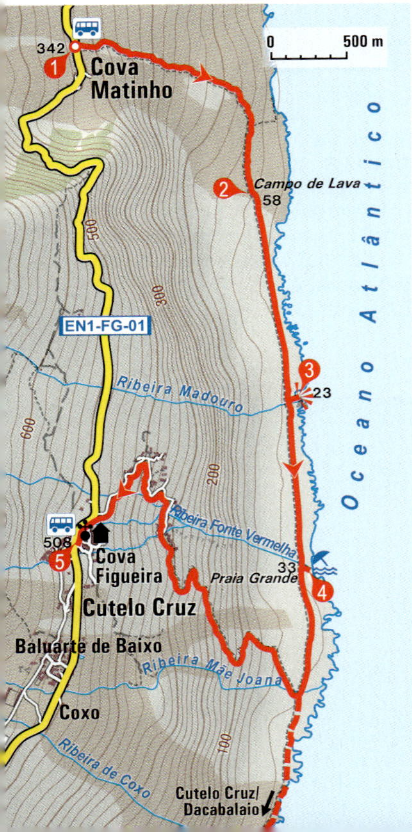

Ausgangspunkt: Cova Matinho, 342 m (14.920402 -24.294409). Anfahrt: An der Verbindungsstraße von Cova Figueira nach Mosteiros (15 km entfernt); bei einem blau-weiß markierten Strommast aus Holz beginnt die Tour. Aluguer: Von Mosteiros 150 CVE. Taxi: 1500 CVE.
Endpunkt: Cova Figueira, 508 m (14. 890218 -24.294235); ca. 19 km von Mosteiros. Aluguer 190 CVE, Taxi 1900 CVE.
Anforderungen: Leichte Streckenwanderung, an windstillen Tagen sehr heiß.
Einkehr: Keine; am Endpunkt ein Kiosk.
Variante: Kombination mit Tour 51: Streckenwanderung von Dacabalaio bis Cova Matinho oder umgekehrt, Details siehe Tour 51.
Tipp: Badesachen nicht vergessen!

Unmittelbar hinter dem Dorf **Cova Matinho** ❶ beginnt rechts bergab der zunächst unscheinbare Pfad. Er verläuft über einen Bergrücken zwischen zwei Lavaströmen und führt im Weiteren an einem großen Felsen vorbei. Sporadisch sind blau-weiße Markierungen gesetzt. Bleibt man kurz stehen und dreht sich um,

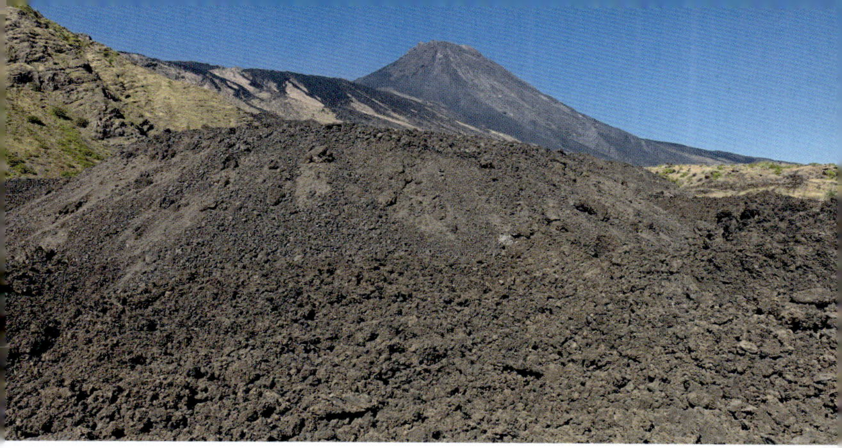

Das Lavafeld der Ausbrüche von 1951.

so ergibt sich ein gigantischer Blick bis zum Gipfel des 2829 m hohen Pico de Fogo. Noch weit oberhalb des Atlantischen Ozeans führt der Pfad dann halb rechts durch ein wüstes **Lavafeld** ❷. Kurz vor einer beginnenden Piste passieren wir ein Haus und eine Ruine. Nur wenige schattenspendende Akazien stehen am Wegesrand. Mehrmals ist der Weg von Lavasteinmauern versperrt, diese sind aber einfach zu umlaufen. Bei Km 3,4 führt ein Trockenbachbett bis an die Küste mit einem beeindruckenden **Felsen** ❸ – ein wunderschöner Aussichtspunkt entlang der schroffen Küstenlinie.
Der nachfolgende Wegabschnitt ist eindeutig und bedarf keiner weiteren Erklärung. Wir passieren einen wieder aufgeforsteten Akazienwald, wobei das Wort »Wald« nicht ganz zutreffend ist, denn die Fläche ist nur lose mit Bäumen bewachsen – sie stehen eher in 20–30 m Entfernung voneinander. Bei Km 4,9 liegt dann unscheinbar und versteckt der **Praia Grande** ❹. Nach dem kleinen Strand-Abstecher wieder auf dem Hauptweg, passieren wir einen mit Steinen gesäumten Friedhof und stoßen auf eine Wegkreuzung. Links setzt sich Tour 51 fort (Variante); unsere Route verläuft rechts auf dem Pflastersteinweg kontinuierlich bergauf. Wir erreichen die ersten Häuser, kommen an einem Fußballplatz vorbei und passieren einen Baobabbaum. Vor einem lila gestrichenen Haus bleiben auf dem Hauptweg (zweigen also nicht rechts ab) und gelangen zur Hauptstraße. Links an dieser entlang erreichen wir schließlich das Bergdorf **Cova Figueira** ❺.

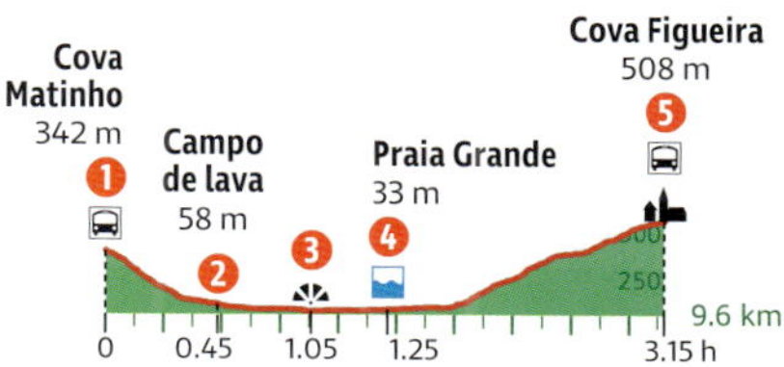

↗ 1410 m | ↘ 1410 m | 9.6 km

53 Miguel Gonçalves – Ponto Alto do Sul, 2477 m

5.45 h

Der dritthöchste Gipfel der Kapverden

Diese Wanderung führt von Südwesten her auf die halbkreisförmige Bordeira do Fogo mit dem 2477 m hohen Gipfel Ponto Alto do Sul. Dort erwarten uns kühle Temperaturen! Herrschte während der Recherche zu dieser Tour am Morgen im ca. 80 m hoch gelegenen São Filipe noch 28° Lufttemperatur, so waren es am Ausgangspunkt der Tour auf über 1000 Metern nur mehr 22° und am Gipfel auf knapp 2500 Metern nur noch kühle 14° C. Trotzdem ist die Sonneneinstrahlung extrem intensiv, und es sollte möglichst früh mit dem langen Aufstieg begonnen werden. Der Lohn dieser enorm anstrengenden Wanderung ist eine gigantische Sicht vom Gipfel: Richtung Nordwesten und auch Südosten erstreckt sich die eindrucksvolle und bis zu 900 m hohe, steile Felswand der Bordeira do Fogo. Richtung Nordosten schweift der Blick über die ca. 750 m tiefer liegende Chã das Caldeiras hinweg auf den gegenüberliegenden und 2829 m hohen Pico de Fogo, den höchsten Berg der Kapverden.

Am Ausgangspunkt in Miguel Gonçalves.

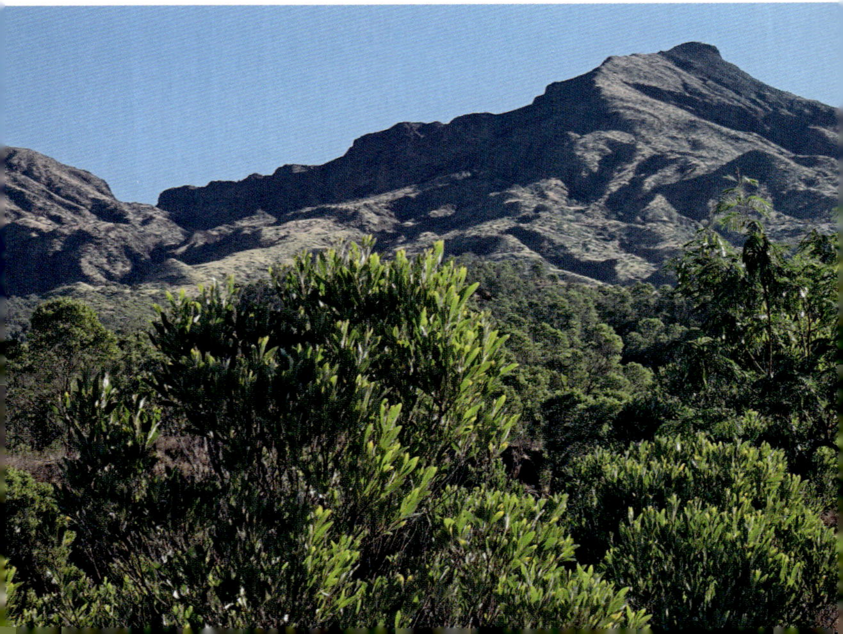

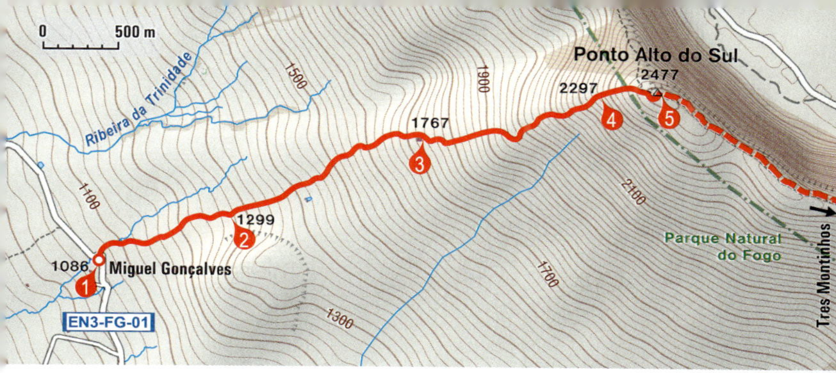

Ausgangspunkt: Miguel Gonçalves, 1086 m (14.914164 -24.419859), vor einer Brücke über ein Ribeira; ca. 11 km von São Filipe. Anfahrt: Auf der Straße von São Filipe. Kein Aluguer. Taxi: Von São Filipe 1500–2000 CVE.
Anforderungen: Technisch einfach, aber konditionell extrem fordernd. Es wird ein sehr guter Orientierungssinn benötigt, streckenweise muss der Weg intuitiv gefunden werden. Der GPS-Track ist bei der Wegfindung sehr hilfreich!
Einkehr: Keine.
Variante: Kombination mit Tour 54 zu einer Streckenwanderung von Miguel Gonçalves bis zur Straße in die Chã das Caldeiras: Streckenlänge ca. 10 km, 1550 Hm Aufstieg, 800 Hm Abstieg.
Hinweis: Wanderstöcke und warme Kleidung mitnehmen.

Unmittelbar hinter der Streusiedlung **Miguel Gonçalves** ❶ und noch vor einer Steinbrücke verlässt ein schwach ausgetretener und schwer auszumachender Pfad die Pflastersteinstraße nach rechts. Der Pfad verläuft parallel zu einem Trockenbachbett links von uns, führt nach einigen Metern an einer Stallung und im Weiteren unmittelbar an einem bewirtschafteten Feld und Ruinen vorbei. Abermals folgen Ruinen und wir orientieren uns in Richtung eines einzeln stehenden großen Baums. Der Pfad führt in ein erstes **Ribeira** ❷ hinunter, das wir dann auch durchqueren.

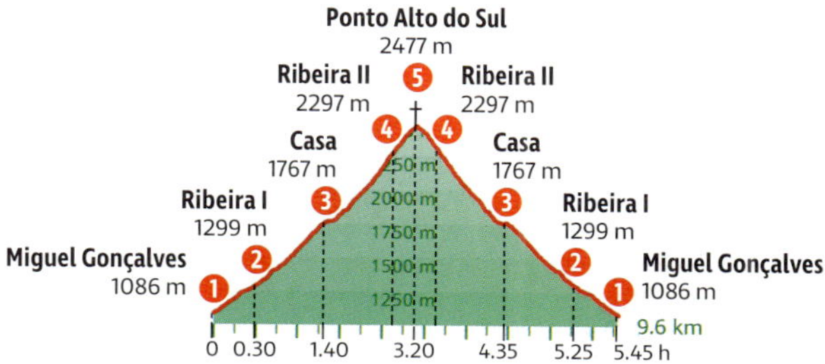

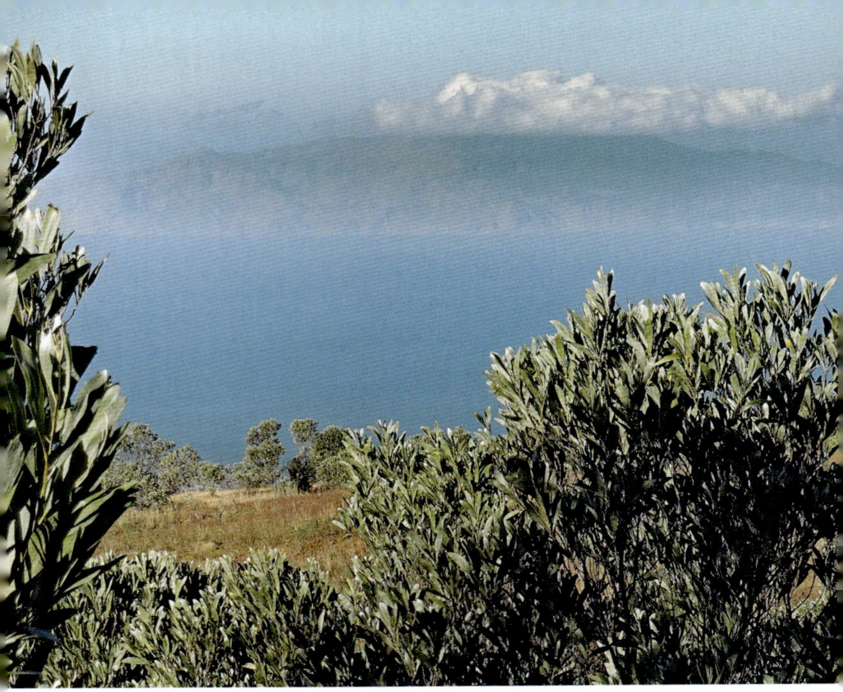

In der Ferne ist die von Wolken bedeckte Insel Brava zu sehen.

Auf der anderen Seite geht es gemächlich bergauf – dabei haben wir den Gipfel des Ponto Alto do Sul immer vor Augen. Eine große Ruine befindet sich ca. 100 m rechts vom Weg. Das Gebäude diente als Speicher für die Samen des tropischen Wunderbaums Rizinus, der dort zwischen 1975 und 1988 intensiv angebaut wurde.
Ein weiteres Trockenbachbett wird gequert, und es geht über rutschige schwarze Lapilli (kleine Steine) ein kurzes Stück steil bergauf. Hinter Steinmauern ist die Wegführung etwas unübersichtlich. Hier steigen wir rechts einige Meter auf einen Bergrücken hinauf und folgen seinem Verlauf. Der Pfad mündet in einen breiten Weg und wir sehen etwas oberhalb ein weiß gestrichenes **Haus** ❸, zu dem wir auch aufsteigen. Unter großen schattigen Bäumen befindet sich dort ein idealer Platz für eine Pause.
Oberhalb der Gebäude und der Zisterne gehen wir sofort rechts bis in die Schlucht, durchqueren diese über eine große Steinmauer und beginnen unmittelbar dahinter mit einem längeren Aufstieg über Lapilli. Es folgen ein weiterer Bergrücken und ein schwieriges Stück über weitere rutschige

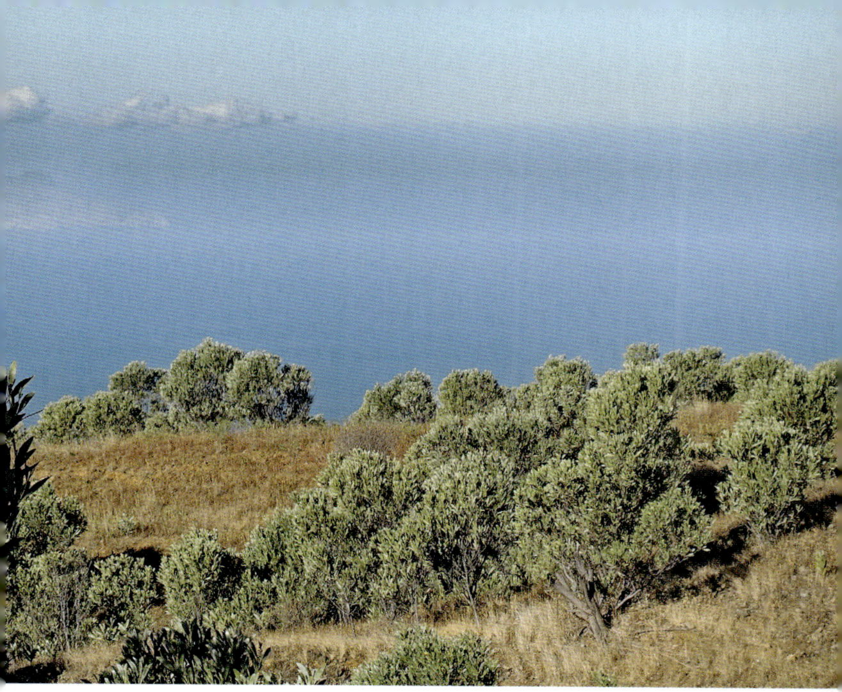

Steinchen im steilen Gelände. Bei einer Einsattelung hat man wieder freien Blick zum Gipfel. Hier wandern wir links auf einem wegähnlichen Abschnitt durch Lapilli, in Richtung des Bergrückens, der sich bis zum Gipfel zieht. Ab hier ist definitiv kein Pfad mehr zu erkennen. Was wir aus dieser Perspektive noch nicht sehen: Halb rechts von uns befindet sich ein zweites, stark erodiertes **Ribeira** ❹, das wir nicht durchqueren können und somit weiträumig umlaufen müssen. Daher orientieren wir uns für ein kurzes Stück in Richtung des Bergrückens, der zum Gipfel hinaufführt. Sobald wir an dem Ribeira vorbei sind, gestaltet sich der Aufstieg wieder etwas flacher. Als nächste Orientierungspunkte dienen das Steinhaus und der Funkmast auf dem Gipfel. Zuvor mündet noch von links ein Klettersteig (siehe Tour 59) in unsere Route. Nach einigen Metern blicken wir dann hinunter in die ca. 750 m tiefer liegende Chã das Caldeiras, aus der sich der Pico de Fogo erhebt. Schließlich erreichen wir den Gipfel des **Ponto Alto do Sul** ❺. Wir gehen auf dem gleichen Weg bis zum **Ausgangspunkt** ❶ zurück oder wählen die Variante (Tour 54 im Abstieg) bis zur Verbindungsstraße in die Chã das Caldeiras.

↗ 830 m | ↘ 830 m | 10.7 km

54 Ponto Alto do Sul, 2477 m

4.45 h

Von West nach Ost über die Bordeira do Fogo

Nach heutiger geologischer Lehrmeinung befand sich auf der Insel Fogo ein ca. 4500 bis 5000 m hohes Vulkangebäude. Nach Eruptionen wurde der Vulkan instabil und rutschte zwischen Mosteiros und Cova Figueira – also im Osten der Insel – komplett ins Meer ab. Geblieben ist ein 6 x 8 km großer Einbruchkessel, die heutige Chã das Caldeiras. Die stehen gebliebenen Felswände des eingestürzten Vulkans erheben sich zwischen 750 und 900 m aus der Hochebene Chã das Caldeiras. Sie bilden einen Halbkreis, verlaufen also in nord-südlicher (siehe Tour 58) und in westöstlicher Richtung. Bei weiteren Vulkanausbrüchen entstand dann in der Chã das Caldeiras der 2829 m hohe Pico de Fogo (Tour 57) sowie bei den letzten Aktivitäten der Pico Pequeno (Tour 56). Bei unserer heutigen Wanderung über den west-östlich verlaufenden Teil der Bordeira do Fogo schauen wir aus der Drohnen-Perspektive auf die geologischen Geschehnisse der Vergangenheit und kommen aus dem Staunen nicht mehr heraus!

Ausgangspunkt: Informationstafel, 1799 m (14.918291 -24.344844), an der Verbindungsstraße von Chã das Caldeiras nach São Filipe. Anfahrt: An der Straße ca. 10 km von Chã das Caldeiras. Aluguer: Von Chã das Caldeiras ca. 100 CVE. Taxistand im 30 km entfernten São Filipe.
Anforderungen: Anstrengende Bergwanderung, guter Orientierungssinn sowie Trittsicherheit nötig.
Einkehr: Keine.

Variante: 1. Kombination mit Tour 53, Beschreibung siehe dort.
2. Kombination mit Tour 59: Auf Tour 59 am Klettersteig bis zur Weggabelung, dann über die Bordeira do Fogo bis zum Ponto Alto do Sul ❺, von wo man mit Tour 54 absteigt. Länge ca. 11 km, Aufstieg 800 Hm, Abstieg 750 Hm.
Hinweis: Für die Kombination mit Tour 59 benötigt man unbedingt Klettersteigset und Helm!

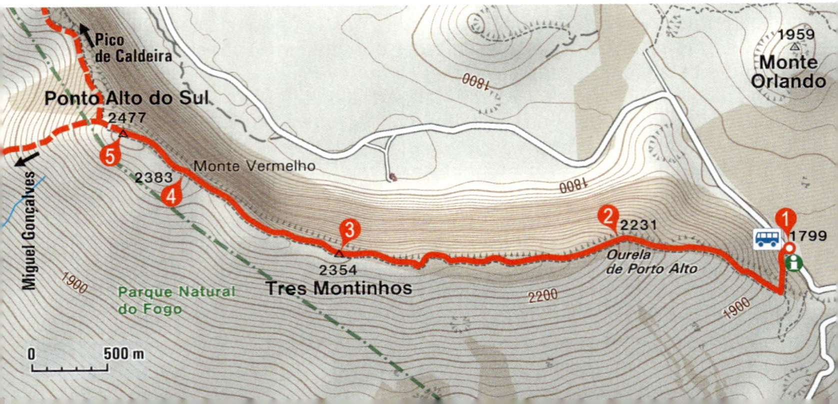

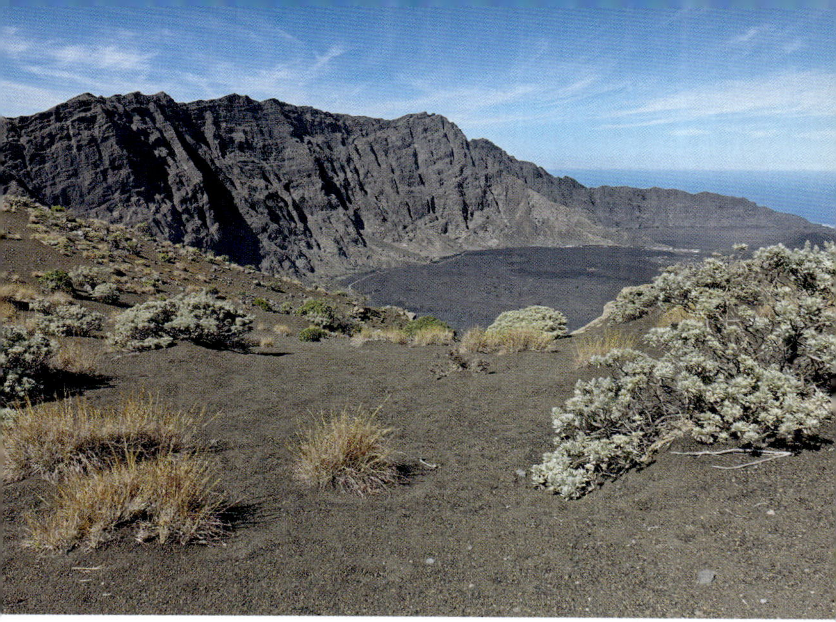

Kurz vor dem Monte Vermelho schweift der Blick über die nordwestliche Bordeira do Fogo und in die Caldera.

Von der **Straße** ❶ mit der Informationstafel (die die »Juwelen des Vulkans« erläutert) folgen wir dem beginnenden Trampelpfad in ein breites Kar, das zur Gänze mit Lapilli bedeckt ist, was den Aufstieg extrem schwierig – zwei Schritte vor, ein Schritt zurück – gestaltet. Dort, wo das Gelände extrem steil wird, kann man nach links auf den Bergrücken ausweichen, dort ist der Untergrund etwas fester. Wir erreichen einen querenden Bergrücken. Links von uns stehen zahlreiche Bäume, wir gehen rechts. Dort, wo sich an einem Holzpfeiler eine grün-weiße Markierung befindet, gehen wir nicht

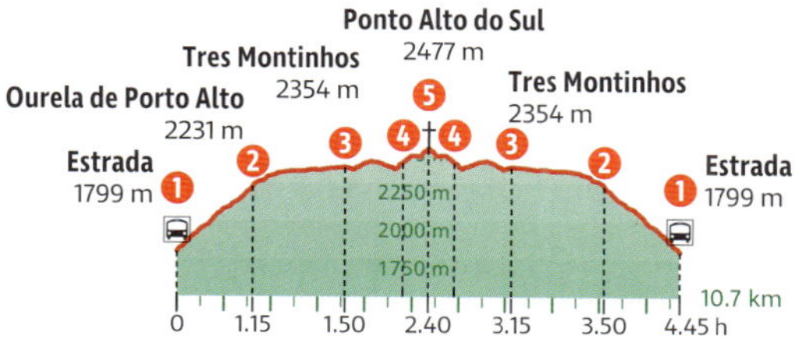

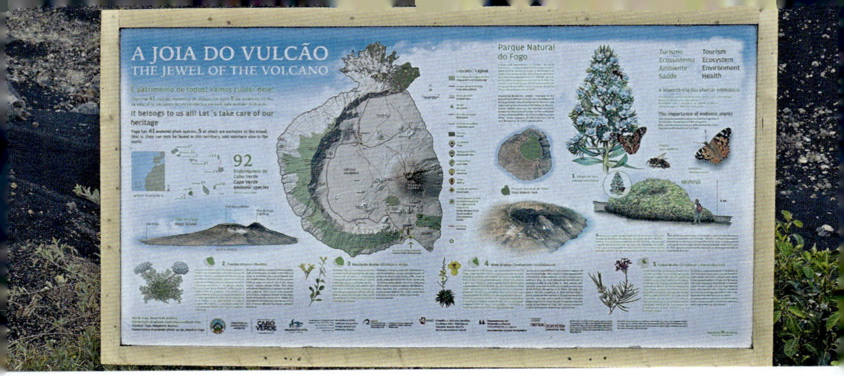

Die Informationstafel an der Straße.

geradeaus in Richtung des weißen Hauses mit dem Funkmast weiter, sondern unmittelbar an diesem Holzpfeiler vorbei (also halb links) durch ein weiteres Lapillifeld steil bergauf.
Nach dem kurzen Aufstieg über einen Bergrücken kommen wir auf einer Ebene an, rechts oberhalb am Berg ist ein kleines blaues Haus zu sehen. Wir steigen weiter über das breite Lapillifeld bis zum höchsten Punkt auf, rechts befindet sich ein betonierter Höhenmesspunkt, von dem man einen schönen Ausblick auf den Pico de Fogo hat. Von diesem **Ourela de Porto Alto** ❷ genannten Wegpunkt – am Rand der Bordeira do Fogo – geht es nun auf einem der Pfade weiter Richtung Westen.
Um Felsen herum erreichen wir eine Einsattelung. Ab hier ist die weitere Wegführung nicht eindeutig, da kein Pfad zu sehen ist. Schaut man auf den nachfolgenden aufsteigenden Bergrücken, so sind dort aufeinander getürmte Steine zu erkennen. Hier kann man entweder direkt über den Bergrücken zum Gipfel gehen oder man umläuft auf gleichbleibender Höhe an seiner linken (südlichen) Seite den Gipfelbereich. Beide Varianten sind weglos. Dahinter erreichen wir den Wegpunkt **Tres Montinhos** ❸.
Immer wieder führen Pfade bis an den Rand der Bordeira do Fogo, wo sich atemberaubende Tief- und Fernblicke ergeben. Es folgt ein weiterer Abstieg zu einer Einsattelung. War zuvor der Funkmast auf dem Gipfel zu sehen, ist er nun verdeckt hinter dem **Monte Vermelho** ❹, zu dem ein steiler Pfad hochführt.
Der Pfad quert einen steilen Hang (etwas ausgesetzt) und wir erreichen eine Senke, die mit vielen Büschen bestanden ist. Danach beginnt der steile Aufstieg über einen gerölligen Pfad bis zum Gipfel des **Ponto Alto do Sul** ❺.
Wir gehen auf dem bekannten Hinweg bis zum **Ausgangspunkt** ❶ zurück.

Der Pico de Fogo von einer Felslücke aus gesehen.

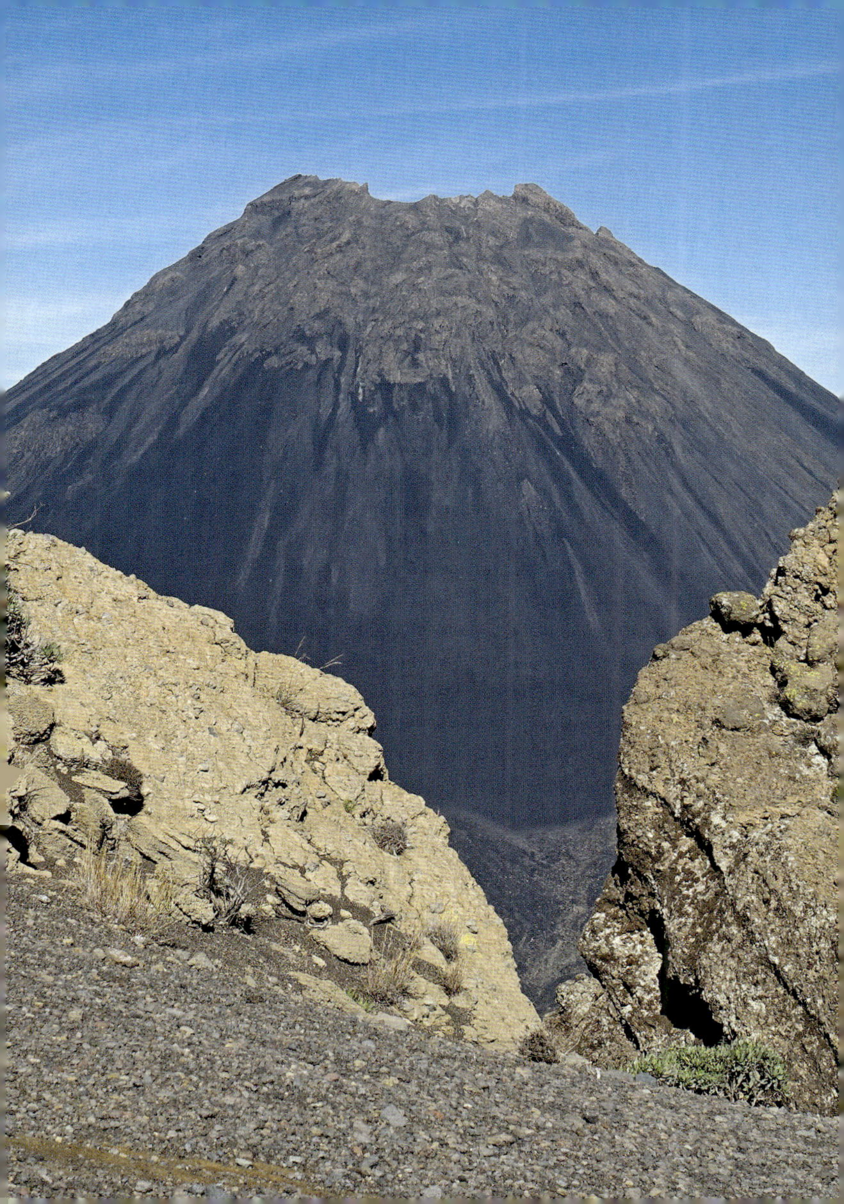

↗ 150 m | ↘ 150 m | 6.1 km

55 Auf den Spuren des Ausbruchs von 1951 am Monte Orlando

2.00 h

Im Slalom um Vulkankegel

Als Folge der Eruption von 1680 – mit den wohl größten Lavaströmen, Glut- und Aschewolken in der Geschichte der Chã das Caldeiras – wurde der bisherige Name der Insel von São Filipe in den heutigen Namen Fogo (»Feuer«) geändert. 1785, 1799, 1847, 1852, 1857 und 1951 ereigneten sich weitere kräftige vulkanische Eruptionen. Die Tour führt durch diese spektakuläre Vulkanlandschaft im Umfeld der Ausbrüche von 1951. Dort wirkt die Landschaft karg, unwirtlich, ja elementar, wie sie nur in unmittelbarer Nähe eines vor Kurzem noch aktiven Vulkans zu entdecken ist.

Ausgangspunkt: Straßenkreuzung, 1807 m (14.927683 -24.352150), der alten und neuen Straße am Eintritt in die Chã das Caldeiras. Anfahrt: Ca. 11 km auf der Straße von Chã das Caldeiras. Aluguer: Ab Chã das Caldeiras ca. 100 CVE. Nächster Taxistand im 30 km entfernten São Filipe.

Anforderungen: Technisch einfach, aber guter Orientierungssinn nötig. An windstillen Tagen kann es sehr heiß werden.
Einkehr: Keine.
Variante: Die Tour bei ❷ beginnen und mit Tour 56 zu einer Streckenwanderung verbinden. Länge knapp 11 km, Aufstieg 430 Hm, Abstieg 440 Hm.

Auf der **Straße** ❶ in die Chã das Caldeiras gehen wir zunächst Richtung São Filipe. Die Pflastersteinstraße führt am Ausgangspunkt von Tour 54 (großes Informationsschild) vorbei auf einen Berghang zu, der mit Bäumen bewachsen ist. Wir erreichen ein weiteres großes Schild, es markiert den **Eingang zum Naturpark** ❷. Einige Meter weiter entlang der bergab führenden Straße befindet sich der Aussichtspunkt Monte Cruz.

Wieder zurück bei dem großen Schild zweigen wir nun rechts (ohne den Abstecher zum Aussichtspunkt würden wir links auf die Piste abzweigen) auf die Schot-

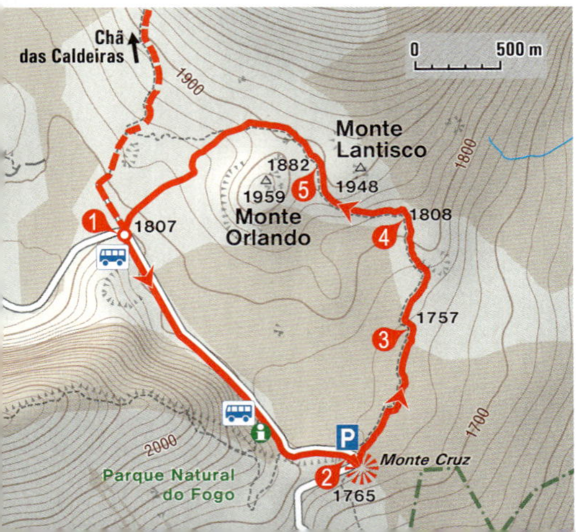

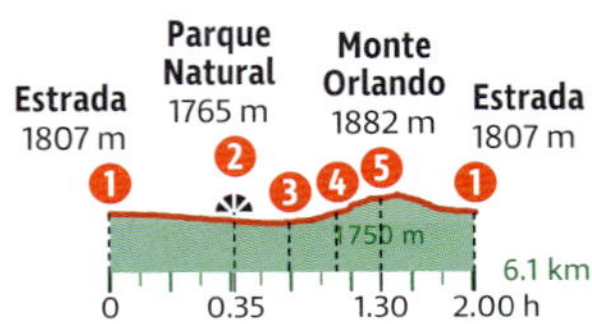

terpiste ab. An der ersten Gabelung nehmen wir den linken Arm. Hier befindet sich eine weiß-rote Markierung.

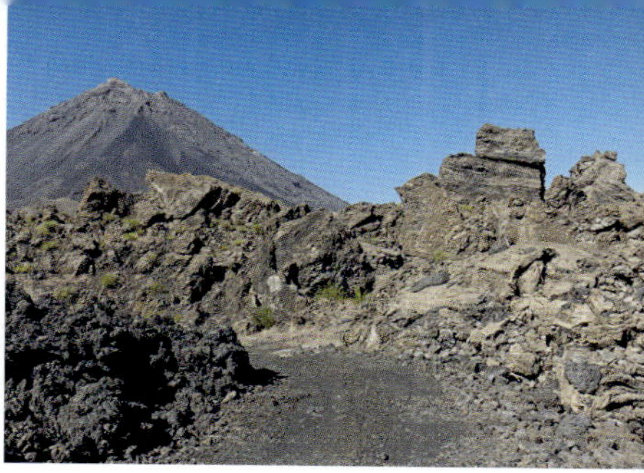

Die Piste schlängelt sich durch eine unwirtliche und zugleich faszinierende Vulkanlandschaft. Besonders beeindruckend ist der Blick auf den Vulkan Pico de Fogo, der uns um ca. 1100 m überragt. Links von der Schotterpiste türmen sich ca. 20 m hohe Felsen auf. Vor braunen, hochhaushohen **Felstürmen** ❸ beschreibt die Piste eine lang gezogene Linkskehre, kurz dahinter führt sie über Lavaplatten.

Oben: Felstürme erzwingen eine verschlungene Wegführung. – Unten: Die Samenschalen des Rizinusbaums.

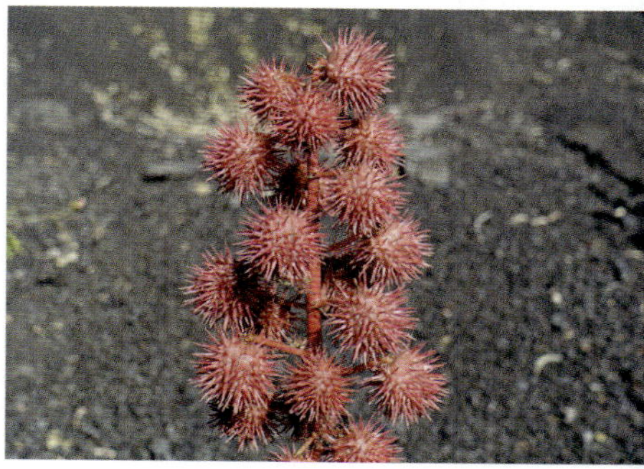

Wir orientieren uns in Richtung eines einzeln stehenden Baums, hinter dem sich der Pico de Fogo erhebt, und erreichen eine **Schlüsselstelle** ❹. Hier ist der der weitere Weg schwierig auszumachen. So gehen wir unmittelbar an dem einzelnen Baum vorbei und dahinter im 90°-Winkel sofort links – nun durch wegloses Gelände. Dabei steuern wir auf einen weiteren großen und mehrere kleine Bäume zu. Zuvor geht es unmittelbar an einem wunderschönen offenen Lavakanal vorbei, bis wir bei den erwähnten Bäumen auf einen ausgetretenen Pfad stoßen.

Auf einem gemächlich ansteigenden Pfad queren wir den Berghang des 1948 m hohen Vulkans Monte Lantisco. Bei der nachfolgenden Senke ist an einer etwas unübersichtlichen Stelle der Pfad nicht zu erkennen. Wir queren (teilweise weglos) die Senke nach halb links zum äußersten kleinen Vulkankegel, der zum Massiv des 1959 m hohen **Monte Orlando** ❺ gehört. Bei zwei markanten Felsnadeln stoßen wir dann wieder auf eine Markierung; in der Ferne ist der Ausgangspunkt zu sehen. Auch dieser Pfad ist nur schwach ausgetreten und nach Regenfällen oder starkem Wind überhaupt nicht zu erkennen. Ca. 100 m vom Pfad entfernt steht ein weiterer einzelner Baum. Auf einer Piste überqueren wir dann einen Lavastrom bei einer metallisch glänzenden Absperrschranke nach links und gehen nun auf der Piste bis zum weithin sichtbaren **Ausgangspunkt** ❶ zurück.

↗ 280 m | ↘ 330 m | 6.7 km

56 Pico Pequeno, 1920 m – Pico do Inferno, 2064 m

2.15 h

Auf den Spuren der letzten Vulkanausbrüche

Der bisher letzte Vulkanausbruch auf Fogo ereignete sich am 23. November 2014 am Pico Pequeno. Bei diesem handelt es sich um einen Flankenvulkan. Das heißt, nicht der Zentralkrater des Pico de Fogo brach aus, sondern ein kleinerer aufgesetzter Vulkankegel an der Westflanke des Zentralvulkans, der durch frühere exzentrische Ausbrüche des Hauptvulkans entstanden war. Die zahlreichen Lavaströme bewegten sich mit relativ hoher Geschwindigkeit durch die Caldera und unterbrachen die Straße. Das Dorf Portela wurde evakuiert und kurz darauf unter Lava begraben. Nach Ende des Vulkanausbruchs wollte die Regierung der Kapverden – unter Einsatz des Militärs! – die Rückkehr der Bewohner verhindern. Diese setzten sich aber schließlich durch und durften sich wieder ansiedeln. Die heutige Straße wurde erst drei Jahre später (kurz vor den Wahlen) fertiggestellt. Die Wanderstrecke gleicht einem geologischen Lehrpfad und ist extrem beeindruckend!

Ausgangspunkt: Straßenkreuzung, 1807 m (14.927683-24.352150), der alten und neuen Straße am Eintritt in die Chã das Caldeiras. Anfahrt: Ca. 11 km auf der Straße von Chã das Caldeiras. Aluguer: Ab Casa Marisa ca. 50 CVE. Nächster Taxistand im 30 km entfernten São Filipe.
Endpunkt: Casa Marisa, 1753 m (14.96765 -24.373833), auf dem Hochplateau Chã das Caldeiras; 40 km von São Filipe. Aluguer: Nach São Filipe 400 CVE.
Anforderungen: Leichte Streckenwanderung. An windstillen Tagen kann es sehr heiß werden.
Einkehr: Am Endpunkt ein Kiosk und mehrere Restaurants.
Variante: Kombination mit Tour 55, Beschreibung siehe dort.

An der **Straßenkreuzung** ❶ gehen wir geradeaus auf der alten Pflastersteinstraße weiter (nicht Richtung Chã das Caldeiras). Wo die Lava der Ausbrüche von 2014/2015 die Straße verschüttet hat, folgen wir halb rechts der grün-weiß markierten Piste. Wir marschieren auf einige Bäume zu und halten uns bei der ersten Weggabelung halb rechts (nicht halb links an der Ruine vorbei). Die schwach ausgeprägte Fahrspur führt zunächst direkt auf den Gipfel des Pico de Fogo zu, beschreibt dann eine lang gezogene Linkskurve und endet bei einem ca. 2 m hohen Felsen.

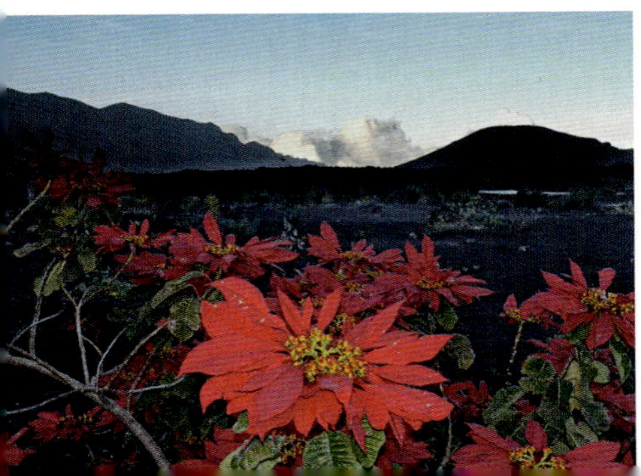

Abendstimmung in der Chã das Caldeiras.

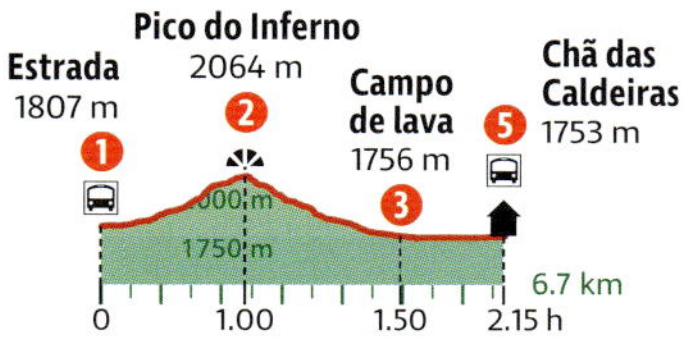

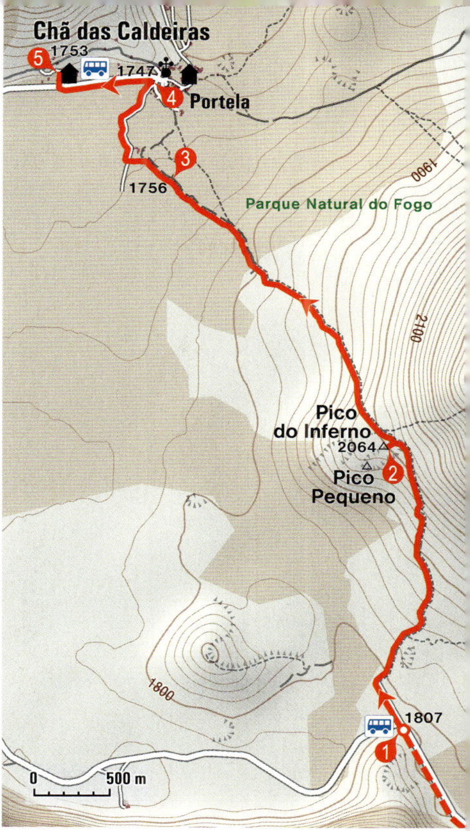

Es geht nun fast weglos entlang der westlichen Hänge des Pico de Fogo in Richtung der weithin sichtbaren, von weißen Mineralien durchzogenen Caldera des Pico Pequeno, vorbei an einem großen Stein mit Richtungspfeil. Dann vereinen sich die zahlreichen Wegspuren zu einem ausgetretenen Pfad, der durch Lapillifelder zum **Pico do Inferno** ❷ führt. Dahinter liegt der Pico Pequeno, das Zentrum der Vulkanausbrüche von 2014/2015. Aus erhöhter Position lässt sich sehr schön nachverfolgen, wie sich die Lavaströme in der Caldera verteilt haben. Auch die schwefelhaltigen Ausdünstungen des Pico Pequeno sind zu riechen, stellen aber keine Gefahr dar.

Hinter dem Krater folgen wir dem weithin sichtbaren Pfad bergab durch die schwarze Vulkanlandschaft. Nach einem langen Wegstück steht dann mal wieder ein Baum rechts vom Wanderweg, bei einem weiteren Baum folgen wir der beginnenden Piste. Bei einer Gabelung auf Höhe eines ersten Hauses gehen wir **geradeaus weiter** ❸ (nicht halb rechts in Richtung eines Lavafeldes). Hinter dem Haus auf der rechten Seite endet dann die Piste an der querenden ehemaligen Straße durch die Caldera. Hier gehen wir einige Meter rechts auf der alten Straße und dann weiter durch das platt gewalzte Eruptionsmaterial der letzten Ausbrüche bis zur **Hauptstraße** ❹.

Hier geht es links durch den Ort **Chã das Caldeiras** ❺ bis zur **Casa Marisa** oder rechts zu einer anderen Übernachtungsmöglichkeit, oder mit einem vorbestellten Taxi zu einem beliebigen Ort auf der Insel.

TOP

57 Pico de Fogo, 2829 m

↗ 1170 m | ↘ 1170 m | 11.8 km

6.15 h

Ein unverzichtbarer Aufstieg und ein einmaliges Abenteuer

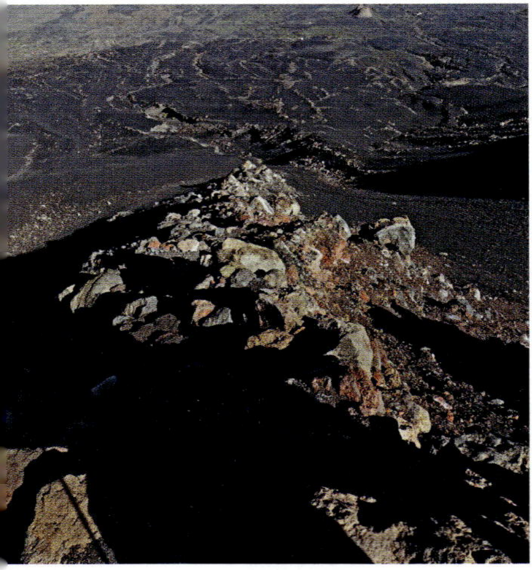

Aufstieg über ein Felsband auf den Pico de Fogo.

Der Vulkan Pico de Fogo auf der Insel Fogo ist der höchste Berg der Kapverden und nach dem Teide auf der Kanarischen Insel Teneriffa die zweithöchste Erhebung im Atlantischen Ozean. Er erhebt sich 2829 m über den Meeresspiegel und ist insgesamt ca. 7000 m hoch, gemessen von der submarinen Kapverdenschwelle. Mit über 30 Eruptionen ist der Pico do Fogo einer der aktivsten ozeanischen Schichtvulkane der Erde. Der letzte Ausbruch begann am 23. November 2014. Erstmals bestiegen wurde der Gipfel von einem Spanier am 7. April 1826. Bis auf den kurzen mit Stahlseilen gesicherten Abschnitt im Gipfelbereich ist der Aufstieg technisch einfach. 1170 m Aufstieg und die dünne Luft erfordern allerdings eine sehr gute Kondition. Der Abstieg in den Vulkankrater mit seinen zahlreichen Solfataren ist spektakulär, und ein besonderes Erlebnis ist auch der rasante Abstieg über die steilen Lapillihänge. Danach lässt man die Erlebnisse des Tages am besten bei einem Glas Chã-Wein ausklingen und plaudert noch etwas mit den liebenswerten einheimischen Führern oder Bewohnern der Chã das Caldeiras.

Ausgangspunkt: Casa Marisa, 1753 m (14.96765 -24.373833), auf dem Hochplateau Chã das Caldeiras. Anfahrt: Auf der Straße ca. 40 km von São Filipe. Aluguer: Von São Filipe 400 CVE. Taxi: Von São Filipe 4000–6000 CVE.
Anforderungen: Für die Teilstücke über Lava wird gute Trittsicherheit benötigt. Im Gipfelbereich kurzer mit Metallseilen gesicherter Steig. Guter Orientierungssinn, da der Weg nicht ausgeschildert ist, und gute Kondition aufgrund der starken Steigungen und des gerölligen Untergrunds erforderlich.
Einkehr: Keine unterwegs, am Endpunkt ein Kiosk und mehrere Restaurants.
Hinweise: 1. Der Aufstieg zum Gipfel ist offiziell nur mit einem Führer erlaubt! Kosten pro Person 4500–6000 CVE.
2. Es besteht erhebliche Steinschlaggefahr, sofern sich Wanderer oberhalb des Standpunkts im Gelände befinden.

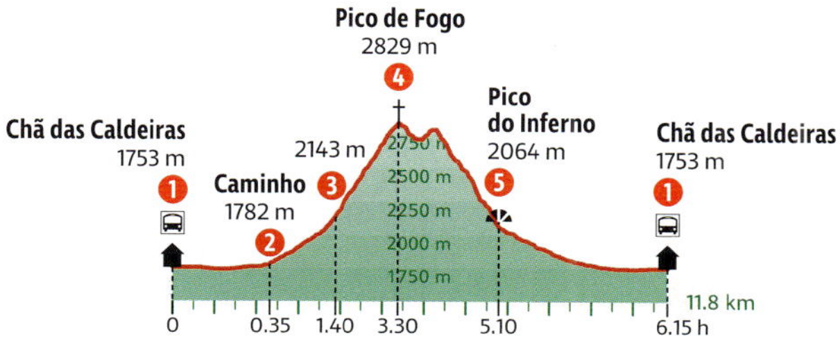

Wir verlassen die gepflasterte Hauptstraße nach halb rechts beim Haus des Ministério da Agricultura e Ambiente Fogo in der kleinen Gemeinde **Chã das Caldeiras** ❶. Auf einer Sandpiste nähern wir uns in einem 30-minütigen Spaziergang dem Fuß des Vulkans. Sobald wir bei einer Hütte angekommen sind – die wir schon beim Zustieg gesehen haben – biegen wir 20 m vor dieser nach rechts in den **Weg** ❷ ab. Dieser führt an sehr kleinen Staudämmen und zahlreichen Weinstöcken vorbei. Im Weiteren passiert der Pfad nun in 100 m Entfernung die Hütte, die wir zuvor von der Piste aus gesehen hatten. Es geht durch mehrere Mauerdurchbrüche, und sporadisch sind türkisfarbene Markierungen zu sehen.

Zwischen zwei Erosionsrinnen – wir gehen auf einem Bergrücken – beginnt nun der eigentliche Aufstieg. Verlief der Weg bisher über erbsen- bis nuss-

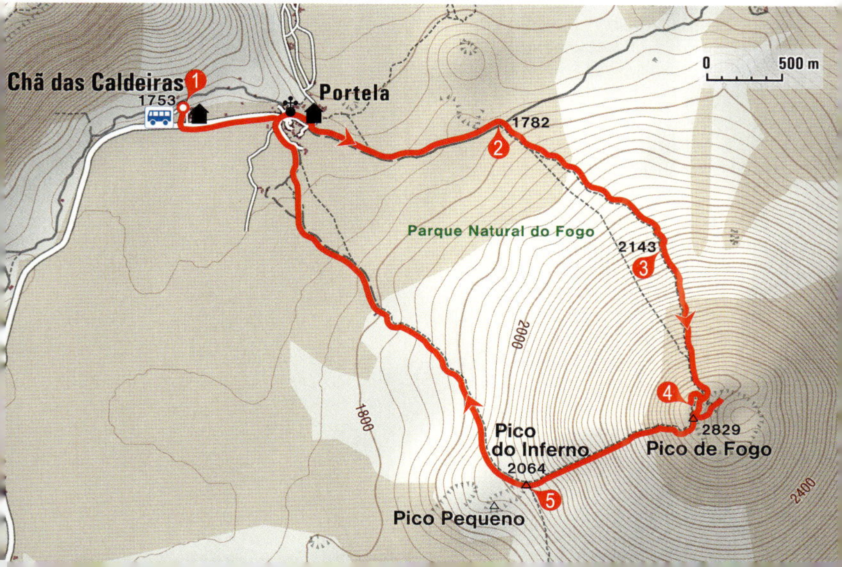

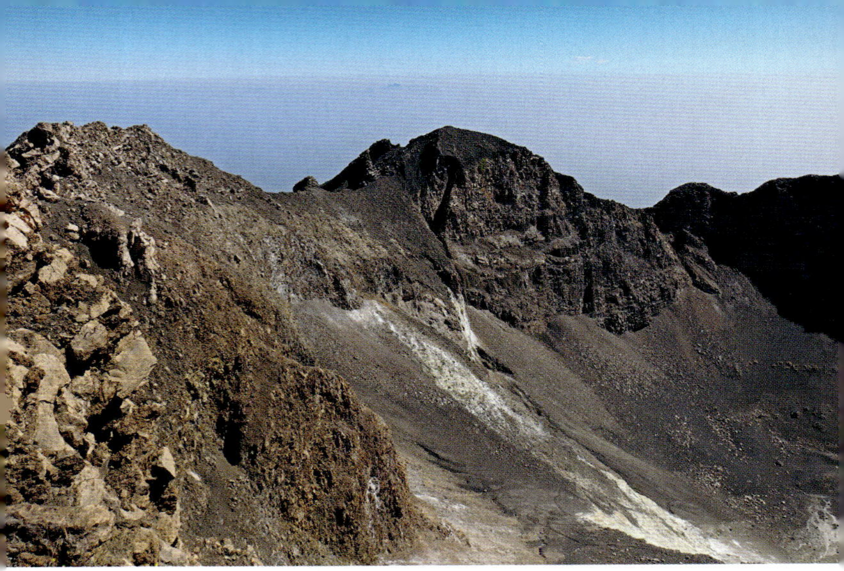

Foto oben: Die schüsselartige Vertiefung am Pico de Fogo. – Rechts unten: Die Bordeira do Fogo, am Fuß der Felswände der Ort Chã das Caldeiras.

große Pyroklasten (Lapilli), so folgt nun ein zäher Aufstieg im Zickzack auf einem nur 15 m breiten **Felsband** ❸. Der Pfad ist eindeutig, aber gelegentlich müssen die Hände zur Hilfe genommen werden.
Auf ca. 2600 m Höhe steigen wir nun parallel zu einer braunen Felswand in langen Kehren – fast ein angelegter Wanderweg – bis zum Kraterrand auf. Von dort blicken wir in den 100–200 m tiefer liegenden, fast kreisrunden Krater, der einen Durchmesser von ca. 500 m hat. Rechts vom Kraterrand befindet sich der Gipfel des **Pico de Fogo** ❹, der über einen mit Drahtseilen gesicherten Steig erreicht werden kann (kein Klettersteigset erforderlich). Bei klarem Wetter sieht man Rich-

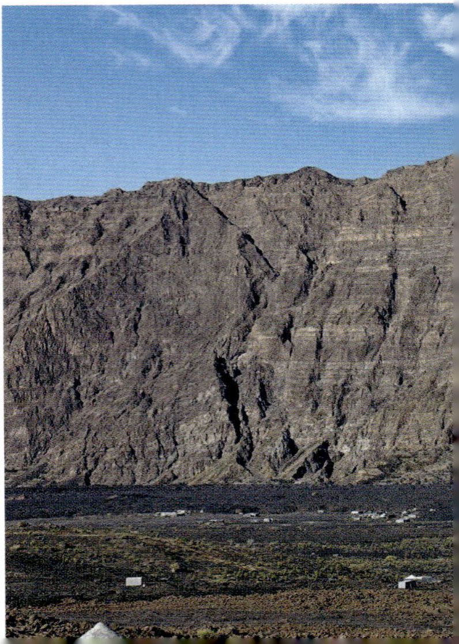

tung Osten die Nachbarinsel Santiago, Richtung Westen Brava, über die Weite des Atlantischen Ozeans Richtung Norden in ca. 250 km Entfernung den Vulkan Tope de Coroa auf der Insel Santo Antão, sowie rechts davon die Inseln São Vicente und São Nicolau. Und Richtung Nordosten sind da noch die Inseln Sal und Boa Vista.
Am Beginn des gesicherten Steigs gelangen wir wieder an den Fuß des Gipfels und steigen nun direkt unterhalb der Felswand ca. 10 m bis zum Kraterrand auf. Diesen überschreiten wir und folgen dem beginnenden Trampelpfad. Es folgt noch einmal ein mit Metallseilen gesicherter Abschnitt. Direkt dahinter können wir in den Krater hinuntersteigen, um dort zahlreiche Solfataren mit starken Schwefelabscheidungen zu entdecken. Dann setzen wir unseren Weg auf der Innenseite des Kraterrandes fort, bis wir zu einer Einsattelung gelangen und dort den Kraterrand wieder überschreiten. Unmittelbar dahinter wandern wir ca. 30 m rechts und leicht bergauf über einen Bergrücken, um dann auf einem der vielen Pfade – und einem fast weglosen Stück – mit dem Abstieg zu beginnen.
Unser nächster Wegpunkt ist der kleine Vulkan Pico do Inferno, gut an seinem Krater und den vielen hellen Mineralien zu erkennen, die sich von dem dunklen Vulkangestein absetzen. Dorthin sind es ca. 550 Höhenmeter zum **Pico do Inferno** 5 durch federndes Lapilligestein – für den Abstieg ein Traum. Geübte können fast in der Falllinie »abfahren«.
Der weitere Rückweg bis zum **Ausgangspunkt** 1 verläuft wie in Tour 56, wobei es für letzten Abschnitt mehrere offensichtliche Möglichkeiten gibt.

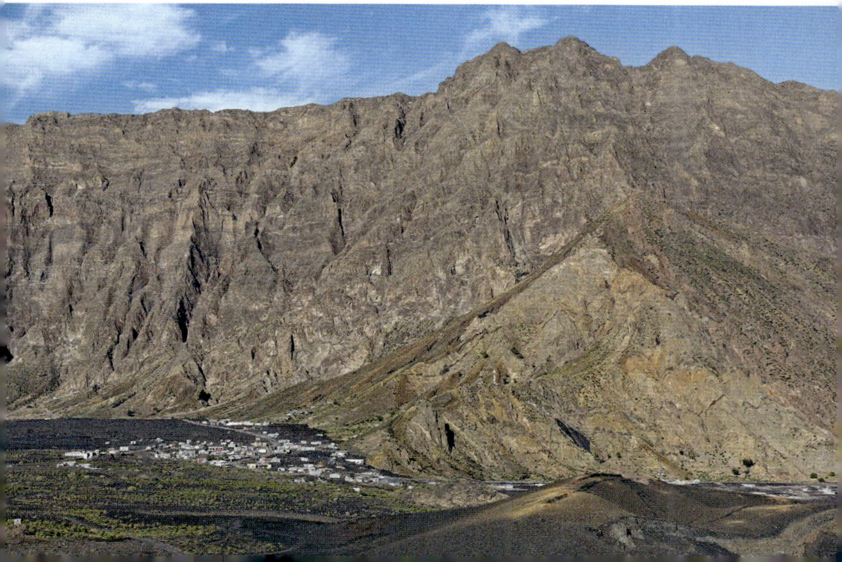

↗ 250 m | ↘ 250 m | 10.7 km

58 Chã das Caldeiras

4.15 h

Der größte Lavakanal der Insel Fogo

Ca. 1000 Menschen leben am Fuße des Pico de Fogo in der Gemeinde Chã das Caldeiras. Wasser wird während der Regenzeit mühsam in Zisternen und Tanks gesammelt, Strom aus Generatoren und Solarpanels erzeugt. Die Einwohner bauen Obst, Feigen und Weinreben an und führen Touristen durch diese faszinierende Vulkanwelt. Die Häuser sind aus Vulkangestein gebaut. Gleich neben dem Dorf befindet sich ein erkalteter Lavastrom, der beim letzten Vulkanausbruch große Teile des ehemaligen Dorfes zerstört hatte. Mit einer Vorwarnzeit von drei Tagen meinen die Seismologen vor einem weiteren Vulkanausbruch warnen zu können, so bleibt den Bewohnern wenigstens ein bisschen Zeit, um das Dorf zu evakuieren. Auch diese Wanderung gleicht einem geologischen Lehrpfad: Es geht vorbei an zahlreichen erloschenen Vulkankegeln, auf den Gipfel eines Vulkans und an den Lavatypen Aa-Lava und Pahoehoe-Lava vorbei. Der Höhepunkt ist dann ein ca. 150 m langer und bis zu 7 m hoher Lavakanal. Eine stabile Leiter führt hinunter in die Höhle.

Die Casa Marisa in der Chã das Caldeiras.

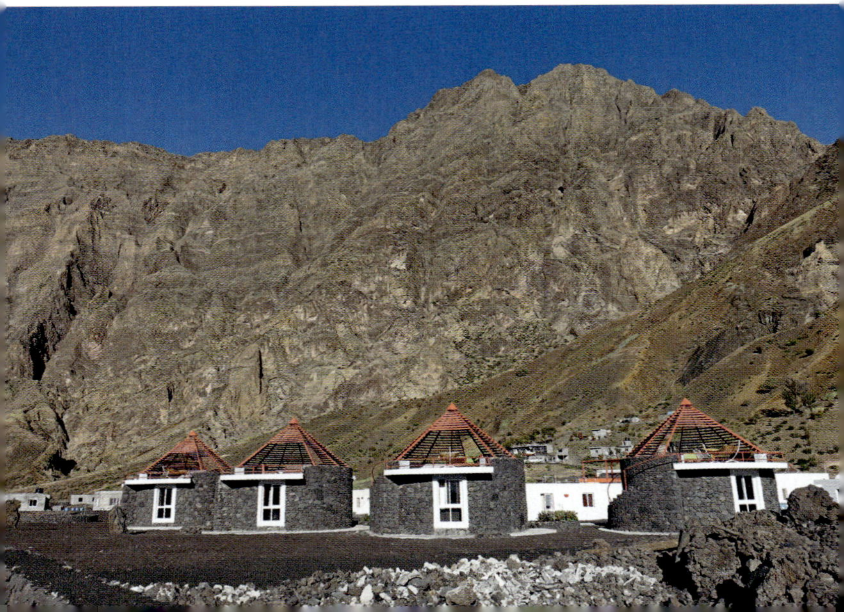

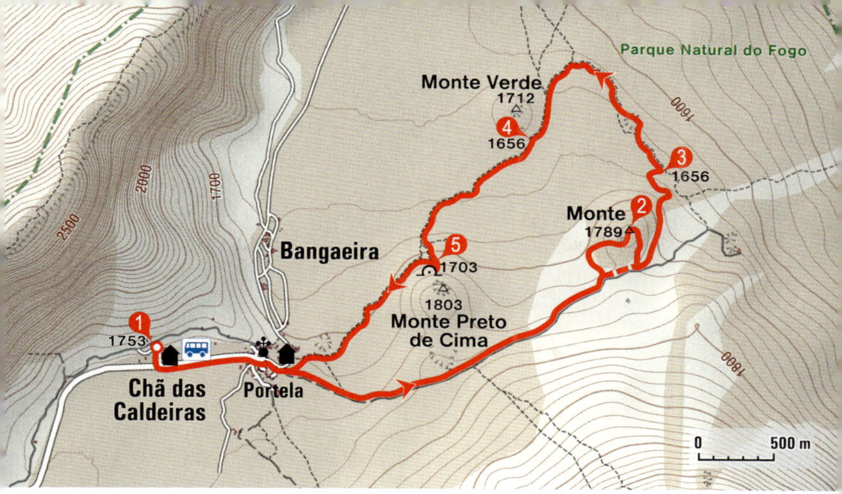

Ausgangspunkt: Casa Marisa, 1753 m (14.96765 -24.373833), auf dem Hochplateau Chã das Caldeiras. Anfahrt: Auf der Straße ca. 40 km von São Filipe. Aluguer: Von São Filipe 400 CVE. Taxi: Von São Filipe 4000–6000 CVE.
Anforderungen: Für die Teilstücke über Lava wird gute Trittsicherheit benötigt, außerdem guter Orientierungssinn an den Schlüsselstellen. Schwindelfreiheit ist erforderlich, um die lange Leiter in den Lavakanal hinabzusteigen.
Einkehr: Keine. Am Ausgangspunkt ein Restaurant.
Variante: Die teils weglose Besteigung zum Vulkan Monte ❷ auslassen, auf der Piste geradeaus weiter und so wieder auf den beschriebenen Weg gelangen.
Hinweis: Lichtstarke Taschenlampe mitnehmen!

Von der **Casa Marisa** in der **Chã das Caldeiras** ❶ marschieren wir in östliche Richtung über die gepflasterte Hauptstraße zu dem Haus des Ministério da Agricultura e Ambiente Fogo. Halb rechts von diesem beginnt eine Sandpiste durch den Obstgarten des Hochtals: Pfirsich, Apfel, Feige, Weinreben, Paprika, Tomaten, Granatapfel und Mais werden hier angebaut. Nach der Regenzeit sind vereinzelt bis zu 2 m hohe rot blühende Weihnachtssterne zu bestaunen. Wir folgen dem Verlauf der Piste noch an einem Haus direkt

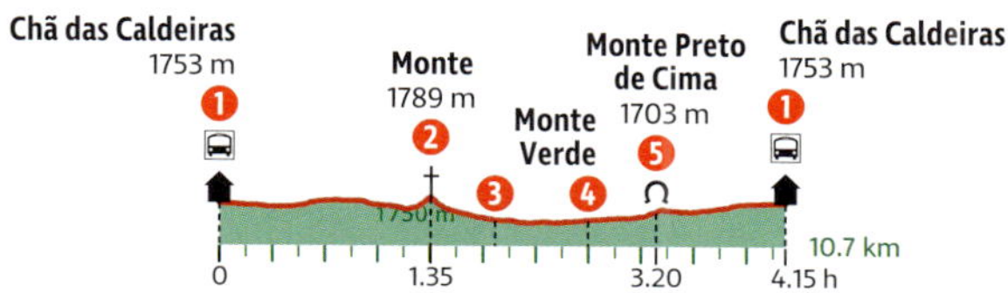

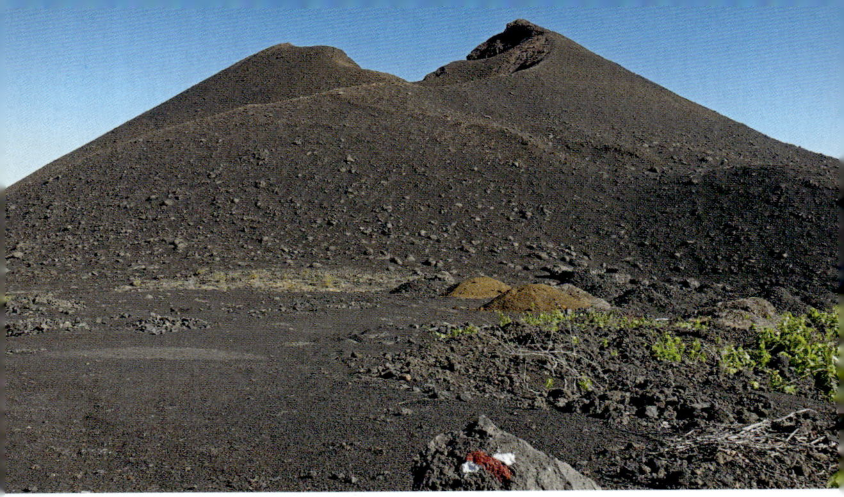

Der Aufstieg zu einem kleinen Vulkankegel.

am Wegesrand vorbei, bis wir links in eine Piste abbiegen. Hier befindet sich ein rot-weißes Kreuz auf einem Stein, das durchgestrichen ist.
Wir gehen bis in eine Ebene, um dort bei einem Steinmännchen die Piste nach rechts zu verlassen und dann halb rechts über dem vor uns liegenden Bergrücken bis zum Gipfel des **Monte** ❷ aufzusteigen. Nach dem Gipfel wandern wir noch ca. 15 m auf dem Grat weiter, um dort bei einem Steinhaufen scharf rechts auf einer schwach ausgetretenen Spur bergab zu gehen. Dabei navigieren wir in Richtung eines einzeln stehenden Baums kurz vor einer Piste. Noch vor der Piste mit der Steinmauer wandern wir scharf links auf einem beginnenden Pfad, der nun am Fuße des soeben bestiegenen Vulkans entlangführt. Zunächst sehen wir nur die Spitze eines weißen Hauses, dann wandern wir unmittelbar an diesem vorbei.
Nun geht es auf einer Fahrspur in Richtung weiterer Häuser. Dort, wo wir auf eine querende Straße stoßen, halten wir uns scharf links (und gehen nicht auf die querende Straße). Nach einer leichten Rechtskurve der Piste sehen wir zwei Hütten mit einem weißen Dach. Wir folgen dem Verlauf der Piste noch bis zu ihrem Ende und gehen dann zu dem rechten der beiden Häuser. Unmittelbar links hinter dem Haus beginnt an dieser leicht zu übersehenden **Schlüsselstelle** ❸ ein angelegter Wanderweg. Dieser führt direkt durch das Lavafeld und ist auch weiß-rot-grün markiert. Nach einem längeren Wegstück erreichen wir einen riesigen Feigenbaum und Weinstöcke – ja, eine fruchtbare Oase inmitten der unwirtlichen Lavamassen!
Es folgt eine etwas unübersichtliche Stelle, bei der wir einen Bereich mit Stricklava geradeaus überqueren. Wir erreichen eine weitere fruchtbare

Oase und eine riesige Tanne. 10 m hinter dieser Tanne und vor einem weiß-rot-grün markierten Stein wenden wir uns nach links auf den beginnenden Pfad (nicht markiert). Eine schwache Trittspur ist zu sehen, und gelegentlich sind Steinmänner aufgestellt. Wir halten auf den Vulkan Monte Verde zu, erreichen schlussendlich sandigen Untergrund und gehen hier links bis zur nächsten **Schlüsselstelle** 4 – über das Lavafeld ist kein Pfad zu erkennen – unterhalb des **Monte Verde**. Hier verlassen wir den sandigen Untergrund und gehen weglos über Stricklava – rechts und links befinden sich unbegehbare Lavafelder – in Richtung des Dorfes, aus dem wir gekommen sind.
Wo das Stricklavafeld endet, beginnt ein längerer und nur schwach ausgetretener Pfad durch die zerklüftete Brockenlava. Es folgt ein kurzes Stück auf gut begehbarem Untergrund, dann geht es weiter durch Brockenlava, nun in Richtung hochragender brauner Felsen. Unmittelbar hinter einem hellbraunen Lavafeld gehen wir links zu einem kleinen Vulkanschlot (nicht geradeaus leicht bergauf zu den Kakteen). Hinter einem zweiten und dritten Vulkanschlot befindet sich dann unterhalb des **Monte Preto de Cima** ein faszinierender **Lavakanal** 5, zu dem man über eine Leiter absteigen kann. Mit einer lichtstarken Taschenlampe lässt sich das Innere erkunden.
Nach dem Abstecher zum Lavakanal wandern wir nicht auf demselben Weg zurück zur Hauptroute, sondern vor dem obersten der drei Vulkane nun auf einem breiten ausgetretenen Pfad in Richtung des Dorfes am **Ausgangspunkt** 1.

Spektakulärer Abstieg in den Lavakanal.

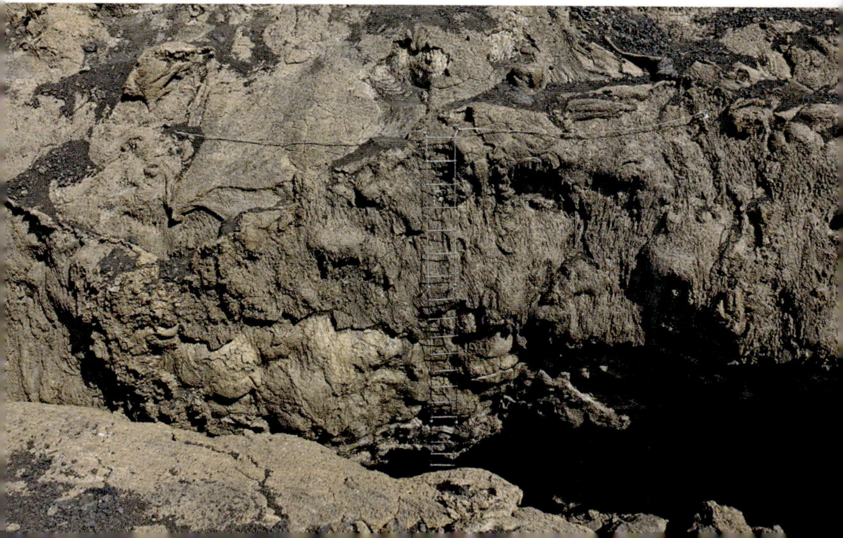

TOP

59

↗ 1220 m | ↘ 1220 m | 22.7 km

Bordeira do Fogo – Ponto Alto do Norte, 2692 m

10.15 h

Alpine Bergtour mit Klettersteig

Seit 2008 führt ein spektakulärer Klettersteig – ja, richtig gelesen, ein Klettersteig! – von der Hochebene Chã das Caldeiras durch die steil aufsteigende Ostwand zum ehemaligen Kraterrand der Bordeira do Fogo (Infos dazu siehe Tour 54). Damit ist die Wanderung entlang des in nord-südlicher Richtung verlaufenden Teils der Bordeira do Fogo an einem Tag möglich. Wenn man am Fuß dieser ca. 900 m senkrecht aufragenden Kraterwand steht, ist es unvorstellbar, dass überhaupt ein Weg durch diese Wand führen. Eine wahre Meisterleistung ist die Routentrassierung, denn es gibt nur wenige ausgesetzte Passagen. Die weitere Aufstieg entlang der Bordeira do Fogo führt zum zweithöchsten Gipfel der Kapverden, dem 2692 m hohen Ponto Alto do Norte, mit einem grandiosen Ausblick über alle Inseln des Archipels. Bis Fernão Gomes gibt es immer wieder technische Schwierigkeiten und weitere mit Stahlseilen gesicherte Passagen. Der etwas monotone Rückweg zum Ausgangspunkt über die Hochebene lässt sich mit einem vorab organisierten Pkw-Transfer abkürzen. Ein Versuch des Autors, die Tour kleiner zu reden: Nach Abzug des Zu- und Wegstiegs sind es nur noch 12 km Wegstrecke, es bleiben da noch 1000 Höhenmeter …

Von der Chã das Caldeiras geht es durch die Ostwand der Bordeira do Fogo.

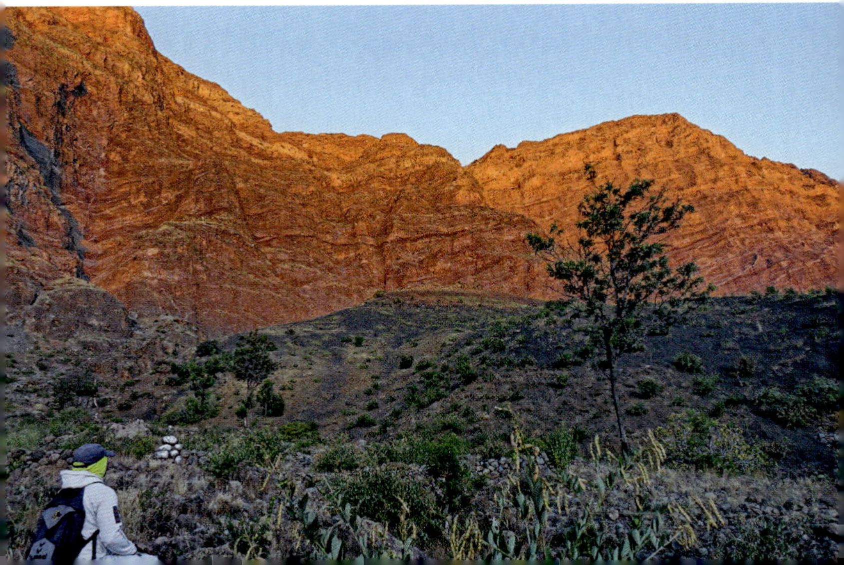

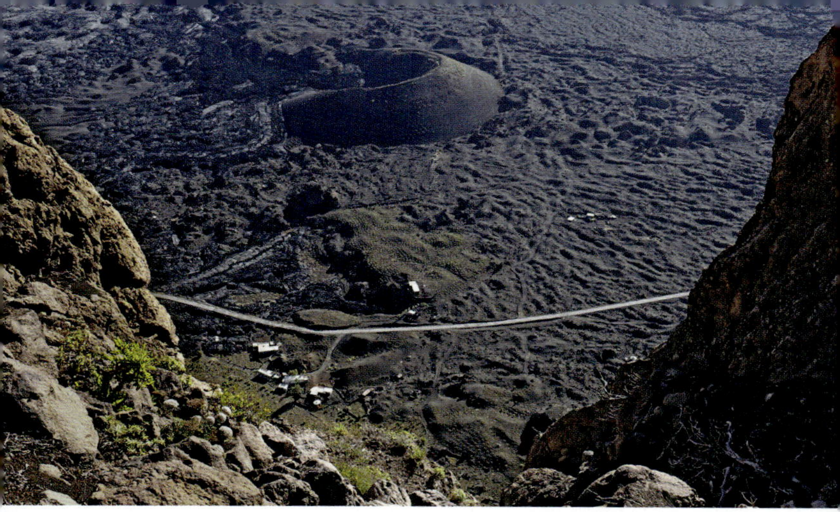

Am Ende der Via Ferrata ergibt sich ein wunderschöner Tiefblick auf die Hochebene.

Ausgangspunkt: Casa Marisa, 1753 m (14.96765 -24.373833), auf dem Hochplateau Chã das Caldeiras. Anfahrt: Auf der Straße ca. 40 km von São Filipe. Aluguer: Von São Filipe 400 CVE. Taxi: Von São Filipe 4000–6000 CVE.
Anforderungen: Trittsicherheit, Schwindelfreiheit sowie Klettersteigerfahrung (Schwierigkeitsgrad B/C), nötig; auch abgesehen vom Klettersteig gibt es anspruchsvolle gesicherte Passagen. Klettersteigset und Helm sowie eine sehr gute Kondition sind erforderlich.
Einkehr: Keine. Am Ausgangspunkt ein Restaurant.

Variante: Unterhalb des Kraterrands gabelt sich der Klettersteig. Der Abzweiger nach Süden führt zur Einsattelung Fundo Serrinha und über den Ponto Alto do Sul – wo sie an Tour 54 anknüpft (ca. 21,5 km, 1200 Hm; Beschreibung siehe auch Tour 54).
Hinweise: 1. Diese Tour unbedingt mit einem Führer planen! Es gibt zahlreiche zweideutige Wegführungen. Schnell gerät man bei der Wegsuche in die Dunkelheit. Es ist keine Trittspur zu sehen! Kosten Führer ca. 10.000 CVE.
2. Helm und Klettersteigset können in der Casa Marisa gemietet werden.

Die in der **Chã das Caldeiras** ❶ liegende **Casa Marisa** verlassen wir auf der Pflastersteinstraße in zunächst westlicher Richtung. Hinter einem rechts von der Straße liegenden Haus mit einem roten Dach, nach insgesamt 3,8 km Strecke, biegen wir nach rechts von der Straße ab und queren weglos ein Lavafeld in Richtung einer Schlucht. Wenige weiß getünchte Steine markieren den Abschnitt dorthin.
Nach ein paar Metern durch das Trockenbachbett der Schlucht gelangen wir zum Einstieg in die **Via Ferrata** ❷. Im Wechsel zwischen Seilsicherungen, Querungen über Felsbänder und Aufstiegen über gerölligen Unter-

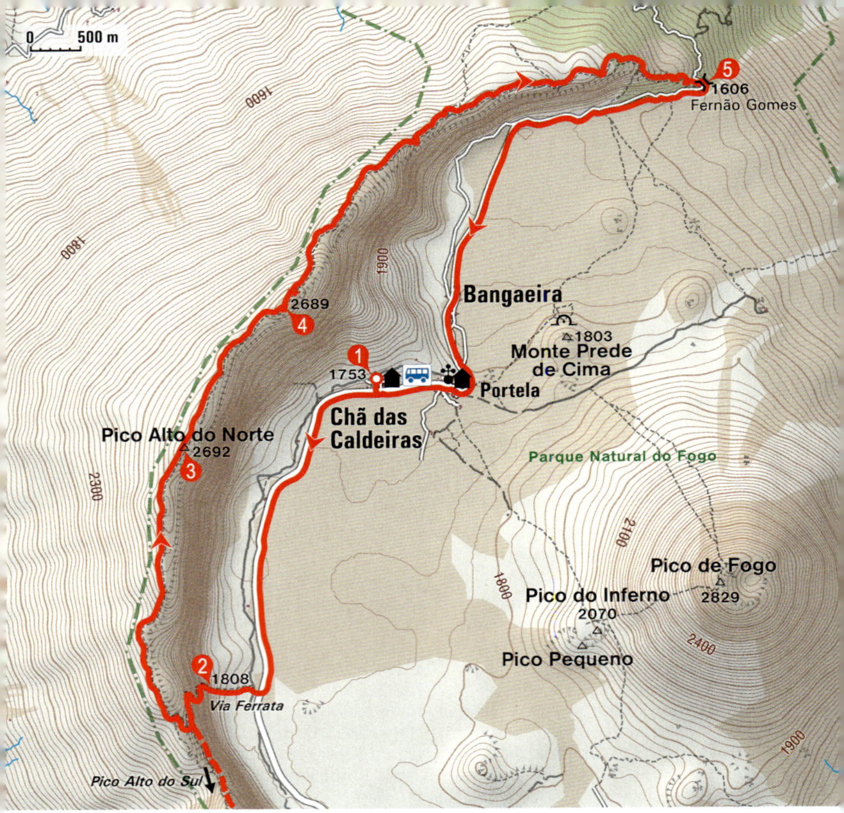

grund erreichen wir einen halb links abzweigenden Pfad in einer Höhe von 2189 m. Dieser führt über die Bordeira do Fogo zum 2477 m hohen Ponto Alto do Sul (Variante; siehe auch Tour 54). Wir bleiben hier rechts auf dem Klettersteig, der nach insgesamt ca. 550 m an der Abbruchkante der Bordeira do Fogo endet. Nach kurzem Aufstieg in nördliche Richtung und über felsiges Gelände folgt dann ein relativ entspanntes Wegstück über Lapillifelder bis zum **Ponto Alto do Norte** ❸.
Danach folgt eine **Schlüsselstelle** ❹ – die technisch anspruchsvoll und schwer zu findende Überschreitung des Grates der Bordeira do Fogo. Anstatt auf dem flach abfallenden Berghang (Richtung Westen) weiterzugehen, übersteigen wir also den Grat der Bordeira do Fogo nach rechts (Richtung Osten) und klettern über ein steiles Schotterfeld (kein Pfad ist zu

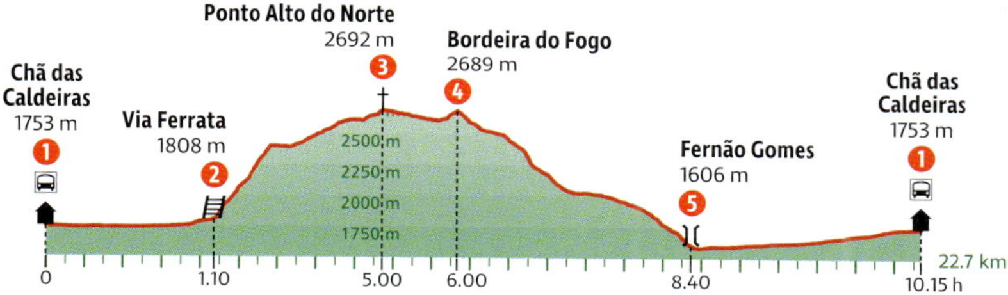

sehen) in eine Scharte hinunter; tief unter uns ist die Straße durch die Caldera zu sehen. Aus der Scharte steigen wir unterhalb einer großen Felsspitze auf einem mit Stahlseilen gesicherten schmalen Felsvorsprung wieder zum breiten Bergrücken der Bordeira do Fogo auf, um dort unseren Weg fortzusetzen. Es folgt eine weitere seilgesicherte Stelle über eine Felsspitze und im Weiteren ein breiter Felssims. Danach ist die Felskletterei beendet, und es geht über weite Lapillifelder in Richtung Meer – je nach Wetterlage auch in Richtung einer unterhalb liegenden Wolkendecke. In einer Senke ignorieren wir den halb links abzweigenden Pfad und bleiben am Rand des Einsturzkraters. Wir wandern an zahlreichen Apfelbäumen, Feldern und einer Hütte vorbei und durch eine kleine Schlucht, hinter der wir rechts gehen, Richtung Nebelwald. Nun folgen wir einem breiten, ausgetretenen Pfad durch den beginnenden Wald bis zur Einsattelung **Fernão Gomes** 5. Hier bei der gepflasterten Straße beginnt dann der etwas mühsame lange Rückweg bis zum **Ausgangspunkt** 1 – es sei denn, man lässt sich von einem vorbestellten Fahrzeug abholen.

Abstieg bis kurz oberhalb der Nebelwolken bei Fernão Gomes.

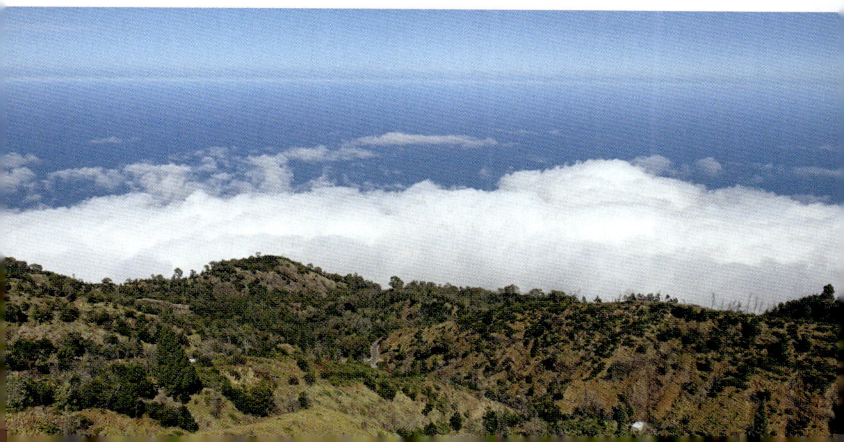

↗ 10 m | ↘ 1730 m | 14.0 km

60 Chã das Caldeiras – Monte Velha – Mosteiros

5.00 h

Landschaftliche Gegensätze, die nicht extremer sein können

Die Tour beginnt in der dürren Steinwüste der meist sonnendurchglühten Chã das Caldeiras. Aber schon bald ändert sich das Landschaftsbild drastisch, denn wir erreichen den Wald des Monte Velha, der seit 1941 wiederaufgeforstet wird. Dank der Passatwolken herrscht zwischen 1200 und 1600 m Höhe an den luvseitigen Nordosthängen der Insel Fogo eine nebelreiche und durch Verdunstung ein relativ kühles Klima. Der Wald aus Eukalyptusbäumen, Zypressen, Kiefern und Mimosenbäumen war einst 851 ha groß, 2014 reduzierte ein Brand den Forst um ca. 75 %. Ein besonderes botanisches Schmankerl und zugleich ideales Mitbringsel sind die Kaffeebohnen, die unmittelbar am Weg wachsen. Diese Kaffeebohnen zählen zu den besten der Welt und werden seit über 300 Jahren auf Fogo angebaut. Am Endpunkt der Wanderung in Mosteiros erwartet uns dann heißes Wüstenklima.

Ausgangspunkt: Casa Marisa, 1753 m (14.96765 -24.373833), auf dem Hochplateau Chã das Caldeiras; siehe z.B. Tour 59.
Endpunkt: Mosteiros, 35 m (15.033125 -24.324121); 37 km entfernt von São Filipe. Aluguer: Von São Filipe 400 CVE. Taxi: 4000–6000 CVE.

Anforderungen: Technisch sehr leichte Wanderung. Für den langen Abstieg wird aber eine sehr gute Kondition benötigt.
Einkehr: Keine. Am Endpunkt mehrere Restaurants.
Hinweis: Für den Naturpark Monte Velha ist Eintritt zu bezahlen.

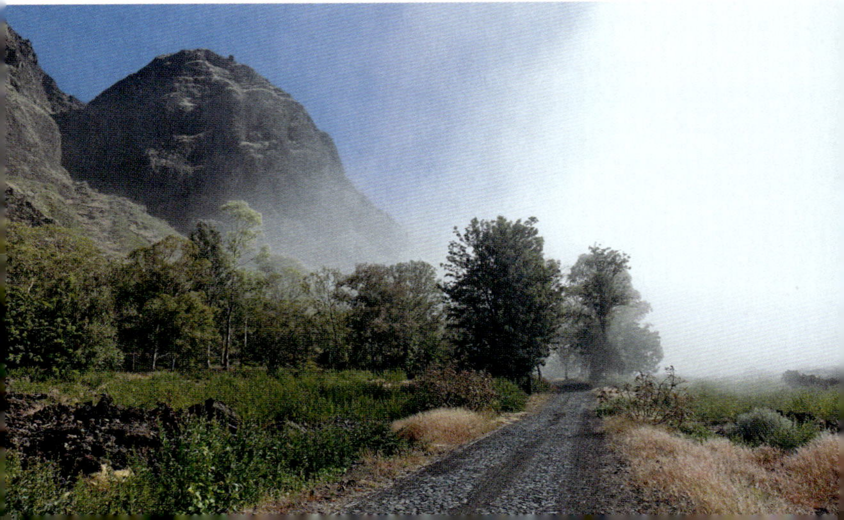

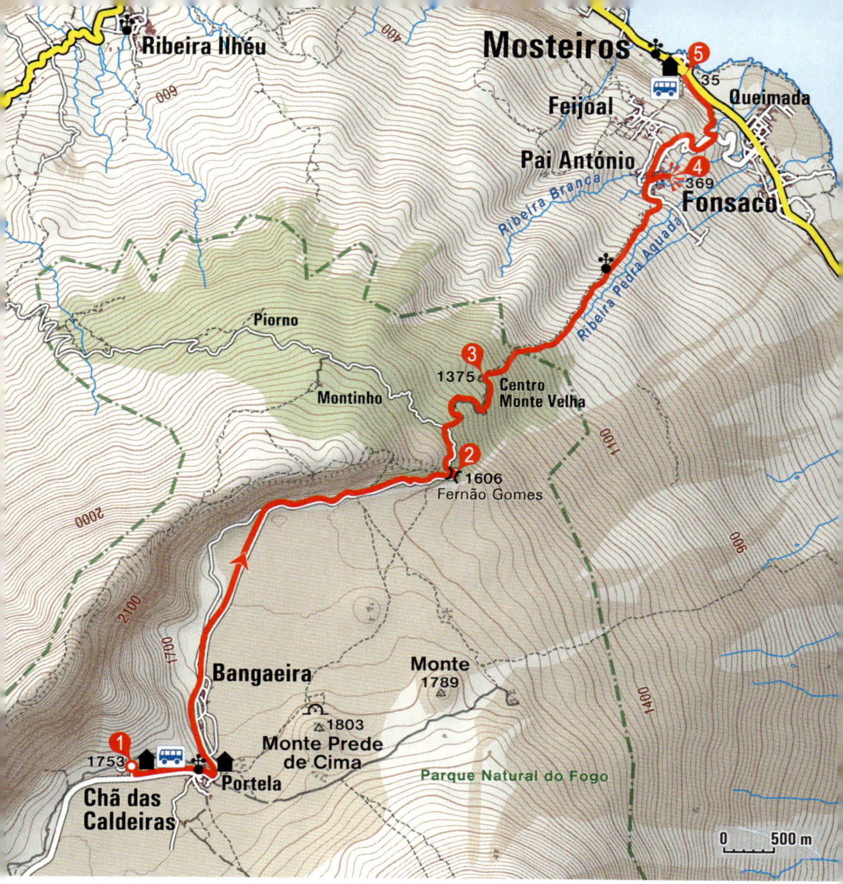

Die in der **Chã das Caldeiras** ❶ liegende Casa Marisa verlassen wir auf der Pflastersteinstraße in östliche Richtung bis zum nachfolgenden Ort mit dem Haus des Ministério da Agricultura e Ambiente. Dahinter geht es entlang von Lavafeldern und durch einen kleinen Wald mit riesigen Eukalyptusbäumen, Zypressen, Kiefern und vielen Mimosenbäumen nach Norden. Je nach Wetterlage sehen wir schon, wie die zahlreichen Passatwolken in die Hochebene drücken.

Am Ende der Caldera beginnt je nach Wetterlage der Nebel.

Nach einigen wenigen Schritten bergauf verlassen wir dann die Caldeira. Am Wegpunkt **Fernão Gomes** ❷ kommen wir beim Haus des Forsthüters an, wo wir Eintritt in den Naturpark Monte Velha entrichten müssen. Vor einem Verkehrsschild mit der Aufschrift »15 %« biegen wir rechts in die bergab führende Piste. Oft in Wolken wandern wir nun durch einen dichten Nebelwald, gelegentlich kondensieren die Wolken in den Bäumen aus, von denen es dann tropft.

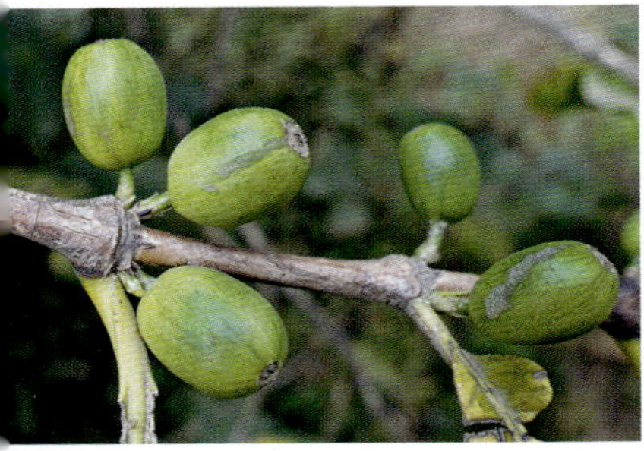

Foto oben: Kaffeepflanzen kurz vor dem Miradouro de Pai António.
Unten: Die gefiederten Blätter einer Mimose beim Centro Monte Velha.

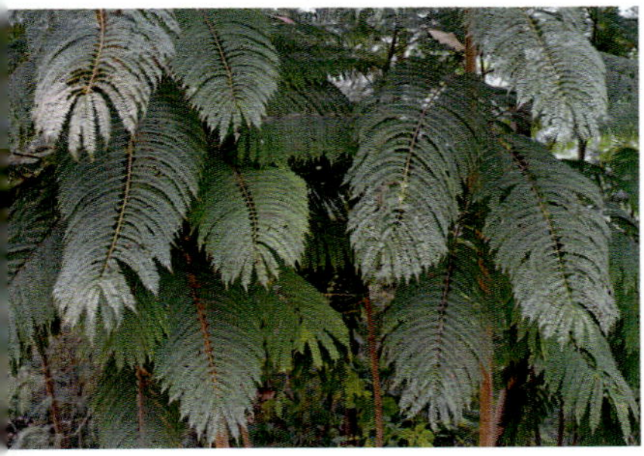

Beim **Centro Monte Velha** ❸ erreichen wir ein erstes Haus auf der linken Seite des Wegs. Noch vor zwei weiteren Häusern verlassen wir den gepflasterten Weg nach rechts. Der nachfolgende, steil bergab führende Pfad ist mit Holzbohlen befestigt; an einer Weggabelung sind beide Arme zielführend. Die Strecke führt durch einen für kapverdische Verhältnisse dichten Wald. Während des Abstiegs ignorieren wir einen links abzweigenden Pfad. Je nach Wetterlage bricht man dann irgendwann durch die Wolkendecke und hat freien Blick bis zum Meer.

Bei einer weiteren Weggabelung sind abermals beide Wege zielführend. Aufmerksame Beobachter entdecken einige wenige, noch kleine Drachenbäume rechts und links des Weges. Ab hier begegnet man immer häufiger Landarbeitern auf ihren Feldern. Vorbei geht es an Kaffeepflanzen, Hülsenfrüchten, Zucchini, Bananen, Papaya und Zitrusfrüchten, die sich hier im feuchten Klima sehr wohl fühlen. Die Wirtschaftswege dorthin ignorieren wir und bleiben immer auf dem Hauptweg. Der Pfad endet an einer Straße, auf der wir nach links bergab gehen. Bei der ersten Möglichkeit biegen wir rechts in die gepflasterte Straße ein; wo sie endet, wandern wir halb rechts auf dem beginnenden Weg bis zu einem Haus auf einem Hügel. Dahinter befindet sich der aussichtsreiche **Miradouro de Pai António** ❹ mit einem wunderschönen 360°-Rundblick. Wir gehen bis zum Ende der gepflasterten Straße auf dem Hinweg zurück, aber dort dann rechts über Treppen hinunter, quer durch ein Trockenbach-

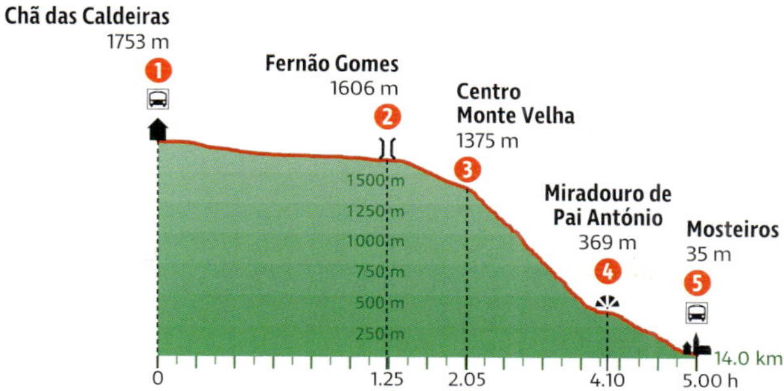

bett und durch eine Gasse des Dorfes **Pai Antonio** und weiter auf der beginnenden Straße. Von links mündet eine Straße in die unsrige, und wir kommen an einem Baobabbaum vorbei. Dort, wo die Straße endet, marschieren wir rechts weiter. Unmittelbar vor einem weiteren Aussichtspunkt – mit einem Funkmast – verlassen wir die Straße nach scharf links auf einem beginnenden Pfad. Dieser endet an der Hauptstraße, auf der wir links bis zum Endpunkt der Tour in **Mosteiros** 5 wandern.

Der Nebelwald hinter der Einsattelung Fernão Gomes.

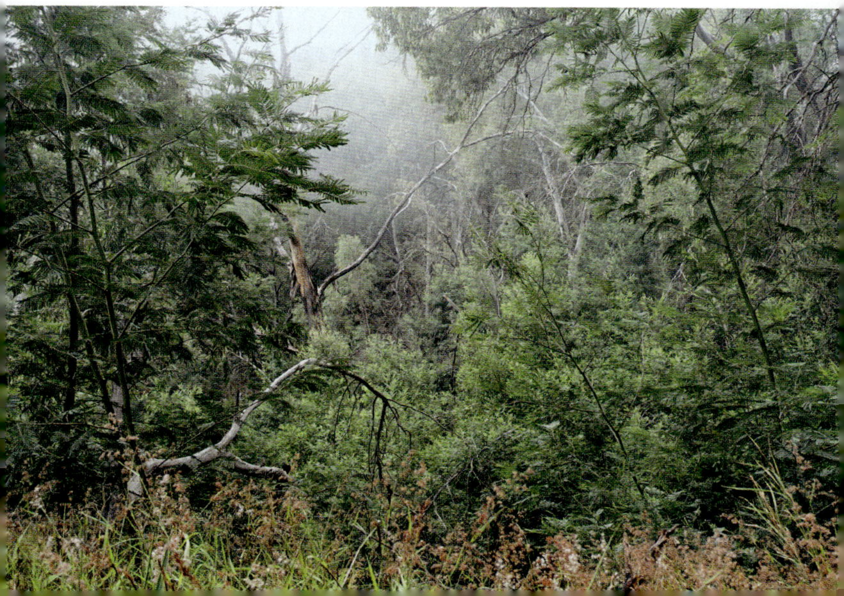

↗ 490 m | ↘ 490 m | 4.9 km

61 Morro Djéu

2.15 h

Ein spektakulärer Küstenabschnitt

Die üppige Vegetation unterhalb des Bergdorfs Atalaia wird durch die Passatwolken begünstigt, die sich an der Insel Fogo stauen und so ihre Feuchtigkeit abgeben. Um den Speiseplan mit Fisch zu ergänzen, nutzen die Bewohner der umliegenden Dörfer einen alten Caminho; so können sie die steilen Klippen überwinden, zum Meer absteigen und dort fischen. Der Abstieg ist allerdings nicht ungefährlich, da mehrere Felsstürze den Weg versperren und umgangen werden müssen. Die Belohnung ist eine fast poetisch anmutende Landschaft mit der dunkelbraunen, felsigen Landzunge Morro Djéu und den zahlreichen bunten Fischerbooten, die am Anleger liegen. Wie ein Koloss ragen die Felsen der Landzunge aus dem kristallklaren, blauen Meer. Bei Ebbe laden Erkundungen auf einem Felsband um den Morro Djéu ein, auch führt ein Pfad zu einem Brandungstor und zu einem Sandstrand. Letzterer ist aber nur schwer zu erreichen und stark steinschlaggefährdet!

Regenbogen aus der Gischt einer Welle.

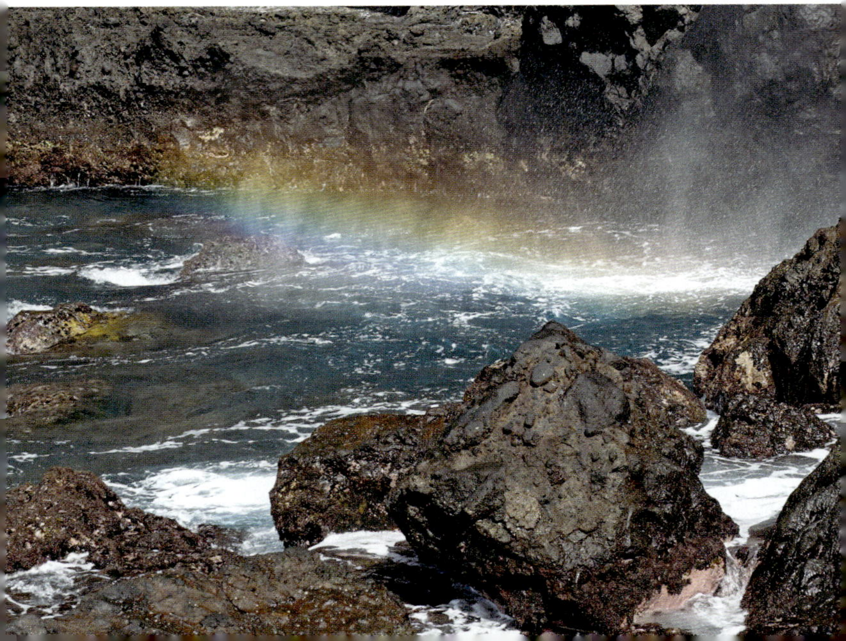

Ausgangspunkt: Atalaia, 465 m (15. 031866 -24.384733); ca. 10 km von Mosteiros. Anfahrt: Verbindungsstraße von Mosteiros nach São Filipe. Aluguer: Von Mosteiros 100 CVE. Taxi: 1000 CVE.
Anforderungen: Für den Abstieg benötigt man gute Trittsicherheit und Schwindelfreiheit. An windigen Tagen oder nach Regen besteht erhebliche Steinschlaggefahr.
Tipp: Wanderstöcke für den steilen Abstieg.
Einkehr: Keine.

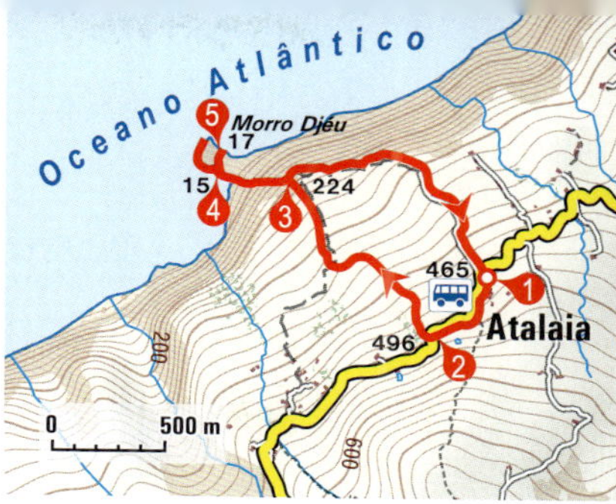

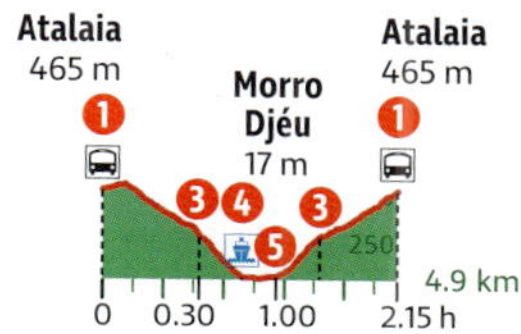

Im Dorfkern von **Atalaia** ❶ – bei der roten Fassade eines länglichen Hauses – gehen wir auf der Hauptstraße Richtung São Filipe, vorbei an der Kirche Igreja de Atalaia, bis zu einer Linkskehre der Straße. Hier angekommen, verlassen wir vor einer beginnenden Steinmauer die **Straße** ❷ nach rechts auf einen Pfad. Auf den ersten Metern zwängen wir uns noch durch das Gebüsch, dann geht es über freies Gelände in Richtung Meer. An einer Gabelung nehmen wir den halb rechten Pfad und kommen an Kakteen vorbei.

Nach einigen Metern endet der Pfad an einem breiteren Weg, auf dem wir nun links weiter marschieren, vorbei an Gebäuden, einer Zisterne und am linken Rand einer kleinen Schlucht. Die zahlreichen Wirtschaftswege und Abzweiger zu Häusern ignorieren wir. Bei einer weiteren Weggabelung vor einem Strommast – rechts steht in einiger Entfernung ein Haus – wählen wir den halb linken, bergauf führenden Arm.

Nach einer Linkskurve geht es nochmals ein Stück entlang einer Schlucht. Es folgt abermals eine Gabelung, hier gehen wir halb rechts durch die Schlucht hindurch (nicht bei einem blauen Markierungspfeil halb links leicht bergauf). Nach einigen Metern befindet sich auf einem Stein eine weiß-blaue Markierung. Bei einer Drei-Wege-Gabelung wandern wir halb rechts auf dem breiteren Pfad weiter (nicht links bergauf und auch nicht geradeaus weiter durch die Schlucht). Für ein kurzes Stück ist der Pfad mit Steinen gesäumt, und schließlich kommen wir an einem weiteren Haus vorbei, an dem wir geradeaus in Richtung Meer marschieren. Dort, wo der weiterführende Hauptweg nach rechts abbiegt, gehen wir geradeaus über den Bergrücken und schauen bald tief hinunter bis zur beeindruckenden Landzunge Morro Djéu.

Ab hier beginnt ein faszinierender alter **Caminho** ❸. An einigen Stellen haben Felsstürze den Pfad unterbrochen, hier geht es durch losen und geröl-

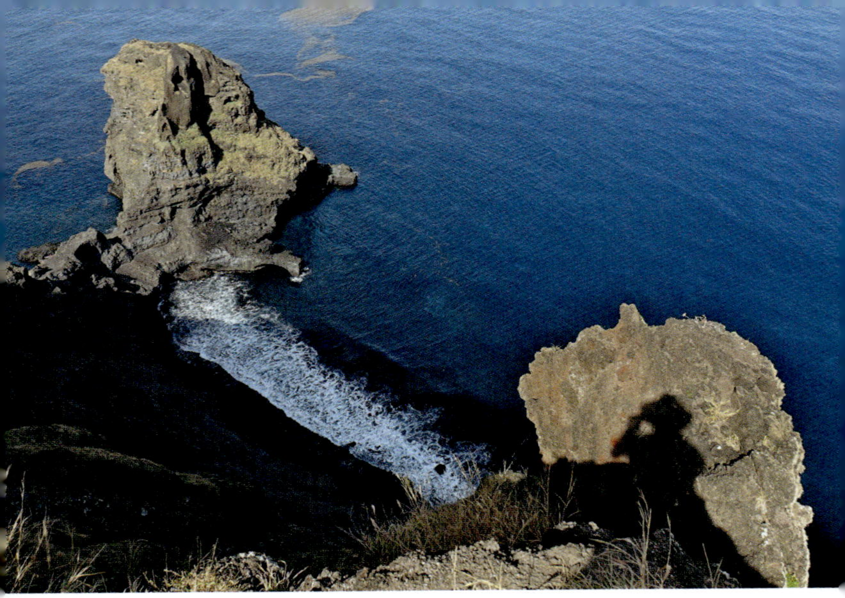

Die Landzunge Morro Djéu.

ligen Sand. Für diese Stellen benötigt man Trittsicherheit und Schwindelfreiheit. Ein 80 m breiter Bergrücken zieht bis an den Fuß der Landzunge Morro Djéu. Wir erreichen eine Fischerhütte, von dort führt auf der linken Seite des Bergrückens ein Pfad über Treppen bis an das Meer und zur **Anlegestelle** ❹. Baden ist hier aufgrund der oft vorherrschenden Brandung aber nur selten möglich. Bei Ebbe kann man auf einem etwas über Meeresniveau verlaufenden Felsband die Landzunge Morro Djéu fast komplett umrunden.

Wir gehen wieder zurück bis zur Fischerhütte und können nun links (Richtung Osten) über rutschige Pfade bis zum **Brandungstor** ❺ an der Landzunge **Morro Djéu** vorgehen. Bei Ebbe befindet sich vor dem Brandungstor ein wunderschöner Sandstrand, der aber extrem steinschlaggefährdet ist!

Auf dem bekannten Hinweg steigen wir über den alten Caminho die 224 Höhenmeter bis zum **Wegpunkt** ❸ auf. Ab hier verlassen wir den Hinweg und gehen links entlang der Steilküste auf dem blau-weiß markierten Küstenpfad. Eine kleine Schlucht muss umlaufen werden, so führt der Pfad kurz landeinwärts, aber nach einer 180°-Kehrtwendung wieder Richtung Meer. Danach passieren wir eine einzeln stehende Palme und ein Haus, hinter dem wir an der Gabelung halb rechts gehen, um nun auf einem breiten Weg wieder den **Ausgangspunkt** ❶ zu erreichen.

↗ 190 m | ↘ 190 m | 4.9 km

1.45 h

Baía da Salina – Praia Banda

Das faszinierende Brandungstor Ponta da Salina

Zu den beliebtesten Stränden der Inselbewohner gehören neben dem 3 km langen Praia da Bila und dem Praia Senhora da Encarnação (siehe Tour 48) bei São Filipe auch noch der ca. 1 km lange Strand Praia Banda unterhalb der Verbindungsstraße von São Filipe nach Mosteiros. Allesamt wunderschöne schwarze Sandstrände, wobei es bei diesen Stränden aufgrund der hohen Wellen und gefährlichen Unterströmungen immer wieder zu Badeunfällen kommt. In dem kleinen, geschützten Fischereihafen Ponta da Salina – Ausgangspunkt der Tour – gibt es hingegen eine der besten und sichersten Bademöglichkeiten der Insel. Eine Brandungstor trennt dort ein Naturschwimmbecken vom Atlantischen Ozean ab, Leitern erleichtern den Einstieg ins Wasser. Diese Rundwanderung verbindet die schöne Bucht, den einzigartigen Strand und die geschützt gelegene Badestelle.

Ausgangspunkt: Hafen an der Baía da Salina, 11 m (15.019466 -24.434173); ca. 20 km entfernt von Mosteiro oder São Filipe. Anfahrt: Unterhalb der Verbindungsstraße von Mosteiros nach São Filipe. Aluguer: Keine. Taxi: Von São Filipe 2000 CVE.

Anforderungen: Einfache Wanderung ohne besondere Anforderungen.
Einkehr: Keine.
Variante: Wenn man die Tour bei ❷ beginnt, kann man mit dem Aluguer anreisen; ca. 200 CVE ab São Filipe.
Tipp: Sonnenschirm und Badesachen!

Der Brandungsfelsen an der Ponta da Salina.

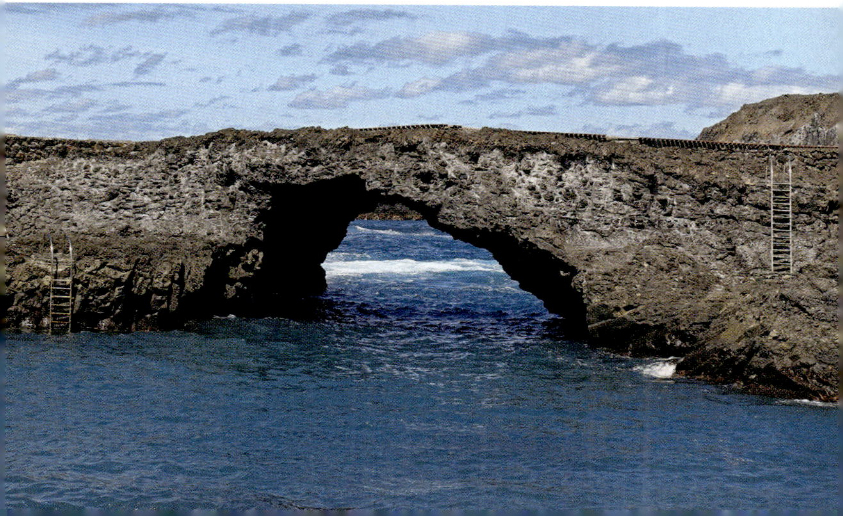

Vom **Hafen** ❶ kommend spazieren wir vorbei an weißen Hütten – die aussehen wie Umkleidekabinen – und verlassen 50 m nach den Hütten die Zufahrtsstraße nach links. Hier beginnen halb links eine Piste und unmittelbar daneben ein unscheinbarer Pfad in Richtung eines rostigen Strommasts. Wir passieren diesen Mast, gehen über kleine Hügel mit Bauschutt und steigen in Richtung eines weiteren rostigen Masts auf. Wir wandern ein kurzes Stück auf einer alten gepflasterten Straße und orientieren uns an einer blauen Markierung. An einer Gabelung nehmen wir den halb rechten Arm und erreichen nach einem längeren Aufstieg die asphaltierte **Straße** ❷.

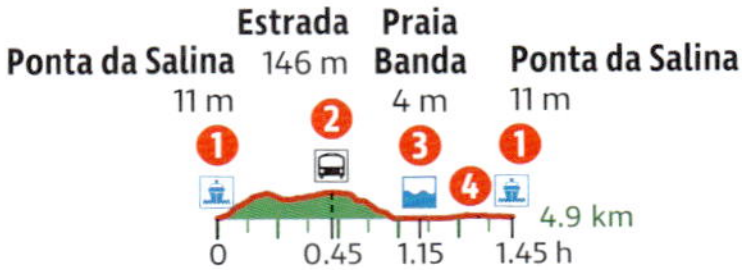

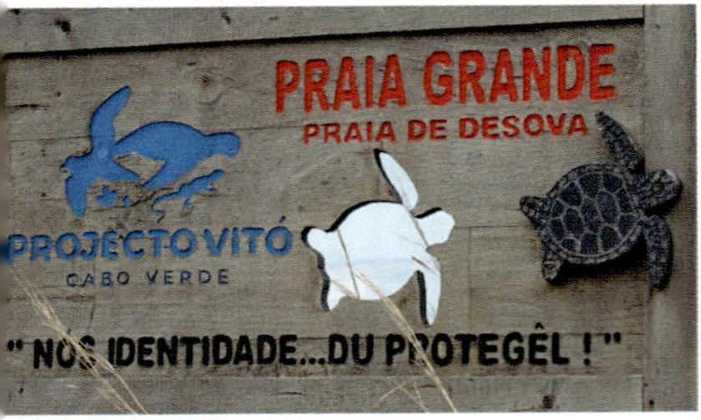

Wir erreichen die **Straße** und gehen rechts bergab und vorbei an der Zufahrtsstraße zur Ponta da Salina. Ca. 20 m hinter einer Brücke, bei einem großen Holzschild mit Karettschildkröten, biegen wir rechts auf die mit Steinen gesäumte Piste ab. An einem Haus vorbei geht es Richtung Meer. Kurz vor den Steilklippen verlassen wir nach einer Linkskurve die Piste bei einem Steinhaufen auf den hier beginnenden Pfad in Richtung einer Landzunge.

Foto unten: Ein alter Friedhof am Wegesrand.

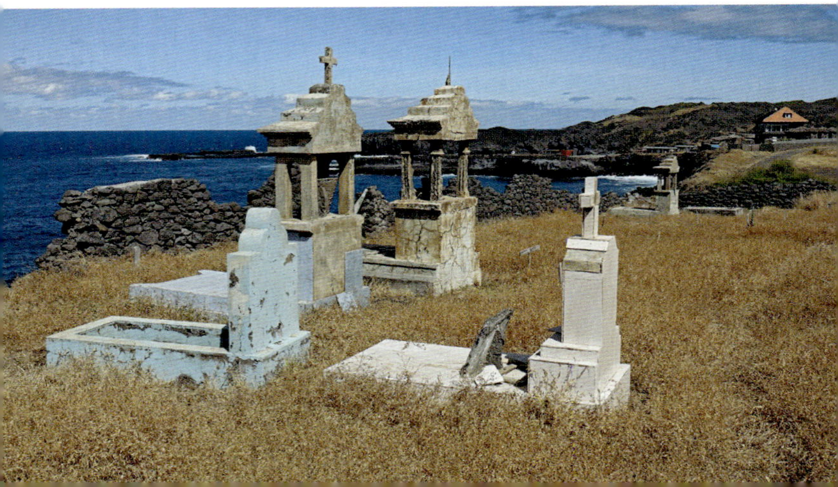

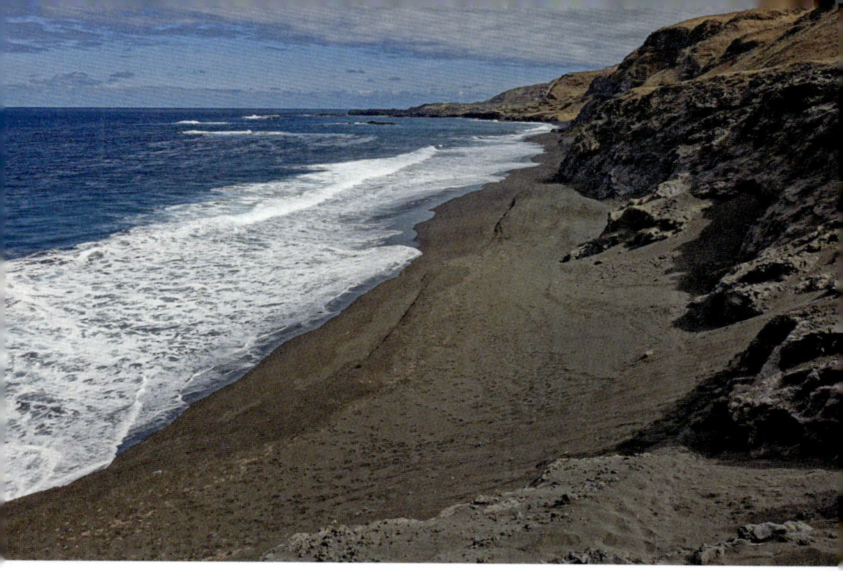

Einer der schönsten Badestrände auf Fogo, der Praia Banda.

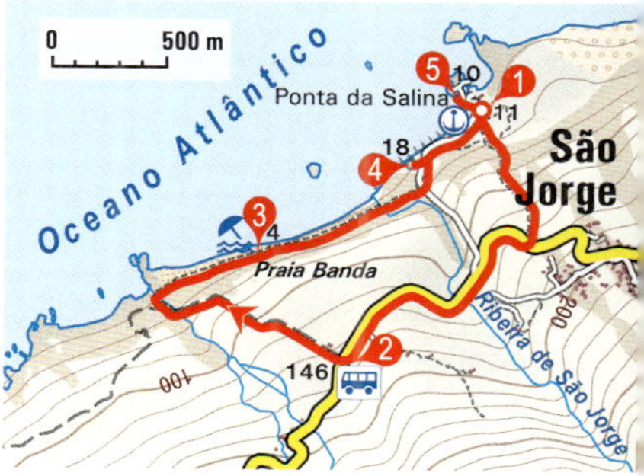

Kurz danach sehen wir den wunderschönen schwarzsandigen **Praia Banda** ❸, zu dem wir hinuntersteigen. Wir beginnen mit einem wunderschönen Strandspaziergang. Nur an einer Stelle ragen Felsen in den Strand. Diese können bei Ebbe umlaufen werden, bei Flut muss man kraxeln. Vor der beginnenden Steilküste beginnt ein ausgetretener Pfad und führt an einer Zisterne vorbei. Hinter einem Ribeira erreichen wir die gepflasterte Zufahrtsstraße zur Ponta da Salina und gehen hier links. Ein interessanter Abstecher führt links zu einem alten **Friedhof** ❹. Wieder auf der Zufahrtsstraße zur Ponta da Salina gehen wir an dem ehemaligen Hotel und einigen weißen Hütten vorbei bis zur **Ponta da Salina** ❺. Eine kleine Felsenzunge führt zum faszinierenden **Brandungstor**. Mehrere Leitern erleichtern den Einstieg zum erfrischenden Bad im Atlantischen Ozean.

Zurück zum **Ausgangspunkt** ❶ sind es dann nur mehr wenige Minuten.

TOP

63 ## Baía Baixona

↗ 410 m | ↘ 410 m | 6.7 km

3.00 h

Ein besonderer versteckter Strand und riesige Baobabbäume

Nördlich von São Filipe befindet sich ein verstecktes Juwel, ein ca. 250 m breiter, feiner schwarzer Sandstrand mit kleinen Dünen. Dieser liegt in einer wunderschönen Bucht, der Baía Baixona, eingerahmt von bis zu ca. 100 m hohen Felsen. Ein technisch anspruchsvoller Pfad über Felsbänder und Schotter führt dort hinunter. Vor dem spannenden Abstieg gibt es noch die Gelegenheit, zwei monumentale Baobabs zu bestaunen. Der Affenbrotbaum zeichnet sich durch einen relativ kurzen, aber extrem dicken Stamm aus. Der größte der Baobabs auf unserem Weg weist bei einer Höhe von ca. 17 m einen Stammumfang von ca. 21 m auf. Seine Äste bilden eine weit ausladende Krone, die im unbelaubten Zustand eher an das Wurzelsystem eines Baumes erinnert. So sieht der Baobab aus, als ob er aus der Erde gerissen und verkehrt herum wieder eingepflanzt worden wäre.

Ausgangspunkt: As Hortas, 322 m (14.970743 -24.469930); ca. 10 km entfernt von São Filipe. Anfahrt: Auf der Straße nach Mosteiros zum Ortsausgangsschild vor As Hortas, dort zweigt eine Piste Richtung Meer ab. Aluguer: Von São Filipe 100 CVE. Taxi 1000 CVE.
Anforderungen: Abstieg zum Strand technisch schwierig, es geht mit einigen Kraxelstellen über Felsbänder und Schotter, nicht einfach zu finden. Steinmännchen erleichtern aber die Wegsuche.
Einkehr: Keine.
Tipp: Wanderstöcke, Sonnenschirm und Badesachen mitnehmen!

Wir verlassen die Straße von São Filipe kommend unmittelbar am Ortsausgangsschild **As Hortas** ❶ Richtung Meer, und mit Blick auf die dahinter liegende Insel Brava geht es auf der Piste gemächlich bergab. Faszinierende Windflüchter-Bäume stehen links vom Weg. Nach ca. 1 km Gesamtstrecke wecken ebenfalls links vom Weg – in ca. 200 m Entfernung – riesige Baobabbäume unser Interesse. Kurz danach folgen wir dem links abzweigenden Pfad an einem Haus vorbei bis an sein Ende. Dort gehen wir auf der Straße rechts bergab zu den zwei besonders monumentalen **Afrikanischen Baobabs** ❷. Wir gehen zur Piste zurück, überqueren sie und wandern nun auf einem Pfad weiter. Dieser ist mit dem Erblühen der Natur – nach der Regenzeit – nur schwer auszumachen. Der landschaftlich schöne Pfad führt oberhalb einer

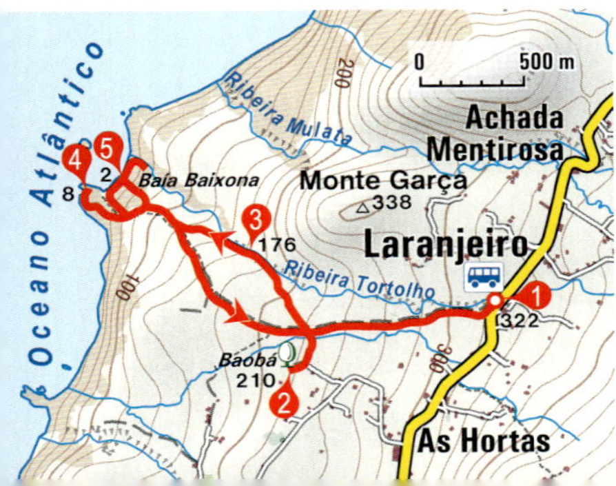

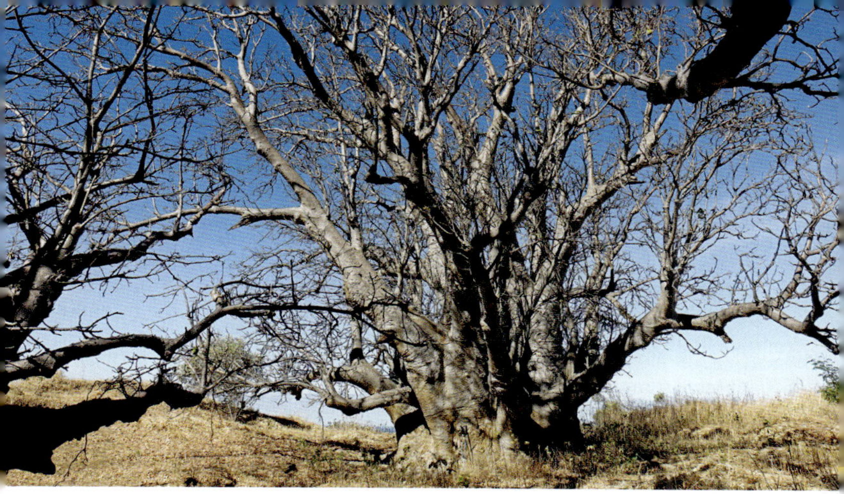

Einer der monumentalen Afrikanischen Baobabs.

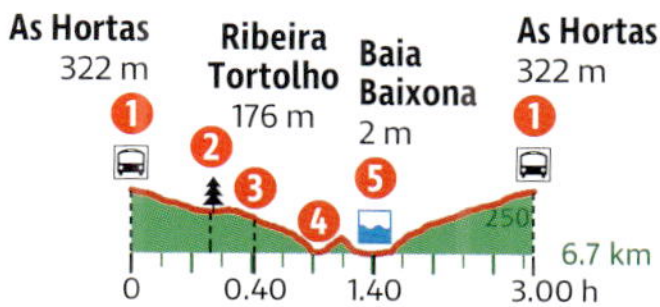

Schlucht mit einem Trockenbachbett in Richtung Meer. Bei einer Wegkeuzung gehen wir nicht scharf rechts in das **Ribeira Tortolho** 3 hinunter, sondern geradeaus oberhalb der Schlucht weiter. Die Trittspur ist nun kaum noch auszumachen.

Sobald wir uns der Steilküste nähern, orientieren wir uns am linken Rand der Klippen und steigen über die Überreste eines Caminho zu einer weit ins Meer ragenden **Felszunge** 4 ab. Der Blick entlang der Küste Richtung Süden ist faszinierend. Geht man rechts herum, ergibt sich ein wunderschöner Ausblick auf die Baia Baixona; hier hinuntersteigen kann man aber nicht, da Absturzgefahr besteht. Um zum Sandstrand zu gelangen, steigen wir zunächst bis zum Anfang des alten Wegs auf und gehen links an den Klippen entlang, bis Steinmännchen den Abstieg markieren. Nach einigen Metern führt der Weg rechts über ein Felsband – hier müssen einmal die Hände zur Hilfe genommen werden –, wir müssen zunächst über eine Felsnase klettern und steigen dann über ein Schotterfeld ab. Hinter Dünen erreicht man die wunderschöne **Baía Baixona** 5.

Um zum Ausgangspunkt zurückzukommen, steigen wir zunächst wieder durch die Felswand auf und folgen dann dem breiten Pfad, zweigen aber an der Gabelung nicht halb links auf den Hinweg ab, sondern gehen geradeaus auf der streckenweise zugewachsenen Fahrspur weiter bis zum **Ausgangspunkt** 1.

Die Insel Brava

Die Inseln Fogo und Brava sitzen auf einem gemeinsamen Sockel, dem »Seamount Cadamosto«. Die stark zerklüftete Insel mit dem 976 m hohen Vulkan Fontainhas hat maximale Abmessungen von ca. 8,5 km Breite und 10 km Länge und eine Fläche von 62 km². Von dem breiten Hochplateau des Vulkans verlaufen tief eingeschnittene Erosionsrinnen bis zum Meer – der vulkanische Ursprung ist omnipräsent. Die Inselhauptstadt Nova Sintra liegt auf rund 500 m Höhe. Der angenehm kühlende Passatwind machte Brava im 18. und 19. Jahrhundert zur idealen Sommerresidenz der Oberschicht von Fogo und Santiago. Brava ist die kleinste bewohnte Insel der Kapverden, gelegen im äußersten Südwesten des Archipels.

Oft ist die Insel von einer langen weißen Wolke bedeckt. Das lässt sich dadurch erklären, dass Wolken am hohen Gebirge der Nachbarinsel Fogo zwangsweise abgelenkt werden, wodurch sich die Luftströmung umkehrt (wie beim Kehrwasser) und es auf der Rückseite des Vulkanes – auf der Höhe von Brava – zu einer Stagnation der Wolken kommt. Es fängt aber nicht an zu regnen; der Niederschlag tritt in Form von Verdunstung auf. Dadurch entstand eine grüne Oase mit einer bunten Blumenflora.

Der größte Wirtschaftszweig, der Tourismus, befindet sich noch im Aufbau. Die Insel ist wild und ursprünglich und lockt so Individualtouristen an. Zahlreiche Maultierpfade führen kreuz und quer durch das Hochland. Badestrände sucht man vergeblich. Der Besucher erfreut sich am Wandern durch die vielfältige Flora und Fauna, fernab vom ohnehin sanften Touris-

Foto unten: Ein einsam stehender Baobabbaum kurz vor Cachaço.
Rechts: Die Blumeninsel Brava.

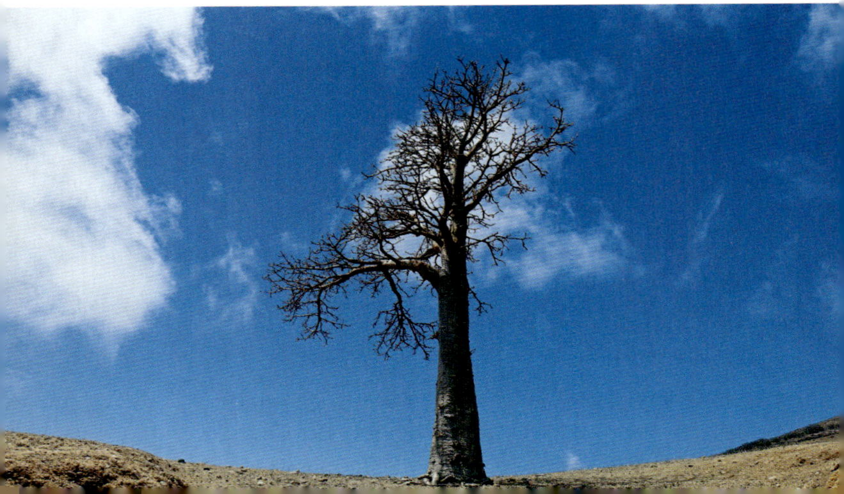

mus der Nachbarinseln. Die schönste Zeit für Wanderungen durch Bravas traumhafte Bergwelt ist von Oktober bis Februar. Der thermophile Buschwald erstreckt sich von 400 bis 800 m Höhe.
Seit 2004 gibt es regelmäßige Fährverbindungen vom Hafen Praia auf Santiago zum Hafen Furna auf Brava. Der Flugbetrieb wurde wegen der starken Winde eingestellt, das Flughafengelände ist am Verfallen.

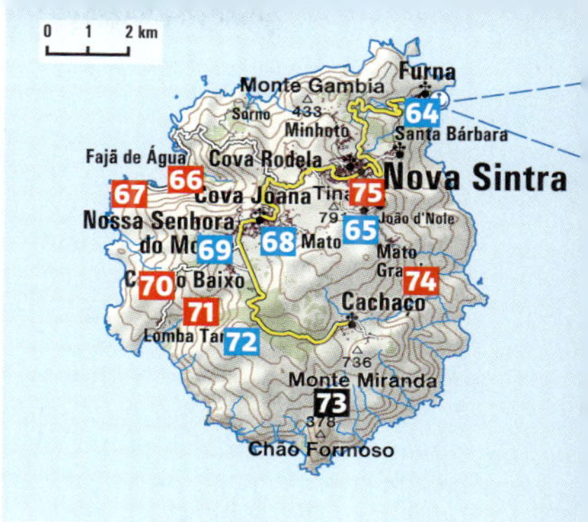

Botanische Besonderheiten

Die grünste Oase des Archipels im Atlantischen Ozean hat den Beinamen »Blumeninsel«. Der Garant dafür sind zahlreiche Süßwasserquellen, der wichtigste Wachstumsfaktor für Dattelpalmen, Kokospalmen, Feigenbäume, bunt blühende Oleanderbüsche, zahlreiche Hibiskusarte, Kapokbäume, Gummibäume, Drachenbäume, Baobabbäume, Avocadobäume, im Frühjahr rosa blühende Mandelbäume, den exotisch lila blühenden Jacarandabaum und die riesigen Bougainvilleen.
Bereits die ersten Siedler bewirtschafteten diesen idealen Lebensraum mit den Niederschlagsmengen, den milden Nachttemperaturen und den nährstoffreichen Böden. In besonders günstigen Lagen können die Felder ganzjährig zum Anbau von Hülsenfrüchten, Kartoffeln und Mais genutzt werden.

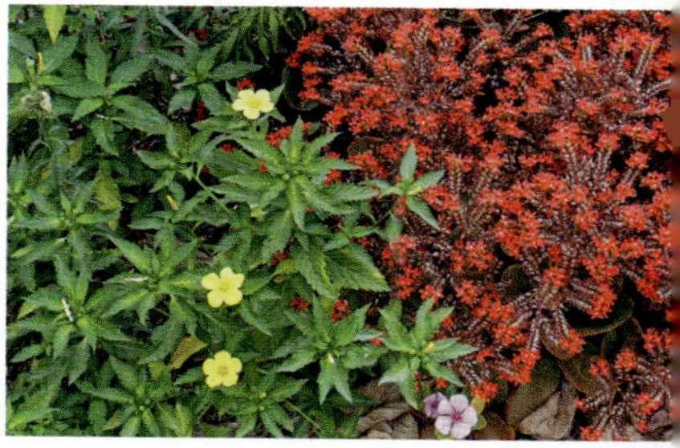

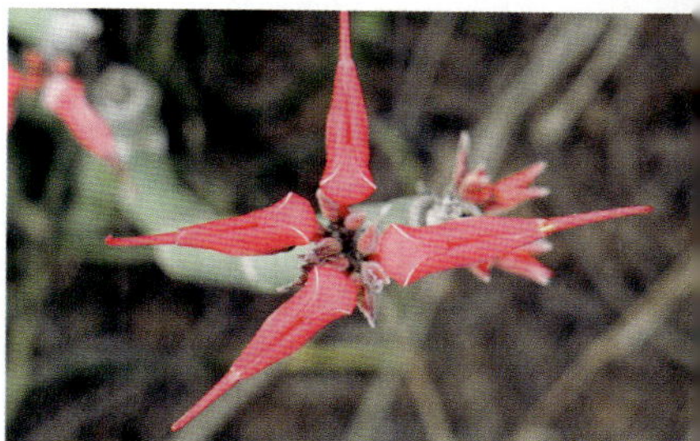

BESONDERE UNTERKUNFT AUF DER INSEL BRAVA

Djabraba's Eco-Lodge (€)
Am Eingang der Hauptstadt Vila Nova Sintra, 6 km vom Hafen Furna entfernt.

■ Vila Nova Sintra, hoteldjabrabasecolodge.jimdo.com, marcogiandinoto@gmail.com (14.871449 -24.689823; Touren 64–75).

↗ 190 m | ↘ 680 m | 6.5 km

64 Nova Sintra – Furna

2.15 h

Eine versiegte Quelle

Von der blumenreichen und sattgrünen Inselhauptstadt Nova Sintra aus erkunden wir zunächst drei Aussichtspunkte. Der Miradouro Santa Maria ist einem der bekanntesten Schiffe der Entdeckungsgeschichte nachempfunden – der Santa Maria des Christoph Kolumbus. Dann steigen wir zu einem kleinen Dorf ab, das aufgrund einer Quelle Fonte do Vinagre einst in einer grünen Oase stand. Aus unbekannten Gründen ist die Quelle versiegt. Alle Bemühungen, eine der Hauptattraktionen der Inseln wieder zum Laufen zu bringen, waren bisher vergebens. Das Wasser aus dieser Quelle hatte einen säuerlichen Geschmack, das brachte ihr den Ruf, eine heilkräftige Wirkung zu haben. Auf schönen alten gepflasterten Verbindungswegen steigen wir zum Hafenort Furna ab und besichtigen an einer natürlichen Bucht die kleine Kirche.

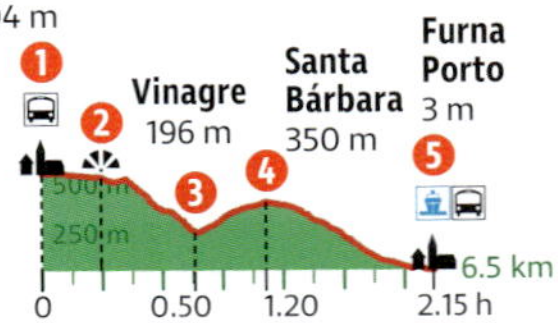

Ausgangspunkt: Nova Sintra, 494 m (14.871367 -24.695533). Anfahrt: Alle Straßen führen nach Nova Sintra, wo man am zentralen Platz parkt. Aluguer: Ca. 100–200 CVE, je nachdem, aus welcher Richtung man kommt. Taxi: Kosten 1000–2000 CVE.
Endpunkt: Furna, 3 m (14.886817 -24.680367), der Hafen von Brava; 7 km nordöstlich von Nova Sintra. Aluguer: Nach Nova Sintra ca. 100 CVE. Taxi: Nach Nova Sintra ca. 1000 CVE.
Anforderungen: Die Strecke ist für jedermann einfach zu bewältigen.
Einkehr: In Nova Sintra; Restaurant bei Km 6,5 in Furna; unterwegs keine.

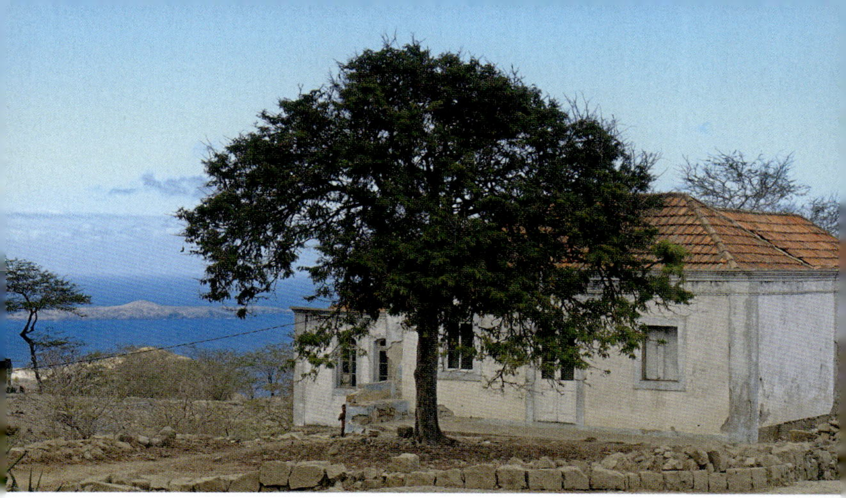

Ein altes Haus im Bergdorf Santa Bárbara.

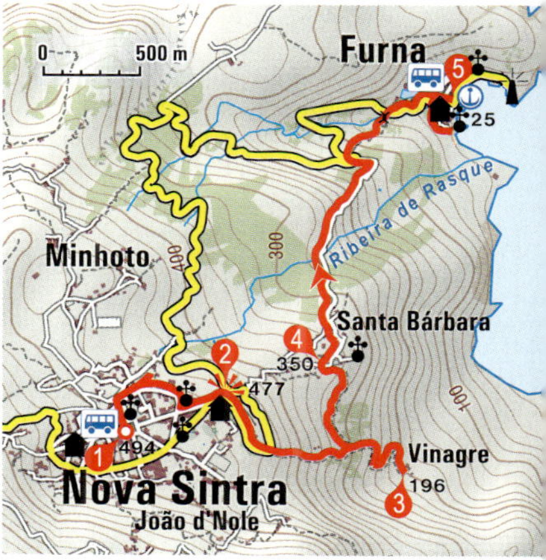

Den zentralen Praça Eugénio de Paula Tavares in **Nova Sintra** ❶ verlassen wir in nördliche Richtung. Auf der rechten Straßenseite befindet sich Igreja do Nazareno. Bei einem riesigen Baobabbaum endet die Straße, wir gehen rechts an der örtlichen Polizei vorbei. Bei der nachfolgenden Weggabelung halten wir uns zunächst halb links und gelangen so zum **Miradouro Cutelo Mentira** – ein wunderschöner Aussichtspunkt über die nordwestlichen Regionen der Insel Brava.

Wir gehen das kurze Stück zur Weggabelung zurück und nun scharf links. Hinter einem großen Platz befindet sich die Igreja de São João Batista. Hier folgen wir dem Verlauf der Straße bis zur Hauptstraße, in die wir links einbiegen, um so den **Miradouro Santa Maria** ❷ zu erreichen. Auf der sehr schwach befahrenen asphaltierten Hauptstraße geht es Richtung Hafen talwärts.

In der Dämmerung zieht Nebel über der Hauptstadt der Insel Brava auf.

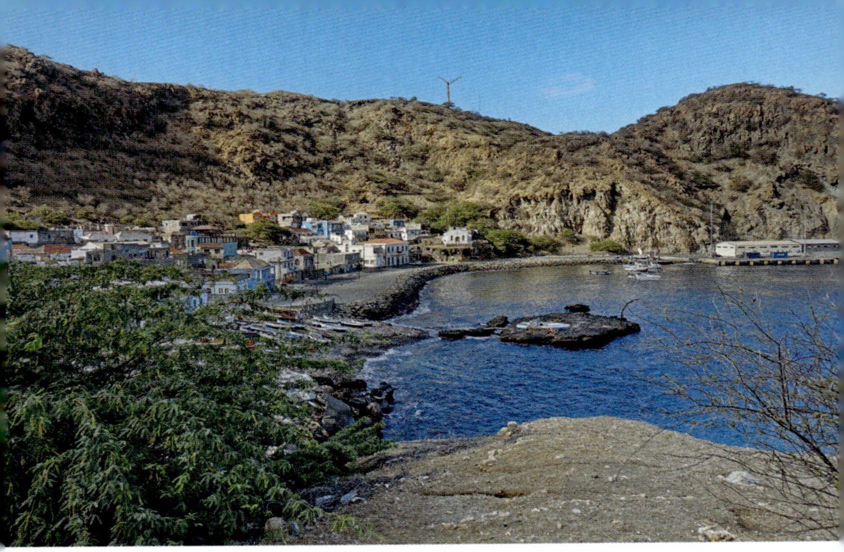

Der Hafen Furna auf der Insel Brava.

Hinter der Unterkunft Djabraba's Eco-Lodge – auf der linken Seite gelegen – verlassen wir die Straße in der Linkskehre nach rechts auf einem beginnenden Pfad. Vor einer Akazie endet der Pfad abrupt, an dieser Stelle gehen wir 4 m rechts bergab und dann sofort wieder links. Abschnittsweise ist der Pfad gepflastert. Nach vielen Kehren mündet er in eine neu gepflasterte Straße, auf der wir bis zum ehemaligen Wasserhaus an der versiegten **Fonte do Vinagre** ❸ (»Essigquelle«) marschieren. Auch der Anstrich des Hauses ist inzwischen verblasst.

Wir wandern auf der gepflasterten Straße zurück, ignorieren den linken Abzweiger vom Hinweg und erreichen nach weiterem Aufstieg das Dorf **Santa Bárbara** ❹. Beim Wegweiser Richtung Vinagre gehen wir scharf rechts und lassen den nachfolgenden Fußballplatz auf der rechten Seite liegen. Hinter einem türkis angemalten Haus beginnt dann eine breitere, gepflasterte Straße.

Nach einem längeren Wegabschnitt mündet diese gepflasterte Straße in die asphaltierte Straße. Aber bereits nach 40 m zweigen wir scharf rechts ab und wandern auf der alten Straße weiter. Hinter einer Senke mündet dann diese alte Verbindungsstraße endgültig in die Hauptstraße. Im Hafenort **Furna** angekommen, folgen wir der Ausschilderung nach rechts zur Kirche Igreja Avedomar Estrela. Nach der Besichtigung gehen wir zur Hauptstraße zurück und die wenigen Meter zum **Hafen** ❺ hinunter. Dort suchen wir ein Aluguer für die Rückfahrt.

↗ 500 m | ↘ 380 m | 7.3 km

3.00 h

Nova Sintra – Fontainhas, 975 m – Cachaço

TOP 65

Spannende Überquerung des höchsten Gipfels der Insel

Eines der aussichtsreichsten und naturnahsten Wanderabenteuer auf der Insel ist diese Gipfelüberschreitung. Warum? Je höher wir Richtung Gipfel aufsteigen, desto mehr Feuchtigkeit geben die Passatwolken ab – genügend Nass, damit die wenigen Nadelbäume wachsen können. In Schleswig-Holstein bezeichnet das Wort »Knick« eine von Gehölzen bewachsene Grenzmarkierung von Feldern. Auf der Insel Brava gibt es auch solch eine Knickkultur, hier bestehen die »Knicks« aus knorrigen, bis zu 4 m hohen Hibiskusbäumen. Wenn diese dann noch rote Blüten tragen, ist das einfach einmalig! Vom Gipfel des Fontainhas hat man dann eine faszinierende Aussicht auf die Caldera. Dabei kann man oft ein besonderes Naturschauspiel beobachten. Während die nordöstlichen Hänge des Fontainhas in Wolken gehüllt sind, lösen sich an seinen südwestlichen Hängen die Wolken auf, und man sieht in der Ferne den blauen Himmel.

Ein breiter Weg zieht sich über einen Bergrücken in Richtung Gipfel.

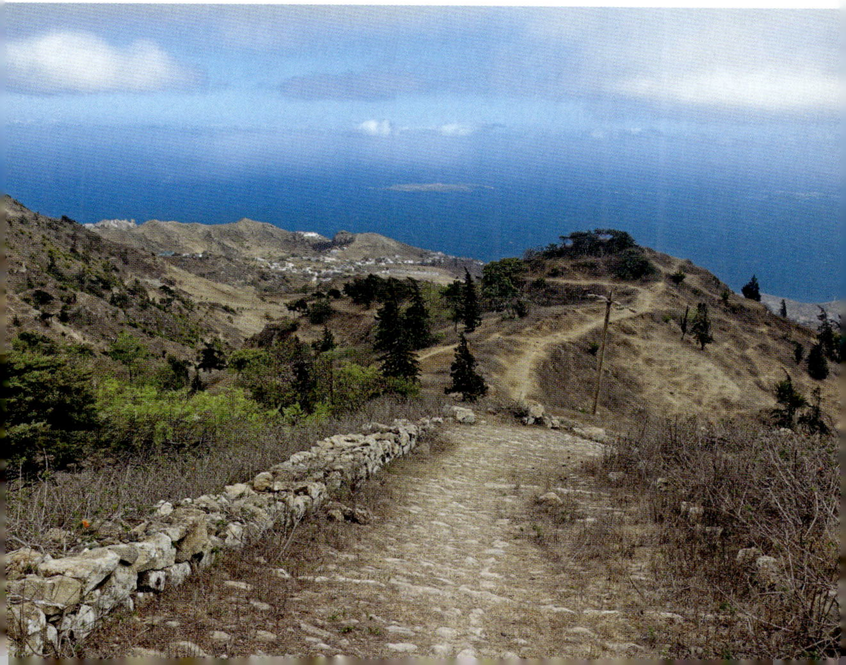

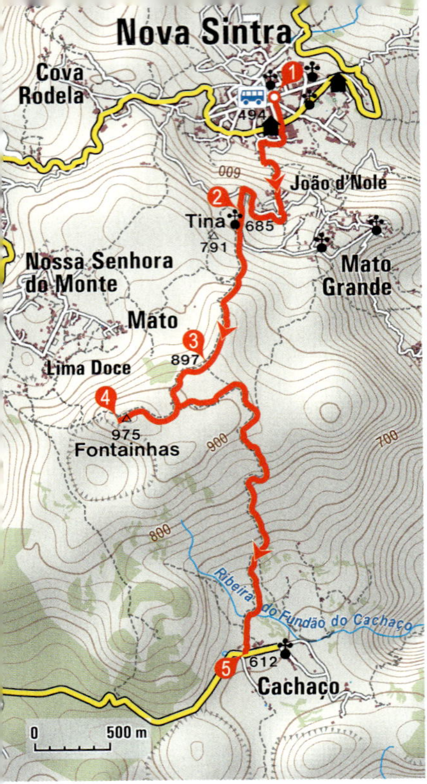

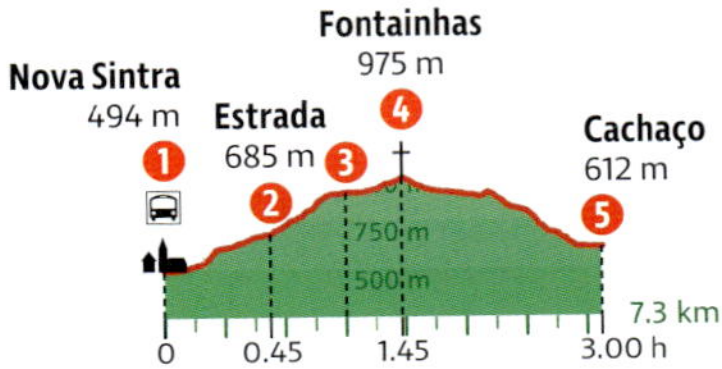

Ausgangspunkt: Nova Sintra, 494 m (14.871233 -24.695483). Anfahrt: Alle Straßen führen nach Nova Sintra, wo es am zentralen Platz Parkmöglichkeiten gibt. Aluguer: Kosten 100–200 CVE, je nachdem, aus welcher Richtung man kommt. Taxi: Ca. 1000–2000 CVE.
Endpunkt: Cachaço, 612 m (14.836883 -24.696950), 11 km südlich von Nova Sintra. Aluguer: Fahren sehr selten! Nach Nova Sintra ca. 200 CVE. Taxi: Muss man vorbestellen! Nach Nova Sintra ca. 2000 CVE.
Anforderungen: Einfache Wanderung.
Einkehr: Nur in Nova Sintra, unterwegs keine.

Den zentralen Praça Eugénio de Paula Tavares in der Inselhauptstadt **Nova Sintra** ❶ verlassen wir in südliche Richtung. Vorbei geht es an der Markthalle und einem dahinter liegenden Minimarkt, bis die Straße endet. Dort halten wir uns rechts und sofort wieder links. Abermals endet die Straße, nun vor einem rot angemalten Garagentor, hier gehen wir auf der Querstraße rechts. Hinter einem Anwesen – in dessen Garten zwei Palmen stehen – zweigen wir bei der nächsten Möglichkeit links in die Seitenstraße.

Der breit angelegte, gepflasterte Weg führt unter großen Bäumen hindurch und schlängelt sich auf eine Anhöhe. Dort durchqueren wir auf der Hauptstraße das Dorf João d'Nole. Erst dort, wo die Straße endet, biegen wir rechts bergauf ab. Oberhalb von uns können wir eine Kapelle ausmachen, an der wir im Weiteren vorbeiwandern. Unser Wanderweg endet, und wir gehen hier scharf links auf der breiten Straße weiter. Nach ca. 140 m verlassen wir die **Straße** ❷ auf dem hinter Treppen beginnenden Pfad, der kurz darauf an der Kapelle vorbeiführt, die wir zuvor schon gesehen hatten.

Der breite Wanderweg geht in einen Pfad über und hinter einem Strommast dann wieder in einen gepflasterten Weg. Zunächst lassen wir alle abzweigenden Wege aus und bleiben auf dem Hauptweg bis zu einer Gabelung. Hier gehen wir auf dem halb rechten **Weg** 3 weiter. Auf diesem Pfad passieren wir ein einzeln stehendes Haus. Kurz hinter diesem Haus halten wir uns an der Weggabelung halb rechts und erreichen über einen Bergrücken den höchsten Punkt der Insel, den Berg **Fontainhas** 4.
Wir gehen auf dem Hinweg bis zum einzeln stehenden Haus zurück. Aufgrund der zahlreichen Pfade und insbesondere mit dem Erblühen der Natur nach der Regenzeit ist der nachfolgende Wegabschnitt nicht einfach zu finden: Von dem einzeln stehenden Haus gehen wir 500 m in östliche Richtung (rechts vom Haus) über Felder auf der Hochebene. Auf der gegenüberliegenden Seite stehen ein Strommast aus Metall und zwei große Bäume. Auch stoßen wir dort auf einen querenden Pfad, dem wir fortan nach rechts in südliche Richtung folgen.
Hinter einer Bergkuppe ignorieren wir den links abzweigenden Pfad. Mal eine Anhöhe überschritten, ist im Talkessel bereits der Endpunkt der Wanderung, das Dorf Cachaço, zu sehen. Dabei orientieren wir uns nicht in Richtung Kirche, sondern steuern auf den rechten (westlichen) Ortsteil von **Cachaço** 5. Dort treffen wir auf die Verbindungsstraße nach Nova Sintra, wo wir eine Mitfahrgelegenheit suchen oder in das bereits vorbestellte Taxi einsteigen.

Die Inselhauptstadt Nova Sintra.

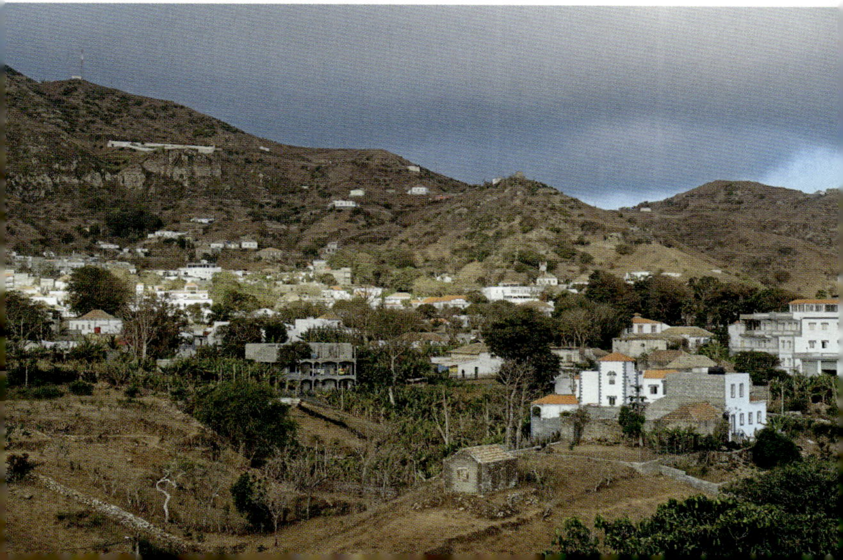

↗ 640 m | ↘ 640 m | 7.1 km

66 Fajã de Água

3.30 h

Eine der schönsten Buchten des Archipels

Ein Weg der Sonderklasse führt aus den Bergen hinunter zur Küste bei Fajã de Água und wieder zurück auf die Höhen der Insel. Auf der Rundwanderung entdecken wir eine bizarre und unwirkliche Landschaft mit ihren steil abfallenden Felswänden, hoch aufragenden Felsnadeln, zahlreichen verlassenen Terrassenfeldern und grünen Oasen. Aufgrund der bis zu 700 m hohen Berge ist die Bucht von Fajã de Água vor den kräftig wehenden Passatwinden weitestgehend geschützt, so plätschert das kobaltblaue Meerwasser gemächlich an eine der malerischsten Buchten auf den Kapverden.

Ausgangspunkt: Wegweiser Richtung Lagoa, 624 m (14.868583 -24.713033); ca. 3 km westlich von Nova Sintra. Aluguer: 100 CVE ab Nova Sintra. Taxi: 1000 CVE.
Anforderungen: Auf schmalen, steilen und gerölligen Wegabschnitten muss man trittsicher sein. Erschwerte Orientierung aufgrund vieler Weggabelungen.
Einkehr: In Fajã de Água ursprüngliche Restaurants.

Die von Nova Sintra kommende Straße verlassen wir am **Wegweiser Richtung Lagoa** ❶ nach rechts. Den nachfolgend links abzweigenden Pfad (unser Rückweg) ignorieren wir und gehen geradeaus auf den Bergrücken, vorbei an einem gelben Haus. Bei einer kleinen Einsattelung gabelt sich der Pfad in zwei Arme. Hier wandern wir halb links auf einem zunächst schwer zu erkennenden Pfad talwärts (nicht halb rechts hinauf zu Häusern). Wir passieren mehrere Wolfsmilchgewächse und sehen unterhalb im Tal eine Straße.

Der Ort Fajã de Água aus der Vogelperspektive.

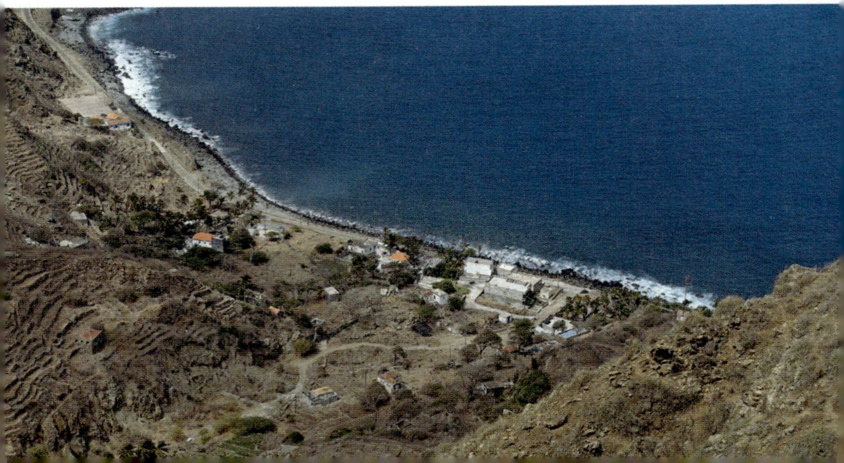

Sobald das Meer zu sehen ist, marschieren wir noch einmal bergauf, nun durch lichten Akazienwald. Einen nach rechts abbiegenden Pfad zu einer Ruine lassen wir aus. Vor einem mächtigen Felsgipfel erreichen wir einen breiten gepflasterten Weg und kurz dahinter einen faszinierenden Aussichtspunkt. Von diesem **Miradouro** ❷ schaut man über das weite Tal von Fajã de Água.

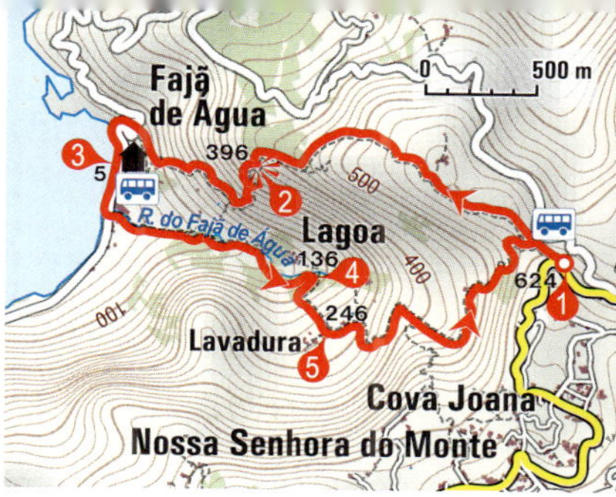

Durch Kehren erfolgt ein steiler Abstieg. Der Pfad ist teils gepflastert und streckenweise durch Felsabbrüche verschüttet – die man aber problemlos umlaufen kann. Wir passieren eine Ruine und gehen bei der nächsten Pfadgabelung halb rechts unter Felsen weiter (nicht scharf links). Der folgende Wegabschnitt ist streckenweise zugewachsen, aber gut passierbar. Wir erreichen die Zufahrtsstraße zur Bucht, gehen an ihr links bergab und an der Kirche vorbei in das Dorf **Fajã de Água** ❸. Einst befand sich hier ein wunderschöner schwarzer Sandstrand. Nach Fertigstellung der Promenade war er verschwunden. Sandräuber waren am Werk! Baden ist unterhalb der kleinen Kirche am Anleger für die Fischerboote möglich.

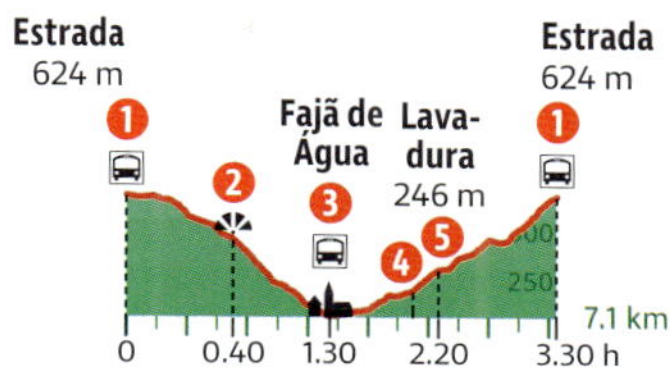

Wir spazieren durch das Dorf und biegen dann links in das Ribeira Fajã de Água ab. Gleich an der ersten Gabelung der Wege – bei einem großen Stein – wählen wir den halb rechten Pfad, der zwischen großen Bäumen und einem Palmenhain hindurchführt. An vielen Stellen ist nun die Wegführung unklar. Am einfachsten orientiert man sich am Verlauf des Trockenbachbetts. Bei einer kleinen Staustufe steigen wir links am Hang einige Meter auf. Oberhalb befindet sich die grüne Oase **Lagoa** ❹. An einer zweiten Staustufe gehen wir noch vorbei, während wir den Damm der dritten Staustufe nach rechts überqueren. Auf dem steil ansteigenden, später gepflasterten Pfad setzen wir unseren Aufstieg fort.

Auf einem Hochplateau angekommen erreichen wir das Ruinendorf **Lavadura** ❺. Inmitten des Dorfes, bei zwei Strommasten, gabelt sich der Weg. Wir folgen dem halb links weiterführenden Arm zunächst noch ein kurzes Stück entlang verfallener Häuser, bis wir dann durch lange Kehren die Hochebene verlassen. Hinter dem nachfolgenden einzeln stehenden Haus zweigt scharf rechts ein Pfad ab, wir gehen aber geradeaus weiter. Noch einmal wandern wir zwischen Ruinen hindurch, bis wir dann nach abermals steilem Aufstieg auf dem Hinweg bis zum **Ausgangspunkt** ❶ zurückgehen.

↗ 160 m | ↘ 160 m | 7.3 km

67 Zu den Naturschwimmbecken bei Faja de Agua

2.45 h

Die »Piscinas naturais« von Brava

Zunächst wandern wir durch die spektakulär gelegene Bucht von Fajã de Água, umgeben von bis zu 800 m hoch aufragenden Bergen. Die ersten Naturschwimmbecken sind schon sehr interessant und laden bei geringem Wellengang zu einem Bad ein. Ein eindrückliches Schauspiel präsentiert uns die Natur dann am nächsten, schwer zu erreichenden Becken. Wie von Geisterhand steigt und fällt der Wasserpegel – mit bis zu 1,50 m Höhenunterschied und auch noch im Minutentakt! Weiter geht es an der alten Start- und Landebahn des Flughafens von Brava vorbei. Auf dem nächsten Wegstück werden Trittsicherheit und Schwindelfreiheit benötigt, denn ein wunderschön angelegter, aber nur schmaler Wanderweg führt durch ein exponiertes Felsband. Dahinter liegt eine wunderschöne Bucht, deren türkisfarbenes Wasser einen faszinierenden Kontrast zur Vulkanlandschaft im Hintergrund bildet.

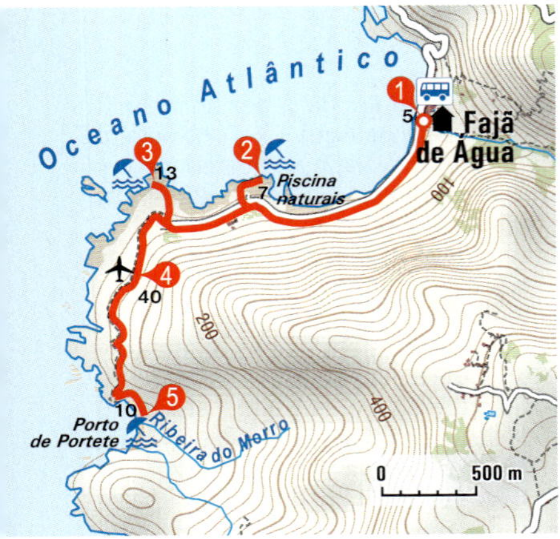

Ausgangspunkt: Fajã de Água, 5 m (14.870283 -24.731817); ca. 7 km westlich von Nova Sintra. Anfahrt: Von der Verbindungsstraße Nova Sintra nach Nossa Senhora do Monte zweigt man rechts Richtung Fajã de Água ab. Aluguer: Ca. 200 CVE von Nova Sintra. Taxi: 2000 CVE.
Anforderungen: Auf einem schmalen Pfad muss man trittsicher und schwindelfrei sein. Auf dem Weg zu den natürlichen Schwimmbecken klettert man über Felsen, unter Zuhilfenahme der Hände.
Einkehr: Nur in Fajã de Água.
Hinweis: Bei starkem Wind brechen die tosenden Wellen bis in die Schwimmbecken, dann besteht Lebensgefahr! Bei ruhiger See ist der Badespaß ungetrübt.

Dort, wo das **Ribeira Fajã de Água** ❶ in das Meer mündet, gehen wir auf der weiterführenden Küstenstraße zunächst Richtung Südwesten durch das verbleibende Halbrund der Bucht. Hinter einem gigantischen Felsdurchbruch zweigt rechts eine Piste ab. Über eine Natursteintreppe gelangen wir zu mehreren **Naturschwimmbecken** ❷ *(piscinas naturais)*.
Nach dem Abstecher setzen wir unseren Weg auf der gepflasterten Straße fort. Sobald wir die Ruinen des ehemaligen Flughafenterminals sehen, bie-

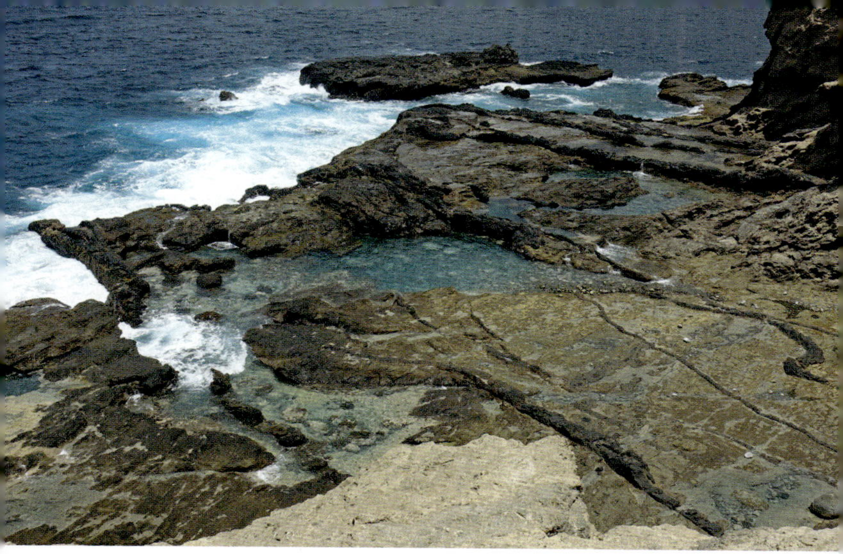

Die »Piscinas naturais«.

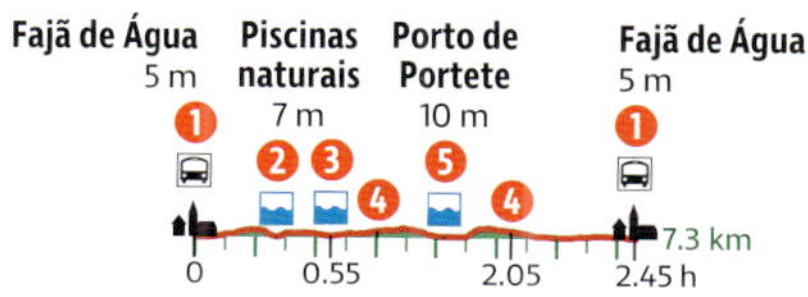

gen wir halb rechts auf den Pfad Richtung Küste ab. Nachfolgend müssen wir immer wieder die Hände zur Hilfe nehmen. Dabei klettern wir unterhalb der Befestigungsmauer der Start- und Landebahn. Bei hohem Wellengang ist dieses Wegstück gefährlich, und man sollte es nicht begehen! Wir kommen an einem ersten kleinen Wasserbecken vorbei; hinter sechseckigen, stark erodierten Basaltsäulen liegt dann das faszinierende, ca. 10 x 3 m große **Naturbecken** ❸ mit dem fallenden und steigenden Wasserpegel.
Wir marschieren bis zum Ende der gepflasterten Straße zurück und dann weiter auf den Überresten der ehemaligen Start- und Landebahn. Nach 150 m gehen wir halb links – dieses Stück ist weglos –, bis wir auf einen querenden Pfad stoßen. Nach einem kurzen Aufstieg über Treppen beginnt dann ein spektakulärer **Pfad** ❹ entlang der Küste.
Sobald das weite Rund einer wunderschön gelegenen Bucht zu sehen ist, führt der Pfad auf einem schmalen Felsband und über teilweise verschüttete Treppen (die schwierigste Passage der Wanderung) hinunter zum Kieselsteinstrand von **Porto de Portete** ❺. Nur an seinem südlichen Ende befindet sich ein kleiner ca. 10 m breiter Sandstreifen.
Wir gehen auf dem bekannten Hinweg zum **Ausgangspunkt** ❶ zurück.

↗ 350 m | ↘ 350 m | 7.5 km

68 Fontainhas, 975 m

3.00 h

Die einfachste Route auf den höchsten Berg der Insel

Da die Region der Insel ziemlich dicht bewohnt ist und herumlaufendes Vieh die Pfade zertritt, ist die Wegfindung schwierig. Belohnt werden wir – bei schönem Wetter – am fast 1000 m hohen Fontainhas mit einem gigantischen Panoramablick über die Insel. Auch die 600 m weite Caldera – unterhalb des Gipfels – mit ihrer kesselartigen Form vulkanischen Ursprungs lässt uns innehalten. In der meist feuchten Luft verströmen die wenigen Tannen einen erfrischenden und angenehmen Geruch.

Ausgangspunkt: Nossa Senhora do Monte, 663 m (14.857467 -24.719300); ca. 5 km südwestlich von Nova Sintra. Anfahrt: Auf der Verbindungsstraße von Nova Sintra. Die Tour beginnt bei einer Stichstraße rechts zum ausgeschilderten Friedhof. Aluguer: 100–200 CVE von Nova Sintra. Taxi: 1000–2000 CVE.

Anforderungen: Das Gelände an sich ist einfach, streckenweise muss man aber intuitiv den Weg finden. Zur Unterstützung bei der Wegfindung ist der heruntergeladene GPS-Track auf einem Navigationsgerät sehr hilfreich!
Einkehr: Unterwegs keine; bei Km 0,35 Minimarkt.

Im Bergdorf **Nossa Senhora do Monte** ❶ beginnt die Rundwanderung an der Stichstraße zum Friedhof. Zur weiteren Orientierung: Auf der gegenüberliegenden Straßenseite befindet sich die Casa dos Amigos.
Entlang der Hauptstraße wandern wir Richtung Cachaço. Dabei ignorieren wir die Seitenstraße direkt hinter dem grünen Gebäude mit dem Minimarkt. Nach weiteren ca. 60 m biegen wir links in die Seitenstraße. Nach 375 m durchläuft die Straße eine Linkskurve, wir gehen aber geradeaus weiter – direkt an einem nicht angemalten Haus vorbei. Nach einigen Metern sieht man einen alten Caminho. Um dorthin zu gelangen, überqueren wir die Straße bei einem Felsen.
Zunächst steigt der Weg steil an, bis er dann den Hang quert. Viele Trittspuren erschweren die Wegfindung enorm, intuitiv muss man den Aufstieg finden.

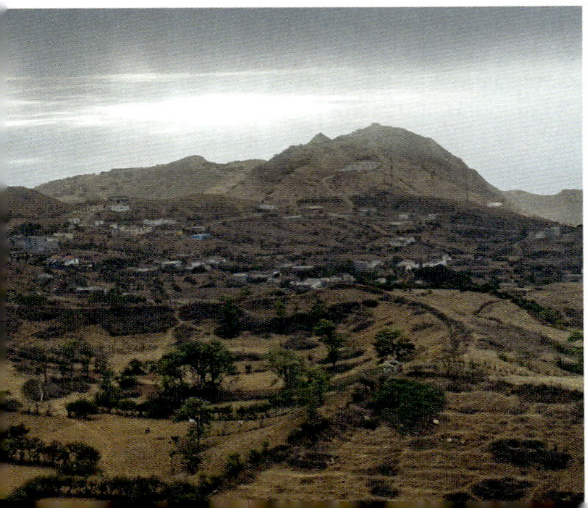

Vom Gipfel des Fontainhas schweift der Blick nach Norden.

Vor einer Felsnase gabelt sich der Weg in zwei Arme, wir halten uns halb rechts. Hinter der Felsnase gehen wir dann scharf links und steigen steil und in vielen Kehren auf einem der Pfade bis zu zahlreichen **Ruinen** ❷ auf. Eine Treppe links von der ersten Ruine führt zu einigen Ruinen dahinter; dort wenden wir uns nach rechts und passieren noch weitere Ruinen.

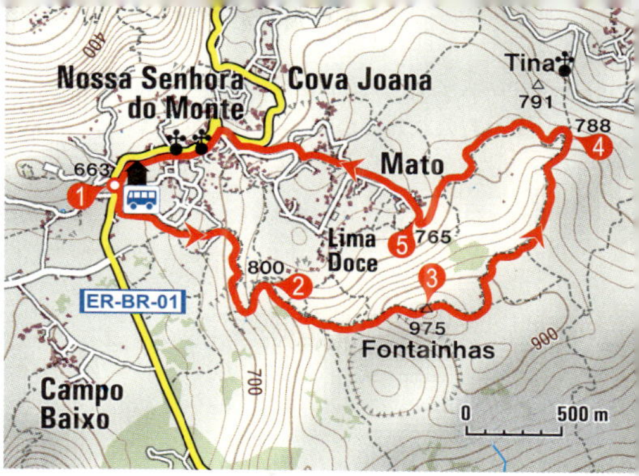

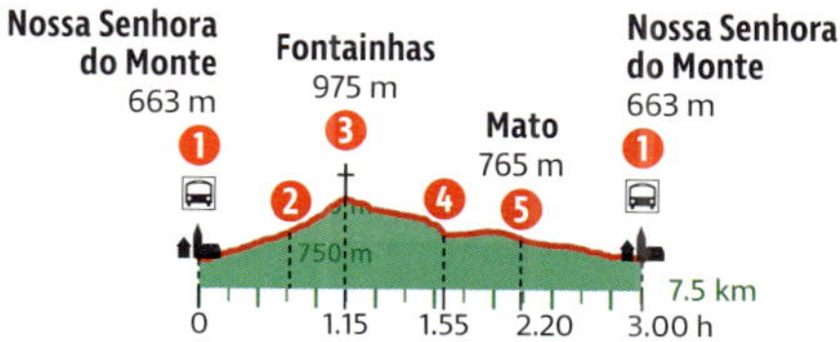

50 m vor einer Stromleitung überqueren wir einen Pfad und steigen über einen Bergrücken des Fontainhas auf. Hinter einer Steinmauer kommen wir bei einer Kreuzung an, von wo man rechts in die Caldera schaut. Es folgt der Aufstieg bis zum Gipfel des **Fontainhas** ❸. Wir überschreiten den Gipfel, indem wir am Zaun des Sendemasts entlang gehen. Der Pfad endet, und wir wandern links auf dem nachfolgenden Pfad an einem Steinhaus vorbei. Dieser Pfad mündet in einen breiten Weg, und wir steuern auf einen weiteren Sendemast zu. Auf einem bergab führenden Pflasterweg passieren wir dann den Sendemast, um 50 m hinter einem Doppelstrommast auf einen **Weg** ❹ scharf links abzubiegen. Dieser quert zunächst den Berghang. Hinter der darauffolgenden Anhöhe sehen wir ein Haus und einen riesigen Baum. An dieser Stelle gehen wir links und bei der nachfolgenden Piste rechts. Bereits nach 40 m verlassen wir die Piste auf dem geradeaus weiterführenden Pfad. Nach nur 80 m gabelt sich der Pfad in zwei Arme, wir gehen halb links, nun entlang von und teilweise durch Wandelröschen, die in den Weg ragen.

Von einer kleinen Anhöhe sehen wir im Tal das Dorf Mato. Zunächst queren wir den Hang nach links, dann erreichen wir durch eine lang gezogene Rechtskurve die ersten Häuser von **Mato** ❺. Die bergab führende Straße endet vor einer großen Mauer, an der wir rechts gehen. Hinter den sofort darauffolgenden Sitzbänken verlassen wir die Straße auf den halb links beginnenden Pfad. Dort, wo der Pfad endet, gehen wir wieder links, um dann nach 50 m rechts über Treppen zur gepflasterten Straße zu gelangen. Auf dieser gehen wir bis zur Kreuzung an der Hauptstraße hinunter und auf dieser links bis zum **Ausgangspunkt** ❶ zurück.

↗ 100 m | ↘ 100 m | 1.4 km

69 Miradouro MiraGraciosa

0.45 h

Die schönsten Ausblicke der Insel genießen

Vom Portugiesischen ins Deutsche übersetzt heißt Miradouro »Aussichtspunkt«. Es ist ein hervorragender Punkt im Gelände, in diesem Fall befindet sich darauf auch noch ein kleiner Steinturm, von dem aus eine freie Rundsicht auf die umliegende Landschaft möglich ist. So ist zu sehen: Richtung Norden das Ribeira Fajã de Água (siehe Tour 66), Richtung Südosten der 975 m hohe Fontainhas (Tour 65 und 68), Richtung Süden erhebt sich hinter dem Dorf Campo Baixo der Miradouro MiraGrandeza (Tour 72), und Richtung Westen schaut man über die Steilküste bis zum Atlantischen Ozean hinunter.

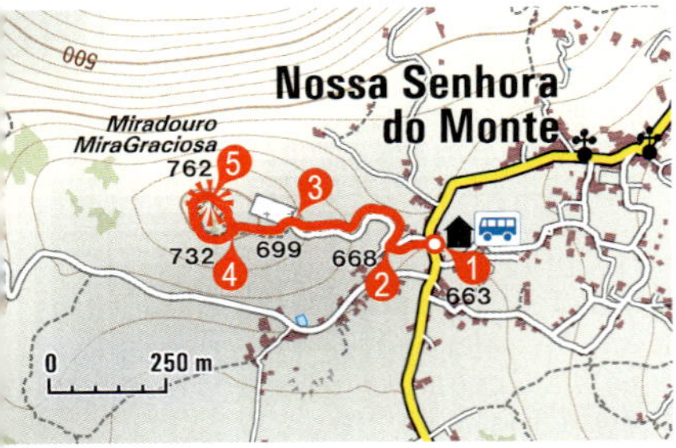

Ausgangspunkt: Nossa Senhora do Monte, 662 m (14.857467 -24.719300); ca. 5 km südwestlich von Nova Sintra. Anfahrt: Verbindungsstraße von Nova Sintra nach Nossa Senhora do Monte. Dort, wo rechts die Stichstraße zum ausgeschilderten Friedhof abzweigt, beginnt die Tour. Aluguer: 100–200 CVE von Nova Sintra. Taxi: 1000–2000 CVE.
Anforderungen: Das Gelände ist einfach und kann ohne spezifische Übung von jedem absolviert werden.
Einkehr: Keine.

Am Friedhof von Nossa Senhora do Monte.

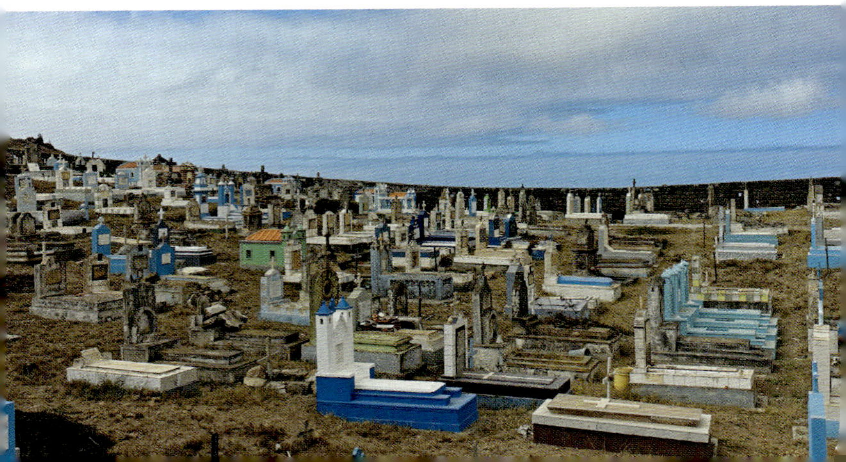

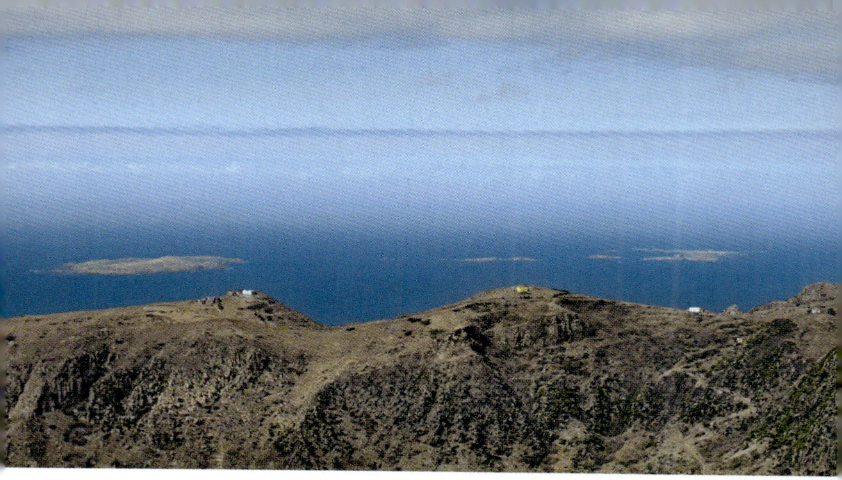

Foto oben: Spektakuläre Aussicht auf den Atlantischen Ozean. – Unten: Am Miradouro.

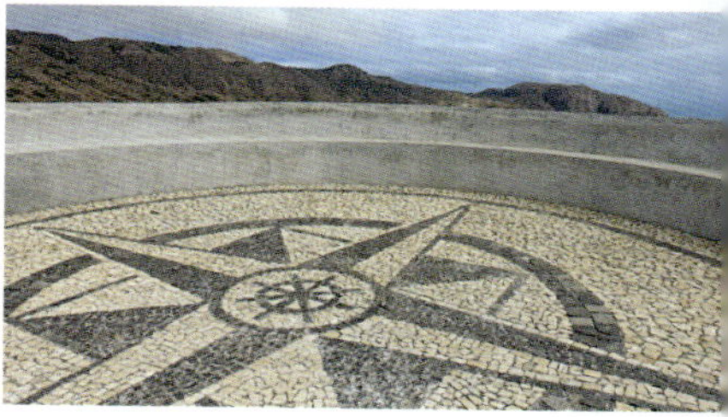

Im Bergdorf **Nossa Senhora do Monte** ❶ beginnt die Tour an der gepflasterten Stichstraße in Richtung Friedhof (gegenüber befindet sich die Casa dos Amigos). Den nachfolgenden linken **Abzweiger** ❷ lassen wir links liegen. Am Anfang der **Friedhofsmauer** ❸ verlassen wir die Straße und steigen dann auf einem Pfad auf. Dieser ist zunächst steil und gerällig und ist von einigen wenigen Akazien gesäumt.

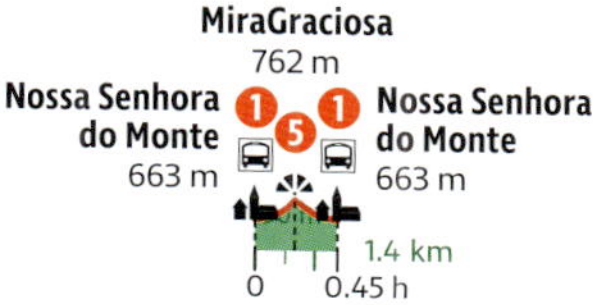

Auf einem kleinen Plateau erreichen wir eine **Weggabelung** ❹. Alternativer Aufstieg: Geht man an dieser Stelle geradeaus auf die Felsen zu, so führt von dort durch eine lange Rechtskehre ein mäßig ansteigender Pfad zum Aussichtspunkt. Wir gehen an der Weggabelung aber scharf rechts. Über einen Pfad steigen wir steil auf und über die Treppen des aus Steinen gemauerten Turms auf den höchsten Punkt am **Miradouro MiraGraciosa** ❺.

Wir verlassen den Gipfel Richtung Westen, um uns in der kleinen Senke nach links zu wenden und nach einem weiteren kleinen Aussichtspunkt auf dem bekannten Hinweg bis zum **Ausgangspunkt** ❶ zurückzugehen.

↗ 320 m | ↘ 320 m | 4.9 km

2.00 h

70 Porto de Portete

Der schönste Sandstrand der Insel

Die Kapverdische Insel Maio überzeugt durch sehr viele schöne Strände. Die Insel Brava hingegen bietet faszinierende Wanderwege, ist aber mit schönen Sandstränden nicht gesegnet. Und wenn man trotzdem einen Strandtag einlegen möchte? Diese Tour führt zum schönsten schwarzen Sandstrand der Insel. Dieser misst gerade einmal 10 x 10 m (je nach Stand der Gezeiten). Normalerweise herrscht hier ein geringer Seegang, sodass man ohne Probleme baden kann. Der Strand liegt in einer 350 m weiten Bucht ohne jegliche touristische Infrastruktur, nur zwei Hütten für Ziegenhirten gibt es, und sehr viele Akazien. An Wochentagen ist man hier meistens ganz alleine! Zeit, die Seele baumeln lassen – während endlose Wellen vom Horizont bis an den Strand wogen.

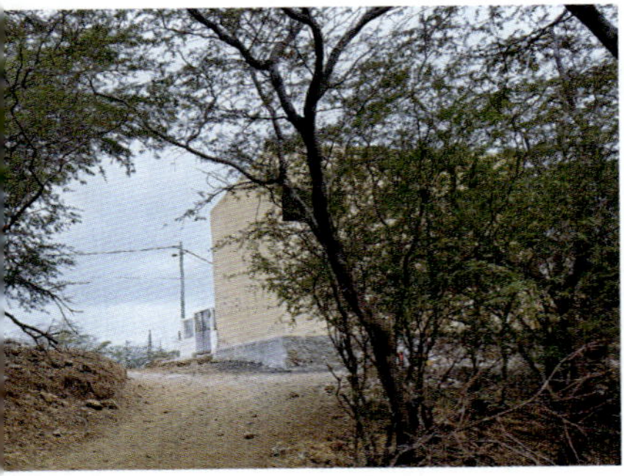

Das gelbe Haus am Ausgangspunkt.

Ausgangspunkt: An der Stichstraße nach Tantum bei einem gelben Haus, 275 m (14.840450 -24.734550); ca. 8,5 km südwestlich von Nova Sintra. Anfahrt: Auf der Verbindungsstraße von Nova Sintra kommend zweigt man am Ende der Ortschaft Nossa Senhora do Monte rechts Richtung Tantum ab und parkt nach 3,2 km beim gelben Haus. Aluguer: 200 CVE von Nova Sintra. Taxi: 2000 CVE.
Anforderungen: Auf schmalen, steilen und gerölligen Wegabschnitten muss man trittsicher sein. Erschwerte Orientierung aufgrund vieler Weggabelungen.
Einkehr: Keine.

Zwischen einer Ruine und dem **gelben Haus** ❶ *(casa amarela)* verlassen wir die von Nossa Senhora do Monte kommende Straße nach rechts auf den Schotterweg. Wir passieren einige Häuser und einen Steinbruch. Wo sich die Piste in zwei Arme gabelt, gehen wir halb links unterhalb der Staumauer weiter.
Eine links abbiegende Stichstraße ignorieren wir und gehen über eine freie Fläche in Richtung einer Anhöhe, auf der ein **weißes Haus** ❷ steht. Hinter dem Haus gehen wir links auf der kaum zu erkennenden Spur, um danach auf dem bereits nach 25 m rechts beginnenden Pfad weiterzuwandern. Vom Wanderweg sieht man in die Ferne bereits die weite Bucht, in der der Sandstrand liegt. Nach kurzem Aufstieg – hinter einer Senke – erreichen

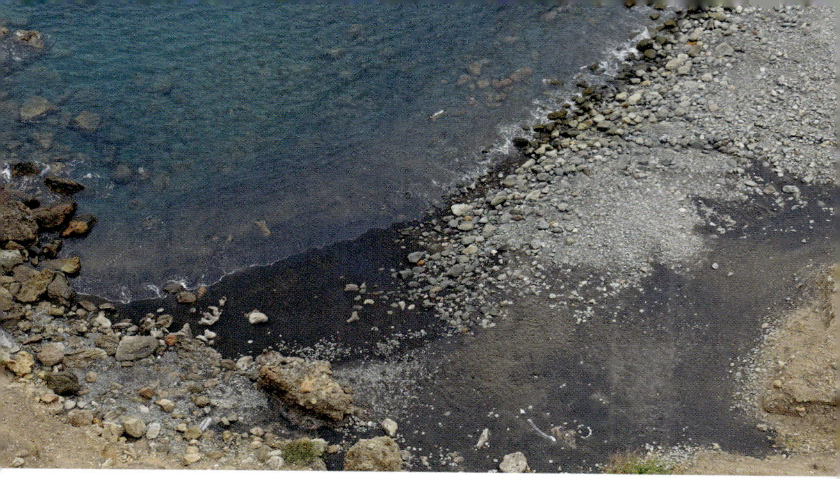

Der Porto de Portete.

wir eine **Weggabelung** ❸. Achtung: Hier folgen wir nicht der Richtung des weißen Pfeils auf einem Stein – dieser weist halb links über einen Bergrücken – sondern gehen halb rechts auf dem eher unscheinbaren Weg weiter. Nach kurzem Abstieg passieren wir den Durchbruch einer Steinmauer. Auf dem folgenden Wegstück befinden sich viele Viehspuren, somit ist die Wegfindung schwer! Wir wandern halb rechts über ein ca. 1 m breites **Felsband** ❹, in das die Äste einer Akazie ragen. Dann steigen wir über den fast vegetationslosen Bergrücken ab. Nach dem steilen und gerölligen Abstieg erreichen wir ein Trockenbachbett. Diese Stelle muss man sich genau einprägen, denn auf dem Rückweg ist sie schwer zu finden! Vielleicht stellt man zur Orientierung ein Steinmännchen auf? Entlang dem Verlauf des Trockenbachbetts, vorbei an zwei Steinhütten, gelangen wir in die Bucht **Porto de Portete** ❺, der sandige Abschnitt ist am Südende. Auf derselben Route gehen wir zurück zum **Ausgangspunkt** ❶.

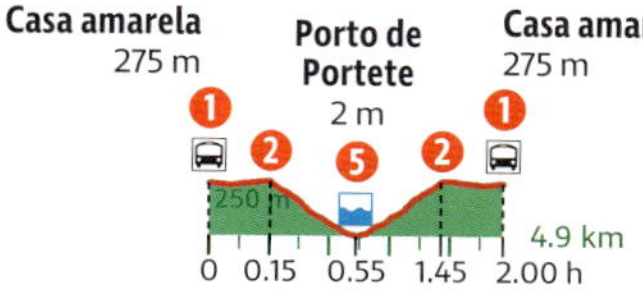

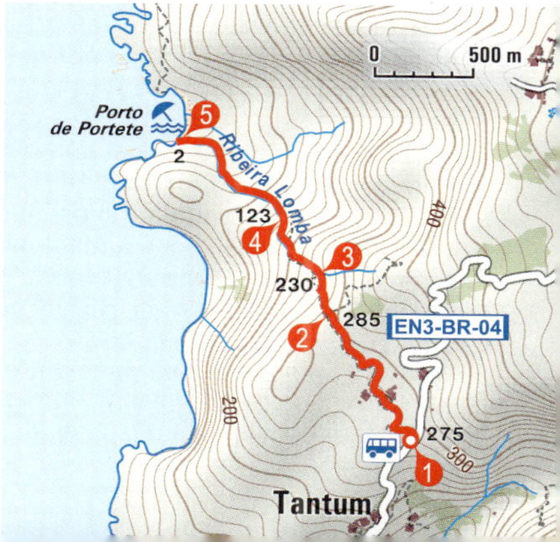

↗ 650 m | ↘ 650 m | 9.3 km

71 Campo Baixo – Ribeira dos Ferreiros – Porto Tantum

3.45 h

Ein architektonisches Meisterwerk

Einer der faszinierendsten alten Wege auf der Insel Brava – der leider seine besten Tage schon lange hinter sich hat – führt tief hinunter in eine wilde, ursprüngliche Schlucht. Dort ergeben sich herrliche Ausblicke auf die reizvolle Landschaft. Beim Durchqueren eines engen, dunklen Tunnels schraubt sich dann der Puls in die Höhe. Später wandert man durch eine üppig grüne Oase, und mit etwas Glück kann man die Westliche Grünmeerkatze in freier Wildbahn beobachten. Am Meer sehen wir Fischer, die auf ihren bunten Booten mit ihrem Fang heimkehren. Fazit: Ein Weg der Sonderklasse!

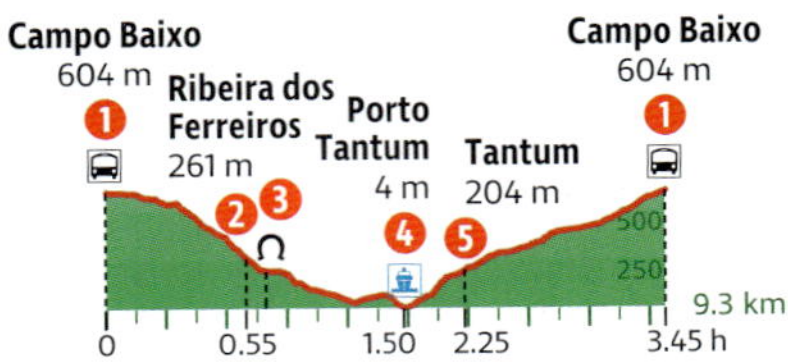

Ausgangspunkt: Campo Baixo, 604 m (14.852400 -24.724017); ca. 6 km südwestlich von Nova Sintra. Anfahrt: Auf der Straße von Nova Sintra kommend zweigt man am Ende der Ortschaft Nossa Senhora do Monte rechts Richtung Tantum ab, nach ca. 550 m am linken Abzweiger Richtung Campo Baixo parken. Aluguer: 200 CVE von Nova Sintra. Taxi: 2000 CVE.
Anforderungen: Schmale, steile und geröllige Wegabschnitte, Trittsicherheit erforderlich. Erschwerte Orientierung aufgrund vieler Weggabelungen. Ein mulmig-klaustrophobisches Gefühl kommt im ca. 80 m langen, nur 1,50 m hohen und 0,5 m breiten Tunnel auf!
Einkehr: Keine.
Hinweis: Starke Taschenlampe für die Durchquerung des Tunnels mitnehmen.

An der **Straßengabelung** ❶ halten wir uns links Richtung **Campo Baixo** (nicht geradeaus nach Tantum). Im Dorf gehen wir halb rechts auf der gepflasterten Straße weiter. Wir marschieren durch eine Gasse und hinter den letzten Häusern auf einem Pfad weiter. Durch eine Linkskurve wandern wir oberhalb der Schlucht in Richtung einer tiefer liegenden Brücke. Fortan geht es auf den Überresten eines gepflasterten Weges mal in langen, mal in kurzen Kehren immer tiefer in die Schlucht hinunter.
Kurz vor dem Talgrund im **Ribeira dos Ferreiros** ❷ ist dann der Weg komplett verschüttet und man muss auf einem der vielen Pfade improvisieren. Wir erreichen eine Quelle und folgen dem Verlauf einer Levada, die im Weiteren durch einen **Tunnel** ❸ führt. Spannung kommt auf, denn wir müssen durch diesen Tunnel! Aber glücklicherweise sieht man bereits vom Eingang aus Tageslicht an seinem Ende.
Wieder unter freiem Himmel laufen wir noch ein kurzes Stück entlang der Levada, um dann vor einem großen Felsen nach links auf einem Pfad abzusteigen. So kommen wir in einen üppig grünen Talgrund. Wo der weitere

Weg durch quer liegende Äste versperrt ist, gehen wir am rechten Rand der Schlucht. Der kaum erkennbare Trampelpfad geht in einen Pfad über. Schlussendlich erreichen wir einen gepflasterten Weg; rechts oberhalb befindet sich ein riesiger Baobabbaum. Gut 100 m vor einer Ruine führt der Pfad halb rechts aus der Schlucht heraus, wir bleiben aber auf einem Trampelpfad geradeaus.

Die nachfolgende Wegführung ist nicht mehr eindeutig! Wir lassen eine Ruine auf der linken Seite links liegen. Danach passieren wir eine Straßenlaterne (ja wirklich!) und steuern in Richtung des halb rechts am Hang bergauf führenden Pfad auf eine Einsattelung zu. Dort wählen wir an einer Gabelung den halb linken Arm, einen gepflasterten breiten Weg hinunter zum **Porto Tantum** **4**.

Wir gehen auf dem gepflasterten Weg zurück, lassen den rechten Abzweiger vom Hinweg unbeachtet und erreichen das Dorf **Tantum** **5**. Dahinter wandern wir auf der gepflasterten und sehr wenig befahrenen Straße bis zum **Ausgangspunkt** **1** zurück. Mit einem der sehr selten vorbeifahrenden Aluguers könnte man den Weg zum Tourende abkürzen.

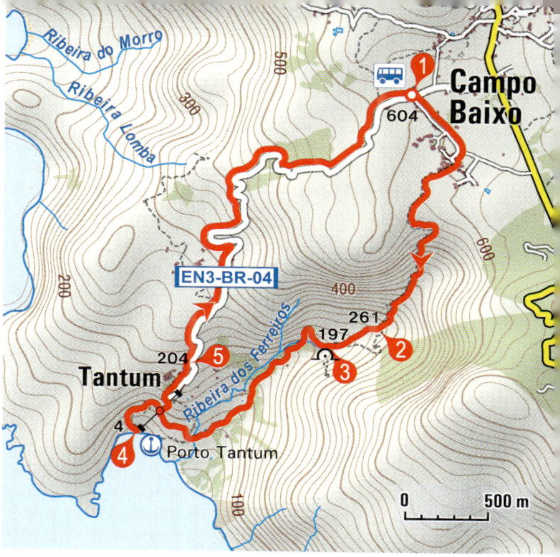

Die Levada und der Wanderweg führen durch einen engen Tunnel.

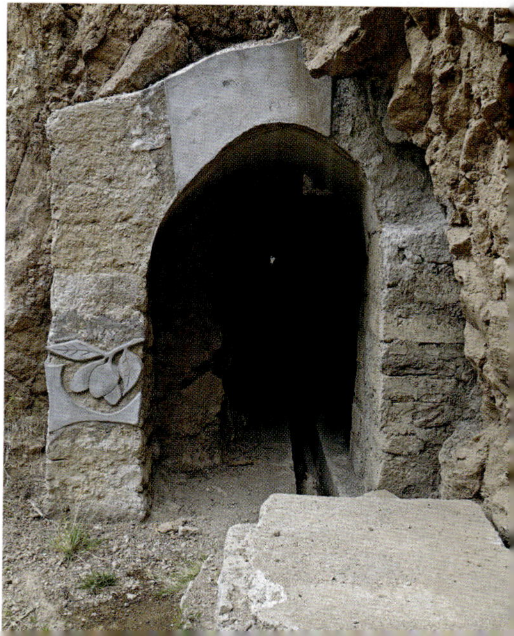

↗ 150 m | ↘ 150 m | 2.3 km

72 Miradouro MiraGrandeza

1.00 h

3000 km vor der Küste Brasiliens …

Endlose herrliche Panoramen ergeben sich auf diesem kurzen Spaziergang zu einem faszinierenden Aussichtspunkt. In südwestliche Richtung befindet sich in ca. 3000 km die Ostküste Brasiliens. Richtung Norden liegt uns das zerklüftete Ribeira dos Ferreiros (siehe Tour 71) in seiner ganzen Pracht zu Füßen. Richtung Nordosten blickt man auf den höchsten Berg der Insel, den fast 1000 m hohen Fontainhas, und Richtung Westen schaut man entlang der spektakulären Küste der Insel Brava.

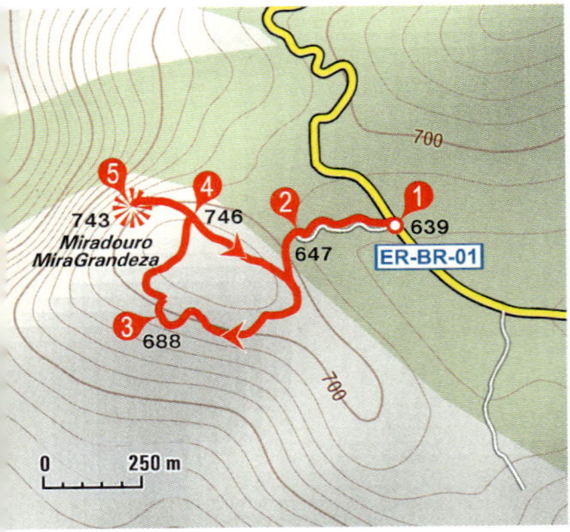

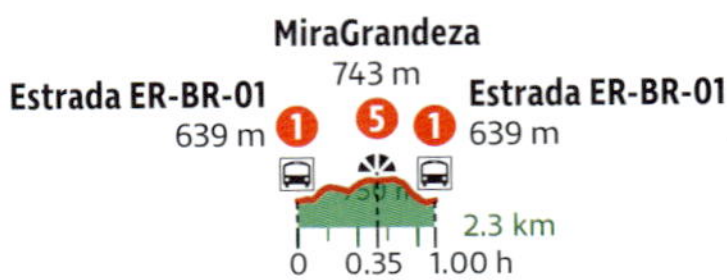

Ausgangspunkt: Straße ER-BR-01, 639 m (14.836417 -24.714267); ca. 8 km südwestlich von Nova Sintra. Anfahrt: An der Verbindungsstraße von Nova Sintra nach Cachaço befindet sich am rechten Straßenrand ein orangefarbener Wegweiser Richtung Miradouro MiraGrandeza. Aluguer: Fahren sehr selten von Nova Sintra. Taxi: Kosten 2000 CVE.
Anforderungen: Einfache Wanderung, auch der kurze geröllige Aufstieg ist problemlos.
Hinweis: Oft weht entlang des Bergrückens ein extrem starker Passatwind!
Einkehr: Keine.

Bei dem orangefarbenen Wegweiser Richtung Miradouro MiraGrandeza verlassen wir die **Straße** ❶. Auf der Piste gehen wir zwischen Häusern hindurch und direkt auf die sich vor uns erhebende Felswand zu.
Am Ende der **Piste** ❷ zweigt links ein Pfad ab, der im Weiteren quer durch diese hohe Felswand aufsteigt. Auf den letzten Metern geht es über in den Fels geschlagene Stufen bis zu einer Einsattelung. An dieser Stelle könnte man bereits rechts über den Bergrücken bis zum Aussichtspunkt gehen (unser späterer Rückweg. Schöner ist jedoch die nachfolgend beschriebene Runde: Von der Einsattelung wandern wir geradeaus weiter in Richtung einer allein stehenden Akazie. Geschützt vor den kräftigen Passatwinden führt der Pfad durch eine einmalige Naturlandschaft. Direkt hinter einem Felsdurchbruch kommen wir bei einer **Weggabelung** ❸ an.

Links würde man nach ca. 5 m über loses Gestein zu einem schönen Aussichtspunkt gelangen. Rechts beginnen wir mit dem Aufstieg auf einem kaum zu erkennenden Pfad. Sobald der Aufstieg über den Bergrücken zu steil wird, queren wir nach **halb links** 4 und weglos den Berghang bis zu einem zweiten breiten Bergrücken. Von diesem sieht man hinter einer Senke den aus Steinen erbauten **Miradouro MiraGrandeza** 5. Ein gigantischer 360°-Rundblick lässt uns entzücken.
Wir gehen auf dem Bergrücken zurück und ignorieren bei der nachfolgenden **Weggabelung** 4 den halb rechten Abzweiger (der Hinweg). Bei der folgenden Wanderung über den Bergrücken sind wir der vollen Kraft des Passatwinds ausgesetzt. Erst wenn wir die Einsattelung vom Hinweg erreicht haben, schwächt der Wind ab.
Wir gehen auf dem bekannten Hinweg bis zum **Ausgangspunkt** 1 zurück.

Hinter diesem Felsdurchbruch gabelt sich der Pfad.

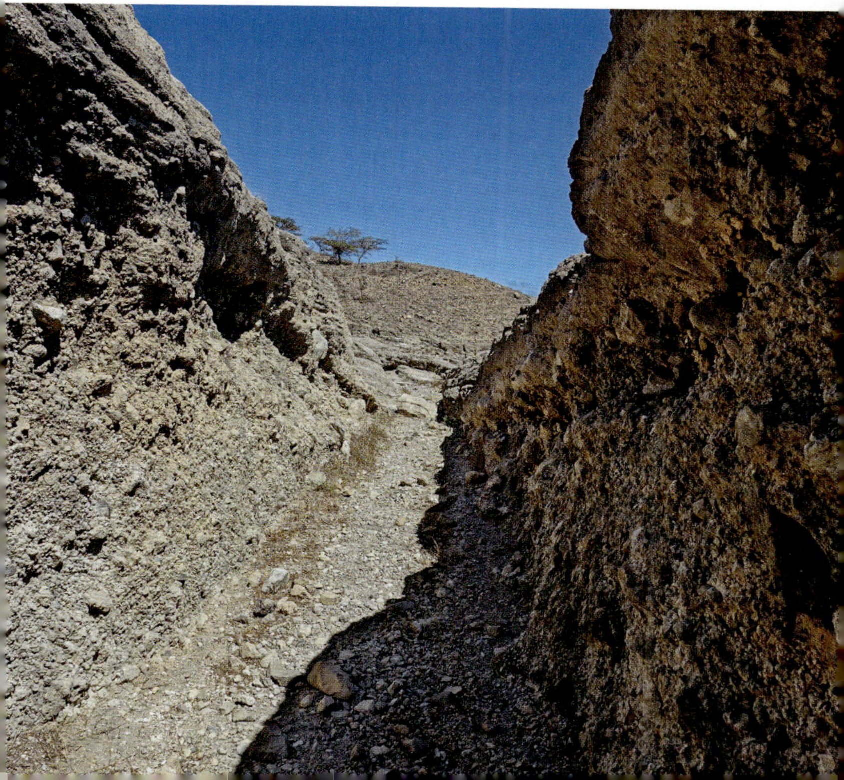

↗ 740 m | ↘ 740 m | 11.7 km

TOP

73 Porto Natural de Ancião

5.00 h

Die schwierigste und spektakulärste Wanderung auf der Insel Brava

Der Porto Natural de Ancião wurde in der Vergangenheit als Naturhafen genutzt. Sein Vorteil: Er liegt gut geschützt vor den Passatwinden. Sein Nachteil: Er ist nur sehr schwer zu Fuß zu erreichen. Die hier beschriebene Wanderung zu diesem wahrhaft verlassenen Ort ist ein wahres Abenteuer für Abenteurer. Im Slalom geht es um erloschene Vulkankegel, und wir erleben die Natur in ihren schönsten Facetten. Ein nachhaltiger Höhepunkt ist der Blick auf die mit sattgrünen Akazien bestandene Bucht mit ihrer dramatischen Bergkulisse im Hintergrund. Wohltuend ist ein erfrischendes Bad im Atlantischen Ozean.

Ausgangspunkt: Cachaço, 612 m (14.836800 -24.696917); ca. 10 km südlich von Nova Sintra. Anfahrt: Verbindungsstraße von Nova Sintra bis zum ersten Haus des Bergdorfes. Aluguer: Man muss sehr viel Geduld aufbringen, um eine Mitfahrgelegenheit zu erwischen. Taxi: Kosten 2000–2500 CVE.
Anforderungen: Schwere Wanderung aufgrund der steilen An- und Abstiege auf sehr geröllígen Pfaden, stellenweise kommen die Hände zum Einsatz. Trittsicherheit und Schwindelfreiheit sowie Kletterfertigkeit sind gefragt. Obwohl die Strecke niemals weglos ist, ist die größte Herausforderung die Orientierung im Gelände. Der heruntergeladene GPS-Track auf einem Navigationsgerät ist für die Wegfindung sehr hilfreich. Nahezu schattenlose Wanderung!
Einkehr: Keine.
Hinweis: Windgeschützt vor den kühlenden Passatwinden kann es auf dieser Seite der Insel sehr heiß werden!

Hütten am Ortsbeginn des Bergdorfs Cachaço.

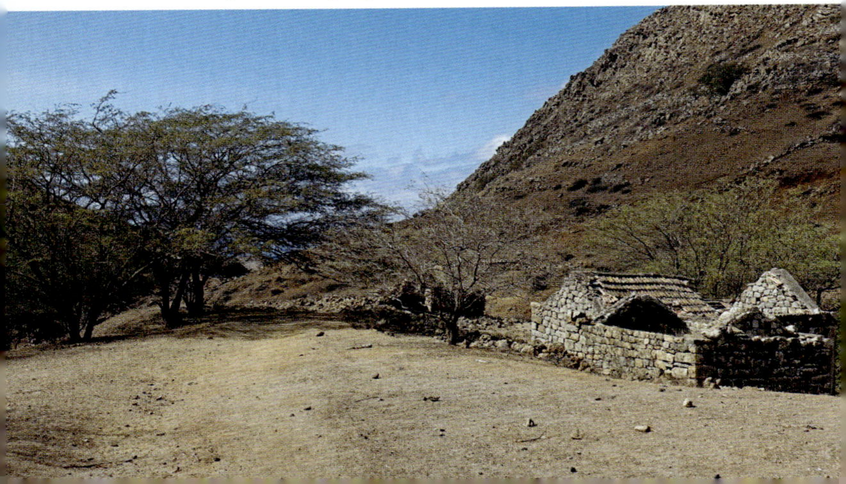

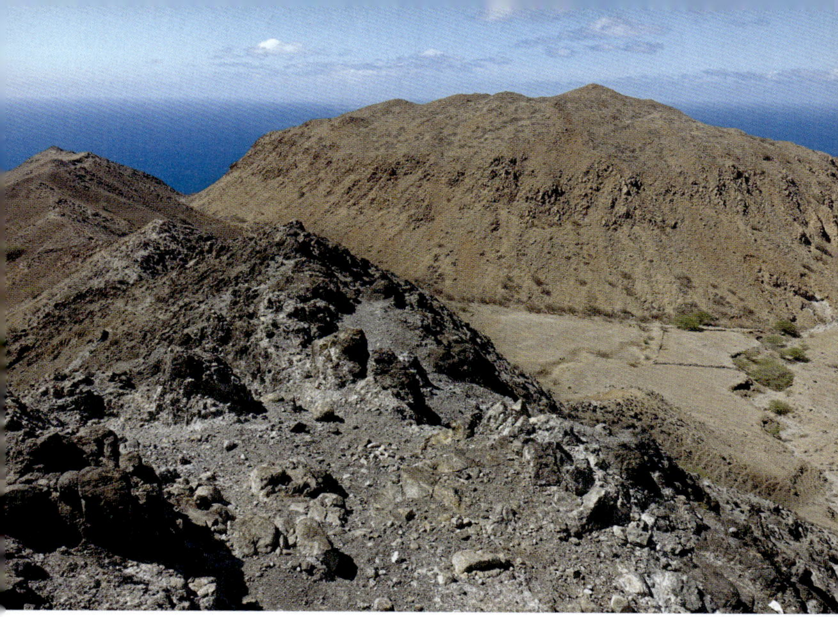

Der Pfad gabelt sich am Fuße des Monte Miranda.

Sofern wir von Nova Sintra kommen, verlassen wir die gepflasterte Hauptstraße beim ersten Haus des Bergdorfs **Cachaço** 1 nach rechts. Auf der bergab führenden Piste passieren wir einige Häuser. Nach Ruinen gehen wir durch eine Rechtskurve auf einen von Steinen gesäumten Pfad.
Oberhalb einer kleinen Schlucht wandern wir bis zu einer Einsattelung, an der sich Ruinen und eine Drei-Wege-Gabelung befinden. Hier, am Fuße des Vulkans **Monte Miranda** 2, gehen wir nicht geradeaus weiter und auch nicht auf dem Pfad über den Bergrücken, sondern wählen den mittleren Arm. Dieser führt nach nur 100 m zu einer weiteren kleinen Einsattelung. An dieser Stelle wandern wir wenige Meter auf den halb linken Berggrat und steigen im Weiteren über diesen ab.

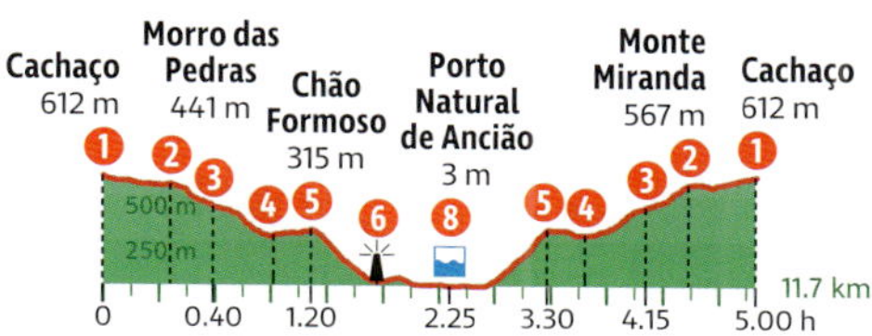

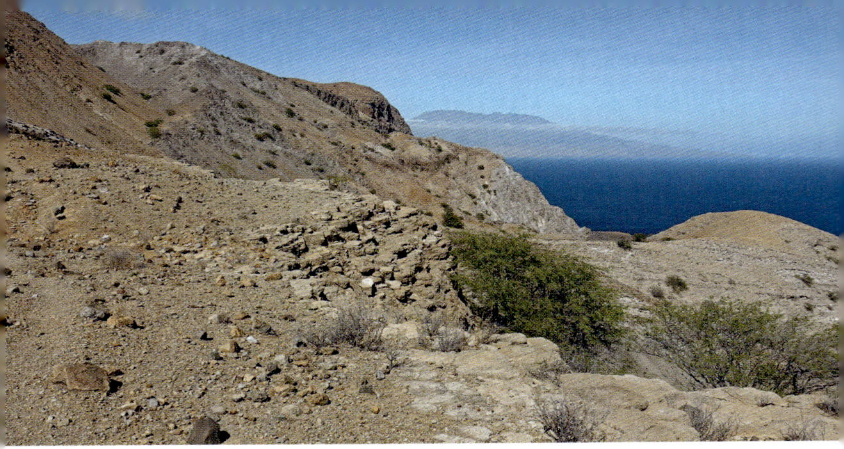

Weggabelung am Fuße des Berges Morro das Pedras.

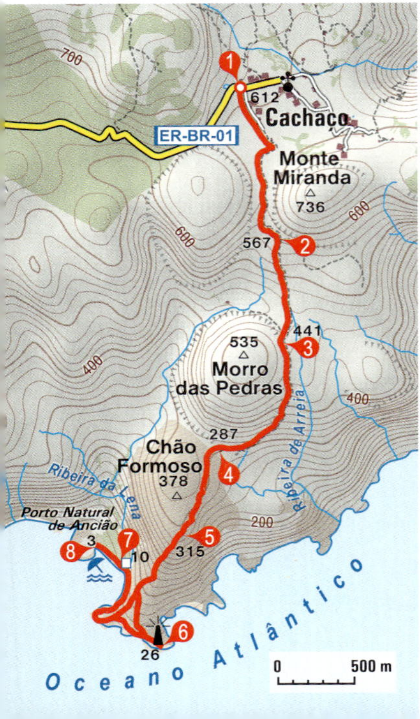

Beide Pfade treffen bei einer dritten Einsattelung wieder aufeinander. Die Einsattelung überschreiten wir und folgen dem weithin sichtbaren Pfad bis in die Senke, die wir rechts von uns sehen. Nun am Fuße des Vulkans **Morro das Pedras** 3 gehen wir nicht rechts an diesem entlang, sondern links durch eine kleine Schlucht und im weiteren Verlauf in einem langen Rechtsbogen um den Vulkan herum. Zwischen dem südlichen Ausläufer des Vulkans und einer Schlucht links – die sich Richtung Meer schlängelt – steigen wir einige Meter auf und kommen zu einem **Trockenbachbett** 4. Achtung Schlüsselstelle! Wir überqueren das Trockenbachbett in westliche Richtung (behalten also die bisherige Richtung bei). Dort, wo sich der Pfad in einen halb rechten und in einen halb linken Arm gabelt, gehen wir halb links – nur wenige Meter über einer kleinen Schlucht, die wir kurz darauf nach links queren.

Auf diesem Pfad queren wir über den rechts von uns liegenden Berghang und erreichen nach kurzem Aufstieg die **Chão Formoso** 5. In dieser caldera-ähnlichen Landschaft wachsen nur einige Purgiersträucher. Der Pfad überschreitet eine Anhöhe, und bei einem betonierten Klotz im Nichts beginnt dann der schwer zu erkennende alte Pfad. Im Steilabstieg geht es bis zum weithin sichtbaren **Leuchtturm** 6.
Nach der Besichtigung des unspektakulären Leuchtturms queren wir die Landzunge in westliche Richtung. An ihrem westlichsten Zipfel steigen wir unter Zuhilfenahme der Hände steil über den Bergrücken ab. Fortan klettern wir über die Felsen unterhalb der Steilküste in Richtung Bucht. Eine 3 m hohe Felsklippe versperrt schließlich das Weiterkommen. An dieser Stelle gehen wir einige Meter zurück, um auf einem Pfad direkt unterhalb der Felswand gut 10 m steil aufzusteigen und auf einem 10–15 m langen und ausgesetzten Felsband die Bucht zu queren. Auf dem nachfolgenden Pfad steigen wir dann in die weite Bucht hinunter. Gehen wir rechts in den lichten Akazienwald, so finden wir dort eine in den Boden eingelassene **Zisterne** 7. Der Strand des **Porto Natural de Ancião** 8 besteht aus großen Kieselsteinen. Aufgrund des geringen Wellengangs kann man sich sehr gut im Meer erfrischen.
Der Rückweg zum **Ausgangspunkt** 1 erfolgt auf der gleichen Strecke wie der Hinweg, wobei der Leuchtturm ausgelassen wird. An der Verbindungsstraße nach Nova Sintra suchen wir eine Mitfahrgelegenheit oder steigen in das bereits vorbestellte Taxi ein.

Der faszinierende Porto Natural de Ancião.

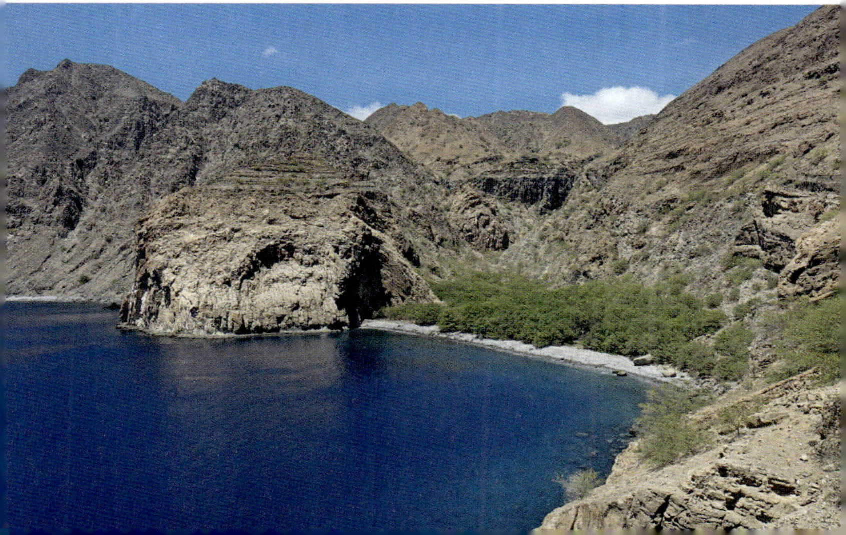

↗ 540 m | ↘ 660 m | 8.4 km

3.30 h

74 Cachaço – Nova Sintra

Auf längst vergessenen Pfaden durch den leeren Winkel der Insel

Eine der gewaltigsten Schluchten der Insel Brava nimmt ihren Anfang in dem 615 m hoch gelegenen Bergdorf Cachaço und erstreckt sich bis zum Atlantischen Ozean. Auf einem in die Tage gekommenen Caminho steigen wir gut 400 m in die spektakuläre Schlucht hinunter. Auf Höhe von Ruinen einer alten Besiedlung – mit zahlreichen Baobabbäumen – verlassen wir dann wieder die Schlucht. Oberhalb der Ostküste von Brava wandern wir an weiteren Ruinen vorbei, diese berichten vom Ackerbau, der hier einst betrieben wurde. Herrliche Panoramen entlang der Küste bis zur Nachbarinsel Fogo tun sich auf.

Ausgangspunkt: Kirche in Cachaço, 615 m (14.836933 -24.694333); ca. 10,5 km südwestlich von Nova Sintra. Anfahrt: Verbindungsstraße von Nova Sintra. Aluguer: Es gibt nur wenige Mitfahrgelegenheiten. Taxi: Kosten ca. 2000–2500 CVE.
Endpunkt: Nova Sintra, 494 m (14.871283 -24.69555). Aluguer und Taxi: Fahren von hier in alle Himmelsrichtungen ab.
Anforderungen: Steile An- und Abstiege auf sehr gerölligen Pfaden, auch die Hände werden benötigt. Für kurze weglose Abschnitte in der Schlucht benötigt man zudem guten Orientierungssinn.
Einkehr: Nur in Nova Sintra.

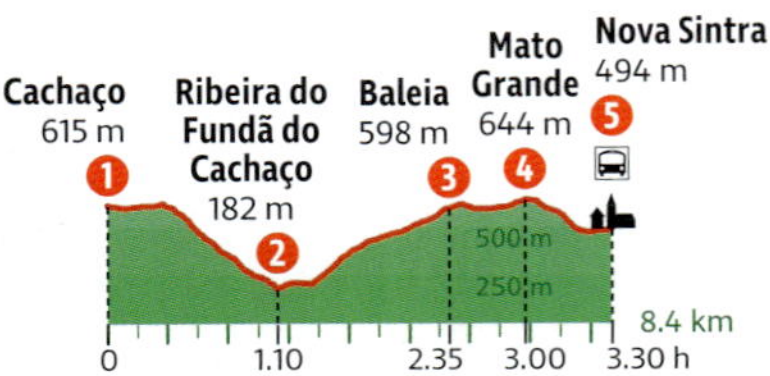

An der Weggabelung vor der **Kirche** in **Cachaço** ❶ gehen wir halb links, bis die Piste endet. Vor dem lichten Akazienwald wenden wir uns nach rechts und kommen nach einer Linkskurve an einem Haus vorbei. Vor uns liegt nun eine gewaltige Schlucht, und man fragt sich unweigerlich, ob es hier überhaupt einen Weg hinunter gibt … Ab da steigen wir auf einem Caminho, dieser ist teilweise gepflastert, teilweise stark erodiert, mal in kurzen und mal in langen Kehren talwärts. Je weiter wir in den Talgrund der monumentalen Schlucht absteigen, umso öfter sind Abschnitte des alten Verbindungspfads verschüttet. Diese kann man aber leicht umlaufen.
Nachdem wir ein gutes Stück durch die Schlucht gewandert sind, passieren wir einen nur 50 m breiten Felsdurchbruch. Ab hier ist kein Pfad mehr erkennbar, wir orientieren uns daher am ausgetrockneten Flusslauf. Mal auf der rechten, mal auf der linken Uferseite, mal unter Zuhilfenahme der Hände bahnen wir uns den Weg talwärts. Dort, wo wir auf der linken Uferseite die Überreste einer hohen Steinmauer sehen, verlassen wir das **Ribeira do Fundã do Cachaço** ❷.

Wir steigen auf einem gerölligen Ziegenpfad auf, um auf den weiterführenden Pfad oberhalb der Steinmauer zu gelangen. Dieser quert einen Berghang und mündet in einen weiteren Pfad. Auf der gegenüberliegenden Talseite sieht man Ruinen, die von vielen Baobabbäumen umgeben sind. In diesen Häusern wohnte einst der Dichter Eugénio de Paula Tavares. Nach engen Kehren erreichen wir den oberen Rand der Schlucht. Dort gehen wir nun scharf links auf dem breit ausgetretenen Pfad, vorbei an vielen Ruinen, bis zur ersten Siedlung, **Baleia** ❸.
Von deren oberem Ende sieht man dann den weiterführenden Weg, wie er zunächst in eine Senke hinunterführt und dann wieder steil zum Bergdorf **Mato Grande** ❹ aufsteigt. Die nächste Straßenkreuzung überqueren wir, lassen dann den ersten linken Abzweiger aus und laufen in einer Linkskurve um ein Haus. Dem steil abfallenden und gepflasterten Weg folgen wir durch eine Rechtskurve. Vor uns im Tal sieht man bereits den Endpunkt der Wanderung, die Inselhauptstadt.
Hat der Autor aufgrund von extrem vielen abzweigenden Pfaden und Wegen Probleme, ein Teilstück einer Wanderung detailliert zu beschreiben, so redet er gerne von »intuitiver Wegfindung«. Das trifft hier zu! Mit besagter Intuition erreichen wir aber schließlich den zentralen Praça Eugénio de Paula Tavares in **Nova Sintra** ❺.

Foto oben: Die Kirche von Cachaço.

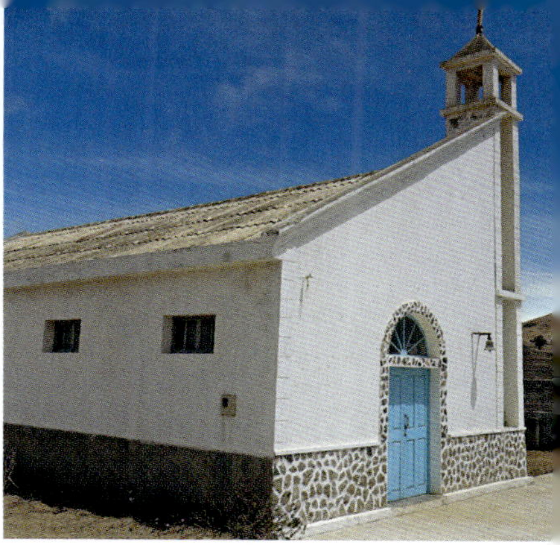

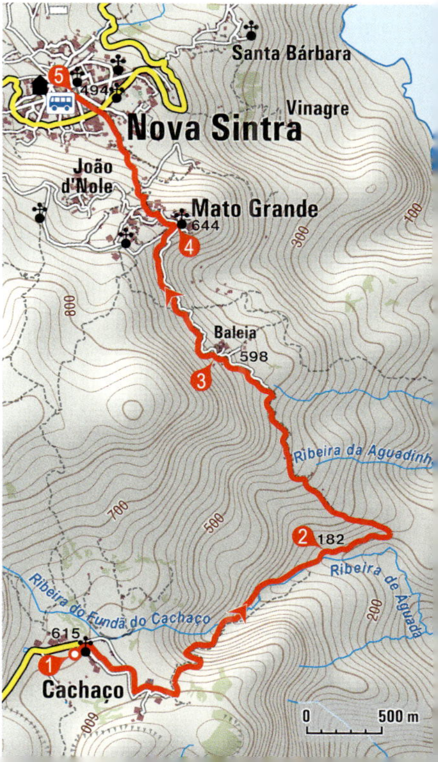

↗ 360 m | ↘ 360 m | 5.8 km

75 Nova Sintra – Mato Grande

2.30 h

Wanderung zu einem großartigen Ausguck

Der zentrale Platz Eugénio de Paula Tavares der Inselhauptstadt Nova Sintra ist ein traditioneller Treffpunkt der Insulaner. Das spürt man besonders in den Morgenstunden, wenn hier geschäftige Unruhe herrscht. Die bunten Blumen und vielen Bäume der Stadt gedeihen aufgrund des feuchten Mikroklimas üppig und bunt. Eingerahmt ist die einmalige Szenerie von der bezaubernden und gut erhaltenen Architektur der Gebäude. Auch befindet sich auf diesem Platz die Büste von Eugénio de Paula Tavares – er war Journalist, Schriftsteller und Dichter und ist die bekannteste Persönlichkeit der Insel Brava. Weiter geht die aussichtsreiche Wanderung auf den Spuren einer weiteren, noch bekannteren Persönlichkeit: des italienischen Seefahrers Christoph Kolumbus. Er hatte die Insel kurz besucht, die Nachbildung seines Schiffes Santa Maria erinnert daran. Der Rückweg der Wanderung hat dann so seine technischen Herausforderungen, auch die Wegfindung ist nicht ganz einfach.

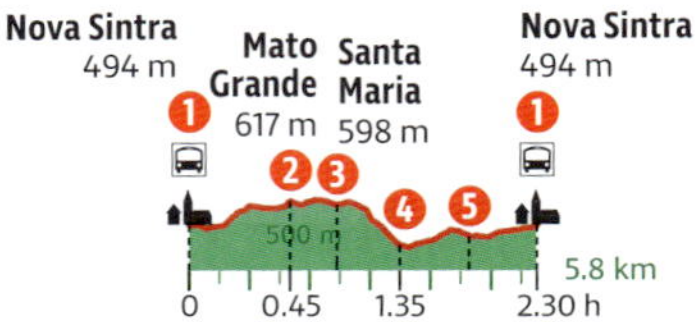

Die Inselhauptstadt Nova Sintra.

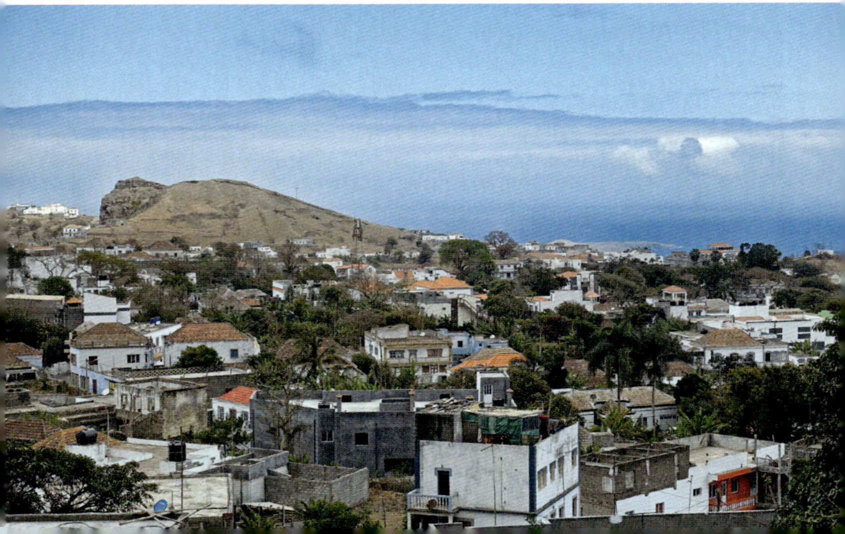

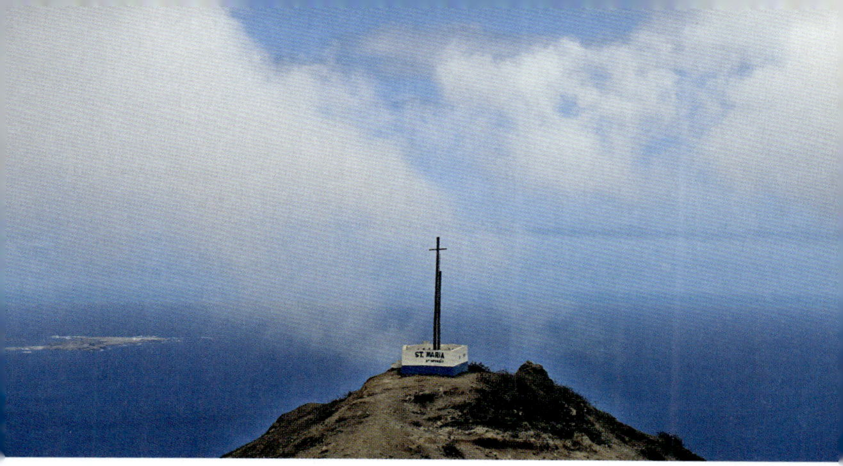

Die Nachbildung des Schiffes von Christoph Kolumbus.

Ausgangspunkt: Inselhauptstadt Nova Sintra, 494 m (14.871367 -24.695533). Anfahrt: Alle Straßen führen nach Nova Sintra. Dort parkt man am zentralen Platz. Aluguer: Ca. 100–200 CVE, je nachdem, aus welcher Richtung man kommt. Taxi: Ca. 1000–2000 CVE.
Anforderungen: Auf dem steilen und gerölligen Untergrund ist Trittsicherheit nötig, Wanderstöcke zur Stabilisierung des Gleichgewichts sind hilfreich. Nur an einer Schlüsselstelle ist die Wegführung unklar, man muss hier intuitiv den Weg finden.
Einkehr: Mehrere Restaurants in Nova Sintra.

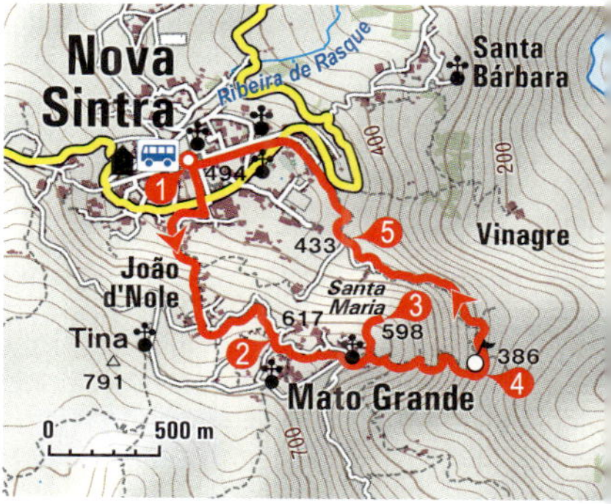

Der Beginn dieser Wandung ist identisch mit Tour 65. Auch hier verlassen wir den zentralen Praça Eugénio de Paula Tavares in **Nova Sintra** ❶ in südliche Richtung. Vorbei geht es an der Markthalle und einem dahinter liegenden Minimarkt, bevor die Straße endet. Dort gehen wir rechts und sofort wieder links. Abermals endet die Straße vor einem rot angemalten Garagentor, hier gehen wir auf der Querstraße rechts. Hinter einem Anwesen – in dessen Garten zwei Palmen stehen – zweigen wir bei der nächsten Möglichkeit links in die Stichstraße.
Der breit angelegte, gepflasterte Weg führt unter großen Bäumen hindurch und schlängelt sich auf eine Anhöhe. Dort angekommen, durchque-

ren wir auf der Straße das Dorf João d'Nole. Wo die Straße endet, biegen wir halb links ab, es geht vorbei an einem Drachenbaum. Auf der fast eben verlaufenden Straße ergibt sich ein schöner Blick auf die unbewohnten und vegetationsarmen Inseln Ilhéus do Rombo, die ca. 6 km nördlich von Brava im Atlantischen Ozean liegen. Im Unterdorf von **Mato Grande** **2** verlassen wir die gepflasterte Straße vor einem graurosa-hellbraunen – bunt ist wohl die beste Beschreibung – Haus nach halb links.

In der darauffolgenden Senke passieren wir einen Kinderspielplatz. An einer zweistöckigen Ruine marschieren wir rechts und gleich durch die Linkskurve. Abermals endet die Straße und wir gehen bis zu einer großen Kreuzung im Oberdorf von Mato Grande. Diese überqueren wir und wandern an einer Mauer entlang. Nach einigen Metern eröffnet sich ein wunderschöner Blick auf die Nachbarinsel Fogo. Gehen wir in der eingeschlagenen Richtung weiter – zwischen Häusern hindurch –, so erreichen wir einen querenden Pfad. Hier halten wir uns rechts und können dann nach einigen Metern scharf links bis zur steinernen Nachbildung des **Schiffs von Kolumbus** – der **Santa Maria** **3** – vorgehen.

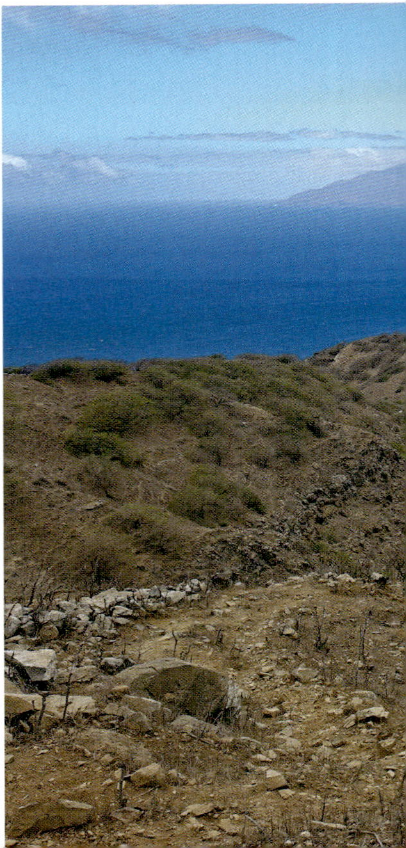

Zurück am Hinweg, wandern wir jetzt halb links in Richtung einer ersten Anhöhe. Der von einer Steinmauer gesäumte Weg führt steil bergab bis zu einer Wegkreuzung vor einem kleinen Felsplateau. Hier gehen wir nicht rechts, nicht geradeaus auf das Plateau, sondern links auf dem Pfad kurz unterhalb der Anhöhe. So weit, so gut ... Nun folgt ein gerölliger Abstieg auf einem Pfad, der vom Vieh bis zur Unkenntlichkeit zertreten wurde. Da das Gelände sehr steil ist, steigen wir in langen Kehren ab und orientieren uns in Richtung einer **Ruine** **4**, die man nach kurzem Abstieg unterhalb am Berghang sieht.

Nun wieder auf einem Pfad queren wir den Hang vor der Ruine nach links und erreichen einen Bergrücken. Von dort wandern wir auf dem von einer Steinmauer gesäumten Pfad links bergauf – rechts unterhalb sieht man immer wieder den Hafen von Brava. Bei einer kleinen Siedlung setzen wir den Abstieg auf dem gepflasterten Pfad fort, bis wir bei einer Kreuzung geradeaus auf dem **Weg** 5 weitergehen (nicht scharf links, auch nicht links). Der Pfad gabelt sich in zwei Arme, wir gehen halb links bergauf.

Auf einem nun sehr schmalen Pfad steigen wir an der linken Seite einer Staumauer auf, überqueren diese nach rechts und gehen an dessen Ende links über die Felder bis zur Hauptstraße vor, auf der wir wir links bis zum **Ausgangspunkt** 1 flanieren.

Blick auf die Nachbarinsel mit dem Vulkan Fogo.

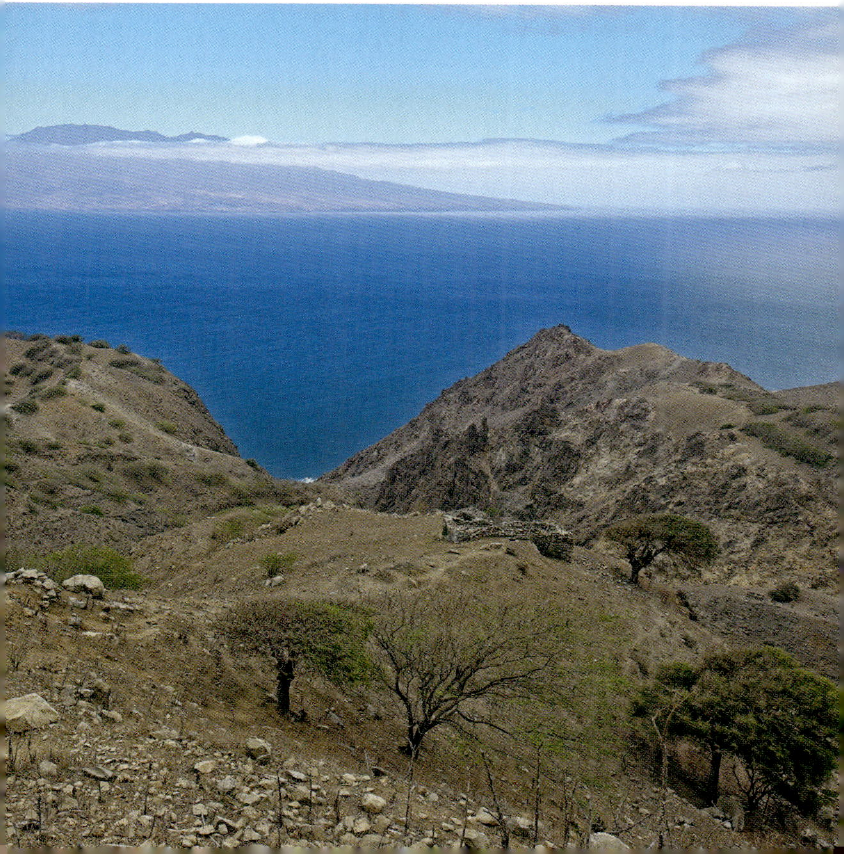

STICHWORTVERZEICHNIS

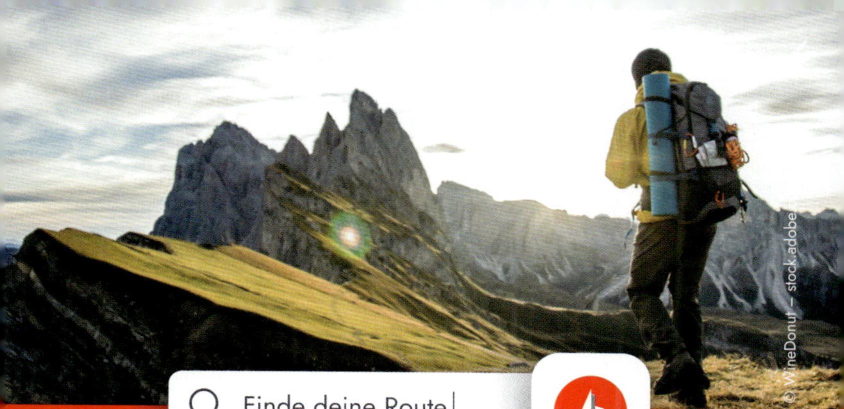
© WineDonut – stock.adobe
Finde deine Route

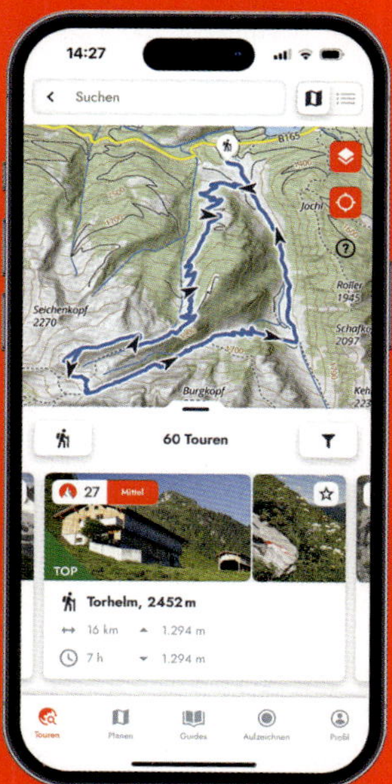
14:27
Suchen
60 Touren
27
Mittel
TOP
Torhelm, 2452 m
16 km
1.294 m
7 h
1.294 m
Touren
Planen
Guides
Aufzeichnen
Profil

Umschlagbild: Der weißsandige Strand Praia do Tarrafal auf der Insel Santiago (Tour 26).

Bild im Innentitel: Der Küstenpfad hinunter zur Landzunge Morro Djéu auf der Insel Fogo (Tour 61).

Bilder im Inhaltsverzeichnis: Der Stadtstrand Praia da Bila in São Filipe auf der Insel Fogo (Seiten 4/5).
Hibiskus ist der omnipräsente Baum auf der Insel Brava (Seite 7).

Bild auf den Seiten 50/51: Der faszinierende Praia dos Sonhos sul auf der Insel Santiago (Tour 27).

Alle Fotos stammen vom Autor.

Kartografie:
75 Wanderkärtchen im Maßstab 1:25.000 / 1:50.000 / 1:75.000
4 Insel-Übersichtskarten im Maßstab 1:250.000 / 1:400.000
Geodaten © OpenStreetMap und Mitwirkende
Kartografisches Design: SHOCart (CZ), shocart.cz
Karte des Archipels im Maßstab 1:3.000.000 © Bergverlag Rother GmbH, München (gezeichnet von Barbara Häring, Gröbenzell)

Werk-Nr.: 4617

1. Auflage 2024

ISBN 978-3-7633-4617-2

MIX
Papier | Fördert gute Waldnutzung
FSC® C147178
www.fsc.org

Wir freuen uns über jeden Korrekturhinweis zu diesem Wanderführer!
Bitte per E-Mail an: leserzuschrift@rother.de

ROTHER BERGVERLAG · Keltenring 17 · D-82041 Oberhaching
Tel. +49 89 608669-0 · rother.de